사서강의

대한민국 리더들의 필독서, 사서(四書)

사서강의

김해영 지음

안티쿠스
ANTIQUUS

머리말

공자가 살던 2500년 전, 세상은 혼란했습니다. 맹자가 살던 2300년 전에도 세상은 혼란했고요. 그런가 하면 주자가 살던 800년 전에도 세상은 혼란했고, 퇴계와 율곡이 살던 450년 전에도 세상은 혼란했으며, 정조가 다스리던 200년 전에도 혼란은 여전했습니다. 따지고 보면 혼란하지 않은 적이 별로 없었던 것 같습니다.

그러나 혼란한 세상에서도 '올바른 세상', '올바른 나라를 만들어야 한다'는 일념一念으로 잘못된 것을 바로 잡으려는 사람들이 적지 않았습니다. 바로 '시대의 리더'들이었습니다. 변증법적으로 해석해도 이유는 충분하겠지만, 요지는 항상 '깨어있는 사람들 덕분'에 세상이 이 만큼이라도 유지돼온 비결이 아닌가 생각합니다.

주지하다시피 『대학』이나 『논어』, 『맹자』, 『중용』 등은 원래 치자治者들을 위한 책이었습니다. '통치統治를 위한 기본서'라고 규정해도 과언이 아닐 만큼, 역대 제왕諸王들의 교과서 역할을 담당하였고, 얼마 전까지 지도층에 속했던 사람들은 하나 같이 이를 치세治世의 근본으로 삼아 항상 곁에 두고 읽었습니다.

조선의 22대 임금인 정조는 철학자이자 군주로서 이른바 '철인정치'를 한 장본인이었습니다. 그는 통치기간 내내 손에서 책이 떠나지 않은 독서광이었지요. 그가 선호했던 책 가운데 『대학』, 『중용』은 각

별했습니다. 어떤 책보다 가치를 높게 평했지요. 그가 『대학』을 '제왕帝王의 학문'으로 여긴 것이 이를 뒷받침합니다.

나아가 정조는 『대학』의 명명덕明明德 : 밝은 덕을 밝힘을 구현하기 위해 '경敬을 핵심 요체'로 삼았고, '신독愼獨을 구체적인 실천 방법'으로 삼았습니다. 또 『중용』의 성誠을 통해 자강불식自强不息 하고자 각고의 노력을 병행했지요. 즉 『대학』의 경敬과 『중용』의 성誠이 그의 정치철학 최고의 이념이었습니다.

『논어』는 어떻습니까? 평가 자체를 논할 수 없을 만큼 인류의 보고寶庫로 여기고 있습니다. 일찍이 북송北宋의 명재상이었던 조보趙普는 『논어』를 논함에 있어서, '반 권의 분량만 가지고도 능히 천하를 다스릴 수 있는 책'으로 평가했습니다. 『논어』 또한 치세의 진리가 듬뿍 담긴 책이지요. 멀리할 수 없는 일입니다.

『맹자』는 또 어떻습니까? 힘에 의한 패도覇道가 아닌 누가 천하를 다스려야 하는지에 대한 해답인 왕도정치王道政治, 누가 천하를 다스려서는 안 되는지에 대한 담론인 역성혁명론易姓革命論, 왕도정치의 근간을 논하는 성선설性善說 등 세상을 리드하는 사람들은 결코 몰라서는 안 될 덕목들로 가득 차 있습니다.

출판계가 불황이라고 합니다. 선현들의 처방에도 회복 기미가 없는 것은 안타까운 일입니다. 그럼에도 인문학이 세상을 변화시킬 것이라고 굳게 믿고 출판에 나서준 안티쿠스의 김종만 대표께 심심한 감사의 말씀을 드립니다. 부족한 부분은 앞으로 지속적으로 수정 보완해 나가겠습니다. 진심어린 질정叱正을 바랍니다.

2017년 7월, 수원시 팔달구 우만동 연구실에서~

일러두기

1. 이 책은 성균관대학교 유교문화연구소, 『대학 · 중용』(성균관대학교출판부, 2007), 『논어』(성균관대학교출판부, 2005), 『맹자』(성균관대학교출판부, 2006), 성백효, 『대학 · 중용집주』(전통문화연구회, 1999), 성백효, 『논어집주』(전통문화연구회, 2000), 『맹자집주』(전통문화연구회, 2000)를 기본적인 대본으로 하고, 해설은 이기동, 『대학 · 중용강설』(성균관대학교출판부, 2000), 『논어강설』(성균관대학교출판부, 1999), 『맹자강설』(성균관대학교출판부, 2001)을, 문법 및 자해는 류종목, 『논어의 문법적 이해』(문학과 지성사, 2005) 등을 참고하였다.

2. 이 책의 언해와 토는 위의 『대학 · 중용』(성균관대학교출판부, 2007), 『논어』(성균관대학교출판부, 2005)를 참고한 것이기 때문에 퇴계(退溪) 및 율곡(栗谷)의 언해와 토가 참조되었다.

3. 이 책의 「논어」편은 김해영, 『공직자, 논어를 읽다』(안티쿠스, 2014)를 일부 수정과 재구성하는 과정에서 '군자'와 '공직자' 또는 '리더'를 혼용하여 서술하였다.

4. 이 책의 내용은 예컨대 『대학』의 경우, | **대학** |의 번역문을 먼저 기술하고, 다음으로 | **원문** |을 삽입하고, 문법과 어려운 글자를 해석하는데 도움을 주고자 | **자해** |를 비교적 상세히 실었으며, 마지막으로 필자 | **해영** |의 설명 순으로 구성했다.

5. 『논어』와 『맹자』의 경우, 출처 편명을 명시하였고, 『대학』과 『중용』은 전체 문장이 짧아 구체적으로 출처 표시를 하지 않았다.

6. 이 책은 『대학』과 『논어』, 『맹자』, 『중용』의 명문(名文) 가운데 시대의 리더들에게 도움이 될 만한 문장만을 뽑아 서술하였다.

7. 처음부터 읽어가는 것이 가장 좋으나, 아무 쪽이나 펴서 읽어도 무방하도록 일부 겹치는 내용을 그대로 두었다. 뿐만 아니라 시대의 리더들의 바쁜 일상을 고려하여 어느 단락이라도 쉽게 읽어낼 수 있도록 하였다.

8. 문장해석의 경우, 학술적으로 논란이 될 만한 부분이 없지 않으나 여기서는 독자의 이해도를 감안, 가능한 실용서로 활용할 수 있도록 다양한 해설서를 기초로 덧붙이는 방식을 취했다.

차례

머리말 5

일러두기 8

대학(大學)

대학의 도 16
사물의 이치 18
수신修身 20
신민新民 22
근본과 말단1 25
홀로 삼감 26
공경하는 마음 28
혈구지도1 29
혈구지도2 31
근본과 말단2 33
생식위용生食爲用 35
인자와 불인자 36
이보다 의 37

논어(論語)

온전한 학문 42
효도와 공손 45
허물 성찰 48
바른 정치 50
정치와 형벌 52
온고지신 54
군자는 무당파 56
참된 앎 57
공정한 인사? 59
모르면 묻는 것 62
인한 마음 64
인자안인仁者安人 66
덕과 이웃 67
문질빈빈文質彬彬 69
지호락知好樂 70
가르침과 리더 72
지자요수 인자요산 74
학이불염學而不厭 76
학문의 목표 77
군자의 의義 79
한 모퉁이 세 모퉁이 81
진실한 즐거움 83

모두가 스승	85	군자와 소인의 인품	129
방심은 금물	87	가르침	132
탕탕척척蕩蕩戚戚	88	편안함의 배척	134
네 가지 아름다운 덕	90	문서의 완성	135
중책重責	92	상달하달上達下達	137
스스로 낮춤	93	무위이치無爲而治	138
부재기위不在其位	95	살신성인	140
한결같은 배움	96	원려遠慮	142
덕과 여색	98	군자의 일처리	143
배움의 성취	99	군자의 병통	145
꽃과 열매	101	오호惡好	146
군자의 절개	102	소지대수小知大受	148
가려 먹음	103	세 가지 두려움	149
생사의 도	107	권학勸學	151
기질 변화	108	아홉 가지 생각	153
극기복례克己復禮	110	성상근습상원性相近習相遠	154
신뢰의 정치	113	상지하우上知下愚	155
다움	115	육언육폐六言六蔽	157
군자지미君子之美	116	향원鄕原	160
솔선수범	118	여자와 소인	162
충고	119	불혹不惑	164
지도자의 삶	121	동일한 인	165
도덕적 삶	122	초탈하지 않는 삶	167
왕도王道	124	선비의 절개	171
정직	126	기술자와 군자의 도	172
화이부동和而不同	128	요순우의 도	174

맹자(孟子)

인의仁義1 178
인의仁義2 180
인의仁義3 182
왕도1 183
왕도2 185
왕도3 187
왕도4 189
왕도5 191
주객일치? 193
측은지심1 195
측은지심2 198
측은지심3 200
항산항심恒産恒心 202
여민동락 204
외교 207
정명正名 210
강상綱常 212
왕 노릇1 215
왕 노릇2 217
부동심1 221
부동심2 222
호연지기 227
성선性善 231
시인矢人 235
군자불유君子不由 236
민중의 마음 239
떠나감 242
농단龍斷 243
맹자거제 244
학교 247
허자許子 249
문화 253
대장부의 도 254
재장梓匠 258
기우杞憂 260
정벌? 263
환경? 265
폐단 개혁 267
선왕의 법 269
인륜의 표준 271
인과 불인 274
자책 276
스스로 취함 278
자포자기 280
성실 281
불인한 정치 284
권도 286
역자교지 288

증자의 효	290	교제3	342
대인	294	교제4	345
예측불허	296	벼슬	347
무책임한 언론	297	선사善士	350
대효大孝	298	장적戕賊	351
동이인	302	선과 불선	353
정치의 근본	304	본능	355
관계?	307	성선性善1	357
기미	308	성선性善2	359
살핌	309	양심養心	361
적자지심	310	의로움1	363
물의 근원	311	의로움2	364
춘추	313	의로움3	366
우직禹稷	315	구방심	369
하늘1	317	대인과 소인	371
하늘2	319	표준	373
호사가	321	요순	374
백이	323	부국강병?	377
이윤	325	도량	378
유하혜	327	대임大任	381
공자	329	비명非命	383
시중時中	331	부끄러움	384
벗1	335	유세遊說?	385
벗2	337	양능과 양지	387
교제1	339	군자삼락	388
교제2	341	성인의 학문	390

이利와 선善 392
학문의 자세 393
고상함 394
중용적 자세 396
사랑의 단계 397
핵심 398
민귀民貴 399
선비의 삶 401
인격 403
기름 405
향원鄕原 406

중용(中庸)

중용의 도 410
경계하고 삼감 412
중화中和 413
중용과 반중용 415
순의 대지 417
칭찬의 효과 419
군자의 힘 420
평범한 도 422
마땅한 도 424
정곡正鵠 426
도의 계제 428
귀신鬼神 429
인의 정치 431
지인용知仁勇 435
범사凡事 437
천도와 인도 438
지행합일 440
달도달덕達道達德 442
성교性敎 444
지성至誠 445
지성여신至誠如神 447
존덕성尊德性 450
거상불교居上不驕 452
왕천하王天下 453
군자지동君子之動 455

참고문헌 458

찾아보기 460

대학(大學)

子貢問曰。有一言而可以終

乎。己所不欲勿施於人。

言己之所惡勿加施於人。

子曰。吾之於人也。誰毁誰譽。如

矣。

包曰。所譽者輒試以事。不虛譽而已。

斯民也。三代之所以直道而

馬曰。三代夏殷周用民如此無所阿私。所以云直道而行

子曰。吾猶及史之闕文也。

包曰。古之良史。於書字有疑則闕之。以待知者。

대학의 도

| 대학 |

대학의 도는 밝은 덕을 밝힘에 있고, 민중을 새롭게 함에 있으며, 지극한 선에 그침에 있다.

| 원문 |

大學之道는 在明明德하며 在親(新)民하며 在止於至善이니라

| 자해 |

* 대학大學 : 대인大人의 학문. 도道 : 방법. 재在 : 있다, 여기서는 동사로 쓰임. 명明 : 밝히다. 명덕明德 : 사람이 태어날 때 품수한 밝은 덕. 재명명덕在明明德 : 명덕을 밝힘에 있다.
* 친親 : 정자程子[1]는 친親을 마땅히 신新으로 해석해야 한다고 하였다. 새롭게 하다, 예전 것을 변화시키다. 지止 : 멈추다, 이르러 옮기지 않음. 어於 : 장소를 표시하는 전치사. 지선至善 : 사리事理의 지극함.

| 해영 |

주지하듯 대학大學이라는 말은 대인지학의 준말, 즉 대인의 학문을

1) 정이(程頤 : 1033~1107)는 중국 송대(宋代)의 대표적인 학자이다. 이른바 성리학을 집대성하는데 영향력을 크게 미친 사람이다.

뜻합니다. 대인의 자세는 모름지기 명덕明德2), 즉 하늘에서 받은 '밝은 덕'을 세상에 밝히는데[明明德] 있습니다. 그러므로 배움에 있어서 항상 '밝은 덕'이 어디에서 비롯되는지를 끊임없이 궁구하여 지속해야 합니다. 그리하여 스스로 명덕을 밝히고 있다면, 다음 단계인 사회적 관계인 다른 사람들에게로 미쳐서 그들로 하여금 옛날에 물든 더러움을 제거토록[新民] 해야 하는 것입니다. 이러한 관계가 원만해지면 '지극한 선'에서 그칠 수 있다는 것[止於至善]이 이른바 '삼강령三綱領'의 핵심 내용입니다.

다시 말해, 세상을 살아가면서 '인간관계'를 멀리할 수는 없습니다. 이때 개인적으로는 태어날 때 품수稟受한 '밝은 덕'을 밝혀야 하고, 사회로 나아가서는 민중들을 새롭게 해야 하는 것이지요. 즉 수기修己와 치인治人의 관계를 원만히 유지하면, 최고의 윤리적 단계인 '지극한 선'에 머물 수 있는 것입니다. 학계에서는 『대학』 한 편의 뜻을 총칭할 때, 일반적으로 팔조목八條目3)을 언급합니다. 이 팔조목의 요지를 종합하면, '삼강령'에 지나지 않습니다. 이점을 고려하면, '삼강령'이 『대학』의 근본임을 알 수 있습니다. 끊임없이 절차탁마切磋琢磨해야 하는 이유입니다.

---

2) 명덕은 허령(虛靈)하거나 어둡지 않을 뿐만 아니라 중리(衆理)를 갖추고 있어 만사(萬事)에 응한다.

3) 유가(儒家)의 경전인 『大學』의 수기치인(修己治人) 여덟 조목을 일컫는다. 즉 격물(格物), 치지(致知), 성의(誠意), 정심(正心), 수신(修身), 제가(齊家), 치국(治國), 평천하(平天下)이다.

사물의 이치

| 대학 |

그칠 데를 안 뒤에 정定함이 있으니, 정定한 뒤에 능히 고요하고, 고요한 뒤에 능히 편안하며, 편안한 뒤에 능히 생각하고, 생각한 뒤에 능히 얻는다. 물物에는 근본과 말단이 있고, 일에는 마침과 시작함이 있으니, 먼저하고 뒤에 할 것을 알면 도道에 가까울 것이다.

| 원문 |

知止而后有定이니 定而后能靜하고 靜而后能安하고 安而后能慮하고 慮而后能得이니라 物有本末하고 事有終始하니 知所先後면 則近道矣리라

| 자해 |

* 지知 : 알다. 여기서는 진지眞知를 뜻함. 즉 실천해야 함을 의미. 지止 : 마땅히 그칠 곳. 지극히 선한 곳을 뜻함. 이而 : 접속사로 말을 이어갈 때 주로 쓰인다. 이후而後 : 이후以後와 같음. 뒤에. 정定 : 정하다, 뜻에 일정한 방향이 있음. 능能 : 능하다. 정靜 : 고요하다, 고요하여 흔들리지 않음. 안安 : 편안하다, 처한 곳이 편안함. 여慮 : 생각하다. 일처리가 정밀하고 자세하다. 득得 : 얻다, 그칠 곳을 얻음.
* 물物 : 존재 자체로서의 객관적 사물을 의미. 본本 : 뿌리, 근본. 여기서는 명덕明德, 즉 밝은 덕을 지칭. 말末 : 끝, 말단. 여기서는 신민

新民을 지칭. 사事 : 앞의 물物이 공간적인 존재로서의 사물이라면, 사事는 시간적인 존재로서의 사물을 뜻함. 종終 : 끝나다, 마치다. 여기서는 능득能得을 지칭. 시始 : 시작하다, 비롯하다. 여기서는 지지知止를 의미.

| **해영** |

어떻게 하면 밝은 덕[明德]을 밝히고, 민중을 새롭게[新民] 하며, 지극한 선에 이르러 멈추게[止於至善] 할 수 있을까요? 이를 위해서는 사물의 이치를 오랫동안 궁구窮究해야 합니다. 사물의 이치가 마침내 통달 되어야 일정한 방향이 정해질 수 있기 때문입니다. 뜻이 정해지면, 마음은 밖의 사물에 미혹되지 않고 오직 '지극히 선한 것'만을 주장하게 되어 고요해질 수 있는 것입니다.

마음이 고요해지면, 이치가 순하게 맞아 떨어져 스스로 조용[從容]하고 한가하여 몸이 처한 바를 좇아 편안해질 수 있습니다. 편안해지면 어찌 될까요? 자신도 모르는 사이에 마주치는 온갖 사물이 평소처럼 정밀하게 행하여지는 것을 생각할 수 있습니다. 이쯤 되면 일에 따라 이치를 확인할 수 있고, 기미幾微[4]를 궁구하게 되며, '명덕'과 '신민'이 각각 그칠 데를 알게 되는 것이지요.

문제는 내가 먼저 덕을 밝히고 난 뒤에야, 민중을 새롭게 할 수 있

4) 기미 대신 찰미(察微)로 쓰기도 한다. 중국 진나라 때, 여불위(呂不韋)에 의해 만들어진『여씨춘추(呂氏春秋)』에 나오는 말로, '작은 부분을 잘 살펴야 함'을 뜻한다. 가령 암세포를 조기에 발견하면 치유하기 쉽듯, 사태가 커지기 전에 조기에 기미를 파악하는 일은 무엇보다 중요하다는 의미다.

기 때문에 근본과 말단이 존재한다는 것입니다. 아는 것과 얻는 것이 모두 일[事]이지만, 반드시 그칠 곳을 안 뒤에야 얻을 수 있기 때문에 마침과 시작함이 있는 것이지요. 따라서 일을 함에 있어서 먼저하고 뒤에 하는 것[5]을 안다면, 움직이는 방향이 어그러지지 않아 '『대학』에서 말하는 도'에 이를 수 있는 것입니다.

수신修身

| 대학 |

천자로부터 서인에 이르기까지 일체 모두 수신修身을 근본으로 삼는다.

| 원문 |

自天子로 以至於庶人이 壹是皆以修身爲本이니라

| 자해 |

* 자自 : 영어의 from과 같은 시발점을 표시하는 전치사. ~로부터. 지至 : 영어의 to와 같은 도달점을 표시하는 전치사. ~까지. 천자天子 : 상제上帝의 아들로 천명天命을 받은 사람을 지칭. 황제皇帝[6]라는 칭

5) 대개 마침[終]과 시작(始)함과 근본(本)과 말단(末)이 있다면, 하는 일 가운데 먼저 해야 할 일(先)과 나중에 해야 하는 일(後)이 있을 것이다. 이를 알 수 있다면, 질서가 생겨 어그러지는 일이 없을 뿐만 아니라 가까운 것을 경시하고 먼 것을 중시하는 일 또한 없을 것이다.

호가 제정되기 전까지 군주는 일반적으로 왕王 또는 천자天子로 불렸다. 왕王은 '훌륭한 사람'을 의미. 서인庶人 : 일반 민중을 뜻함.

* 일壹 : 하나, 한결같이. 일시壹是 : 일체一切. 개皆 : 모두, 함께. 수신修身7) : 직역하면 몸을 닦는 것으로 표현하는 것이 맞지만, 여기서는 마음을 먼저 바르게 함을 뜻한다. 위爲 : '~로 삼다'라는 뜻의 동사.

---

6) 고문헌에 의하면, 황제(黃帝)와 황제(皇帝)는 통용되었다. 이는 황(黃)과 황(皇)은 음(音)이 같기 때문으로 보인다. 그러나 황제(黃帝)가 황제(皇帝)로 변한 것은 오행설(五行說)에 의한 것으로 전한다. 『여씨춘추(呂氏春秋)』나 『서경(書經)』 등에 따르면, 황제가 처음 제후가 되었을 때, 당시의 천하는 매우 소란하고 제후들은 서로 다투기만을 일삼았다. 치우(蚩尤)는 특히 포악하여 난(亂)을 일으켰는데, 천자인 신농씨(神農氏)는 그를 평정하지 못하였다. 이때 황제가 탁록(涿鹿)의 벌판에서 치우를 죽였다. 이에 제후들이 그를 추대하여 천자(天子)가 되었다. 황제 제위 100여 년(B.C.2697~B.C.2598) 동안 그의 판도(版圖)는 서쪽으로 감숙(甘肅)까지 이르고, 동으로는 바다까지, 북으로는 직예(直隸), 남으로는 대강(大江)까지 이르렀는데, 그는 항상 영지(領地)를 순행(巡行) 하면서 길을 만들어 세상이 태평하였다고 한다. 또 『산해경(山海經)』이나 『사기(史記)』 등에 의하면, 신하 창힐(蒼頡)로 하여금 육서(六書)를 만들어 상고(上古)의 결승(結繩)을 대신하게 한일, 예도(隷道)에게 수(數)를 정하게 하여 도량형(度量衡)을 정하게 한일, 영윤(伶倫)에게 율려(律呂)를 정하게 하여 오음(五音)을 만든 일, 기백(岐伯)의 자문을 받아 내경(內經)을 만들어 의약(醫藥)의 시초가 된 일 등이 있으며, 화폐를 만들거나 주거(舟車)와 가옥(家屋), 궁시(弓矢), 의관제도(衣冠制度) 등을 만들었다. 그의 후비(后妃)인 누조(嫘祖)는 민중에게 누에 기르는 법을 가르쳐 포백(布帛)으로 옷을 짓게 하였다. 하지만 이는 모두 전설상(傳說上)의 이름으로 연대(年代)와 사적(事跡)은 고찰하여 확증할 수 없다. 다만 그가 국가를 건설한 것이나 문물제도를 많이 발명하였다는 점에서 중국민족에게 문명을 전해준 개조(開祖)로 오늘날까지 숭앙(崇仰)되고 있다. 한편 우리나라는 황제국(皇帝國)보다 한 단계 낮은 제후국(諸侯國)으로서 중국 황제의 신하 국가로 전하고 있지만, 이는 외교적이고 형식적인 관계일 뿐, 실제로는 황제국 체제를 띠고 있었다. 특히 고려의 경우, 군주를 종(宗)으로 칭하고, 폐하(陛下)·태후(太后)·태자(太子)·짐(朕)·제(制)·조(詔) 등 황제국 용어를 사용한 것이 이를 증명한다. 하늘에 대한 제사나 삼성체제(三省體制)를 운용한 점도 이를 뒷받침한다. 또한 직접적인 왕작(王爵)은 없었으나 종친에게 수여한 봉작자(封爵者)들을 통틀어 제왕(諸王)으로 부른 점 등은 고려가 제후국이 아닌 황제국 체제로 운영되었음을 보여준다.

7) 가(家) 또는 국(國)을 다스리기 전에, 먼저 자신의 몸과 마음을 잘 다스려야 함을 뜻한다. 이와 유사한 논의로는 『논어』, 「자로(子路)」에서도 확인할 수 있다. "자신의 몸이 바르다면 명령하지 않아도 행하여지고, 그 자신의 몸이 바르지 않다면 비록 명령을 내려도 따르지 않는다."(子曰, 其身正, 不令而行, 其身不正, 雖令不從.) 이는 사회생활이나 정치에 있어서 수신(修身)이 기본임을 알 수 있다.

| 해영 |

이른바 팔조목八條目을 종합하면, 격물格物, 치지致知, 성의誠意, 정심正心8)은 이른바 수신修身=修己에 대한 말씀이요, 제가齊家, 치국治國, 평천하平天下9)는 '수신'으로부터 미루어 나간, 이른바 치인治人에 대한 논의입니다. 이처럼 '수신'은 굉장히 중요한 덕목임을 알 수 있습니다. 따라서 천자天子로부터 서인庶人에 이르기까지 '천하를 움직이는 모든 사람들'은 격물과 치지, 성의, 정심하여 그것을 담보로 제가, 치국, 평천하 하는데 애써야 하겠습니다.

신민新民

| 대학 |

탕왕의 반명盤銘에 이르기를, "진실로 날로 새롭거든, 나날이 새롭게 하고, 또 나날이 새롭게 하라"고 하고, 강고康誥에 이르기를, "새로워진 민중을 진작시키라"고 하며, 시詩에 이르기를, "주나라가 비록 옛 나라이나 그 명이 새롭다" 하였으니, 따라서 군자는 그 극極을 쓰지 않는 바가 없다.

8) 격물(格物), 치지(致知), 성의(誠意), 정심(正心)은 사물의 이치가 이른 뒤에 앎이 지극해지고, 앎이 지극해진 뒤에 뜻이 성실해지며, 뜻이 성실해진 뒤에 마음이 바루어진다는 의미다.

9) 제가(齊家), 치국(治國), 평천하(平天下)는 몸이 바루게 된(正心) 뒤에야 몸이 닦이며, 몸이 닦인(修身) 뒤에 가(家)가 가지런해지고, 가(家)가 가지런해진 뒤에 나라가 다스려지며, 나라가 다스려진 뒤에 천하가 화평해진다는 논리다.

| 원문 |

湯之盤銘에 曰 苟日新이어든 日日新하고 又日新이라 하고 康誥에 曰 作新民이라 하며 詩에 曰 周雖舊邦이나 其命惟新이라 하니 是故로 君子는 無所不用其極이니라

| 자해 |

* 반盤 : 대야, 목욕沐浴하는 그릇. 명銘 : 새기다, 그릇에 새겨 스스로 경계하는 말. 구苟 : '진실로'10)의 의미.
* 작作 : 일으키다. 북을 치고 춤을 추게 하는 것. 수雖 : 비록. 구방舊邦 : 오래된 나라. 시詩 : 『시경詩經』, 「대아大雅 · 문왕文王」.11) 극極 : 지극한 선至善.

| 해영 |

앞의 삼강령三綱領에서 논의되었던 재신민在新民이라는 말은, 일찍이 탕왕湯王이 목욕하던 그릇에 새겨진 글에서 얻어진 것입니다. 여기서 이르기를, "사람이 마음을 씻는 것이 몸을 씻는 것과 같으니, 진실로 하루 사이에 예전에 물들인 더러운 것을 씻어 버려 스스로 새로워졌

10) 탕왕(湯王)은 사람이 그 마음을 깨끗이 씻어 악(惡)을 제거하는 것이 마치 그 몸을 목욕하여 때를 버리는 것과 같다고 여겼다. 그리하여 그릇에 새긴 것이다. 진실로 능히 하루에 그 옛날에 물든 더러움을 씻어서 스스로 새로워짐이 있다면, 마땅히 이미 새로워진 것을 인(因)하여 나날이 새롭게 하고, 또 나날이 새롭게 하여, 조금이라도 간단(間斷)함이 있어서는 아니 됨을 뜻한다.

11) 주(周)나라가 비록 오래된 나라이나, 문왕(文王)에 이르러 능히 그 덕(德)을 새롭게 하여 민중들에게 미쳐서 비로소 천명(天命)을 받았음을 말한 것이다.

거든, 마땅히 새로워진 것을 바탕으로 날마다 새롭게 하고 또 날마다 새롭게 하여 끊임없이 공부함으로써 혹 때나 티끌에도 더렵혀지지 않도록 해야 한다."라고 한 것입니다. 탕왕의 행실을 엿볼 수 있는 대목입니다.

또 『강고康誥』에서는 스스로를 새롭게 하였다면, 민중을 새롭게 해야 한다고 하였습니다. 가령 무왕武王은 강숙康叔에게, "위衛나라는 본래 은나라의 옛 땅이니, 민중이 비록 은나라 주紂왕의 더러운 풍속에 물들었으나, 어찌 스스로 새롭고자 하는 양심이 없었겠는가? 너는 마땅히 진실로 있는 양심에 따라 고동鼓動하고 진작시켜, 그들로 하여금 악한 것을 버리고 선한 데로 옮기며, 예전 것을 버리고 새것을 도모하도록 하는 것이 옳다."고 하였습니다. 그의 행실을 엿볼 수 있습니다.

대개 사람이 스스로 새롭게 하고 민중을 새롭게 하면, 하늘의 마음도 움직여 천명天命이 새로워질 수 있다고 합니다. 『시경』, 「문왕文王」편에서 이르기를, "우리 주周나라가 시조 후직后稷 이래로 천여 년이 되었으니, 비록 오래된 나라이지만, 문왕에 이르러 성인聖人의 덕이 날마다 새로워서, 민중의 풍속이 또한 크게 변하여 비로소 천명을 받으니 참으로 새롭다."고 하여 문왕이 천명을 받은 것이 이와 같았다고 전하고 있습니다. 문왕의 '명덕'과 '신민'의 행실을 엿볼 수 있는 부분입니다.

이상과 같이 탕왕과 무왕, 문왕의 행실을 종합하면, 공통적인 부분을 확인할 수 있습니다. 바로 군자 된 사람은 '스스로를 새롭게 하고,

민중을 끊임없이 새롭게 하고자 한다'는 점입니다. 때와 장소를 불문하고 '지극한 선에 이르고자 한다'는 것이지요. 대개 스스로 새롭게 하여 극진한 데로 나아가는 것은 민중을 새롭게 할 수 있는 토대요, 근본이라고 하였습니다. 따라서 세상에 나가 다스리고자 하는 이들은 먼저 '스스로를 새롭게' 하여야 하고, '민중의 삶을 새롭게' 하는 데 힘써야 할 것입니다.

근본과 말단1

| 대학 |

공자가 이르기를, "송사를 다스리는 것은 나도 다른 사람과 같지만, 반드시 민중들로 하여금 송사가 없도록 하겠다." 실정實情이 없는 사람이 그 말을 다하지 못하게 함은 민중의 뜻을 크게 두렵게 하기 때문이니, 이것을 일러 근본을 안다고 하는 것이다.

| 원문 |

子曰 聽訟이 吾猶人也나 必也使無訟乎인저 하니 無情者가 不得盡其辭는 大畏民志니 此謂知本이니라

| 자해 |

* 청聽 : 보통 '듣다'로 쓰지만, 여기서는 '다스리다'로 해석하는 게 원

문을 이해하는 데 매끄럽다. 오吾 : 나. 유인猶人 : 남과 같음, 남과 다르지 않음. 송訟 : 송사, 시비곡직是非曲直을 다투다.

* 정情 : 실상, 실제. 무정자無情者 : 진실하지 않은 사람, 위선자를 지칭함. 외畏 : 두려워하다. 민지民志 : 민중의 뜻, 민중의 마음. 위謂 : 이르다, 위爲와 같다.

| 해영 |

사물事物의 본말本末, 즉 '근본과 말단'이 있다는 것은 앞에서도 논했습니다. 이는 사물을 대할 때 말단보다 근본에 힘써야 함을 이르는 말입니다. 공자는 민중의 송사를 들어 곡직曲直을 판단하는 것은 남과 다를 바가 없지만, 자신은 민중으로 하여금 '애초부터 송사가 일어나지 않도록 하겠다'고 하였습니다.

이는 자신부터 밝은 덕을 밝히고, 나아가 민중을 새롭게 함으로써 송사가 원천적으로 일어나지 않도록 하겠다는 의지의 표현입니다. 즉 근본을 알게 하면, 말단 또한 알게 되어 먼저 할 것과 나중에 할 것을 알아 송사 자체가 사라질 것이라는 말이지요. 명덕과 신민, 본말과 선후에 관해 잊지 않아야 하겠습니다.

홀로 삼감

| 대학 |

이른바 그 뜻을 '성실히 한다'는 것은 '스스로 속이지 않는 것'이니,

나쁜 냄새를 싫어하는 것처럼 하며, 아름다운 색을 좋아하는 것처럼 하는 것이다. 이것을 일러 스스로 만족한다고 한다. 그러므로 군자는 반드시 그 홀로 삼간다.

| **원문** |

所謂誠其意者는 毋自欺也니 如惡惡臭하며 如好好色이 此之謂自謙이니 故로 君子는 必愼其獨也니라

| **자해** |

* 소위所謂 : 이른바. 성기의誠其意 : 그 뜻을 성실히 하다. 무毋 : 금지를 표시하는 부사. ~하지 말라. 금하여 그침. 자기自欺 : 악을 물리치고 선을 행할 줄은 알지만, 마음에 발한 것이 성실하지 못함. 오惡 : 미워하다, 싫어하다. 악惡 : 악하다, 나쁘다. 여오악취如惡惡臭 : 악취를 싫어하는 것과 같다.
* 겸謙 : 겸慊과 같음, 쾌快하고 족足함.
* 신기독愼其獨 : 그 홀로 삼간다.

| **해영** |

천하를 두 가지의 도道로 나누어 볼까요? 선악善惡이 그것입니다. 선은 하늘의 명命으로 본래 그러한 것이지만, 악은 물욕에서 비롯된 사사로움의 찌꺼기입니다. 그러므로 사람은 본래의 성품대로 선함은 좋아하고 악함은 미워합니다.

그러나 선함을 좋아함이 성실하지 못하면, 선함을 충실히 이행하지 못해 도리어 선함에 해로움이 있게 됩니다. 또한 악함을 미워함이 성실하지 못하면, 악함을 확실히 제거하지 못해 도리어 악한 것을 자라게 하는 꼴이 되고 맙니다.

좋은 색을 보면 눈이 즐겁습니다. 마찬가지로 선한 사람을 보면 마음이 그에게로 갑니다. 하지만 악취를 사람들이 싫어하는 것처럼 악한 사람을 보면 그에게서 멀어집니다. 홀로 있더라도 조금도 게으름 없이 안과 밖을 닦아야 하겠습니다.

공경하는 마음

| 대학 |

마음이 있지 않으면 보아도 보지 못하고, 들어도 듣지 못하며, 먹어도 그 맛을 알지 못한다.

| 원문 |

心不在焉이면 視而不見하고 聽而不聞하며 食而不知其味니라

| 자해 |

* 부재不在 : 있지 않다. 언焉 : 진술의 어기를 표시하는 어기조사.
* 시視 : 보다. 청聽 : 듣다. 식食 : 먹다. 부지不知 : 알지 못한다.

| 해영 |

동서양을 막론하고 학자들은 마음공부에 많은 시간을 투자합니다. 마음의 종류, 즉 생각의 종류로 따지면 헤아릴 수 없을 정도로 복잡하기 그지없습니다. 불가佛家에서는 흔히 오만가지라고도 합니다만, 유가儒家에서는 이른바 칠정七情12)이라고 하여 기쁨과 노여움, 슬픔, 두려움, 사랑, 미움, 욕심 등에 대해 논하기도 합니다. 어떤 마음을 어떻게 정의하든, 보고 듣고 먹는데 있어 마음이 그 자리에 없다면 모두가 의미 없는 일일 것입니다. 그러므로 한순간도 마음이 몸에서 떨어지지 않도록 애써야 하겠습니다.

혈구지도1

| 대학 |

이른바 천하를 화평하게 함이 그 나라를 다스림13)에 달려 있다고

12) 칠정(七情)은 희로애구애오욕(喜怒哀懼愛惡欲) 등 인간의 감정을 뜻한다. 본래 『예기(禮記)』, 「예운(禮運)」에서 기뻐하고 성내고 슬퍼하고 두려워하고 사랑하고 미워하고 무엇을 하고자 하는 심정을 말하는데, 이 일곱 가지는 배우지 않아도 능한 것(喜怒哀懼愛惡欲, 七者, 不學而能.)이라고 말한 데에서 비롯되었다. 칠정에 대한 논의는 그것에 대한 본질, 즉 악(惡)이 되는 요인, 그것을 적극적으로 제거하는 방법 등을 중심으로 전개되었는데, 한유(韓愈)의 정지삼품설(情之三品說), 정이(程頤)의 이성제정설(以性制情說) 등을 들 수 있다. 중국에서는 칠정에 대한 논의가 크게 부각되거나 문제시되지 않았으나, 한국에서는 이기(理氣)와 인간의 선악(善惡)을 연계하여 논하기 시작하면서 복잡한 철학적 문제로 대두되었다. 요컨대 퇴계는 사단(四端)은 이(理)가 발(發)하는데 기(氣)가 따르는 것이고, 칠정(七情)은 기(氣)가 발(發)하는데 이(理)가 타는 이른바 이기호발설(理氣互發說)을 주장하였고, 율곡은 발(發)하게 하는 것은 이(理)이고, 그 발(發)하는 것은 기(氣)이므로 그것이 직출(直出)한 것은 사단(四端)이고, 횡출(橫出)한 것은 칠정(七情)이라 하였다. 퇴계와 율곡 이후, 칠정은 한국 성리학에서 대표적인 관심사로 이어졌으며 이에 대한 견해의 차이는 주리(主理)와 주기(主氣)파로 나뉘는데 영향을 미쳤다.

하는 것은, 위에서 노인을 노인으로 섬기면 민중이 효孝를 일으키고, 위에서 어른을 어른으로 섬기면 민중이 제悌를 일으키며, 위에서 외로운 이를 구휼하면 민중이 배반하지 않는 것이다. 이 때문에 군자는 구矩로 헤아리는 도道가 있는 것이다.

| 원문 |

所謂平天下가 在治其國者는 上이 老老에 而民이 興孝하며 上이 長長에 而民이 興弟하며 上이 恤孤에 而民이 不倍하나니 是以로 君子는 有絜矩之道也니라

| 자해 |

* 소위所謂 : 이른바. 노노老老 : 노인을 노인으로 섬기다. 흥興 : 감동하여 일어남. 장장長長 : 어른을 어른으로 섬기다. 휼恤 : 구휼하다, 동정하다. 고孤 : 고아, 홀로 외롭다. 배倍 : 배背와 같음. 배반하다.
* 혈絜 : 헤아리다. 구矩 : 법도의 기구, 모난 그릇을 만드는 도구, 곡척曲尺. 구矩로 헤아린다는 것은 곡척曲尺으로 마르고 재서 모진 그릇 만드는 것을 비유한 말.

| 해영 |

대체로 '다스린다'는 말은 규모의 차이일 뿐, 그 방법은 다르지 않습

13) '다스림'이라는 말은 '다스리다'의 준말로 '다 살리다'에서 온 말이다.

니다. 가령 윗사람이 노인을 노인으로 섬기는 모습을 보이면 다른 사람들도 효孝를 행할 것이고, 윗사람이 어른을 어른으로 모시면 다른 사람들도 어른을 어른으로 모실 것이며, 윗사람이 외로운 사람을 불쌍하게 여겨 자애로움을 보이면 다른 사람들도 자애慈愛를 실천하여 사회가 어그러지지 않을 것이라는 인식이 그것입니다.

삶의 원리는 천하를 다스리는 원리와 일치합니다. 그러므로 세상을 다스리고자 하는 사람은 물物을 헤아려 구矩로 헤아릴 수 있는 도道가 있어야 합니다. 그래야 민중이 화합합니다. 다시 말해 세상을 다스리고자 하는 사람은, 먼저 효孝와 제悌, 자慈를 실천할 수 있는 사람이어야 합니다. 그래야 민중 또한 분수에 따라 삶을 극진히 합니다. 천하가 다스려지도록 모두가 애써야 하겠습니다.

혈구지도2

| 대학 |

위에서 미워하는 것으로 아래를 부리지 말고, 아래에서 미워하는 것으로 위를 섬기지 말며, 앞에서 미워하는 것으로 뒤에 먼저 하지 말고, 뒤에서 미워하는 것으로 앞을 따르지 말며, 오른편에서 미워하는 것으로 왼편과 사귀지 말고, 왼편에서 미워하는 것으로 오른편과 사귀지 말아야 하는 것이니, 이것을 일러 구矩로 헤아리는 도道라고 한다.

| 원문 |

所惡於上으로 毋以使下하고 所惡於下로 毋以事上하며 所惡於前으로 毋以先後하고 所惡於後로 毋以從前하며 所惡於右로 毋以交於左하고 所惡於左로 毋以交於右하나니 此之謂絜矩之道也니라

| 자해 |

* 소所 : ~하는 바, ~하는 것. 오惡 : 미워하다. 소오所惡 : 미워하는 것. 어於 : 장소를 표시하는 전치사. 어상於上 : 위에서. 무毋 : 금지를 표시하는 부사. ~하지 말라. 금하여 그침. 사事 : 섬기다.
* 혈絜 : 헤아리다. 구矩 : 법도의 기구, 모난 그릇을 만드는 도구, 곡척曲尺.

| 해영 |

혈구絜矩의 도道라는 게 대체 어떤 뜻을 지니고 있는 것일까요? 가령 윗사람이 나를 부리는 것이 미워할 만하면 나 또한 이러한 원리로 아랫사람을 부리지 못한다는 것이고, 아랫사람이 나를 섬기는 것이 미워할 만하면 나 또한 이러한 원리로 윗사람을 섬기지 못하며, 앞사람이 나보다 먼저 하는 것을 미워한다면 나 또한 뒤에 있는 사람의 마음을 헤아려 먼저 하지 말아야 하고, 뒤의 사람이 나를 좇음을 미워한다면 나 또한 앞의 있는 사람의 마음을 헤아려 좇지 말아야 한다는 말입니다.

또한 오른편에 있는 사람이 나를 미워한다면 이러한 원리로 왼편

에 있는 사람과 사귀지 말아야 할 것이고, 왼편에 있는 사람이 나를 미워한다면 이러한 원리로 오른편에 있는 사람과 사귀지 말아야 하는 것 등을 이른바 '혈구의 도'라고 할 수 있습니다. 쉽게 말해 내가 하기 싫은 것이 있다면, 윗사람이나 아랫사람 혹은 옆 사람에게도 부여해서는 아니 된다는 말이지요. '혈구의 도'라는 것이 이처럼 간략하지만 그 효과는 막대합니다. 리더들은 이를 명확히 인지하여 실천해야 하겠습니다.

근본과 말단2

| 대학 |

덕은 근본이요, 재물은 말단이다. 근본을 밖으로 하고 말단을 안으로 하면, 민중을 다투게 하여 빼앗는 것을 가르치는 것이다. 그러므로 재물이 모이면 민중들이 흩어지고, 재물이 흩어지면 민중들이 모인다.

| 원문 |

德者는 本也요 財者는 末也니 外本內末이면 爭民施奪이니라 是故로 財聚則民散하고 財散則民聚니라

| 자해 |

* 덕德 : 인도를 행하려는 어진 마음. 자者 : 앞 말의 수식을 받아쓰는

특수대사. 보편적으로 '~은' 으로 풀이. 재財 : 재물, 녹祿을 의미.

* 본말本末 : 본체와 말단, 즉 덕을 근본으로 삼고 재물을 말단으로 삼음. 쟁爭 : 다투다, 잡아끌다. 시施 : 베풀다, 가르치다, 전하다.

* 시고是故 : 그러므로. 취聚 : 모으다, 모이다. 산散 : 흩뜨리다, 흩어지다.

| 해영 |

세상을 살아가면서 재물財物을 멀리한다는 것은 쉬운 일이 아닙니다. 하지만 『대학』에서는 재물이 없는 것을 근심하지 말고, 덕德이 없는 것을 근심하라고 일러줍니다. 즉 덕이 있어야 사람이 모이고, 사람이 모여야 땅이 있게 되며, 땅이 있어야 재물을 마련하여 삶을 유지할 수 있다고 보는 것이지요. 말하자면 세상을 살아가는 데 재물이 필요 없다는 게 아니라 덕을 보다 소중히 하고, 재물을 말단으로 삼아야 한다14)는 말씀입니다.

만일 근본인 덕을 멀리하고 말단인 재물을 소중하게 여기면 어떤 현상이 벌어질까요? 특히 윗사람이 이런 모습을 보인다면 어떤 일이 일어날까요? 볼 것도 없이 민중들이 이를 본받아 서로 빼앗기를 멈추지 않을 것입니다. 결국 민중들에게 다툼을 가르치는 꼴이 되는

14) 근본(根本)을 바깥으로 하고 말단(末端)을 안으로 하지 않는다는 말은 초(楚)나라의 고사에서도 확인할 수 있다. 옛날 조간자(趙簡子)가 백형(白珩)이라는 패옥(珮玉)을 가지고, 초나라 대부 왕손어(王孫圉)에게 물으니, 왕손어는 다음과 같이 답했다. "우리 초나라는 금과 옥을 보배로 삼지 않고 선한 사람을 보배로 삼는다." 즉 초나라에서는 선한 사람의 행실인 '덕을 근본'으로, '재물은 말단'으로 삼아 재물을 가볍게 여기고 선한 사람을 소중하게 여긴 것이다.

것이지요. 윗사람이 재물을 모으면 민중이 흩어지고, 흩뜨리면 민중이 모인다고 하는 말은 이와 같은 이유 때문입니다. 삶의 근본인 덕을 소중하게 여겨야 하겠습니다.

생식위용生食爲用

| 대학 |

재물을 생산함에 큰 도가 있으니, 생산하는 자가 많고 먹는 자가 적으며, 하기를 빨리하고 쓰기를 느리게 하면, 재물이 늘 풍족할 것이다.

| 원문 |

生財에 有大道하니 生之者 衆하고 食之者 寡하며 爲之者 疾하고 用之者 舒하면 則財恒足矣니라

| 자해 |

* 중衆 : 무리, 많다. 과寡 : 적다. 질疾 : 병, 빠르다. 여기서는 질풍노도疾風怒濤와 같이 빠름을 뜻함. 서舒 : 펴다, 느리다.
* 항족恒足 : 항상 족하다. 의矣 : 감탄의 어기를 표시하는 어기조사.

| 해영 |

누구나 부강富强하고 싶은 것은 인지상정일 것입니다. 그러나 세상을

다스리는 사람이 재물로써 부강하고자 한다면 무엇보다 큰 도, 즉 대도大道를 가지고 움직여야 합니다. 큰 도라는 게 사실 따지고 보면 별 게 아닙니다. 생산生은 많게, 먹음食은 적게, 일처리爲는 빠르게, 쓰임用은 천천히 하는 것입니다. 대개 생산하는 것이 많고 일처리는 빠르며 먹는 것이 적다면 큰 근심 없이 오래도록 풍족할 수 있습니다. 부강하고자 하면 생식위용生食爲用의 도를 실천해야 하겠습니다.

인자와 불인자

| 대학 |

인자는 재물로써 몸을 일으키고, 불인자는 몸으로써 재물을 일으킨다.

| 원문 |

仁者는 以財發身하고 不仁者는 以身發財니라

| 자해 |

* 이以 : 수단이나 방법을 표시하는 전치사. 이재以財 : 재물로써. 발發 : 일으킴.

| **해영** |

본래 재물을 생산하는 주체는 큰 도를 지니고 움직이는 사람, 즉 인자仁者의 전유물로 여겼습니다. 인자는 큰 도를 알기 때문에 재물을 생산하되, 그것을 사사롭게 사용하지 않기 때문입니다. 가령 인자가 재물을 생산하면, 그것으로 구성원 모두가 몸을 일으키는데 사용하는 반면, 불인한 사람은 큰 도를 알지 못하기 때문에 재물을 사사롭게 여겨 재생산하는 데만 골몰해 결국 위태로움을 자초하게 됩니다.

이런저런 매체를 통해 몸으로 큰 부富를 형성했다는 소식이 적지 않게 들립니다. 세상 사람들은 이런 소식을 접할 때마다 춤을 춥니다. 하지만 몸으로써 재물을 일으키다가 병이 든 이들의 소식을 접하면 인식을 새롭게 합니다. 건강 회복을 위해 그간 벌어둔 재물을 탕진하기 때문이지요. 재물의 도를 잃어버린 결과입니다. 배금주의가 극에 달한 요즘, 인자의 도를 살펴 몸을 일으키는데 힘써야 하겠습니다.

이보다 의

| **대학** |

국가에 어른이 되어 재물 쓰는 것을 힘쓰는 이는 반드시 소인小人으로부터 시작되니, 저 소인으로 하여금 국가를 다스리게 하면 재앙과 해로움이 이르러, 비록 잘하는 이가 있더라도 또한 어쩔 수가 없는

것이다. 이것을 일러 '나라는 이利를 이로움으로 삼지 않고, 의義를 이로움으로 삼는다'는 것이다.

| 원문 |

長國家而務財用者는 必自小人矣니 彼(爲善之) 小人之使爲國家면 菑害가 竝至라 雖有善者라도 亦無如之何矣리니 此謂國은 不以利爲利요 以義爲利也니라

| 자해 |

* 재용財用 : 재물을 사용. 자自 : 말미암음. 피위선지彼爲善之 : 주자朱子[15]는 이 구句의 위아래에 궐문闕文이나 오자誤字가 있는 것으로 의심했다. 치菑 : 재災와 같음. 즉 천재天災를 뜻함. 해害 : 인해人害, 즉 사람의 해로움을 의미한다. 병竝 : 아우르다. 지至 : 이르다.
* 여지하如之何 : 어찌하다. 무여지하의無如之何矣 : 어찌할 수 없을 것이다. 이以 : ~로써. 이利 : 이롭다. 의義 : 바르다, 의롭다.

| 해영 |

요즘은 뭐든 이로움만 취하려는 것을 어렵지 않게 볼 수 있습니다. 배금주의가 극에 달한 탓인지 일반 민중은 말할 것도 없고 심지어는

15) 주자(朱子 : 1130~1200)는 정호(程顥)와 정이(程頤) 형제, 주돈이(周敦頤), 장재(張載) 등과 같은 기라성 같은 학자들의 사상을 이어받아 이른바 주자학(朱子學)을 집대성 하였다. 그는『대학』,『논어』,『맹자』,『중용』, 즉『사서(四書)』에 관한 집주(集注)를 저술하면서 자신의 철학사상을 드러냈다.

공공의 이익에 부합되는 조직도 예외가 아닙니다. 하지만 나라를 다스림에 있어서 이익으로써 이로움을 삼으면 곤란합니다. 이익을 이로움으로 삼게 되면, 종국終局에는 민중들의 피해로 돌아갈 수밖에 없기 때문입니다.

특히 나라의 어른, 즉 지도층이 되어서도 재물을 모으고 쓰는 데만 힘쓴다면, 이는 소인小人들에게 끌려가는 형국으로 오래지 않아 나라의 격은 떨어지고 말 것입니다. 또한 이러한 소인들에게 끌려다니면, 재물이 한쪽으로 편중됨으로써 결국 위로는 하늘의 벌을 면치 못할 것이고, 아래로는 민중의 마음이 떠나 재앙災殃이 천하를 뒤덮을 것입니다.

이 때문에 나라는 군자君子로 하여금 이끌도록 해야 한다고 한 것입니다. 군자는 오로지 '의義'를 이로움으로 삼기에 치우치지 않지만, 소인은 '이익'을 이로움으로 삼기에 독차지 하거나 치우치기 쉽습니다. 민중들과 더불어 살기 위해서는 재물을 모으기보다 흩뜨리는 데 열중해야 합니다. '이로움'보다 '의로움'이 여전히 중시되어야 하는 이유입니다.

논어(論語)

子貢問曰。有一言而可以終
乎。己所不欲。勿施於人。
言己之所惡。勿加施於人。
子曰。吾之於人也。誰毁誰譽。如
矣。
包曰。所譽者輒試以事。不虛譽而已。
斯民也。三代之所以直道而
馬曰。三代夏殷周。用民如此。無所阿私。所以云直道而行。
子曰。吾猶及史之闕文也。
包曰。古之良史。於書字有疑則闕之。以待知者。

온전한 학문

| 논어 |

공자가 이르기를, "배우고 때로 익히면 또한 기쁘지 않겠는가? 벗이 먼 곳으로부터 오면 또한 즐겁지 않겠는가? 남이 알아주지 않더라도 성내지 않는다면 또한 군자가 아니겠는가?"(「학이」)

| 원문 |

子曰 學而時習之면 不亦說乎아 有朋自遠方來면 不亦樂乎아 人不知而不慍이면 不亦君子乎아

| 자해 |

* 자子 : 선생님. 『논어』에서의 자子는 공자孔子 : B.C.551~B.C.479를 가리킴.
* 학이시습지學而時習之 : 배우고 때로 익히다. 이而 : 순접관계를 표시하는 접속사. 두 개의 동작이나 상황을 순차적으로 연결해준다. 시時 : 적시, 제때. 습習 : 새가 자주 나는 모습, 배우기를 멈추지 않음을 마치 새가 자주 나는 것과 같이 하는 것. 지之 : 학學의 내용을 가리키는 인칭대사人稱代詞. 대사는 대명사뿐 아니라 형용사적 성격을 지닌 것, 부사적 성격을 지닌 것까지 포괄.
* 불역열호不亦說乎 : 또한 기쁘지 않겠는가. 열說 : 열悅과 같은 의미, 기뻐함. 호乎 : 의문의 어기를 표시하는 어기조사.

* 유붕자원방래有朋自遠方來 : 벗이 먼 곳으로부터 오다. 유有 : '가지고 있다', '소유하다'라는 뜻의 동사로 뒤에 오는 명사를 목적어로 삼지만 때로는 불특정의 사람이나 사물을 표시하는 관형어가 되어, 뒤에 오는 명사를 수식하기도 한다. 자自 : 시발점을 표시하는 전치사.
* 인부지이불온人不知而不慍 : 남이 알아주지 않더라도 성내지 않는다. 인人 : 남, 다른 사람. 이而 : 역접관계를 표시하는 접속사. 온慍 : 노여움을 품은 뜻.
* 군자君子 : '군자답다'라는 뜻의 형용사. 덕德을 완성한 이의 명칭. 유가儒家의 이상적 인간상.

| 해영 |

주지하듯 『논어』의 첫 구절은 '학이學而'로 시작, '군자君子'로 마무리하고 있습니다. 즉 '배워서 군자가 되고자 하는 과정'임을 알 수 있습니다. 때문인지 '배움'은 『논어』에서 가장 중시되는 덕목 가운데 하나입니다. 그런데 여기서 배운다는 것은 '온전히 학문하는 것', '홀로 하지 않고 남에게로 미쳐 함께 하는 것', '자신을 위해 하는 것'임을 일러줍니다.

다시 말하면, 첫 문장은 배움이 몸에 배도록 해야 함을 강조한 말이고, 둘째 문장은 혼자 하는 것이 아니라 남에게로 미쳐야 함을 강조한 것이며, 셋째 문장은 위기지학16), 즉 자신을 위한 학문을 강조

16) 위기지학(爲己之學)은 말 그대로 자기 자신을 위해 학문을 한다는 말이다. 그러나 오늘날에는 세상이 자기중심적으로 변화되면서 남에게 보여주기 위한 학문, 이른바 위인지학(爲人

한 말입니다. 이것이 체득되면 자연스럽게 얻는 것이 있어 기쁘고, 벗이 생겨 즐거우며, 남들이 알아주지 않아도 성내는 일이 없어 군자17)가 되는 것입니다.

간략히 살펴볼까요. 배울 학學 한 글자의 함의는 크고도 넓습니다. 여기서 배운다는 것은 배워서 알고, 안 뒤에는 행하는 이른바 지행합일知行合一을 뜻합니다. 널리 배우고, 자세히 묻고, 삼가 생각하고, 밝게 분변하는 모든 것이 곧 배우는 것이지요. 말하자면 '성현聖賢이 경험한 것'을 토대로 만물의 이치를 배우는 것, 그것을 학이라 할 수 있습니다.

여기서 먼저 깨달은 사람을 선각자라 한다면, 나중에 깨친 사람은 후각자라 합니다. 이때 후각자는 선각자의 삶을 배워 익숙하게 하는 것이 중요합니다. 가령 사물을 물에 담가두면 처음에는 흡수가 안 되는 듯하지만 시간이 지나면 속까지 푹 젖는 것처럼 선각자의 삶은 거울입니다. 천하의 이치가 내 삶의 이치와 소통되어 편안한 삶으로 이어지기 때문입니다.

천하의 이치를 깨닫는 것은, '사람이면 누구나 가능'합니다. 하지만 스스로 하는 것은 아닙니다. 천하의 이치에 통달하여 기쁜 마음

之學)이 되어 버렸다. 대표적인 예가 서예(書藝)다. 자신을 수양하기 위한 도구의 하나였던 서예가 언제부턴가 남에게 보여주기 위한 도구로 전락되었다.

17) 군자(君子) : 유가(儒家)의 이상적 인간상인 '군자'는 유덕자(有德者)인 동시에 위정자(爲政者)를 의미한다. 덕이 있는 사람이 정치를 해야 하고, 정치를 하는 사람은 덕이 있어야 한다는 뜻이다. 또 도가(道家)의 신선(神仙)이나 불가(佛家)의 성불(成佛)과는 달리 '군자'는 배워서 벼슬하지 않으면, 교육을 통해 후진을 양성하는 것이 덕목 가운데 하나라는 특징이 있다.

으로 그것을 실천한다고 해도 따르는 사람이 없다면, 소용없는 일이기 때문입니다. '관계'를 중시하는 유가儒家의 속성상 의미 없는 일이지요. 가령 남들은 굶고 있는데, 혼자만 배부른 것은 의미 없는 것과 같은 경우입니다.

스스로 역량을 발휘해 천하의 이치를 통달하여 실천하는 삶을 추구해도 추종자들이 존재할지 말지는 알 수 없습니다. 따르는 이들이 다수라면 태평성대한 세상이 되겠지만, 따르는 이들이 적어 '난세가 되었다고 성내는 것'은 군자의 올바른 태도가 아닙니다. 의연하고 태연한 마음을 유지하는 것 또한 군자의 자세입니다. '수기'를 지속해야 하는 이유입니다.

효도와 공손

| 논어 |

유자가 이르기를, "그 사람됨이 효성스럽고 우애가 있으면서 윗사람 범하기를 좋아하는 자는 적으니, 윗사람 범하기를 좋아하지 않으면서 난亂을 일으키기를 좋아하는 자는 있지 않다. 군자는 근본을 힘쓰니, 근본이 확립되면 도道가 생기는 것이다. 효성과 우애라는 것은 인仁을 행하는 근본일 것이다."(「학이」)

| 원문 |

有子曰 其爲人也孝弟요 而好犯上者鮮矣니 不好犯上이요 而好作亂

者未之有也니라 君子는 務本이니 本立而道生하나니 孝弟也者는 其爲仁之本與인저

| 자해 |

* 유자有子 : 공자의 제자로 공자보다 13세가 적었다는 설과 33세가 적었다는 설이 있다. 이름은 유약有若. 자字는 자유子有. 『논어』에서는 공자의 제자를 일컬을 때 주로 '자'를 썼는데, 증삼曾參·유약有若·염유冉有·민자건閔子騫을 증자·유자·염자·민자로 일컬은 예가 각각 17회·3회·3회·1회가 있다. 이는 『논어』가 증삼과 유약의 제자에 의하여 편찬되었다고 주장하는 사람들의 주요 논거가 되고 있다.
* 기위인야효제이호범상자선의其爲人也孝弟而好犯上者鮮矣 : 그 사람됨이 효성스럽고 우애가 있으면서 윗사람의 뜻을 범하기를 좋아하는 사람은 적다. 기其 : 일반적인 사람을 가리키는 인칭대사. 야也 : 음절을 조정하고 어기를 고르는 어기조사. 이런 종류의 어기조사는 중간에 호흡을 잠시 멈춤으로써 청자聽者의 주의를 환기하는 역할을 함. 효孝 : 부모를 잘 섬김. 제弟 : 제悌와 같은 의미로 형을 잘 섬김. 이而 : 역접 또는 순접관계를 표시하는 접속사. 호好 : '좋아하다'라는 뜻의 동사. 범상犯上 : 윗자리에 있는 사람을 범함. 자者 : 앞 말의 수식을 받아 전체를 명사구로 만들어 주는 특수대사. 보편적으로 ~하는 사람 또는 ~하는 것으로 풀이. 선鮮 : 적음. 의矣 : 필연의 결과를 표시하는 어기조사.

* 작란作亂 : 어기고 거스르며 다투고 싸우는 일.
* 미지유야未之有也 : 아직 없었다. 미유지未有之의 도치형. 고대 중국어, 즉 한문에서는 의문문이나 부정문에서 대사代詞가 목적어로 쓰일 경우, 목적어가 대개 동사나 전치사 앞에 위치한다. 미未 : 아직까지 ~하지 않다.
* 무務 : 힘을 전일專一하게 함.
* 본립이도생本立而道生 : 근본이 서면 도가 생긴다. 본本 : 근본.
* 야자也者 : 음절을 조정하고 어기를 고르는 두 개의 어기조사가 연용된 것. 자者 : 음절을 조정하고 어기를 고르는 어기조사. 경우에 따라 ~라고 하는 것, ~라고 하는 사람으로 풀이하는 것이 더 자연스러울 때도 있다. 기其 : 아마, 추측을 표시하는 부사. 위인爲仁 : 인을 행함. 인仁 : 사랑의 이치와 마음의 덕. 위爲 : '~이다'라는 뜻의 동사. 지之 : 형용사, 동사, 명사, 대사, 주술구조 등의 뒤에 붙어서 그것을 관형어로 만들어 주는 역할을 하는 구조조사構造助詞. 여與 : 감탄의 어기를 표시하는 어기조사. 추측을 표시하는 부사 기其와 함께 쓰이는 경우, 감탄의 어기와 추측의 어기를 함께 표시한다. 의문사 혹은 '겸손하여 감히 질정하여 말하지 못하는 것'으로도 쓰인다.

| 해영 |

세상을 살아가면서 소중한 덕목을 살펴보면, '효도'와 '공손'만한 게 없습니다. 가령 그 사람됨이 어버이께 효도하고 형을 존중하면 그 마음이 공손하게 되어 결국 윗사람을 범犯하게 되는 일은 적습니다. 일반적으로 범한다는 말은 불순不順한 짓을 뜻합니다. 따라서 작은 불순을 줄여간다면 도덕과 윤리에 어긋나는 일 또한 줄어들 것입니다.

이는 개인이든 조직의 일원이든 이러한 근본이 확고히 자리하고 있다면, 삶 속에서 어떠한 변수가 생기더라도 크게 어려움에 처하지는 않을 것입니다. 효도와 공손이 얼핏 상관관계가 없어 보이지만, 효도와 공손하지 못한 이들이 사회생활을 제대로 했다는 이야기가 전해지지 않는 것을 보면, 역시 효도와 공손의 위력을 느낄 수 있습니다.

효도하는 마음과 공손한 마음은 모두 '인仁'이라는 원초적 사랑에서 출발합니다. 화순和順한 마음이나 강직剛直한 마음, 의연毅然한 마음도 모두 '인'이라는 씨앗에서 출발하는 것이지요. 따라서 '인'이라는 씨앗이 잘 발아發芽되도록 하여 기필코 효성과 우애의 도道가 활짝 펴 '근본'이 바로선 그런 세상이 되도록 애써야 하겠습니다.

허물 성찰

| **논어** |

공자가 이르기를, "군자가 중후하지 않으면 위엄이 없으니, 배워도 견고하지 못하다. 충성과 신의를 주로 하며, 자기만 못한 이와 벗하

지 말며, 허물이 있거든 고치기를 꺼려하지 말라."(「학이」)

| 원문 |

子曰 君子不重則不威니 學則不固니라 主忠信하며 無友不如己者요 過則勿憚改니라

| 자해 |

* 중重 : 중후함.
* 학즉불고學則不固 : 배워도 공고하지 않다. 즉則 : ~해도. 역접관계를 표시하는 접속사. 위威 : 위엄. 고固 : 견고함.
* 무우無友 : 친구로 삼지 말라. 무無 : 금지를 표시하는 부사. 무毋와 같음. ~하지 말라. 우友 : 명사가 의동사意動詞로 전용된 것.
* 물탄개勿憚改 : 고치기를 꺼리지 말라. 물勿 : 금지를 표시하는 부사. 탄憚 : 두려워하고 어렵게 여김.

| 해영 |

학문하는 근본 이유는 말할 것도 없이 덕을 쌓고 베풀기 위함입니다. 따라서 군자가 학문을 하기 위해서는 반드시 중후重厚한 바탕을 먼저 길러야 합니다. 그래야 아는 것과 행하는 것이 부합될 수 있습니다. 또 쌓여진 '덕', 즉 '배움'을 베푸는 데 있어서도 반드시 충성스럽고 미덥게 하여 어디에서든 그 '덕'이 통할 수 있게 해야 합니다.

'허물'이란 자신도 모르는 사이, 사리事理를 잃은 것을 말하고, 악惡

이란 고의로 이치를 거스른 것을 뜻합니다. 때문에 충과 신을 위주로 자신보다 나은 벗을 가까이 하면서 날마다 새로운 '덕'을 구축하는 이유가 여기에 있습니다. 신神이 아닌 이상, 허물을 완전히 배제할 수는 없습니다. 다만 '고치기를 꺼리지는 말아야' 하겠습니다.

바른 정치

| 논어 |

공자가 이르기를, "덕으로 정치하는 것을 비유하면 마치 북극성이 제자리에 머물러 있으면 모든 별이 그에게로 향하는 것과 같다."(「위정」)

| 원문 |

子曰 爲政以德이 譬如北辰이 居其所어든 而衆星이 共之니라

| 자해 |

* 위정이덕爲政以德 : 덕으로 정치를 하다. 정政 : 바르게 하다. 덕德 : 도를 행하여 마음에 얻음이 있는 것. 이以 : 수단이나 방법을 표시하는 전치사.
* 비여북신거기소이중성공지譬如北辰居其所而衆星共之 : 비유하자면 북극

성이 자기 위치에 자리 잡고 있으면, 뭇별들이 그것을 둘러싸는 것과 같다. 비여譬如 : '비유하면 ~와 같다. 비유컨대 ~와 같다'라는 의미의 관용어. 북신北辰 : 북극성, 하늘의 중추中樞. 거기소居其所 : 움직이지 않음. 공共 : 향함. 지之 : 북신을 가리키는 인칭대사.

| 해영 |

요즘 정치는 대체로 힘에 의한 정치를 합니다. 어떻게 하면 추종자들을 유인하여 자신들에게 유리한 판도를 짤 것인지를 두고 노심초사하는 경우가 허다합니다. 소수, 즉 사회적 약자를 위해 국가가 존립한다는데 동의하면서도 실제에서는 헤게모니를 장악하기 위해 폭력도 불사합니다. '다수결의 원칙'이 대표적인 예입니다. 역설이자, 모순의 극치이지요.

예로부터 동양의 선현先賢들이 주장한 정치는, '근본을 바르게 하는 것'이라 하였습니다. 이를 위해서는 기강紀綱을 세우고 법도法度를 베푸는 것입니다. 그러나 선행해야 할 것은 치자治者가 다스리기 전, 수양修養과정에서 얻어 행하는 것을 근본으로 삼아야 한다는 점입니다. 즉 덕德으로써 교화敎化[18]하는 것을 핵심 요체로 여기는 것이지요.

다시 말하면, 정치의 근본은 '사람을 바르게 하는 것'을 의미합니다. 이에 따라 힘[武力]이 아닌 덕德에 의한 정치가 되어야 함은 물론

18) 교화(敎化)란 인간을 가르쳐 감화시키는 작업을 의미한다. 이를테면 학업을 통하여 가르치는 것을 '교(敎)'라 하고, 행동으로 모범을 보임으로서 사람다움을 권장하는 것을 '화(化)'라 한다. 따라서 '교화'란 이론과 실천이 병행된 이른바 지행합일(知行合一)의 경지에서만 가능하다.

입니다. 스스로 덕을 닦아 남면南面[19]하고 있으면, 세상사가 어렵지 않을 거라는 논리입니다. 마치 북극성이 제자리를 잡고 있으면, 뭇별들이 그를 중심으로 돌듯 정치도 마찬가지입니다. 덕에 의한 정치가 아쉽습니다.

정치와 형벌

| 논어 |

공자가 이르기를, "정령으로 인도하고 형벌로 가지런히 하면 민중이 면하려고만 하고 부끄러워하지 않는다. 덕으로 인도하고 예로 가지런히 하면 부끄러워하고 또한 선에 이를 것이다."(「위정」)

| 원문 |

子曰 道之以政하고 齊之以刑이면 民免而無恥니라 道之以德하고 齊之以禮면 有恥且格이니라

| 자해 |

* 도지이정道之以政 : 정령으로써 그들을 인도하다. 도道 : '인도하다, 이끌다'라는 동사. 도導와 같다. 지之 : 뒤에 나오는 민民을 가리키는

19) 남면(南面)의 본래 의미는 군주의 지위(地位)를 가리키는 말이다. 군주, 즉 지도자가 정사하는 위치가 북쪽에서 남쪽을 향한다는 차원에서 비롯되었다.

인칭대사. 정政 : 법제法制와 금령禁令.

* 제지이형齊之以刑 : 형벌로써 그들을 인도하다. 제齊 : '가지런히 하다, 다스리다'라는 뜻의 동사. '가지런하다'라는 뜻의 형용사가 사역동사로 전용된 것.

* 예禮 : 제도制度와 품절品節.

* 유치차격有恥且格 : 수치심도 있고 또한 감화도 받다. 차且 : 체증遞增 관계를 표시하는 접속사. 격格 : '이르다, 감동하다, 감화하다'라는 뜻의 동사.

| 해영 |

지도자가 국가를 운영하는데 있어서 중시해야 할 점은 무엇보다 민중이 선善을 행하고 악惡을 멀리하게 하는 데 있습니다. 때문에 지도자는 민중을 '선'으로 인도함에 있어서 법령만으로 하지 않고, 자신의 밝은 덕을 갈고 닦아 이를 근본으로 삼아 민중이 '선'을 행하고 '악'을 멀리하도록 솔선수범率先垂範[20]하는데 있습니다.

민중은 예로부터 지도자로부터 거울삼는다고 하였습니다. 가령 지도자가 덕德으로써 민중을 다스려 나가려는 의지를 표출하면, 민중은 이를 그대로 반영하여 따르게 되는 것이지요. 만일 지도자가 법

20) 조선왕조에서는 성리학을 국학으로 삼고, 그 이념을 국시로 채택했다. 따라서 국가의 기본 정책은 패도(覇道)가 아닌 왕도정치(王道政治)를 지향하였고, 법치(法治)보다는 덕치(德治)를 우선 하였다. 왕도정치와 덕치는 지도자의 '솔선수범'을 기초로 한다. 이는 법의 강제적 남용을 억제하고 인간의 자율성을 제고하기 위해 교화(敎化)를 통한 인간화 작업을 중시하는 특징이 있다.

령으로만 다스려 나가고자 하면, 따르지도 않을 뿐더러 민중은 애써 빠져 나가려 하거나 법령을 어기고도 부끄러워하지 않습니다.

정치와 형벌, 덕과 예가 민중을 감동시키는 기제임은 분명합니다. 민중들이 여기에 응함에 따라 '법치'와 '덕치'로 나누어집니다. 그러므로 지도자는 무엇이 근본이고 무엇이 말단인지를 명확히 인식, 중시할 것과 경시할 것을 엄히 구별하여 순위에 따라 다스려야 합니다. '덕'과 '예'를 중시해야 하는 이유가 여기에 있는 것입니다.

온고지신

| 논어 |

공자가 이르기를, "옛 것을 익혀 새로운 것을 알면, 스승이 될 수 있다."(「위정」)

| 원문 |

子曰 溫故而知新이면 可以爲師矣니라

| 자해 |

* 온고이지신溫故而知新 : 옛 것을 연구하여 새로운 것을 알다. 온溫 : 찾아서 풀어냄. 익히고 연구하는 것. '따뜻하다'는 형용사가 '온습하다, 복습하다, 익히다'라는 사역동사로 전용. 고故 : 과거에 배운 것. 신新 : 새로 얻은 것.

* 가이위사의可以爲師矣 : 스승이 될 수 있다. 가이可以 : '~할 수 있다, ~해도 좋다'라는 뜻의 조동사. 본래는 조동사 가可와 수단 · 방법을 표시하는 전치사 이以가 결합된 형태로 '가히 그것으로써 ~할 수 있다'는 의미인데, 전치사 이以 뒤에 올 목적어가 생략됨으로써 아예 조동사로 바뀐 것이다. 의矣 : 필연의 결과를 표시하는 어기조사.

| 해영 |

이미 들은 것은 옛것이고, 지금 얻은 것은 새것입니다. 그러나 새것은 옛것 가운데 있습니다. 때문에 옛것을 폐기하면 지금 것도 알 수 없는 것이지요. 그렇다고 옛것만을 익히는데 시간을 투자한다면, 쓸모없는 지식이 될 것입니다. 따라서 옛것을 봄에도 그 도리를 좇아 지금 시대에 꼭 필요함을 얻을 수 있다면 스승이 될 수 있을 것입니다. 다시 말해, 옛것이란 오래 전에 알게 된 사리事理를 의미하고, 새것이란 옛것 가운데 새것을 의미합니다. 문제는 스승이 될 수 있는 조건인 새것을 어떻게 현 시대에 적용시킬 수 있을 것인가? 하는 것이 요체일 것입니다. 하나의 방법으로 과거 선현들의 삶을 타산지석他山之石으로 삼는 일입니다. 오늘날의 나침반이 될 수 있기 때문입니다.

군자는 무당파

| 논어 |

공자가 이르기를, "군자는 두루 사랑하고 편당偏黨하지 않으며, 소인은 편당하고 두루 사랑하지 않는다."(「위정」)

| 원문 |

子曰 君子는 周而不比하고 小人은 比而不周니라

| 자해 |

* 군자君子 : 유가儒家의 이상적 인간상인 '군자'는 유덕자有德者인 동시에 위정자爲政者를 의미한다. 덕이 있는 사람이 정치를 해야 하고, 정치를 하는 사람은 덕이 있어야 한다는 뜻이다.
* 주周 : 널리보편 하는 것, 친밀하다. 비比 : 편당偏黨하는 것, 결탁하다. 주이불비周而不比 : 두루 사랑하고 편당하지 않다.

| 해영 |

군자든 소인이든 남과 친밀하게 지내려 하는 것은 마찬가지입니다. 마음 씀씀이가 다를 뿐이지요. 군자는 마음 씀씀이가 공정하면서 두루 사랑하고 친밀감과 소원함이 늘 이치에 합당하여 사사로운 감정에 휩쓸려 당파를 형성하지 않는 특징이 있습니다. 하지만 소인은 마음씀씀이가 사사로워 개인적인 감정에 사로잡혀 쉽게 당파를 형

성합니다.

군자와 소인의 행실은 이처럼 정반대지만, 그 차이는 사실 '터럭만큼' 밖에 차이가 나지 않습니다. 언제든 군자가 소인의 행실을 할 수 있고, 소인도 마음씀씀이에 따라 군자의 마음으로 변모시킬 수 있기 때문입니다. 그러므로 군자의 입장과 생각을 항상 인식하여 공정한 마음과 편당하지 않는 마음 자세를 유지維持해야 하겠습니다.

참된 앎

| 논어 |

공자가 이르기를, "유야, 너에게 안다는 것이 무엇인지 가르쳐 줄까 보다. 아는 것을 안다고 하고, 모르는 것을 모른다고 하는 것, 이것이 아는 것이다."(「위정」)

| 원문 |

子曰 由아 誨女知之乎인저 知之爲知之요 不知爲不知가 是知也니라

| 자해 |

* 유由 : 공자의 제자 중유仲由를 말함. 자는 자로子路 또는 계로季路로 지칭하기도 함. 노魯나라 사람으로 공자보다 9세가 아래였으며, 성

격이 용맹스럽고 남에게 지기 싫어하는 성격의 소유자였음.

* 회여지지호誨女知之乎 : 너에게 안다는 것이 무엇인지를 가르쳐 줄까. 여女 : 2인칭대사, 여汝와 같음. 지지知之 : 회誨의 직접 목적어. 지之는 일반적인 대상을 가리키는 인칭대사. 호乎 : 의문의 어기를 표시하는 어기조사.
* 지지위지지知之爲知之 : 아는 것을 안다고 하다. 위爲 : ~라고 하다. 위謂와 같음.
* 시지야是知也 : 이것이 아는 것이다. 시是 : 지지위지지, 부지위부지知之爲知之, 不知爲不知를 가리키는 지시대사. 야也 : 판단 또는 진술의 어기를 표시하는 어기조사.

| 해영 |

철학자이자 교육자인 공자, 이른바 '맞춤형 눈높이 교육'을 최초로 시도한 학자로 규정해도 손색이 없을 것입니다. 성질 급한 제자에게는 더디게 움직이게 하고, 지나치게 느긋한 제자에게는 바로 발동하도록 합니다. 가령 자로와 같이 용맹을 앞세우고 남에게 지기 싫어하는 제자에게는 훈계를 통해 성품을 부드럽게 하는 교육21)을 합니다.

자로는 간혹 모르는 것이 있어도 남에게 지기 싫어하는 성정 탓에 항상 아는 체를 하였습니다. 이러한 성품을 인지한 공자는 사물의

21) 이러한 교육은 붓다의 '대기설법(對機說法)'과 유사하다. 붓다는 가르침을 펼 때 각각 중생의 근기와 처지에 따라 가장 알맞은 내용과 방법을 통해 진리의 길로 인도했다.

도리에 대해 일러주고 훈계하였지요. 예컨대 '아는 것을 안다'고 하고, '모르는 것을 모른다'고 하는 것이 '아는 것'이며, 이것이 곧 '정직'이라고 일러주는 것입니다. 참된 앎은 바로 이런 것임을 알 수 있습니다.

공정한 인사?

| **논어** |

애공22)이 물었다. "어떻게 하면 민중이 복종합니까." 공자가 이르기를, "정직한 사람을 들어 쓰고 모든 굽은 사람을 버려두면 민중이 복종하고, 굽은 사람을 들어 쓰고 모든 정직한 사람을 버려두면 민중이 복종하지 않습니다."(「위정」)

| **원문** |

子曰 哀公이 問曰 何爲則民服이니잇고 孔子對曰 擧直錯諸枉則民服하고 擧枉錯諸直則民不服이니이다

| **자해** |

* 거직조저왕擧直錯諸枉 : 곧은 것을 들어서 굽은 것 위에 놓다. 거擧 : 들다. '등용하다'로 볼 수 있으나 전체적인 말의 의미로 볼 때, '들다'로 보는 것이 적합하다. 조錯 : 버려두고 쓰지 않음. 저諸 : 지어之

22) 애공(哀公)은 노(魯)나라의 임금이다. 재위 기간은 (B.C.494~B.C.468)이다.

於와 같다. 무리, 중衆과 같음.

| 해영 |

인사? 자주 거론되는 것 자체가 어렵다는 말입니다. 같은 책, 「안연顔淵」에서도 "곧은 사람을 들어 쓰고 모든 굽은 사람을 버리면, 굽은 사람으로 하여금 곧게 할 수 있다."[23]고 하였고, 순자荀子[24]는 "굽은 나무는 반드시 도지개에 넣거나 불에 쬐어 바로잡은 연후에 곧아지고, 무딘 쇠는 반드시 숫돌에 간 뒤에 날카롭게 된다. 사람의 악한 본성은 반드시 스승이나 법도를 기다린 후에 바로잡히며 예의를 얻은 후에 다스려진다."[25]고 하였습니다.

200년 전, 정조正祖도 예외는 아니었습니다. 가령 "마음이 곧은 이를 등용하고 굽은 이를 놓아두는 것은 곧 나라를 다스리는 데 있어서의 첫째 급선무"[26]라고 강조한 바 있습니다. 진실로 바르고 곧은 사람을 발탁하고 굽은 사람을 배척하면, 권하고 징계하는 것이 마땅

23) 『논어』, 「안연(顔淵)」 : 子曰, 擧直錯諸枉, 能使枉者直.

24) 순자(荀子 : B.C.298~B.C.238)는 고대 중국의 전국시대(戰國時代, B.C.403~B.C.221) 말기의 사상가다. 공자의 사상 중 예(禮)를 강조하여 발전시켰는데, '사람의 본성은 선하다'는 맹자의 이른바 성선설(性善說)을 정면으로 반박했다. 즉 '사람의 본성은 악하다'고 규정하고, 이 악한 본성은 예(禮)를 통해 변화시켜 선하게 만들어야 한다는 이른바 성악설(性惡說)을 주장했다. 그의 성악설은 『순자』의 「성악(性惡)」편에 나타난 화성기위(化性起僞 : 본성을 변화시켜 인위를 일으킨다)라는 명제로 대표된다. 가령 사람은 날 때부터 이익을 구함으로써 서로 질투하고 미워하기 때문에 그대로 놔두면 다툼이 그치지 않는다는 것이다. 그러므로 이를 고치기 위해서는 예의를 배우고 정신을 수련해야만 한다고 주장하였다.

25) 『순자』, 「성악(性惡)」 : 枸木必將待檃栝烝矯然後直, 鈍金必將待礱厲然後利. 今人之性惡, 必將待師法然後正, 得禮義然後治.

26) 『홍재전서(弘齋全書)』 권168, 「일득록(日得錄)」, 정사(政事)3. : 擧直錯枉, 卽治國之第一急務.

하여 장차 선한 사람은 발탁되고 악한 사람은 배제되는 것이지요. 다수의 구성원이 이에 따르게 됨은 물론입니다. 정직한 사람이 다수 포진되어야 민중이 건강해지기 때문입니다.

또 정조는 "1년의 두 차례 '도목'[27]은 세상에서 대정大政이라 부르는 것인데, 대정은 대부분 적체되었던 사람들을 소통시켜 주는 것을 위주로 한다. 그러나 적체를 소통시키는 것만을 위주로 하면 인재를 고르는 데 실책을 범하기 쉽고, 인재를 고르는 것만을 위주로 하면 적체를 소통시키는 데 실책을 범하기 쉽다.… 일정한 방소方所를 두지 않고 관직을 위하여 사람을 골랐던 뜻이 그 가운데 병행하도록 하면 좋을 것"[28]이라고 한 바 있습니다.

'정직을 선호'하고 '거짓을 혐오'하는 것은 인지상정입니다. 때문에 구성원들의 마음을 헤아려 군자와 같은 사람을 발탁하면 구성원들은 쌍수를 들어 환영할 뿐 아니라 믿고 따릅니다. 하지만 역으로 소인과 같이 간사하고 사사로움에 밝은 사람을 발탁하면, 구성원들의 신뢰는커녕 따르지도 않습니다. 구성원이 따르는지, 따르지 않는지는 '곧은 사람을 발탁하느냐?' '굽은 사람을 발탁하느냐?'에 달려 있는 셈입니다. 지도자들이 늘 새길 대목입니다.

27) 도목정사(都目政事)의 약칭. 이는 고려 때의 제도로서 해마다 음력으로 6월과 섣달에 벼슬아치의 성적이 좋고 나쁨에 따라서 벼슬자리를 떼어 버리거나 좋은 데로 올리거나 하던 일을 말한다(『類選』 卷4上, 人事篇5, 治道門2.).

28) 『홍재전서』 권168, 「일득록」, 정사3. : 教曰, 一年兩都目, 世所稱大政, 而大政多主於疏滯. 然只主疏滯, 則易失於擇人, 只主擇人, 則易失於疏滯. 要須古人立無方爲官擇之意, 竝行於其中, 方好.

모르면 묻는 것

| 논어 |

공자가 태묘에 들어가서 매사를 묻자 어떤 사람이 말하였다. "누가 추인鄹人의 아들29)이 예를 안다고 말하였는가? 태묘에 들어서 매사를 묻는구려." 공자가 듣고 이르기를, "이것이 예이다."(「팔일」)

| 원문 |

子入大廟하사 每事를 問하신대 或曰 孰謂鄹人之子를 知禮乎오 入大廟하야 每事를 問이온여 子聞之하고 曰 是禮也니라

| 자해 |

* 태묘大廟 : 노魯나라 시조인 주공周公의 사당.
* 추인지자鄹人之子 : 추읍 사람의 아들. 공자를 가리킨다.
* 시례야是禮也 : 이것이 예이다. 시是 : 입태묘매사문入大廟每事問을 가리키는 지시대사. 겸허하고 삼가는 것이 바로 예의 본질이라는 뜻에서 이렇게 말한 것이다. 야也 : 판단 또는 진술의 어기를 표시하는 어기조사.

29) 공자의 아버지인 숙량흘(叔梁紇)이 추읍(鄹邑)에서 대부를 지냈기 때문에 공자를 추인의 아들이라고 말한 것이다.

| 해영 |

공자가 벼슬에 나아가 태묘大廟의 제사에 참여했을 때입니다. 일찍이 예문禮文과 예기禮器에 박식했던 그였지만 직접 담당해 보지는 않았기 때문에, 그 상황에 맞도록 하는 일이 서툴러 동료들에게 자주 물었습니다. 모르면 묻는 것이 마땅했기 때문이지요. 하지만 당시 사람들은 예禮로 유명했던 공자가 묻고 또 물어오자, '어떤 자가 감히 예禮를 잘 안다고 말했던가?' 라며 비웃었습니다. 이에 공자는 모르면 묻는 게 예禮라고 한 것입니다.

이른바 지도층 인사들이 맡은바 직무에 만전을 기하기 위해서는 직에 대한 의식뿐만 아니라 요령을 확실히 터득해야 합니다. 이를 위해서는 영역 선배들의 지적자산을 통해 온고지신溫故知新이나 법고창신法古創新하고자 하는 마음이 필요합니다. 추세도 제대로 읽어내지 못하면서 스스로의 능력을 과대평가하여 마구 사업을 펼치고자 하는 것은 올바른 리더의 자세가 아니기 때문입니다. 묻는 것이 예禮이기도 하지만, 시행착오를 줄이는 방책입니다.

가령 최근의 공직사회에서도 진보적인 마인드니 보수적인 마인드니 하는 공직관이 서서히 거론되고 있습니다. 진보적인 공직관에 대해 부정할 일은 아니나, 공직의 특성상 그 직을 수행하는 과정에서는 철저히 보수적일 필요가 있습니다. 자칫 계량할 수 없을 만큼, 피해가 발생될 수 있기 때문이지요. 알고 알지 못하는 사이에서 민중의 삶은 달라집니다. 그러므로 묻는 데에 있어서 부끄러워 할 필요는 없습니다. 모르면 묻는 것이 예禮이기 때문입니다.

인한 마을

| 공자 |

공자가 이르기를, "마을이 인仁한 것이 아름다우니 가려서 '인'한데 거처하지 않으면 어찌 지혜롭다고 하겠는가?"(「이인」)

| 원문 |

子曰 里仁이 爲美하니 擇不處仁이면 焉得知리오

| 자해 |

* 이인위미里仁爲美 : 마을이 인仁한 것이 아름답다. 리里 : 25가家의 마을. 위미爲美 : 아름답다, 좋다. 위爲 : '~이다'라는 뜻의 동사. 뒤에 오는 형용사와 결합하여 '~하다'라는 뜻의 술어를 이룬다.
* 택불처인擇不處仁 : 인仁에 거처하지 않음을 선택하다. 인仁은 처處의 목적어이고 불처인不處仁은 택擇의 목적어이다.
* 언득지焉得知 : 어떻게 지혜로운 행위일 수 있겠는가. 득得 : '~할 수 있다'라는 조동사. 지知 : 지혜롭다. 지智와 같다.

| 해영 |

사람이 세상을 살아가면서 살 곳을 선택하는 것은 매우 '중요한 일' 입니다. 마을 가운데 풍속과 습관이 인후仁厚하면 가난과 질병을 상호 구원하게 되고, 보고 듣는 바에 이로움이 있어서 자신의 '덕'과

'예'를 쌓아나갈 수 있습니다. 뿐만 아니라 과실過失 또한 상호 권함으로써 줄여나갈 수도 있습니다. 때문에 지혜로운 사람들은 예로부터 거처를 중시한 것이지요. 일반 민중들의 삶 또한 이럴진대 공공기관이 들어설 자리를 택하거나 구심점 역할을 하는 기관의 자리는 말할 것도 없다 할 것입니다.

주지하듯 오늘날의 마을들은 주로 대도시 형태를 띠고 있습니다. 공직자의 지혜로움이 더욱 크게 요구되는 시대가 된 것입니다. 공직자의 생각 정도에 따라 민중의 삶의 질 또한 크게 달라질 수 있기 때문이지요. 이러한 차원에서 오늘날의 '대도시 중심의 정책'을 살펴보면 비판하지 않을 수 없습니다. 가령 50만 명이 거주하는 대도시를 불과 수년 만에 뚝딱 건설합니다. 역사상 유래를 찾을 수 없는 무지막지한 일을 눈 하나 깜짝하지 않고 자행합니다. 일각에서는 '한국적 특성'이라고 강변하기도 합니다.

인후한 마음으로 상호 관계를 돈독하게 하여 '덕'과 '예'를 쌓아가는 삶에 기초하여 본다면, 이는 '집단 지성集團知性 : Collective Intelligence의 마비 현상'이 아닐 수 없습니다. 오늘날의 대도시 건설 정책을 한마디로 평하면 '야만' 그 자체입니다. 부동산의 특성상 성장과 성숙단계를 지나면 쇠퇴, 천이遷移단계에 돌입할 수밖에 없습니다. 혼란은 불가피합니다. '인후나 덕, 예'는커녕 나라의 미래를 걱정할 판입니다. 우려하지 않을 수 없는 일이지요. 시대의 리더들이 눈을 부릅떠야 하는 이유입니다.

인자안인仁者安人

| 공자 |

공자가 이르기를, "인仁하지 않은 자는 오랫동안 곤궁함에 처하지 못하며 오랫동안 즐거움에 처하지 못하니, '인'한 자는 '인'을 편안하게 여기고 지혜로운 자는 '인'을 이롭게 여긴다."(「이인」)

| 원문 |

子曰 不仁者는 不可以久處約이며 不可以長處樂이니 仁者는 安仁하고 知者는 利仁이니라

| 자해 |

* 불가이구처약不可以久處約 : 오랫동안 곤궁함에 처할 수 없다. 가이可以 : '~할 수 있다'는 뜻의 조동사. 약約 : 곤궁함.
* 인자안인仁者安仁 : 인자는 인을 편안하게 여기다. 안安 : '편안하다'라는 뜻의 형용사가 '편안하게 여기다'라는 뜻의 의동사意動詞로 전용된 것.
* 지자리인知者利仁 : 지혜로운 자는 인을 이롭게 여기다. 리利 : 탐함. '이롭다'라는 뜻의 형용사가 '이롭게 여기다'라는 뜻의 '의동사'로 전용된 것.

| 해영 |

'인仁'은 근본적인 마음이자, '덕의 근원'입니다. 때문에 '인'한 사람은 삶의 환경이 곤란해도 오랫동안 즐거움으로 삼고 처하지만, 인하지 못한 사람은 그 뿌리가 깊지 못해 오랫동안 그 근본을 유지하기 어렵습니다. 잠시 곤궁한 삶을 즐거운 경지로 삼아 머물 수는 있으나 지속하지는 못합니다. 그러나 인하지는 못하더라도 지혜로운 마음이 존재한다면 하늘의 이치를 알 수 있는 소견이 생겨나 '인'에 가까운 생활로 변화될 수는 있습니다.

시대의 리더들은 군자이자, '인'을 주도해야 하는 존재입니다. 그럼에도 군자의 행실은 물론 '인'에 반하는 행태를 보인다면 비난을 면키 어려울 것입니다. 특히 민중을 위해 존재한다고 눈만 뜨면 부르짖으면서도 '인'한 마음을 끝내 폐기한다면, 결국 반민중적인 행태를 마구 저지름으로써 오히려 민중들에게 적폐積弊만 안기는 꼴이 될 것입니다. 그러므로 시대의 리더는 '인'을 구현하기 위해 무진 애를 써야 합니다. 숙명이기 때문입니다.

덕과 이웃

| 논어 |

공자가 이르기를, "덕은 외롭지 않다. 반드시 이웃이 있다."(「이인」)

| 원문 |

子曰 德不孤라 必有隣이니라

| 자해 |

* 덕德 : 얻는 것. 덕이 있는 사람을 가리킨다.

* 린隣 : 이웃, 친함.

| 해영 |

예로부터 덕德을 폐기하면서까지 사는 사람은 없습니다. 사정이 아무리 나빠도 덕을 배제하지는 않습니다. 특히 '덕'이라고 하는 것은 '선善한 마음이 지속적으로 쌓인 결과'라는 점에서 쉽게 사라지지 않는 것이지요. 때문에 '덕'이 있으면 반드시 상호 구원하는 일이 생겨 결국 이웃으로까지 발전합니다. 동서고금東西古今을 막론하고 '덕'을 찬양하는 것은 이 때문이지요.

한편 '덕'에 기초한 정직正直은 성실誠實이라는 덕목과 함께 끈질기게 생명력을 유지하고 있습니다. 물론 정직이라는 덕목이 때로 시대에 뒤떨어진 천박한 가치로 비춰지기도 하지만, 은미하게 그 빛을 발하는 것은 역시 선량한 다수의 자양분이 되기에 충분합니다. 예로부터 '복福은 짓고, 덕德은 쌓는 것'이라 하였습니다. 사정이 좋을 때 많이 쌓아야 하겠습니다.

문질빈빈文質彬彬

| 논어 |

공자가 이르기를, "바탕이 꾸밈을 이기면 거칠고, 꾸밈이 바탕을 이기면 호화로우니 꾸밈과 바탕이 어우러진 연후라야 군자이다."(「옹야」)

| 원문 |

子曰 質勝文則野요 文勝質則史이니 文質이 彬彬然後에 君子니라

| 자해 |

* 질승문즉야質勝文則野 : 바탕이 꾸밈을 이기면 거칠다. 야野 : 야인. 아름답게 꾸미지 않아 야성스럽고 질박한 상태.
* 문승질즉사文勝質則史 : 꾸밈이 바탕을 이기면 호화롭다. 사史 : 실질적인 내용은 보잘 것 없으면서 겉만 번지르르한 상태. 많이 듣고 일에 익숙하나 성실함이 혹 부족한 것.
* 빈빈彬彬 : 물건이 섞여 고른 모양. 양쪽 모두 빛이남.
* 연후군자然後君子 : 그런 뒤에야 군자이다. 군자君子 : 명사가 형용사로 전용된 것.

| 해영 |

삶의 과정에서 '몸'을 떠나서 존재할 수는 없습니다. 따라서 바탕도

문채도 모두 중요합니다. 하지만 우선적 가치로 따지면, '몸'을 먼저 다지는 것이 훨씬 중요합니다. 꾸밈은 그 몸을 위해 존재하는 것이기 때문입니다. 가령 빈약한 바탕에 겉만 화려하게 꾸미면 어찌 될까요? 허세에 불과할 것입니다. 또한 꾸미는 것은 더하거나 덜 수 있지만, 바탕은 쉽게 더할 수 없는 점을 감안하면, 바탕이 먼저이고 꾸밈은 나중임을 알 수 있습니다.

인도印度라는 나라에는 정신적으로 통달한 이들이 적지 않습니다. 그러나 걸치고 있는 옷은 전혀 신경을 쓰지 않아 이른바 천민賤民의 삶을 방불케 하는 이들이 한둘이 아닙니다. 속으로 치우친 것입니다. 아프리카의 빈국貧國 또한 마찬가지입니다. 사람들이 줄줄이 죽어가고 있는데 이른바 명품 의류를 걸치고 있다고 한들, 세련되게 보지 않습니다. 겉으로 치우쳤기 때문입니다. '문질文質이 빈빈彬彬'[30]해야 하는 이유입니다.

지호락知好樂

| 논어 |

공자가 이르기를, "도道를 아는 자는 좋아하는 자만 같지 못하고, 좋아하는 자는 즐거워하는 자만 못하다."(「옹야」)

30) 문(文)과 질(質)은 빈빈(彬彬), 즉 함께 반짝여야 한다. 치우치면 촌스럽거나 야해진다. 여기서 촌스럽다는 것은 '야인(野人)'을 뜻하고, 야하다는 것은 '꾸밈이 지나치다'는 의미다.

| 원문 |

子曰 知之者 不如好之者요 好之者 不如樂之者니라

| 자해 |

* 지지자불여호지자知之者不如好之者 : 도道를 아는 자는 좋아하는 자만 못하다. 지之 : 일반적인 사실과 사물 · 사람을 가리키는 인칭대사. 지지자知之者 : 이 도道가 있음을 아는 것. 호지자好之者 : 좋아하지만 아직 도道를 얻지 못함.
* 락지자樂之者 : 도道를 얻어 즐거워함.

| 해영 |

사람이 '살아가는 방법', 즉 도道를 익히면 마음이 밝아집니다. 그래서 '도'를 알고 사는 것을 일반적으로 '안다'고 하는 것이지요. 그러나 옳고 그름에 대해서는 정확하게 판단을 할 수 없기 때문에 '아는 것은 좋아하는 것만 못하다'고 합니다. 여기서 좋아하는 마음이 깊어지면 사랑하게 되고, 사랑하게 되면 진실한 마음 얻기를 바랍니다. 하지만 구하고자 하는 것이지, 반드시 얻은 것은 아니기 때문에 '즐거워하는 것만 못하다'고 하는 것이지요. 이를 이른바 지호락知好樂[31]이라 합니다.

'지호락'을 '곡식에 비유'하면, '안다는 것'은 곡식을 먹을 수 있음

31) 지호락(知好樂)은 아는(知) 것은 좋아하는(好) 것만 못하고, 좋아하는 것은 즐거워하는(樂) 것만 못하다는 말의 줄임말이다.

을 안다는 것이고, '좋아한다는 것'은 곡식을 먹음으로써 좋아하는 것이며, '즐거워하는 것'은 곡식 먹는 것을 즐거워하여 배가 부른 것을 의미합니다. 이를 학문하는 것으로 논의해 보면, 학문함으로써 알게 되는 것은 그것을 좋아하는 것만 못한 것이며, 학문을 좋아하는 것은 그것을 즐기는 것만 못한 것이 됩니다. 그러므로 어떤 것이든 즐기는 데까지 이르러야 합니다. 그것을 지속할 수 있는 토대土臺이기 때문입니다.

가르침과 리더

| 논어 |

공자가 이르기를, "중인 이상에게는 위의 것을 말해줄 수 있지만, 중인 이하에게는 위의 것을 말해줄 수 없다."(「옹야」)

| 원문 |

子曰 中人以上은 可以語上也어니와 中人以下는 不可以語上也니라

| 자해 |

* 중인이상中人以上 : 중등中等이상의 사람. 학문과 인격도야의 정도를 의미. 즉 철학적인 논의가 가능한 수준을 말함.
* 가이어상야可以語上也 : 수준 이상의 내용을 논할 수 있다. 가이可以 :

'~할 수 있다, ~해도 좋다'라는 뜻의 조동사. 어語 : 말해 줌.

*상上 : 상급 수준의 학문적 내용을 가리킨다.

| 해영 |

가르침은 본래 누구에게나 베푸는 것이 아닙니다. 상대가 받아들일 만한 그릇이 되는지를 봐야 합니다. 단언컨대 세상에는 중간 등급 이하의 사람이 많고, 중간 등급 이상인 사람은 적습니다. 진실한 마음을 담아 정밀하게 얘기할 때, 액면 그대로 받아들이는 사람은 중간 등급 이상입니다. 통상 이런 사람들과는 형이상학32)적인 논의를 할 수 있습니다. 하지만 중간 등급 이하의 사람들과는 애초부터 형이상학적인 논의가 불가능합니다. 때문에 가르침도 대상자를 보아가며 베풀어야 하는 것이지요. 그 어떤 정밀한 이야기라도 듣지 않으면 얻음이 처음과 다르지 않기 때문입니다.

시대의 리더는 예로부터 '중간 이상'의 사람입니다. 시대의 리더가 반드시 '중간 이상'이어야 하는 이유는 어떠한 책문策問이나 민원民願도 거침없이 받아들여 대책對策을 세울 수 있어야 하기 때문입니다. 만일 리더로 불리는 인사임에도 형이상학적인 논의가 불가능하다면 어떨까요? 이는 리더의 자격이 없다고 규정해도 무방할 것입니다. 물론 능력이 부족한 리더들은 스스로 거취去就를 결정함이 마

32) 형이상학(形而上學)은 도(道)라 하고, 형이하학(形而下學)은 기(器)라 이른다. 즉 '형이상학'은 정신적인 것을, '형이하학'은 물질적인 것을 의미한다. 따라서 '중인 이상'의 사람들과는 철학적인 논의가 가능하지만, '중인 이하'의 사람들은 물질에 관심이 많기 때문에 철학적인 논의가 불가능하다.

땅할 것입니다. 주어진 역할도 제대로 소화하지 못하면서 리더의 타이틀을 쥐고 있는 것은 악惡과 다름없기 때문입니다. '시대의 리더를 귀貴하게 여기는 까닭'입니다.

지자요수 인자요산

| 논어 |

공자가 이르기를, "지자智者는 물을 좋아하고 인자仁者는 산을 좋아하니, '지자'는 동적動的이고 '인자'는 정적靜的이며 '지자'는 즐거워하고 '인자'는 장수한다."(「옹야」)

| 원문 |

子曰 知者는 樂水하고 仁者는 樂山이니 知者는 動하고 仁者는 靜하며 知者는 樂하고 仁者는 壽니라

| 자해 |

* 지자요수知者樂水 : 지혜로운 사람은 물을 좋아하다. 지知 : 지智와 같다. 요樂 : 기뻐하고 좋아하다. 인자요산仁者樂山 : 인한 사람은 산을 좋아하다.
* 지자락知者樂 : 지혜로운 사람은 즐거워하다. 락樂 : '즐겁다'라는 형용사가 '즐거워하다'라는 뜻의 의동사로 전용된 것.

* 인자수仁者壽 : 인한 사람은 장수한다. 담담하고 고요한 마음가짐으로 평탄한 삶을 유지하여 결과적으로 천수를 다한다는 뜻이다.

| 해영 |

세상 사람들 가운데에는 지혜로운 사람도 있고, 인한 사람도 있습니다. 보통 성정性情으로 말하면, 지혜로운 사람은 성품이 물과 같아 물을 좋아하고, 인한 사람은 성품이 산과 같아 산을 좋아합니다. 그러나 체단體段으로 말하면, 지혜로운 사람은 마음에 의심나는 바가 적어 사물에 가려지지 않아 그 마음이 잘 소통되어 움직임이 극진해지고, 인한 사람은 하늘의 이치가 온당하게 부합되어 사사로운 욕심이 뒤섞이지 않아 마음이 극진합니다.

또 효과로 말하면, 지혜로운 사람은 지기志氣가 총명하여 갈등이 일어나지 않아 늘 즐겁고, 인한 사람은 정신이 순일하고 의연하여 사물이 쉽게 침범하지 못하여 장수합니다. 그러나 지혜로운 사람과 인한 사람으로 나누어 보는 것은 각각의 자질을 통해 성취하는 정도를 두고 하는 말이지, 학문적으로 높고 낮음을 논하는 것은 아닙니다. 따라서 리더의 자질로 논의해 보면, '지혜로운 리더'와 '인한 리더'로 나누어 볼 수 있는 정도입니다.

가령 지혜로운 리더의 경우 '예외를 존중하는 스타일'이라면, 인한 리더는 '원칙을 고수하는 스타일'로 규정할 수 있습니다. 중요한 것은 예외를 존중하는 스타일이든, 원칙을 고수하는 스타일이든 우열을 가릴 수 있는 대상이 아니라는 사실입니다. 이는 지혜로운 리더든 인한 리더든 민중을 사랑하는 마음은 바탕에 꽉 차 있기 때문입니다. 모두가 소중한 존재들인 만큼, 시대의 리더들은 민중을 위한 지혜와 인함을 부지런히 표출해야 하겠습니다.

학이불염學而不厭

| 논어 |

공자가 이르기를, "묵묵히 기록하며, 배움에 싫어하지 아니하며, 사람 가르치는 것을 게을리 하지 않는 것이 무엇이 내게 있겠는가."(「술이」)

| 원문 |

子曰 默而識之하며 學而不厭하며 誨人不倦이 何有於我哉오

| 자해 |

* 묵이지지默而識之 : 묵묵히 기록하다. 이而 : 부사 접미사. 묵지默識 : 말을 하지 않고 묵묵히 마음에 두다. 지識 : 기록함, 마음에 새기다. 지之 : 일반적인 사실 · 사물 · 사람을 가리키는 인칭대사.
* 학이불염學而不厭 : 배움에 싫어하지 않다.
* 하유어아재何有於我哉 : 나에게 무엇이 있는가.

| 해영 |

사람이 살아가는 도道, 즉 방법을 구하고자 하는 것은, 기본적으로 평소의 삶을 순조롭게 소통시키고자 함입니다. 그래서 자신보다 나은 사람들이 말이나 혹 글로 깨우침을 주면, 그것을 실천하기 위해 기록합니다. 묵묵히 말하지 않고 기록하는 것은 마음에 새기고자 함입니다. 또 배움을 싫어하지 않는 것 또한 내재적 가치를 기필期必하기 위함입니다. 이러한 덕목을 충실히 닦아가면서도 만족하지 않는 것은 늘 주변인들의 존재 때문입니다.

예컨대 성인聖人으로 불리는 공자라는 사람도 '세상의 도'를 바라거나 보지 못하는 것을 이 같이 하는데, 민중을 위해 존재한다는 리더들이야 부연할 필요도 없을 것입니다. 배움[學]은 곧 얻은 바의 결과이고, 가르침[誨]은 곧 배움의 결과입니다. 그러므로 시대의 리더들은 묵묵히 기록하고 배움을 싫어하지 아니하며 민중을 가르치는데 게을리 하지 않아야 함은 마땅합니다. 묵묵히 배우고 가르치는 삶의 도道, 리더들의 숙명이라 하겠습니다.

학문의 목표

| 논어 |

공자가 이르기를, "도道에 뜻을 두며, 덕德에 의거하며, 인仁에 의지하며, 예藝에 놀 것이다."(「술이」)

| 원문 |

子曰 志於道하며 據於德하며 依於仁하며 游於藝니라

| 자해 |

* 지志 : 마음이 가는 바를 얻음. 도道 : 날마다 행해야 할 마땅한 이치. 거據 : 잡아 지킴. 덕德 : 도를 행하여 마음에 얻는 것. 의依 : 어김이 없음. 인仁 : 사사로운 욕심은 다 없어지고 마음의 덕이 온전함.
* 유어예游於藝 : 육예에 놀다. 유遊 : 물건을 구경하여 뜻에 맞음. 예藝 : 옛날 선비들이 반드시 배워야할 여섯 가지의 일, 즉 예악사어서수禮樂射御書數를 가리킨다.

| 해영 |

학문의 존재 이유는 뜻을 세우기 위함입니다. 거기에 필요한 도道는 실생활에서 마땅히 행해야 하는 것을 가치로 삼습니다. 이러한 '도'가 들어맞지 않으면 학문이 왜곡되기 쉽습니다. 자신의 몸을 표준으로 삼아 끊임없이 마음을 갈고 닦는 것도 이러한 이유 때문이지요. 따라서 마땅한 도를 통해 마음을 순일純一하게 해야 뜻을 이룰 수 있습니다.

시대의 리더가 되었든 학자가 되었든 추구하는 목표는 동일합니다. 즉 예藝의 경지에 이르고자 함입니다. 예藝의 경지는 도덕道德의 경지요, 도덕이 완비된 경지는 인仁이 활성화 된 세상을 말합니다.

선현들이 행한 것은 '도'라 하고, 행하여 얻은 것은 '덕'이라 이르며, '도덕'이 구비됨을 '인'이라 강조한 것도 이와 같은 목표의식 때문입니다.

리더는 예로부터 정치인입니다. 직무의 영역이 다를 뿐, 확이충지擴而充之33)하고자 하는 마음은 다르지 않기 때문입니다. 따라서 '도'는 '인도'를 실천해야 하고, 그것을 끊임없이 쌓아 '덕'으로 전환시켜야 합니다. '도'와 '덕'이 완비되면 자연스럽게 '인'한 환경에서 '예'를 뽐내면서 함께 즐길 수 있습니다. 리더들이 눈을 크게 떠야 하는 이유입니다.

군자의 의義

| 공자 |

공자가 이르기를, "부유함을 구할 수 있는 것이라면 비록 채찍을 잡는 선비라도 나 또한 되겠지만, 만일 구할 수 없는 것이라면 내가 좋아하는 것을 따르겠다."(「술이」)

| 원문 |

子曰 富而可求也인댄 雖執鞭之士라도 吾亦爲之어니와 如不可求인댄 從吾所好호리라

33) 리더가 존재하는 본질적인 이유는 사회적 약자의 '마음을 넓혀주거나 부족함을 채워주는 일'이다.

| 자해 |

* 부이가구야富而可求也 : 부富를 추구할 만하다면. 이而 : 가정이나 조건을 표시하는 접속사. 야也 : 원래 음절을 조정하고 어기를 고르는 어기조사이나, 여기선 가정의 어기를 지니고 있다.
* 수집편지사雖執鞭之士 : 비록 채찍을 잡는 선비라도. 수雖 : 양보관계를 표시하는 접속사. 집편執鞭 : 신분이 낮은 사람의 일. 집편지사執鞭之士 : 채찍을 잡은 선비. 시장에서 경비를 보는 사람이라는 설, 왕후가 행차할 때 앞에서 길을 트는 사람이라는 설, 마부라는 설 등이 있다.
* 오역위지吾亦爲之 : 내가 그 사람도 역시 되다. 역亦 : '나도 한다'는 뜻이 아니라 '그런 사람도 된다'라는 뜻. 지之 : 집편지사執鞭之士를 가리키는 인칭대사.

| 해영 |

사람의 힘으로 부유함을 구할 수 있다면, 비록 채찍을 잡는 천한 선비라도 되겠지만 억지로 구할 수 있는 것이 아니라면, 차라리 선호하는 의리를 따르겠다는 공자. 그의 이 같은 언급은 실제로 희망을 논한 것이 아닙니다. 자칫 물욕에 흔들릴 수 있는 마음을 일깨워줌으로써 군자라는 이름에 부합되도록 할 요량으로 언급한 것입니다. 다시 말해 군자들에게 있어 부유함을 추구하는 일 따위는 애초부터 없음을 선언한 경우라 하겠습니다.

가령 맹자孟子는 생선 요리도 좋아하는 음식이고, 곰발바닥 요리도 자신이 좋아하는 음식이지만 두 가지를 겸하지 못한다면 생선을 놓아두고 곰발바닥 요리를 취할 것이라고 언급한 바 있습니다. 아울러 사람이 살아가면서 죽기 싫은 것은 모두가 바라는 것이고, 의義 또한 살아가면서 지니고 싶은 것이지만, 두 가지를 겸하지 못한다면 사는 것을 버리고 의를 취할 것이라고 주장한 것도 같은 맥락입니다. 군자는 이 같은 존재입니다.

시대의 리더는 군자입니다. 오직 민중을 위해 존재합니다. '정의正義'를 기초로 공명정대한 일을 담당하는 것을 직분으로 삼습니다. 그럼에도 '정의'의 의리보다 부유함에 심취한다면, 곧 부정과 부패의 나락으로 떨어질 수밖에 없을 것입니다. 리더가 군자로 불리는 것은 사욕을 막고 '정의'의 의리를 지속하라는 지상명령입니다. 물질보다 민중을 위하는 마음가짐, 내공은 필수입니다. 내공이 쌓여야 군자의 도道를 수행할 수 있습니다.

한 모퉁이 세 모퉁이

| 논어 |

공자가 이르기를, "마음속으로 통하려고 노력하지 않으면 열어주지 않으며, 답답해하지 않으면 말해주지 않으며, 한 모퉁이를 들어주었는데 세 모퉁이를 증명하지 못하면, 다시 말해주지 않아야 한다."(「술이」)

| 원문 |

子曰 不憤이어든 不啓하여 不悱어든 不發호되 擧一隅에 不以三隅反이어든 則不復也니라

| 자해 |

* 분憤 : 마음으로 통함을 구하다가 얻지 못함. 비悱 : 입으로 말하고자 하나 할 수 없는 모양. 계啓 : 그 뜻을 열어줌. 발發 : 그 말을 통달하게 함.
* 거일우불이삼우반擧一隅不以三隅反 : 한 모퉁이를 들어주었는데 세 모퉁이로 반응하지 않다. 네 모퉁이 중에서 스승이 한 모퉁이를 들어 보이면 나머지 세 모퉁이는 제자가 스스로 유추해서 알아내야 한다는 뜻. 반反 : 돌이켜서 서로 증명하는 것.
* 불부야不復也 : 반복하지 않다. 부復 : '반복하다'라는 뜻의 동사.

| 해영 |

가르침을 베풀고 싶으면, 먼저 그것을 받고자 하는 마음이 존재하는지를 알아야 합니다. 가령 어떤 사람이 '살아가는 도'를 구하고자 백방으로 뛰어다녔음에도 터득하지 못하고 있다면, 이를 분憤이라고 합니다. 이런 사람에 한해 가르침을 주면 바로 활연관통豁然貫通[34]하

34) 사전적 의미는 '천하의 이치를 모두 체인(體認)하여 막힘이 없는 상태'를 뜻하지만, 본래 사물(事物)마다 가지고 있는 이치를 파악하여, 천하의 이치를 모두 체인하는 것으로 확대해 나가는 개념이다. 개개 사물의 이치에 대한 연구라는 연속적 과정과 천하의 이치를 모두 체인하는 상태에는 반드시 비약적인 관계가 개입되는데, 활연관통은 바로 이 비약적인 단계

게 됩니다. 따라서 '분'하지 않는 사람에게는 가르칠 필요가 없다는 것입니다.

또 도道를 터득하기 위해 무진 애를 써도 이루지 못해 답답해하는 것을 이른바 비悱라고 합니다. 이러한 사람들에 한해 한 모퉁이를 들어주면, 세 모퉁이를 가지고 증명할 수 있도록 열어주는 것이지요. 물론 가르침을 주고자 하지만, 고집이 불통에다 깨닫지 못하는 자질이라면, 비록 가르쳐도 소용이 없기 때문에 반복할 필요가 없다고 하는 것입니다.

진실한 즐거움

| **논어** |

공자가 이르기를, "거친 밥을 먹고 물을 마시며, 팔을 구부려 베개를 할지라도 즐거움이 또한 그 가운데 있으니, 의義롭지 않으면서 부富하고 귀貴한 것은 나에게 뜬구름과 같다."(「술이」)

| **원문** |

子曰 飯疏食飮水하고 曲肱而枕之라도 樂亦在其中矣니 不義而富且貴는 於我에 如浮雲이니라

에 해당된다. 불교의 돈오(頓悟)의 상태에 비견되는 개념이다.

| 자해 |

* 반소사飯疏食 : 거친 밥을 먹다. 반飯 : '먹다'라는 뜻의 동사. 소사疏食 : 거친 밥. 보리밥이나 잡곡밥 따위의 맛없고 영양가도 없는 밥을 가리킨다.
* 부차귀富且貴 : 부유하고 또한 귀하다. 차且 : 체증遞增관계를 표시하는 접속사.

| 해영 |

부귀한 삶을 살다가 어떤 계기로 빈천한 삶이 되면 견디기 쉽지 않습니다. 가령 때마다 진수성찬으로 식사하다 환경이 바뀌면 견디지 못하고, 고급차만을 이용하다 경차로 바뀌면 견디지 못하며, 저택에 살다 소형주택으로 주거환경이 바뀌어도 견디지 못합니다. 지위도 마찬가지입니다. 고귀高貴한 지위에 있다 졸지에 박탈되면 흔들리는 경우가 많습니다.

그러나 먹는 것도 거칠고, 마시는 것도 물 정도이며, 팔을 구부려 베개 삼는 빈곤한 삶에도 익숙해지면 오히려 즐거움으로 삼을 수 있습니다. 승용차가 없어도 고급주택이 아니어도 또 지위가 고귀하지 않아도 건강할 수 있는 것은 사사로운 감정을 밖으로 지향하지 않기 때문입니다. 빈천한 생활에도 내공內功이 쌓이면 부귀도 가볍게 여길 수 있는 것이지요.

양심막선어과욕養心莫善於寡欲[35]이라는 말이 있습니다. '마음을 수양함에 욕심을 적게 하는 것보다 좋은 것이 없다'는 말입니다. 평소 욕심을 줄이면, 비록 보존하지 못하는 것이 있더라도 잃는 정도가 적고, 욕심이 많으면 비록 보존됨이 있더라도 충격이 클 수밖에 없습니다. 빈곤한 삶이라도 능히 이겨낼 수 있어야 합니다. 리더는 군자이기 때문입니다.

모두가 스승

| 논어 |

공자가 이르기를, "세 사람이 길을 감에 반드시 나의 스승이 있으니, 선한 사람을 가려서 따르고, 선하지 못한 사람을 가려서 자신의 잘못을 고쳐야 한다."(「술이」)

| 원문 |

子曰 三人行에 必有我師焉이니 擇其善者而從之요 其不善者而改之니라

| 자해 |

* 삼인三人 : 세 사람. 나보다 나은 사람과 나보다 못한 사람 그리고 자신을 가리킨다. 자신보다 현명한 사람을 보면 그와 같아질 것을 생각하고, 자신보다 못한 사람을 보면 자신을 성찰하는 것이다.

35) 『맹자』, 「진심(盡心)하」 : 孟子曰, 養心莫善於寡欲, 其爲人也寡欲, 雖有不存焉者, 寡矣. 其爲人也多欲, 雖有存焉者, 寡矣.

* 기불선자이개지其不善者而改之 : 그 가운데(나보다 못한 사람의) 좋지 않은 점을 선택하여 그 점을 고치다. 맨 앞에 택擇이 생략되어 있다. 기其 : 일차적으로는 삼인三人을 가리키지만, 궁극적으로는 세 사람이 가진 장단점을 뜻한다.
* 불선자不善者 : 좋지 않은 점. 지之 : 불선자不善者를 가리키는 인칭대사. 종지從之의 지之는 나보다 나은 사람의 장점이고, 개지改之의 지之는 나보다 못한 사람을 통하여 깨닫게 된 자신의 단점으로, 두 개의 지之가 서로 성격이 다르다.

| 해영 |

공자가 세 사람이라고 언급하였다고 하여 딱 세 사람만을 의미하는 것은 아닙니다. 예를 들고자 한 것뿐입니다. 가령 세 사람이 동행하면 거기에는 반드시 나의 스승이 될 만한 사람이 있다는 말입니다. 이런 사람은 반드시 사람을 '선'한 경지로 이끌어, 선하지 않은 이들을 경계하도록 합니다. 그러므로 '선'한 사람을 가려서 그 행태를 따르면, 곧 스승이 되는 것이지요. 물론 선하지 않은 사람의 행태를 보면, 도리어 자신의 생활 태도를 살펴 그 잘못된 점을 고치려는 마음을 갖게 되니, 이 또한 스승이 됨은 말할 것도 없는 것이지요.

잠시 공직公職으로 논의해 보겠습니다. '공직'도 국가직의 경우는 행정과 사법, 입법 등으로 나뉘어져 있고, 지방직도 분류해보면 복잡합니다. 모두가 중대사를 위해 움직이는 동안, 인재로 존중받으면 좋겠지만 실상은 딴판인 경우도 있습니다. 바로 스승으로 존중할 만한 인사들이 다수이긴 하지만, 반면교사로 삼을 만한 사람도 존재하는 게 사실입니다. 선자善者의 행태를 본받아 더 나은 공직자로 변모하는 것도 자신이지만, 불선자不善者의 행태를 통해 성찰할 수 있는 것도 자신입니다. 부지런히 주변을 둘러봐야 하겠습니다.

방심은 금물

| 논어 |

공자가 이르기를, "인仁이 멀리 있는가? 내가 '인'을 하고자 하면 곧 '인'이 이른다."(「술이」)

| 원문 |

子曰 仁遠乎哉아 我欲仁이면 斯仁이 至矣니라

| 자해 |

* 인원호재仁遠乎哉 : 인仁이 먼가. 호재乎哉 : 반문의 어기를 표시하는 어기조사. 의문의 어기를 표시하는 어기조사 호乎와 감탄의 어기를 표시하는 어기조사 재哉가 합쳐진 것.

| 해영 |

"인仁이 과연 멀리 있는 것일까요?" 평소의 삶을 성찰하게 하는 질문

입니다. 사람들이 쉽게 '인'한 행위를 하지 못하는 것은 아마도 자신과 동떨어진 것이라고 여기기 때문이 아닐까요? 하지만 '인'한 행위는 별도로 시간을 투자해서 하는 게 아닙니다. '마음의 덕'을 '인'이라 했으니, 내가 '인'한 행위를 하면, 곧 '인'에 이른다는 지극히 평범한 생활 속에 있는 것입니다.

그렇다면 방심放心하지 않는 게 중요합니다. 학자로 논의하면, 종신토록 해도 부족하겠지만, 지도자로 논의하면, 날마다 생기는 '도'와 '덕'을 잘 길러가는 것이 '인'한 행위라 할 것입니다. 가령 파트너십을 가지고 아래를 원만하게 아우르며 정책을 구상하고 추진하는 것도 하나의 인한 행위가 될 수 있지요. '인'은 내공內功도 필요 없습니다. 행하면 이루어지는 것입니다.

탕탕척척蕩蕩戚戚

| 논어 |

공자가 이르기를, "군자는 너그럽고 넓으며, 소인은 항상 근심한다."(「술이」)

| 원문 |

子曰 君子는 坦蕩蕩이요 小人은 長戚戚이니라

| 자해 |

*군자탄탕탕君子坦蕩蕩 : 군자는 평탄하고 넓다. 탄坦 : 지면이 평탄함. 동요 없이 평온함. 탕탕蕩蕩 : 너그럽고 넓은 모양.

*소인장척척小人長戚戚 : 소인은 늘 근심한다. 장長 : 장구하게, 늘, 항상. 상常과 같다. 척척戚戚 : 근심하는 모양.

| 해영 |

군자는 기본적으로 하늘[정신]을 지향하고, 소인은 땅[물질]을 지향합니다. 한결같이 세상의 이치를 따르는 군자는 늘 평탄함이 넓고 멀리 퍼져가지만, 소인은 반대로 지향하기 때문에 항상 조바심을 내면서 근심합니다. 사사로운 감정에 이끌려 그 얻는 바가 물적 이로움으로 귀결되기 때문에 끝없이 지속되어도 악순환의 고리를 끊지 못하는 것이지요.

군자는 정신력이 강한 사람입니다. 때문에 사사로운 물욕에 흔들리지 않습니다. 가령 공직자의 마음도 군자의 마음과 다르지 않습니다. 민중의 '마음을 넓혀주고 채워주는 것'을 주로 하는 덕분에 자신도 모르게 탄탕탕坦蕩蕩한 마음을 유지하는 것이지요. 일부 초심을 잃어 회초리36)가 필요한 구성원도 있지만, 대체는 군자의 이름에 부합합니다.

36) 공직에 임용된 초기에는 사명감을 가지고 청렴한 생활을 지속한다. 일정 시간이 지나 혼인을 하고 자식이 생기면 상황은 달라진다. 거주하는 집의 규모를 확대하거나 생활도 점차 양적에서 질적으로의 변화를 추구한다. 이때 조심해야 한다. 청렴한 공직자로 살겠다고 다짐했던 초기의 마음, 즉 회초리(回初理)를 잊지 않아야 한다.

네 가지 아름다운 덕

| 논어 |

공자가 이르기를, "공손하되 예禮가 없으면 수고롭고, 삼가하되 예禮가 없으면 두려워하게 되고, 용감하되 예禮가 없으면 혼란스럽고, 강직하되 예禮가 없으면 너무 급하다. 군자가 친척에게 후하게 하면 민중들은 인仁에 흥기하고, 친구를 버리지 않으면 민중들의 인심이 각박해지지 않는다."(「태백」)

| 원문 |

子曰 恭而無禮則勞하고 愼而無禮則葸하고 勇而無禮則亂하고 直而無禮則絞니라 君子篤於親則民興於仁하고 故舊를 不遺則民不偸니라

| 자해 |

* 공이무례즉로恭而無禮則勞 : 공손하되 예가 없으면 수고롭다. 공손도 적절해야지 지나치면 곤란하다는 뜻이다. 예禮 : 도를 지나치지 않고 사리에 맞게 적절히 조절된 절도 있는 행동 양식을 뜻한다.
* 신이무례즉사愼而無禮則葸 : 삼가되 예가 없으면 두려워하다. 사葸 : 두려워하다.
* 직이무례즉교直而無禮則絞 : 강직하되 예가 없으면 급해진다. 교絞 : 급하다, 조급하다.

* 군자독어친즉민흥어인君子篤於親則民興於仁 : 군자가 친척에게 돈독하면 민중들이 인에 흥기한다. 군자君子 : 여기서는 윗자리에서 다스리는 사람을 가리킨다.
* 고구불유즉민불투故舊不遺則民不偸 : 옛사람, 즉 친구를 버리지 않으면 민중들이 각박해지지 않는다. 투偸 : 각박하다.

| **해영** |

예禮의 본질은 무엇일까요? 바로 인仁입니다. '인'을 구현하기 위한 수단[37]에 불과한 것이지요. 사실 '예'라는 것은 상대를 위한 일이지만, 따지고 보면 자신을 위한 일입니다. 가령 상대에게 공손하게 대하면 '나' 또한 대접받을 수 있고, 상대를 도와주면 '나' 또한 도움 받을 수 있습니다. 이처럼 예의 이면에는 인한 마음이 반드시 존재해야 하는 것이지요. 인이 배제된 예는 허례이기 때문입니다.

그리고 예를 표현함에도 절도가 있어야 합니다. 예컨대 지나친 공손은 자칫 상대를 부담스럽게 하여 결국 수고로움에 그칠 가능성이 있고, 지나친 용기는 오히려 평화를 해쳐 혼란만 가중시킬 수 있으며, 지나친 강직은 야박하게도 가족의 잘못도 고발하는 어처구니없는 일이 벌어질 수 있기 때문입니다. 인을 표현하기 위한 예가 전도

37) 인의예지(仁義禮智)에서 가장 본질은 인(仁)이다. 마찬가지로 예(禮)의 본질도 인(仁)이다. 남대문으로 불리는 숭례문(崇禮門)의 본의도 인(仁)으로 들어가기 위한 절차인 동시에 타인을 배려하겠다는 마음을 담은 일종의 상징이다. 사대문을 드나들 때마다 인(仁)을 본질로 삼아 의(義)와 예(禮), 지(智)를 수단으로 삼고자 대문에 새긴 것이다. 예컨대 동대문은 흥인지문(興仁之門), 서대문은 돈의문(敦義門), 남대문은 숭례문(崇禮門), 북대문은 홍지문(弘智門)이 그것이다.

顚倒될 수 있는 것도 이처럼 지나침에 달려 있는 것입니다.

군자는 말할 것도 없이 민중을 위해 존재하는 사람입니다. 민중과 돈독하면 위아래가 예를 다하게 되면서 각박한 삶에서 벗어날 수 있습니다. 군자가 되었든 리더가 되었든 예를 행하는 것도 속에 따뜻한 인仁, 즉 애민의식이 가득 차 있어야 합니다. 문서는 말할 것도 없고 행동거지 하나에도 예가 스며있어야 합니다. 이를 위해서는 끊임없이 인이 무엇인지, 예가 무엇인지를 알아야 하겠습니다.

중책重責

| 논어 |

증자가 이르기를, "선비는 도량이 넓고 굳세지 않을 수 없다. 책임이 무겁고 길이 멀기 때문이다. '인'으로써 자기의 책임을 삼으니 또한 무겁지 않겠는가? 죽은 뒤에야 끝나니 또한 멀지 않겠는가?"(「태백」)

| 원문 |

曾子曰 士不可以不弘毅니 任重而道遠이니라 仁以爲己任이니 不亦重乎아 死而後已니 不亦遠乎아

| 자해 |

* 의毅 : 굳세다.

*인이위기임仁以爲己任 : 인으로 자기의 임무로 삼다. 인이仁以 : 이인以仁이 도치된 것. 기己 : 일인칭대사. 임任 : 임무, 책임.

*사이후이死而後已 : 죽은 뒤에 그치다. 이후而後 : 이후以後와 같음. 이已 : 그치다, '그만두다'라는 뜻의 동사.

| 해영 |

선비는 그 어떤 책문策問도 대책對策으로 소통시킬 수 있는 넓은 도량을 갖추어야 합니다. 그러기 위해서는 굳센 몸과 의연한 마음은 기본입니다. 본질적으로 인仁을 구현하기 위해서지만, 만물의 이치를 몸소 체득하여 이를 민중과 고락을 함께 하는 것이 존립의 이유이자 기반임을 고려하면 당연한 일입니다.

선비의 소임은 이처럼 무겁습니다. 범인凡人들과 다른 생각, 다른 행동은 기본입니다. 다른 말로 부연하면 리더들의 길도 이와 다르지 않습니다. 생사生死가 간단하지 않듯 '몸이 생生하고, 마음이 존存하는' 동안, 끊임없는 채찍질을 통해 어떠한 어려움도 이겨낼 수 있어야 합니다. 당위이기 때문입니다.

스스로 낮춤

| 논어 |

공자가 이르기를, "민중은 도道를 따르게 할 수는 있어도 그 원리를

알게 할 수는 없다.”(「태백」)

| 원문 |

子曰 民은 可使由之요 不可使知之니라

| 자해 |

* 민가사유지民可使由之 : 민중은 그들로 하여금 따르게 할 수 있다. 민民 : 사士나 인人의 대조적인 개념으로 피지배자로서의 민중을 가리킨다. 사使 : 다음에 목적어로서 민民을 가리키는 인칭대사가 생략되어 있다.
* 불가사지지不可使知之 : 그들로 하여금 알게 할 수 없다. 지之 : 일반적인 사실 · 사물 · 사람을 가리키는 인칭대사.

| 해영 |

성인聖人의 말씀은 스스로 낮추는 경향이 강하고, 현인賢人의 말씀은 스스로 높이는 경향이 있습니다. 때문에 성인의 말씀은 높아지고, 현인의 말씀은 상대적으로 낮아집니다. 이런 경향은 공직사회의 정서와도 무관치 않습니다. 스스로를 높이지 못해 안달하는 인사들이 적지 않지요. 틈만 나면 높아지려고만 하는 통에 구성원들 간 갈등도 끊이지 않습니다. 성인의 말씀처럼, 낮추고자 하면 높아지고, 높이고자 하면 낮아진다는 것과는 딴판입니다.

동류의 공직자이고 목표의식이 뚜렷하지 않아도 ‘공직 철학의 도’

를 따르게 하는 것은 그리 어렵지 않습니다. 하지만 그것을 명확하게 인지할 수 있도록 하는 건 결코 쉬운 일이 아니지요. 마찬가지로 민중에게 '도'를 따르게 할 수는 있어도 그것을 알 수 있게 하는 건 사실상 불가능한 일로 규정해도 과언이 아닐 것입니다. 따라서 '시대의 리더'로 자처하는 사람들은 누구나 삶의 철학을 확실히 인식하고 스스로를 낮춰야 합니다. 낮춰야 높아집니다.

부재기위不在其位

| 논어 |

공자가 이르기를, "그 지위에 있지 않으면, 그 정사政事를 도모하지 않는다."(「태백」)

| 원문 |

子曰 不在其位하여는 不謀其政이니라

| 자해 |

* 불모기정不謀其政 : 그 정사를 꾀하지 않다. 기其 : 일반적인 사람을 가리키는 인칭대사.

| 해영 |

예로부터 공직자는 정치인입니다. 지위와 역량에 따라 다스림의 영역이 다를 뿐이지요. 가령 초야에 묻혀있는 사람들은 아무리 좋은 정책을 지니고 있다 한들 그것을 실현하기 쉽지 않습니다. 지위와 역량 때문입니다. 반대로 대단한 지위와 역량이 있다 하더라도 마땅히 지켜야 할 분수는 있습니다. 넘어 버리면 이른바 월권越權[38]이 되기 때문입니다.

정치적인 업에 종사하는 공직자들은 특히 조심해야 합니다. 지위로 누르거나 말도 안 되는 정책을 가지고 주재 또는 강제하려 해서는 안 되는 것이지요. 갈등이 꼬리를 물면 조직 전체가 와해될 수도 있기 때문입니다. 함부로 정사를 도모하지 말라는 것은 이와 같은 이유 때문입니다. 절제가 필요합니다. 그래야 시대의 화두인 창조정치가 가능합니다.

한결같은 배움

| 논어 |

공자가 이르기를, "배움은 따라가지 못할 듯이 하고, 오히려 잃을까 두려워하여야 한다."(「태백」)

38) 사전적 의미로는 '자기 권한 밖의 일에 관여하여 남의 직권을 침범하는 일'로 규정하고 있지만, 본래 월권(越權)이란 의미는 나무를 심어 문 안을 가리는 수색문(樹塞門)이나, 술잔을 받치는 작(酌)의 규모 등에서 비롯되었다.

| 원문 |

子曰 學如不及이요 猶恐失之니라

| 자해 |

* 학여불급學如不及 : 배움은 미치지 못할 듯하다. 늘 부족하다는 마음을 가지고 열심히 배운다는 뜻이다.
* 유공실지猶恐失之 : 오히려 그것을 잃을까 두려워하다. 유猶 : 오히려, 아직도, 그래도. 지之 : 학學, 즉 배운 내용을 가리키는 인칭대사.

| 해영 |

'배운다는 것'은 말할 것도 없이 실제에서 활용하기 위함입니다. 유가儒家에서는 '배움으로 시작'하여 '배움으로 마무리' 한다고 해도 과언이 아닐 만큼, 배움의 길은 끝이 없습니다. 일부 학자는 배우는 사람의 자세에 대해 '앞으로 나아가고자 하는 자는 달아난 자를 쫓지만 미치지 못하는 것과 같이 하고, 그 마음이 오히려 혹 잃어버려서 마침내 쫓아가지 못할까 두려워하는 것처럼 해야 한다'고 주장합니다. 적절한 비유가 아닐 수 없습니다.

소학동자小學童子로 불린 한훤당 김굉필金宏弼 : 1454~1504은 평생을 배우고 실천하는데 게을리 하지 않았고, 남명 조식曺植 : 1501~1572은 몸에 성성자惺惺子라는 방울을 달고 살았다지요. 혹 배운 것을 실천하지 못할까 싶어 경종으로 삼은 결과입니다. 가령 공직자들이 이런 저런 시스템을 통해 갖가지 교육을 받는 것도 결국 민생을 위한 조치의 일환이라는 점에서 보면, 결코 게을리 할 수 없는 일입니다. 배움은 숙명입니다.

덕과 여색

| 논어 |

공자가 이르기를, "나는 덕德을 좋아하기를 여색女色을 좋아하듯이 하는 사람을 보지 못했다."(「자한」)

| 원문 |

子曰 吾未見好德을 如好色者也니라

| 자해 |

* 호덕好德 : 덕을 좋아함.

* 여호색如好色 : 여색을 좋아함과 같다.

| 해영 |

여색女色을 좋아하는 마음을 돌이켜 덕德을 좋아한다면 이루지 못할 덕이 없지요. 어렵지 않은 말입니다. 그러나 이를 실천하기란 만만치 않습니다. 성性이라는 글자도 '살려고 하는 마음'에서 비롯된 것처럼, 여색을 뒤로 하고, '덕' 쌓는 일만 실행하기란 결코 쉽지 않은 일입

니다.

공직으로 논의해 보지요. 자기 가족을 사랑하는 만큼, 민중을 사랑하라는 말과 다르지 않은 얘기입니다. 이성적으론 부정할 수 없는 말이지만, 감성적으론 가족을 먼저 사랑하고 남는 힘이 있어야 민중을 사랑할 수 있는 것이 우리네 정서이기 때문입니다. 어쩔 수 없는 인지상정입니다.

여색을 좋아하는 감정은 '본능'입니다. 이러한 본능에 충실히 하는 것을 부정할 수는 없습니다. 그렇다면 여색을 좋아하듯 덕德 쌓는 데에도 정력을 쏟는 것은 어떨까요? 이를 위해서는 '사사로운 욕심을 배제하는 마음부터 다져야' 합니다. 덕 쌓는 것은 그 다음의 일이기 때문입니다.

배움의 성취

| **논어** |

공자가 이르기를, "학문을 비유하자면 산을 만드는데 흙 한 삼태기가 모자라 이루지 못하고 그치는 것도 내가 그치는 것이며, 비유하자면 땅을 고르는데 비록 흙 한 삼태기를 부어서 나아가는 것도 내가 하는 것이다."(「자한」)

| 원문 |

子曰 譬如爲山에 未成一簣하여 止도 吾止也며 譬如平地에 雖覆一簣나 進도 吾往也니라

| 자해 |

* 비여위산譬如爲山 : 비유하자면 산을 만드는 것 같다. 비여譬如 : '비유하자면 ~와 같다. 비유컨대'라는 뜻의 관용어.
* 미성일궤未成一簣 : 한 삼태기가 모자라 이루지 못하다.
* 수복일궤雖覆一簣 : 비록 한 삼태기를 붓더라도. 궤簣 : 삼태기.

| 해영 |

세상을 살아가면서 배움에 있어서의 성취는 매우 중요한 가치 가운데 하나입니다. 비유하자면 흙을 쌓아 산을 이루는 것과 흡사합니다. 가령 한 삼태기의 흙을 더하면 반드시 산을 이룰 수 있음에도 갑자기 그만두면 뜻을 이루지 못하는 경우와 같습니다. 한 삼태기의 흙을 더 부어서 산을 이루는 것도 자신의 일이요, 그만두는 것도 자신의 일이지요. 성취와 성취하지 못하는 것은 이처럼 미묘微妙함에서 비롯됩니다. 나아가고 그치는 것이 모두 자신의 의지意志에 달려있는 셈이지요.

학문에 있어서는 더디게 진척되는 것을 걱정하기보다는 그치는 것을 경계해야 합니다. 불파만 지파참不怕慢 只怕站이라고, 더딘 것을 두려워할 게 아니라 그만두는 것을 두려워하라는 것이지요. 공직으

로 논의하면, 민중을 위하는 마음을 결코 잊어서는 안 되는 것과 같은 경우입니다. 민중이 마음에서 떠나면 성과는 물론 존립할 수도 없기 때문입니다. 학자가 자강불식自强不息39)하며 작은 것을 쌓아 큰 것을 이루듯, 공직자도 작은 부분을 잊지 않아야 크게 성취할 수 있습니다.

꽃과 열매

| 논어 |

공자가 이르기를, "싹이 났으나 꽃이 피지 못하는 경우도 있고, 꽃은 피었으나 열매를 맺지 못하는 경우도 있다."(「자한」)

| 원문 |

子曰 苗而不秀者有矣夫며 秀而不實者有矣夫인저

| 자해 |

* 묘苗 : 곡식이 처음 나는 것. 수秀 : 꽃이 피는 것. 실實 : 곡식이 성숙된 것.
* 유의부有矣夫 : 있도다. 의부矣夫 : 감탄의 어기를 표시하는 어기조사.

39) 하늘의 강건한 덕을 표준으로 삼아 끊임없이 노력하는 태도를 가리킨다. 『주역(周易)』, 「상전(象傳)」에서 "하늘의 운행은 굳세니 군자는 그것을 본받아 스스로를 강하게 하여 쉽이 없다[天行健君子以自强不息]"라는 데에서 유래한다.

| 해영 |

식물은 대체로 '싹이 난 뒤에 꽃'이 피고, '꽃이 핀 뒤에 열매'를 맺습니다. 싹에는 꽃이 필 유전자가 담겨 있지만 반드시 꽃을 피우는 것은 아니며, 꽃 역시 열매를 맺는 유전자가 있지만 반드시 열매를 맺는 것은 아닙니다. 사람이 학문을 하는 경우나, 공직자가 공직을 수행하는 경우도 성취하는 유전자는 본래부터 존재합니다. 그러나 반드시 성취하는 것은 아니지요. 환경의 지배를 받기 때문입니다.

문제는 꽃을 피우지 못할지라도, 열매를 맺지 못할지라도, 공직자가 성과를 내지 못할지라도 포기해서는 안 된다는 것입니다. 꽃을 피우기 위해 노력하고, 열매 맺기 위해 노력하듯, 공직자도 성과가 없을 거라고 예단하여 직무를 게을리 하거나 멈춰서는 안 되는 것입니다. 비록 기대하는 만큼의 성과는 나오지 않을지라도 성과를 내기 위해 무진 애를 써야 하는 것이지요. 그게 도리이기 때문입니다.

군자의 절개

| 논어 |

공자가 이르기를, "날씨가 추워진 뒤에야 소나무와 잣나무가 뒤늦게 시드는 것을 안다."(「자한」)

| 원문 |

子曰 歲寒然後에 知松柏之後彫也니라

| **자해** |

* 세한歲寒 : 추운 겨울. 조彫 : 시듦. 조凋와 통용.

| **해영** |

만물이 무성할 때는 강하고 약함이 잘 드러나지 않습니다. 그러나 해가 저물어 찬바람 부는 겨울이 되면 저마다 가지고 있던 기운이 마르고 쇠해집니다. 하지만 소나무와 잣나무는 때에 관계없이 푸른 빛을 유지합니다. 이는 세상이 태평하여 별일이 없을 때는 군자와 소인의 차이가 없는 것처럼 보이지만, 유사시에는 소나무와 잣나무처럼 분별되고야 맙니다.

날이 추워져야 소나무와 잣나무가 드러나고, 유사시가 되어야 군자와 소인이 드러납니다. 때문에 소나무와 잣나무가 초목의 군자라면, 군자는 소나무나 잣나무와 같은 존재입니다. 시대의 리더들도 마찬가지입니다. 소나무와 잣나무 같은 인재들이 셀 수 없이 많지요. 나라에 혼란이 멈추지 않는 형국에서도 강건하게 유지되는 이유가 여기에 있는 것입니다.

가려 먹음

| **논어** |

밥은 정미로 한 것을 싫어하지 않으며, 회는 가늘게 썬 것을 싫어하

지 않았다. 밥이 상하여 쉰 것과 생선이 상하여 고기가 부패한 것을 먹지 않았다. 빛깔이 나쁜 것을 먹지 않고, 냄새가 나쁜 것을 먹지 않았으며, 잘못 익힌 것을 먹지 않고, 때가 되지 않은 것을 먹지 않았다. 자른 것이 바르지 않으면 먹지 않고, 장이 갖추어지지 않으면 먹지 않았다. 고기가 비록 많으나 밥 기운을 이기게 하지 않았으며, 술은 일정한 양이 없었는데 어지러운 지경에 이르지는 않았다. 시장에서 사온 술과 포를 먹지 않았다. 생강을 먹는 것을 그만두지 않았다. 많이 먹지 않았다.(「향당」)

| 원문 |

食不厭精하며 膾不厭細러다 食饐而餲와 魚餒而肉敗를 不食하며 色惡不食하며 臭惡不食하며 失飪不食하며 不時不食이러다 割不正이어든 不食하며 不得其醬이어든 不食이러다 肉雖多나 不使勝食氣하며 惟酒無量하대 不及亂이러다 沽酒市脯를 不食하며 不撤薑食하며 不多食이러다

| 자해 |

* 식불염정食不厭精 : 밥은 정미한 것을 싫어하지 않다. 사食 : 밥. 정精 : 쌀을 곱게 찧다, 정미하다.
* 사의이애食饐而餲 : 밥이 상하여 냄새가 나고 맛이 변한 것. 의饐 : 음식이 쉬어서 냄새가 나다. 애餲 : 음식이 쉬어서 맛이 변하다. 의饐와 애餲는 같은 것으로 정도의 차이가 약간 있을 뿐이다.

* 어뇌이육패魚餒而肉敗 : 생선이 상하고 고기가 부패하다. 뇌餒 : 물고기가 썩다. 이而 : '~와' 라는 뜻의 접속사. 여與와 같다.
* 실임失飪 : 익히는데 있어서 적정선을 놓치다. 덜 익거나 너무 익은 것을 뜻한다.
* 불시不時 : 때가 아니다. 과일이나 곡식이 제대로 성숙되지 않아 해로울 가능성이 있음을 뜻한다. 불不 : 비非와 같다.
* 부득기장不得其醬 : 그것에 어울리는 장을 얻지 못하다. 가령 회를 먹을 때는 겨자를 푼 장이 필요한 것처럼 음식에 따라 각기 그것에 어울리는 장이 있어야 하는 법인데 그것이 없음을 뜻한다.
* 불사승사기不使勝食氣 : 밥 기운을 이기도록 하지 않다. 사使 다음에 육肉을 가리키는 인칭대사가 생략되어 있다.
* 고주시포불식沽酒市脯不食 : 시장에서 사온 술과 포를 먹지 않다.
* 불철강식不撤薑食 : 생강 먹는 것을 그만두지 않다.

| 해영 |

생명을 유지하기 위해서는 음식飮食이 필수요소입니다. 공자의 음식 취향은 특이했습니다. 정미하지 않은 밥보다는 정미된 밥을 선호했고, 정갈하지 않은 회膾보다는 정갈한 회를 좋아했으며, 상한 생선이나 상한 고기, 색이 변하거나 냄새가 변한 것도 먹지 않았지요. 또 계절에 맞게 수확된 곡식이나 과일을 선호했습니다. 공자의 이러한 행위는 음식마다 가지고 있는 고유의 성질이 서로 조화를 이루어야 한다는 의식 때문이었지요.

오래전, 음식을 지은 사람은 '어떤 것을 먹을 때는 반드시 어떤 것과 함께 먹으라'고 하였다지요. 서로 도움이 되어야 한다고 보았기 때문입니다. 혹 어긋나면 반드시 몸에 해가 되기에, 먹고 마시는데 가리게 된 것이지요. 몸을 기르는, 이른바 양생養生의 핵심은 곡식을 위주로 하고, 고기는 몸을 돕는 일종의 보조제로 삼았습니다. 자칫 고기를 지나치게 섭취하면 고기 기운이 곡식 기운을 해쳐 균형이 깨져 병이 든다고 본 것이지요.

술도 마찬가지입니다. 사람을 기르는데 필요한 보조제임에도 과음하면 몸의 균형이 깨져 몸을 상하게 합니다. 가리지 않을 수 없는 이유가 여기에 있습니다. 따라서 먹어서 사람을 상하게 할 수 있는 것은 애초부터 먹지 않는 것이 좋습니다. 가령 공직생활도 이와 다르지 않습니다. 민중의 마음을 넓혀주고 채워주기 위한 이른바 '확충' 외에는 가릴 필요가 있습니다. 공직을 사사롭게 하거나, 조직 이기주의를 위한 행위 등도 가려야 합니다.

공직자의 이름에 걸맞은 행위를 위해서는 각각의 공직자들이 의식을 확고하게 다지고 실천하지 않으면 안 되는 것이지요. 먹고 마시는, 이른바 '음식'도 몸의 균형을 위해 가려먹듯, 공직자들 또한 마땅히 민중을 위해 존재한다는 것을 깊이 인식하여, 다른 조직과의 조화를 이룰 수 있도록 가려 움직일 필요가 있습니다. 이를 위해서는 내공이 필요합니다. 내공이 흘러 넘쳐야 몸을 위해 음식을 가리듯 민중을 위해 헌신할 수 있습니다.

생사의 도

| 논어 |

계로가 귀신을 섬기는 것에 대하여 묻자, 공자가 이르기를, "사람을 섬기지 못한다면 어떻게 귀신을 섬기겠는가?" "감히 죽음을 묻습니다." 공자가 이르기를, "태어남을 알지 못한다면 어찌 죽음을 알겠는가?"(「선진」)

| 원문 |

季路問事鬼神한대 子曰 未能事人이면 焉能事鬼리오 敢問死하노이다 曰 未知生이면 焉知死리오

| 자해 |

* 계로季路 : 공자의 제자 자로子路.
* 미능사인언능사귀未能事人焉能事鬼 : 사람을 섬기지 못한다면 어찌 귀신을 섬기겠는가?40)

| 해영 |

밝음은 삶이고, 어두움은 죽음이라는 이야기가 있습니다. 여기서 태어나는 도를 알면 죽는 도를 추측推測41)할 수 있고, '귀신 섬기는 도'

40) 이는 사람을 섬기듯 귀신을 섬기면 된다는 뜻이다. 가령 조상에게 제사지낼 때는 조상이 앞에 앉아 계시는 것처럼 생각하고, 신령에게 제사를 지낼 때는 마치 신령이 앞에 앉아 있는 것처럼 생각하고 경건하게 하면 된다는 의미다.

를 알면 '사람 섬기는 도' 또한 알 수 있다는 것입니다. 이는 분열이나 통합 등 이분법적으로 보지 않음을 의미하는 것입니다. 세속에서 유가儒家를 현실주의 철학이라고 하는 이유가 여기에 있지요. 귀신을 섬기는 것과 생사의 문제는 종교철학의 문제로도 연계됩니다. 살아가면서 고민하지 않을 수 없는 문제지요.

리더들이 가지는 최고의 가치는 역시 민중을 이상세계로 인도하는 것입니다. 민중을 이상세계로 인도하기 위해서는 수많은 구성원들의 의식이 고양高揚되어야 합니다. 그리고 그 이상을 실현하기 위해서는 현실을 직시해야 합니다. 물론 현실을 바로 볼 수 있는 혜안을 가진 리더들이 즐비해야 할 것입니다. 혜안을 가진 리더들은 상호 지니고 있는 약점을 보완하고 강점을 부각하면 민중의 삶의 질은 저절로 높아지지요. 귀신 섬기는 일은 그 다음입니다.

기질 변화

| **논어** |

공자가 이르기를, "유의 비파 가락을 어찌 내 문하에서 연주하는가?"

41) 조선 후기의 석학인 최한기(崔漢綺 : 1803~1877)는 추측의 방법으로 다섯 가지를 제시했다. 즉 현상적 존재인 기(氣)를 통하여 본질인 이(理)를 추측하는 것[추기측리推氣測理], 드러난 정(情)을 통하여 본성(性)을 추측하는 것[추정측성推情測性], 움직임(動)을 보고 정지 상태(靜)를 알아내는 것[推動測靜], 자기(己) 자신을 미루어 남(人)을 알아보는 것[추기측인推己測人], 사물(物)을 바탕으로 그 일(事)을 짐작하여 아는 것[추물측사推物測事]이 그것이다.

문인들이 자로를 공경하지 않자, 공자가 이르기를, "유는 당에는 올랐으나 아직 방에 들어오지는 못한 것이다."(「선진」)

| 원문 |

子曰 由之瑟을 奚爲於丘之門고 門人이 不敬子路한대 子曰 由也는 升堂矣요 未入於室也니라

| 자해 |

* 유지슬由之瑟 : 유의 슬. 유由 : 자로子路. 슬瑟 : 거문고와 비슷하면서 더 큰 현악기로 줄이 보통 25개로 이루어져 있다.
* 해위어구지문奚爲於丘之門 : 어찌 내 문하에서 연주하는가. 위爲 : 연주하다. 어於 : 장소를 표시하는 전치사. 구丘 : 공자의 이름. 실室 : 학문하면서 초기엔 마당에서 배우다가 당堂으로 올라가고, 일정한 실력이 갖춰지면 실室로 들어가는 것이 학문의 과정이다.

| 해영 |

공자의 제자 비판입니다. 자로의 기질이 강한데다 용맹만 가득한 때문인지 그의 비파에서 나오는 소리가 중화中和되지 못하여 경계해야 함을 이른 말입니다. 예컨대 공자는 사람을 가르칠 때 '중화'를 숭상하는데 자로의 비파소리는 그의 가르침과 다르다 보니 문제를 삼은 것이지요. 즉 그의 거친 기질을 변화시켜 '도'를 터득하는 방법을 일러준 것입니다.

가령 공직자의 길에 들어선 이들을 위해 선배공직자들은 각종 교육프로그램을 통해 후배공직자들을 훈도합니다. 여기에는 자로처럼 거친 공직자도 있고, 가르침을 그대로 따라하는 공직자도 있으며, 유약하여 느리게 체득하는 공직자도 존재합니다. 그러나 누구나 일정한 시간을 투자하면, 대체로 '공직의 도'를 무난하게 터득하는 것이 일반적입니다.

미당未堂이란 호號를 사용한 시인이 있습니다. 아직 당堂에 오르지도 못한 천한 신분이란 뜻을 가슴에 새기며 산 것이지요. 물론 겸사로 사용한 것이지만, 자신을 낮춘 하나의 모범 사례로 전합니다. 공직자들도 공직 본연의 도를 위해서는 적지 않은 내공을 필요로 합니다. 내공의 힘이 넘쳐야 보다 고품질의 행정서비스가 가능하기 때문입니다.

극기복례克己復禮

| 논어 |

안연이 인仁에 대하여 묻자, 공자가 이르기를, "자기를 극복하고 예禮로 돌아가는 것이 인을 행하는 것이니, 하루 동안이라도 자기의 사욕을 이겨 예로 돌아가면 천하가 인을 허여할 것이다. 인을 행하는 것은 자기로 말미암는 것이지, 남에게서 말미암는 것이겠는가?" 안연이 말하였다. "그 조목을 묻겠습니다." 공자가 이르기를, "예가 아

니면 보지 말며, 예가 아니면 듣지 말며, 예가 아니면 말하지 말며, 예가 아니면 움직이지 말 것이다." 안연이 말하였다. "제가 비록 민첩하지 못하지만 청컨대 이 말씀에 종사하겠습니다."(「안연」)

| 원문 |

顔淵이 問仁한대 子曰 克己復禮爲仁이니 一日克己復禮면 天下歸仁焉하나니 爲仁이 由己니 而由人乎哉아 顔淵이 曰 請問其目하노이다 子曰 非禮勿視하며 非禮勿聽하며 非禮勿言하며 非禮勿動이니라 顔淵이 曰 回雖不敏이나 請事斯語矣리이다

| 자해 |

* 극기복례위인克己復禮爲仁 : 자기를 극복하고 예로 돌아가는 것이 인이다. 극기克己 : 자신의 무절제한 욕망을 억제하다. 복례復禮 : 언행이 예禮에 맞는 상태로 복귀하다. 이런 상태가 바로 정상적이고 원래적인 모습이며, 개인적인 욕망에 사로잡혀 있는 상태는 비정상적이고 변질된 모습이라는 인식이 전제되어 있다. 위爲 : 이다.
* 천하귀인언天下歸仁焉 : 천하가 인을 허여할 것이다. 귀歸 : 허여함, 인정함. 언焉 : 어시於是와 같으며 시是는 일일극기복례一日克己復禮한 사람을 가리킨다. 인仁 : 본심의 온전한 덕德.
* 극克 : 이김. 기己 : 일신一身의 사욕私慾. 복復 : 돌아감. 예禮 : 천리天理의 절문節文.
* 위인유기이유인호재爲仁由己而由人乎哉 : 인을 행하는 것은 자기로 말

미암는 것이지 남으로 말미암는 것이겠는가. 위인爲仁 : 그 마음의 덕을 온전히 하는 것. 유由 : ~로 말미암다, ~에 달려 있다.

* 청문기목請問其目 : 청컨대 그 조목을 묻다. 청請 : '청컨대, 부디, 모쪼록'이라는 뜻의 부사. 상대방 동작에 대한 존경의 뜻을 표시한다. 목目 : 조목條目.
* 비례물동非禮勿動 : 예가 아니면 움직이지 말라. 물勿 : 금지를 표시하는 부사.
* 청사사어의請事斯語矣 : 청컨대 이 말씀에 종사하다. 사事 : 일삼다, 종사하다, 힘쓰다. 의矣 : 단정적인 어기를 표시하는 어기조사.

| **해영** |

마음의 온전한 덕德은 역시 하늘에 근거하는 것이지만, 자칫하면 자신의 사사로운 욕심에 의해 무너질 수도 있습니다. 때문에 인仁을 행하는 사람은 반드시 자신의 사적 감정을 철저히 제어하여 하늘의 이치에 부합하는 행동을 해야 합니다. 안연이 '예'의 조목條目을 묻자, '예'가 아니면 보지 말고, 듣지도 말며, 말하지도 말며, 움직이지도 말라고 한 것은 이러한 이유 때문입니다.

공자가 사사로운 욕심을 이겨 '예'의 세상을 만들고자 했던 나라는 주周나라였습니다. 나라와 상관없이 자신의 사사로운 욕심을 이긴다는 것에 방점을 찍을 필요가 있습니다. '예'가 일반적으론 '남을 위한 것'으로 보이지만, 본질적으로는 배려하는 만큼 돌아온다는 점에서 보면 결국 자기 자신을 위한 것이기 때문입니다. 예禮의 세상으로 돌아가도록 부지런히 애써야 하겠습니다.

신뢰의 정치

| 논어 |

자공이 정치에 대하여 묻자, 공자가 이르기를, "양식을 풍족히 하고, 병력을 풍족히 하면 민중들이 믿을 것이다." 자공이 말하길, "반드시 부득이해서 버린다면 이 세 가지 중에 무엇을 먼저 버려야 합니까?" 공자가 이르기를, "병력을 버려야 한다." 자공이 말하길, "반드시 부득이해서 버린다면 이 두 가지 중에 무엇을 버려야 합니까?" 공자가 이르기를, "양식을 버려야 하니, 예로부터 누구나 다 죽지만, 민중들이 믿어주지 않으면 설 수 없는 것이다."(「안연」)

| 원문 |

子貢이 問政한대 子曰 足食足兵이면 民信之矣리라 子貢이 曰 必不得已而去인댄 於斯三者에 何先이리잇고 曰 去兵이니라 子貢이 曰 必不得已而去인댄 於斯二者에 何先이리잇고 曰 去食이니 自古皆有死어니와 民無信不立이니라

| 자해 |

* 민신지의民信之矣 : 민중들이 믿다. 신信 : 믿게 하다. 일반 타동사가 사역동사로 전용된 것. 지之 : 민民을 가리키는 인칭대사. 효과를 강

조하기 위해 '민'을 앞으로 내세우고 그 자리에 다시 인칭대사를 쓴 것이다. 의矣 : 단정적인 어기를 표시하는 어기조사.

* 어사삼자하선於斯三者何先 : 이 세 가지 중에 어느 것을 앞세우는가. 하선何先 : 의문문에서 대사 목적어와 동사가 도치된 것. 선先은 그 다음에 거去가 있으면 부사어가 되겠지만, '거'가 생략됨으로써 동사역할을 하고 있다.

| 해영 |

제자인 자공이 정치하는 도를 묻자 공자는 '양식'을 풍족히 하고, '병력'을 풍족히 하면 민중들이 '신뢰'할 것이라 하였습니다. 양식이 부족하면 민중이 생업에 종사하더라도 제대로 된 세금을 낼 수가 없어 결국 정치하는 도가 아니라고 보았고, 병력이 부족하면 국방이 불안해져 편안한 삶을 영위하기 어려워 정치의 도가 아니라고 보았으며, 신뢰가 없으면 민중을 교화할 수도 없을 뿐더러 풍속 또한 쇠퇴해져 갈등이 상존함으로써 종국에는 나라가 존립할 수 없어 정치의 도가 아니라고 본 것이지요. 민중의 신뢰가 존재해야 풍속을 가지런히 할 수 있다는 점에서 중시하지 않을 수 없는 것입니다.

정치의 도는 예나 지금이나 민중을 위하는데 있습니다. 민중을 위한다는 것은 잘 먹고 잘살게 하는 게 요체입니다. 이를 위해서는 경제정책과 국방정책이 튼실해야 합니다. 먹고 사는 문제와 국방이 튼실해야 몸과 마음을 편안하게 할 수 있기 때문이지요. 하지만 민중의 신뢰가 담보되지 않으면, 이 또한 허상에 불과할 것입니다. 그 어떤 우수한 경제정책이나 국방정책이 있다 해도 사상누각沙上樓閣이 될 수밖에 없습니다. 정치하는 사람들이 신뢰를 중시하는 것은 이러한 원리 때문이지요. 경제와 국방을 안정시켜 신뢰를 담보하는 것도 시대의 리더들 몫입니다. 깨어있어야 하는 이유입니다.

다움

| 논어 |

제나라 경공42)이 공자에게 정치에 대하여 묻자, 공자가 답하기를, "임금은 임금답고, 신하는 신하다우며, 아버지는 아버지답고, 자식은 자식다운 것입니다."(「안연」)

| 원문 |

齊景公이 問政於孔子한대 孔子對曰 君君 臣臣 父父 子子니이다

| 자해 |

* 군군君君 : 임금이 임금답다. 뒤의 군君은 명사가 형용사로 전용된 것으로 술어이다. 고대 중국어에 있어서는 이처럼 명사가 형용사로 전용되기도 했다.

42) 제경공(齊景公) : 기원전 547년부터 490년까지 재위했던 제나라의 임금. 성은 강(姜), 이름은 저구(杵臼). 위의 이른바 '정명론(正名論)'은 공자가 고국인 노나라의 내란을 피해 제나라로 갔을 때 그와 나누던 이야기의 하나다.

| 해영 |

나라가 혼란해지는 원인은 다양합니다. 그 여러 원인 가운데 하나는 이름에 부합되지 않는 행위라 하겠습니다. 가령 지도자가 지도자답지 못하고, 관리자가 관리자답지 못하며, 아비가 아비답지 못하고, 자식이 자식답지 못하면 혼란의 이유가 될 수 있고, 선생이 선생답지 못하고 학생이 학생답지 못한 것도 역시 혼란한 이유가 될 수 있지요.

공직사회도 마찬가지입니다. 대통령이 대통령답지 못하면 국정이 혼란해지고, 시장이 시장답지 못하면 시정이 혼란해지며, 도지사가 도지사답지 못하면 도정이 혼란해집니다. 물론 공직자가 공직자답지 못해도 혼란해질 수밖에 없음은 말할 것도 없습니다. 이름에 부합되는 행위를 위해서라도 '의식'이 필요합니다. 혼란을 줄일 수 있는 첩경입니다.

군자지미君子之美

| 논어 |

공자가 이르기를, "군자는 남의 아름다움美을 이루어 주고, 남의 악惡을 이루어 주지 않지만, 소인은 이와 반대이다."(「안연」)

| 원문 |

子曰 君子는 成人之美하고 不成人之惡하나니 小人은 反是니라

| 자해 |

*성成 : 이끌어 주고 권장하여 그 일을 이루는 것.

*소인반시小人反是 : 소인은 이에 반하다.

| 해영 |

군자는 마음 쓰는 것이 소인과 다릅니다. 기본적으로 남들에게 도움이 되도록 하는 선한 마음을 지니고 있지요. 때문에 남들의 선한 일을 보면 그 일이 이루어지기 전이라도 일이 이루어지도록 인도하고, 일이 이루어지면 칭찬합니다. 또 선한 일을 지속할 수 있는 환경을 조성해 주는가 하면, 일이 성취되도록 도와줍니다. 반대로 선하지 않은 일을 하면 징계하여 바르게 해서 더 이상 악한 쪽으로 가지 않도록 막습니다.

소인은 군자의 행동과 반대로 합니다. 마음 쓰는 것이 각박하고 좋아하는 것이 악한 데 있지요. 유유상종한다고 동류의 사람들끼리 영합하다 보니, 악순환의 고리가 끊이지 않습니다. 선한 일을 시기하고 훼방 놓는 것을 자랑합니다. 군자는 함께 '군자'되기를 소원하지만, 소인은 함께 '소인'되기를 선호합니다. 때문에 군자는 시대의 리더로 불렸습니다. 리더라는 이름에 걸맞은 행위가 필요합니다. 당위이기 때문입니다.

솔선수범

| 논어 |

계강자43)가 공자에게 정치에 대해 묻자, 공자가 답하기를, "정치란 바르게 하는 것이니, 그대가 바름으로써 솔선수범한다면 누가 감히 바르지 않겠는가?"(「안연」)

| 원문 |

季康子 問政於孔子한대 孔子對曰 政者는 正也니 子帥以正이면 孰敢不正이리오

| 자해 |

* 자솔이정子帥以正 : 그대가 바름으로써 이끌다. 자子 : 그대, 선생, 당신. 이인칭대사. 솔帥 : 이끌다. 솔선수범하다. 본을 보이다.

| 해영 |

기본적으로 동양의 정치관政治觀은 민본民本에 있습니다. 민본을 바로 하기 위해서는 수기안인修己安人, 즉 자신을 먼저 수련한 이후에 민중을 편안하게 하는 것입니다. 때문에 지도자에게는 솔선수범率先垂範을 무엇보다 중요한 덕목으로 여깁니다. 가령 지도자가 솔선수범하

43) 노나라 중엽부터 대부(大夫)가 정치를 담당함으로써 혼란에 빠져 바른 정치가 행해지지 않았다. 이를 바로 잡기 위해 공자는 당시 대부였던 계강자에게 솔선수범 할 것을 요구한 것이다.

는데 선善을 버리고 악惡을 택할 민중은 없기 때문입니다. 또한 민중은 지도자들의 의식수준을 그대로 따르기 때문에 교화敎化의 첫걸음은 바로 '솔선수범'에서 비롯되는 것임을 알 수 있습니다.

예컨대 조선왕조는 '성리학을 국학'으로 삼고, 그 이념을 국시로 채택한 나라입니다. 국가의 기본정책은 '패도'가 아닌 '왕도를 지향'하였고, '법치'보다는 '덕치'를 우선 하였지요. 즉 왕도와 덕치는 지도자의 솔선수범을 기초로 합니다. 법의 강제적 남용을 억제하고 인간의 자율성을 제고하기 위해 '교화를 통한 인간화 작업을 중시'하는 특징이 있지요. 연장선상에 있는 오늘날의 정국政局도 그 맥脈이 고스란히 이어져 오고 있는 만큼, 지도자들은 항상 솔선수범해야 하겠습니다.

충고

| 논어 |

자공이 벗에 대하여 묻자, 공자가 이르기를, "충심으로 말해주고 잘 인도하다가 안 되면 그만 두어서 스스로 욕되게 하지 말아야 한다."(「안연」)

| 원문 |

子貢이 問友한대 子曰 忠告而善道之하되 不可則止하여 無自辱焉이니라

| 자해 |

* 선도善道 : 잘 이끌다. 도道 : 인도하다. 도導와 같다.
* 무자욕언無自辱焉 : 스스로 욕되게 하지 말라. 무無 : 금지를 표시하는 부사. 무毋와 같다. 언焉 : 어시於是와 같으며 어於는 원인, 근거를 표시하는 전치사이고, 시是는 충고이선도지忠告而善道之를 가리키는 지시대사이다.

| 해영 |

벗이란 인仁을 돕는 사람을 가리킵니다. 가령 선한 것은 권하고, 과실은 바로 잡도록 해주는 사람이지요. 그러나 선한 것은 권하고 과실은 바로잡도록 하는 데에도 받아들이는 사람의 태도를 살펴야 합니다. 아무리 선의라 해도 받아들일 자세가 되어 있지 않은 사람에게는 자칫 오해를 불러 오히려 사이가 벌어질 수도 있기 때문입니다.

그리고 벗을 사귀는 데에는 마땅히 성실誠實을 무기로 삼아야 합니다. 성실이 담보되지 않으면 '인'을 도울 수 없을 뿐만 아니라 벗의 충고 또한 원만하게 소화시킬 수 없기 때문입니다. 지도자에게도 간언諫言이 받아들여지지 않으면 떠나듯, 벗도 충고를 받아들일 도량이 되지 못한다면 그쳐야 합니다. 양자 모두를 위한 일입니다.

지도자의 삶

| 논어 |

자로가 정치에 대하여 묻자, 공자가 이르기를, "솔선할 것이며 부지런해야 한다." 더 자세히 말씀해 주시길 청하자, "게을리 하지 말아야 한다."(「자로」)

| 원문 |

子路가 問政한대 子曰 先之하고 勞之니라 請益한대 曰 無倦이니라

| 자해 |

* 선지로지先之勞之 : 솔선할 것이며 부지런해야 한다. 그들에 앞장서고 나서 수고롭게 하다. 로勞 : 수고롭게 하다, 일을 시키다. 지之 : 둘 다 일반적인 민중을 가리킨다.
* 무권無倦 : 게을리 하지 말라. 선지로지先之勞之의 원칙을 지속적으로 지켜 나가야 함을 뜻한다.

| 해영 |

정치의 도道는 자신의 마음가짐으로부터 출발하여 민중으로 확대되는 특성이 있습니다. 즉 정치란 민중이 행하기 이전 선행해야 하는 것이지요. 가령 민중으로 하여금 부모를 부모로 섬기게 하려면 자신부터 솔선하여 부모를 섬기고, 부모를 공경하게 하려면 자신부터 부

모를 공경하는 모습을 보여야 합니다. 사람으로서 마땅히 행해야 할 기본적인 행위라도 자연스럽게 입에서 입으로 퍼져나가면 결국 민중들이 따라하지 않을 수 없는 것이지요.

아울러 민중으로 하여금 부지런히 움직이게 하려면 자신부터 앞장서서 부지런히 움직여야 합니다. 민중은 지도자의 이러한 모습을 본받아 역시 부지런해지지 않을 수 없습니다. 정치가 자신의 몸에서 비롯된다고 하는 말은 이러한 구조적 정서 때문입니다. 이는 공직의 정서에도 그대로 적용됩니다. 국정이 되었든 시정이 되었든 모두가 지도자의 의지에 따라 민중의 삶의 질은 달라집니다. '솔선'과 '부지런함', 정치에서 더없이 중요한 덕목입니다.

도덕적 삶

| 논어 |

공자가 위나라에 가실 때에 염유가 수레를 몰았다. 공자가 이르기를, "민중들이 많기도 하구나!" 염유가 말하였다. "이미 민중들이 많으면 또 무엇을 더 하여야 합니까?" 공자가 이르기를, "부유하게 해 주어야 한다." 말하기를, "이미 부유해지면 또 무엇을 더 하여야 합니까?" 하자, 이르기를, "가르쳐야 한다."(「자로」)

| 원문 |

子適衛하실새 冉有僕이러니 子曰 庶矣哉라 冉有曰 旣庶矣어든 又

何加焉이리잇고 曰 富之니라 曰 旣富矣어든 又何加焉이리잇고 曰 敎之니라

| 자해 |

* 염유복冉有僕 : 염유가 수레를 몰다. 복僕 : 수레를 모는 것. '마부'라는 뜻의 명사가 '마부노릇을 하다'라는 뜻의 동사로 전용된 것이다.
* 기서의旣庶矣 : 이미 많게 되다. 의矣 : ~하게 되다. 상황의 변화나 새로운 상황의 출현을 표시하는 어기조사.
* 우하가언又何加焉 : 또 무엇을 더하는가. 하가何加 : 대사 목적어와 동사가 도치된 것. 언焉 : 어시於是와 같다.
* 부지富之 : 부유하게 하다. 부富 : 형용사가 사역동사로 전용된 것. 지之 : '이미 많아지게 된 사람'을 가리킨다.

| 해영 |

정치의 근본 목적 가운데 두 가지 요소가 있습니다. 하나는 도덕의 확립이고, 다른 하나는 경제입니다. 도덕은 정신적 삶을 풍요롭게 하고, 경제는 물질, 즉 육체적 삶을 풍요롭게 합니다. 두 가치가 모두 중요하지만 보다 중요하기로 따지자면 '도덕을 확립하는 일'입니다. 그러나 현실에서 경제를 더 우선하는 것은, 군자는 가난해도 도덕을 실천할 수 있는 마음이 존재하지만, '소인은 가난하면 도덕을 배척'하기 때문에 육체적 삶, 즉 경제를 중시하는 것이지요.

따라서 도덕을 확립하는 것이 보다 정의로운 일이지만, 민중들의

호구糊口를 위해 경제에 먼저 집중하는 것입니다. 다시 말해 도덕을 가르치기 위해서는 먹고 사는 문제를 선행해야 한다는 얘기이지요. 그럼 먹고 사는데 필요한 건 무엇일까요? 우선 토지와 주택 등을 기본으로 보유할 수 있도록 해줘야 하고, 세금의 부담을 덜어주는 정책이 뒤따라야 합니다. 삶의 욕구가 일정부분 채워져야 가르칠 수 있기 때문입니다. '도덕이 이상'임을 잊지 말아야 합니다.

왕도王道

| 논어 |

공자가 이르기를, "만일 왕자王者가 있다 하더라도 반드시 한 세대가 지난 뒤에야 민중들이 인仁해질 것이다."(「자로」)

| 원문 |

子曰 如有王者라도 必世而後仁이니라

| 자해 |

* 여유왕자如有王者 : 만일 왕자가 있다 하더라도. 여如 : 양보관계를 표시하는 접속사. 왕자王者 : 패자覇者에 대칭되는 말로 요임금이나 순임금처럼 왕도王道로써 천하를 다스리는 성왕聖王을 가리킨다.
* 필세이후인必世而後仁 : 반드시 한 세대가 지난 뒤에야 민중들이 '인'

해진다. 세世 : 세대. 30년을 한 세대라 한다. 이후而後 : 이후以後와 같다.

| 해영 |

훌륭한 지도자가 출현한다 하더라도 갑자기 세상이 좋아지기는 쉽지 않습니다. 관성 때문이지요. 천명天命을 받아 성스러운 마음으로 인仁한 정치, 즉 왕도정치王道政治를 펼쳐도 그 '교화'가 세상에서 통하려면 수없이 많은 시간이 필요합니다. 공자는 이를 한 세대, 즉 30년의 세월은 필요하다고 본 것입니다. 세상의 정서가 이러한데, 패도覇道가 난무하고 있는 오늘날의 정치가 '인'해지기를 기대하는 것은, 어쩌면 요원한 일일 수도 있을 것입니다.

다시 말해 지극히 '인'한 마음의 소유자가 나타나 왕도정치를 행해도 한 세대가 지나야 '인'한 세상이 도래합니다. 그러므로 하루아침에 '인'해지기를 바라는 것은 마치 우물에 가서 숭늉을 찾는 격일 것입니다. 이러한 정서 때문에 지도자들은 예로부터 부단히 수련을 하였지요. 도래하지 않아도 도래할 것을 기대하며 수련을 하고, 도래할 기미가 없는 경우는 직접 수련을 통해 지도자로 변신하는 것을 꾀하였습니다. 결국 사람과 시간이 문제라 하겠습니다.

정직

| 논어 |

섭공44)이 공자에게 말하였다. "우리 고을에 정직하게 행동하는 자가 있습니다. 그의 아버지가 양을 훔쳤는데, 아들이 그것을 증언하였습니다." 공자가 이르기를, "우리 고을의 정직한 자는 이와 다르다. 아버지는 자식을 위해 숨겨주고 자식은 아버지를 위해 숨겨주니, 정직함은 그 가운데 있는 것이다."(「자로」)

| 원문 |

葉公이 語孔子曰 吾黨에 有直躬者하니 其父攘羊이어늘 而子證之하니이다 孔子曰 吾黨之直者는 異於是하니 父爲子隱하며 子爲父隱하나니 直在其中矣니라

| 자해 |

* 오당유직궁자吾黨有直躬者 : 우리 고을에 정직하게 행동하는 사람이 있다. 당黨 : 500가구가 사는 마을. 직궁直躬 : 몸을 정직하게 행동하는 자.
* 양攘 : 계기가 있어 훔치는 것.
* 이어시異於是 : 이와 다르다. 어於 : 비교의 대상을 표시하는 전치사.

44) 섭공(葉公)은 지금의 하남성 섭현(葉縣) 남쪽 지역으로 당시 초나라에 속했던 섭 지방의 수장 심제량(沈諸梁)을 말한다.

* 직재기중의直在其中矣 : 정직은 그 가운데 있다. 기其 : 부위자은, 자위부은父爲子隱, 子爲父隱을 가리키는 인칭대사. 의矣 : 필연의 결과를 표시하는 어기조사.

| 해영 |

공직자로 논의하면, 갖춰야 할 기본적인 덕성 가운데 하나는 '정직'이라 할 수 있습니다. 그러나 여기서의 '정직'이란 형법에서의 정직이 아닌 부자윤리父子倫理에서 비롯됨을 의미합니다. 부자간의 윤리는 부모가 자식을, 자식이 부모를 먼저 위하는 마음입니다. 마찬가지로 공직에서의 윤리 또한 구성원들 간의 윤리에서 벗어나지 않음을 의미합니다.

가령 단체장의 직무수행에서 벌어지는 추호秋毫의 과실도 용인할 수 없는 구성원이라면 그 조직은 곧 경직될 것이고, 마찬가지로 구성원의 작은 실수도 용납하지 못하는 단체장이라면 역시 경직된 환경에서 벗어나지 못할 것입니다. 부자간의 윤리를 무시하지 않아야 사회가 유연성을 발휘하듯, 공직사회도 구성원 간의 윤리가 깨지면 곤란해집니다.

일각에서는 이러한 '공직의 윤리를 비판'하기도 합니다. 공직은 법률에 따라 집행되는 곳인 만큼, 항상 엄격해야 한다는 것이지요. 하지만 이는 형정刑政만 알고 예악禮樂[45]의 기능은 몰라서 하는 얘기

45) 대체로 내재적 수단의 통제조절 능력이 상실될 경우, 외재적 수단으로 바로잡아 나간다. 가령 내재적 수단의 수기(修己)와 외재적 수단인 치인(治人), 내재적 수단인 예악(禮樂)과 외

입니다. 사회가 순기능을 할 때는 '예악'만으로도 충분히 작동이 가능하지만, 역기능이 존재할 때 '형정'이 불가피하다는 점에서 성찰이 요구됩니다.

우리의 정서, 유가儒家의 삶에서 벗어나지 않습니다. 가령 현행법에도 부모의 범죄 사실을 자식이 숨겨준다고 하여 처벌하지 않듯, 자식의 범죄 사실을 부모가 숨겨준다고 하여 책임을 묻지 않습니다. 세상이 부자의 윤리로부터 출발하고 있음을 의미하는 것이지요. 이러한 기본적인 정서를 잊어서는 곤란합니다. 정직은 이 가운데 있기 때문입니다.

화이부동和而不同

| 논어 |

공자가 이르기를, "군자는 조화를 이루고 뇌동46)하지 않으며, 소인은 뇌동하고 조화를 이루지 못한다."(「자로」)

| 원문 |

子曰 君子는 和而不同하고 小人은 同而不和니라

재적 수단인 형정(刑政), 내재적 수단인 음식(飮食)과 외재적 수단인 약물(藥物), 인체의 다스림(治療)과 나라 다스림(治國)이 무관하지 않은 것이다.

46) 그 어떤 주관도 없이 그저 상대의 의견을 맹목적으로 좇음.

| **자해** |

* 소인동이불화小人同而不和 : 소인은 뇌동하고 조화를 이루지 못한다. 화和 : 거슬리고 비틀어진 마음이 없는 것. 동同 : 아당阿黨하는 뜻이 있는 것.

| **해영** |

군자의 마음 씀씀이와 소인의 마음 씀씀이를 엿볼 수 있는 대목입니다. 군자의 마음은 항상 주관을 가지고 있으면서도 공변되어, 역지사지易地思之하는 마음으로 상대에게 거스름이 없어 조화를 이루게 됩니다. 그러나 소인의 마음은 늘 사사롭기 때문에 이익에 따라 시기하거나 각박함을 즐겨 동료와 조화롭게 거처하지 못하고 편당합니다.

다시 말해 군자는 상대가 내 생각과 설사 다르더라도 화합을 위해 존중합니다. 그래서 조화를 이루지요. 물론 자신의 주관을 견지함은 말할 것도 없습니다. 하지만 소인은 대체로 이익을 주로 하기 때문에 자신의 주관을 쉽게 꺾습니다. 이 때문에 상대에게 동화되기 쉬운 것이지요. 사사로운 마음이 생기지 않도록 수련해야 하는 이유입니다.

군자와 소인의 인품

| **논어** |

공자가 이르기를, "군자는 섬기기는 쉬워도 기쁘게 하기는 어렵다.

기쁘게 하기를 도로써 하지 않으면 기뻐하지 않고, 사람을 부림에 있어서는 그릇에 따라 한다. 소인은 섬기기는 어려워도 기쁘게 하기는 쉽다. 기쁘게 하기를 비록 도에 맞게 하지 않더라도 기뻐하지만, 사람을 부림에 있어서는 다 갖출 것을 요구한다."(「자로」)

| 원문 |

子曰 君子는 易事而難說也니 說之不以道면 不說也요 及其使人也하여는 器之니라 小人은 難事而易說也니 說之雖不以道라도 說也요 及其使人也하여는 求備焉이니라

| 자해 |

* 군자이사이난열야君子易事而難說也 : 군자는 섬기기는 쉬워도 기쁘게 하기는 어렵다. 이 · 난易 · 難 : '쉽다' 또는 '어렵다'라는 뜻의 형용사로 뒤에 동사를 동반하여 '~하기 쉽다' 또는 '~하기 어렵다'라는 뜻을 이루는 특수한 기능을 가지고 있다. 사事 : 여기서 '섬기다'는 것은 군자를 위하여 일을 해준다는 의미로 다음 구절의 사使와 표리관계이다. 즉 모시는 사람의 입장에서는 사事가 되고 부리는 사람의 입장에서는 사使가 된다. 열說 : '기쁘다'라는 뜻의 형용사가 사역동사로 전용된 것. 열悅과 같다.
* 급기사인야及其使人也 : 그가 사람을 부림에 있어서는. 급及 : ~에 이르게 되면, ~할 때에. 원래 '~에 이르다'라는 뜻의 동사이지만 이 경우 전치사적 성격이 더 강하다. 기其 : 군자를 가리키는 인칭대

사. 야也 : 음절을 조정하고 어기를 고르는 어기조사.

* 기지器之 : 그 사람을 그릇에 따르다. 기器 : '그릇'이라는 뜻의 명사가 의동사意動詞로 전용된 것. 각각의 그릇을 그 기능에 따라 하나의 특수한 용도에 사용하듯 사람을 쓸 때 그 사람이 가진 재능의 종류에 따라 그에 알맞은 임무를 부여한다는 뜻이다.

* 구비언求備焉 : 다 갖출 것을 바라다.

| 해영 |

군자와 소인의 행태는 공변됨과 사사로움의 차이 정도입니다. 군자의 마음은 항상 공변되어 타인도 자신의 마음처럼 생각하지요. 때문에 어지간한 실수에도 용서를 잘합니다. 군자는 상대가 욕심을 가지고 접근하지 않는다면, 어떠한 경우든 부족한 부분을 채워주고자 노력하기 때문에 섬기기가 쉽습니다. 그러나 군자는 일을 함에 있어서는 이치에 맞을 뿐 아니라 도道로써 기준을 삼기 때문에 기쁘게 하기는 실로 어렵습니다. 반면 소인은 사사로운 욕심이 가득 차 있기 때문에 이치나 '도'보다는 필요한 부분만 채워주면 쉽게 만족합니다. 하지만 마음이 각박하기 때문에 계속해서 섬기기란 결코 쉽지 않습니다.

가령 고위 관료官僚로 논의하여 보겠습니다. 같은 고위 관료라 하더라도 군자의 이름에 부합할 만큼 훌륭한 인품의 소유자가 있는가 하면, 어떻게 그 자리까지 올랐는지 고개를 갸우뚱하게 하는 인사도 존재합니다. 문제는, 군자다운 고위 관료는 아랫사람의 어려움을 마치 자신의 일처럼 역지사지하며 챙기는데 반해, 소인 같은 관료는 아랫사람이 지속적으로 보필해도 항상 불만을 토로하기 바쁘다는 점입니다. 이런 이유로도 군자다운 관료는 섬기기 어렵지 않지만, 소인 같은 관료는 섬기기 어렵다고 하는 것이지요. 이는 공직사회 환경과 아무런 관련이 없습니다. 인품의 문제일 뿐이지요. 쉽지 않은 일입니다.

가르침

| 논어 |

공자가 이르기를, "가르치지 않은 민중을 써서 전쟁을 한다면, 이것을 일러 민중을 버리는 행위라 한다."(「자로」)

| 원문 |

子曰 以不敎民戰이면 是謂棄之니라

| 자해 |

* 시是 : 이불교민전以不敎民戰을 가리키는 지시대사. 동위어 관계로 이불교민전以不敎民戰은 외위주어이고 시是는 본위주어이다. 위謂 : ~이다. 위爲와 같다.

공직公職을 전쟁으로 대체하여 보겠습니다. 수기치인修己治人이라고 먼저 공직에 임용되기 위해서는 반드시 시험이라는 관문關門을 통과해야 합니다. 물론 관문을 통과하기 위해서는 학업을 통해 자신을 수련하는 시간이 필요하지요. 누구나 수련한다고 모두가 임용되는 것은 아니지만, 아무튼 의례를 통과하게 되면 비로소 공직생활이 시작됩니다.

이 때가 되면 본격적으로 민중과의 전쟁이 시작됩니다. 임용 초기, 민중의 마음을 읽어내기 어려워 시행착오를 곧잘 겪습니다. 때문에 보다 고품질의 행정서비스를 제공하기 위해서는 선배 공직자들의 지혜를 빌릴 수밖에 없습니다. 하지만 오래가지 못하고 곧 바닥을 드러내는 수가 많지요. 직간접으로 행정능력을 배양하기 위해 나서게 되는 이유지요.

때마침 오늘날에는 언제 어디서나 행정서비스를 원활하게 제공할 수 있도록 직무교육을 수시로 실시합니다. 일각에서는 지나치게 직무교육을 과중하게 부여한다고 볼멘소리를 하기도 하지만, 따지고 보면 모두가 행정능력을 극대화 하여 민중의 마음을 '넓혀주고 채워주는' 이른바 확이충지擴而充之하고자 함을 감안하면, 결코 부정할 일은 아닙니다.

전쟁에 임하기 위해서는 잘 다듬어진 무기와 이를 능숙하게 다룰 수 있는 장수가 필요합니다. 또한 천차만별의 민중과의 공방을 위해서도 만반의 태세를 갖춰야 합니다. 가르치지 않은 민중을 써서 전쟁에 임할 수 없듯, 가르치지 않고 행정의 서비스 질을 논하는 것도 소용없기는 마찬가지입니다. 교육이야 말로 무기임을 잊지 말아야 하겠습니다.

편안함의 배척

| 논어 |

공자가 이르기를, "선비로서 편안하기를 생각하면 선비라 할 수 없다."(「헌문」)

| 원문 |

子曰 士而懷居면 不足以爲士矣니라

| 자해 |

* 사이회거士而懷居 : 선비가 편안함을 생각하다. 이而 : 가정이나 조건을 표시하는 접속사. 거居 : 마음이 편안한 곳, 집안에서 한가로이 지내다.

| 해영 |

선비라는 사람이 이치의 편안함에 따르지 않고, 오직 자신의 사정에만 얽매여 편안함만을 강구한다면, 이는 안으로는 덕德을 손상시키는 일이며, 밖으로는 사업事業47)을 폐하는 일이 될 것입니다. 가

령 공직사회의 리더들도 마찬가지입니다. '공직의 도'를 따르지 않고 '일신의 안위만을 일삼는' 그런 인사라면, 단언컨대 공직사회의 리더가 될 수 없습니다. 공직사회의 리더는 오로지 민중을 위하는 데만 마음을 써야 합니다. 당위이기 때문입니다.

문서의 완성

| **논어** |

공자가 이르기를, "외교문서를 만들 때에 비심[48]이 초고를 만들고, 세숙[49]이 따져 보고, 행인인 자우[50]가 꾸미고 동리의 자산[51]이 윤색을 하였다."(「헌문」)

| **원문** |

子曰 爲命에 裨諶이 草創之하고 世叔이 討論之하고 行人子羽가 修飾之하고 東里子産이 潤色之하니라

47) 사업(事業)의 본래 의미는 '생명을 다루는 일'을 뜻한다.

48) 비심(裨諶)은 정나라의 대부다. 이름은 조(竈)이고 심(諶)은 그의 자이다.

49) 세숙(世叔)은 정나라의 대부다. 이름은 유길(游吉)이고 『춘추전(春秋傳)』에서는 자태숙(子太叔)이라고도 한다. 그는 40여 년 동안 정나라를 다스렸는데 외교수완이 탁월해 강대국인 진초(晉楚) 사이에 끼여 있으면서도 전란의 피해를 예방했다. 그가 죽었을 때 공자가 눈물을 흘렸다고 한다.

50) 자우(子羽)는 정나라의 대부 공손휘(公孫揮)의 자식이다.

51) 자산(子産)은 정나라의 대부 공손교(公孫僑)의 자식이다.

| 자해 |

* 위명爲命 : 외교문서를 만들다. 명命 : 정부의 공문서. 여기서는 정鄭나라가 다른 나라에 보내는 외교사령을 뜻한다.
* 비심초창지裨諶草創之 : 비심이 초고를 만들다. 초창草創 : 만들다. 기초하다. 초草 : 대략, 처음으로. 창創 : 창시하다.
* 토討 : 연구하는 것. 론論 : 강론하는 것.
* 행인자우수식지行人子羽修飾之 : 행인인 자우가 그것을 꾸미다. 행인行人 : 사신使臣의 임무를 맡은 벼슬, 즉 외교업무를 관장하는 관직의 이름. 수식修飾 : 보충하고 삭제하는 것.
* 동리東里 : 자산子産이 거주하던 동네의 이름.
* 윤색潤色 : 문채를 더하는 것, 윤내고 색칠하다.

| 해영 |

'외교'는 화목和睦을 기초로 나라 사이에 생기는 온갖 갈등을 완화하기 위해 다른 나라와 '관계 맺는 일'을 의미합니다. 정鄭나라는 작은 나라였지만 큰 나라를 섬기는 데 뛰어났지요. 지정학적으로 강대국인 진晉나라와 초楚나라에 끼여 있는 관계로 정나라는 외교에 특히 역점을 두었는데, 그들은 교섭을 진행할 때마다 매우 신중하게 접근했습니다.

가령 '비심'이라는 인사는 꾀를 잘 정립하여 규모의 뜻을 세웠습니다. 그런데 의사를 전달하는 과정에서 문제가 생길 수 있어 '세숙'은 널리 들었던 것을 가지고 전고典古를 토론하고 궁구窮究하여 합당함을 찾았습니다. 그러나 글의 뜻이 혹 적합하지 않을까 두려워하여 칼 같은 성품의 '자우'가 나서 너무 번거로운 것은 버리고 간략한 것은 더하였습니다.

하지만 문채文彩가 혹 볼 것이 없을까 두려워하여 '자산'을 통해 윤색하도록 하였지요. 글자와 구절을 새롭게 하는 한편 속된 것을 바꾸어 아담하게 하였습니다. 하나의 외교문서를 만들 때에도 정나라에서는 이처럼 네 사람이 각각 그 장점을 발휘하니 교섭에 실패하는 일이 없었습니다. 옛날의 외교문서작성, 오늘날과 비교해도 손색이 없을 정도입니다.

오늘날의 공직사회로 논의해 보겠습니다. 실무자가 기초를 세우면 팀장은 시기에 적절한 정책인지를 따지고, 과장은 매의 눈을 가지고 첨삭지도를 통해 완성도를 높여갑니다. 이런 과정을 거친 안案은 마침내 국장과 실장을 거치면서 그야말로 '격조 있는 문서'가 됩니다. 공직에서 문서를 중시하는 이유가 여기에 있습니다. '부강의 기초'이기 때문입니다.

상달하달上達下達

| 논어 |

공자가 이르기를, "군자는 위로 통달하고, 소인은 아래로 통달한다."(「헌문」)

| 원문 |

子曰 君子는 上達하고 小人은 下達이니라

| 자해 |

* 달達 : 통달하다.

| 해영 |

군자가 선호하는 것은 정신이기 때문에 시간이 경과될수록 위로 통달합니다. 하지만 소인이 추구하는 것은 물질에 더 가깝기 때문에 시간이 경과될수록 아래로 통달합니다. 즉 군자는 학문과 도道를 좋아하여 날이 갈수록 인격이 완성되어 고상해지는 반면, 물질에 밝은 소인은 날이 갈수록 인간성이 허물어지고 타락하여 점점 천박해지는 것입니다. 시대의 리더들이 중시해야 하는 지점입니다. 국격國格을 논할 수 있는 기반이기 때문입니다.

무위이치無爲而治

| 논어 |

공자가 이르기를, "인위적으로 하지 않고 다스린 사람은 순임금인가 보다! 무엇을 하였겠는가? 몸을 공손히 하고 남쪽을 향하여 바르게 하였을 뿐이다."(「위령공」)

| 원문 |

子曰 無爲而治52)者는 其舜也與인저 夫何爲哉이요 恭己正南面而已矣니라

| 자해 |

* 무위이치無爲而治 : 인위적으로 하지 않고 다스리다. 위爲 : 작위作爲.
* 기순야여其舜也與 : 아마도 순이리라. 기其 : 아마. 추측을 표시하는 부사. 야여也與 : 기其와 함께 쓰여서 추측을 표시하거나 자신의 생각을 완곡하게 표현하는 어기조사.
* 부하위재夫何爲哉 : 그가 무엇을 하는가. 부夫 : 그, 그 사람. 삼인칭 대사. 하위何爲 : 동사와 목적어가 도치된 것.
* 공기정남면이이의恭己正南面而已矣 : 자기를 공손하게 하고 바르게 남면하고 있을 뿐이다. 남면南面 : 임금이 남쪽을 향하여 앉아서 민중을 다스리다. 이이의而已矣 : '~일 뿐이다'라는 뜻의 어기조사.

| 해영 |

예로부터 제왕帝王의 통치가 가능했던 사람은 적지 않습니다. 하지만 대개 인위적인 통치였지요. 여기 특이한 사람이 있습니다. 덕德이 대단하여 결코 인위적으로 통치 하지 않았습니다. 바로 순임금입니다. 순임금은 덕이 성했기 때문에 민중이 저절로 감화가 되어 인위가 필요 없었습니다. 또 순임금은 요임금의 덕을 그대로 이어받았을 뿐

52) 성인(聖人)의 덕에 민중이 감화되어 제어할 필요가 없는 다스림을 뜻한다.

아니라 당시의 인재들 또한 그대로 이어받아 직분을 맡겼기 때문에 인위가 필요 없었습니다.

이는 정치적 환경에서 벗어나서라도 삶의 구조는 흡사합니다. 가령 선배가 덕으로 사업을 잘 진척시켜 놓았더라도 후배가 무능하거나 덕이 부족하면 사업을 망칠 가능성이 높습니다. 실제로 주변에서 흔히 목격할 수 있는 광경입니다. 때문에 선배의 덕도 중요하지만, 성한 덕을 이어받아 무리 없이 이어가는 것도 어렵긴 마찬가지입니다. 악화가 양화를 구축한다고, 자칫하면 퇴보합니다. 무리수를 두지 않는 다스림이 되어야 하겠습니다.

살신성인

| **논어** |

공자가 이르기를, "뜻있는 선비와 인仁한 사람은 자신의 삶을 추구하느라 '인'을 해치지 않고, 몸을 죽여 '인'을 이루는 경우는 있다."(「위령공」)

| **원문** |

子曰 志士仁人은 無求生以害仁이요 有殺身以成仁이니라

| 자해 |

* 지사志士 : 뜻있는 선비. 인인仁人 : 덕을 이룬 사람.
* 무구생이해인無求生以害仁 : 삶을 구하여 인을 해치는 일이 없다. 이以 : 이而와 같다.

| 해영 |

누구나 죽는 것보다는 사는 것을 선호합니다. 하지만 더 중요한 것은 인仁을 실현시키는 일입니다. 가령 선현들이 살아서 인을 온전하게 하지 않으면, 죽을 때 볼 것이 없다고 하였는데, 참으로 음미할 만합니다. 때문에 죽음을 앞두고 있으면서도 구차한 삶을 이어가기보다는 차라리 몸을 죽여서라도 인을 해치지 않는 것이 더 고귀한 삶이라고 한 것이겠지요. 그러므로 뜻있는 선비는 인에 뜻을 두고, 인과 더불어 관계를 확대해 나가는 것을 낙樂으로 여깁니다.

가령 공직자의 삶 또한 '인'과 연관되지 않은 일이 없습니다. 민중의 불편한 마음을 넓혀주고 채워주는 이른바 확충擴充도 모두가 인한 마음을 보존하고 있기 때문에 기능하는 것이고, 요즘 세상의 화두인 사회복지 수준을 높이는 것도 인한 마음이 담보되어 있기 때문에 가능한 일이지요. 세속에서는 '살신성인'이라는 말을 쉽게 합니다만, 실질적으로 만연되기 위해서는 지도자들이 먼저 인한 행위를 해야 합니다. 민중은 지도자의 그것을 그대로 따르기 때문입니다.

원려遠慮

| 논어 |

공자가 이르기를, "사람이 멀리 생각하는 것이 없으면 반드시 가까운 근심이 있다."(「위령공」)

| 원문 |

子曰 人無遠慮면 必有近憂니라

| 자해 |

* 려慮 : 사려, 생각.

| 해영 |

누구나 근심은 있습니다. 정신적인 근심이냐? 물질적인 근심이냐가 관심사일 따름입니다. 맹자는 "군자가 종신토록 하는 근심은 있어도, 하루아침의 걱정은 없다."[53]고 하였습니다. 여기서 평생의 근심이란 천하를 태평하게 한 순임금의 행동을 그대로 따라하는 것을 뜻합니다. 즉 민중을 위해 멀리 생각하는 이른바 원려遠慮가 평생의 근심이자 과제였습니다.

그렇다면 가까운 근심이란 무엇일까요? 바로 물질적 근심을 의미

53) 『맹자』, 「이루하(離婁下)」 : 君子, 有終身之憂, 無一朝之憂也.

합니다. 어떻게 하면 재물을 취할 수 있을까? 어떻게 하면 남보다 위에 올라갈 수 있을까? 고민의 고민을 거듭하다 보면 저절로 근심이 생길 수밖에 없는 것이지요. 이것이 바로 '가까운 근심'입니다. 이것이 지속되면 결국 가공의 가치를 만들어 내는 수단에 불과함에도 골몰하게 되는 것이지요.

시대의 리더들은 예로부터 군자로 불렸습니다. 민중의 삶에 대해 끊임없이 고민해야 하는 존재인 것입니다. 잠시라도 이 같은 마음을 멀리하면, 가까운 데 근심하는 존재로 떨어질 수밖에 없습니다. 때문에 항상 성찰할 수 있는 힘을 길러야 합니다. 존재의 이유를 상기시켜 멀리 생각하는 훈련이 필요한 것은, 민중의 안위가 그들에게 달려 있기 때문입니다.

군자의 일처리

| **논어** |

공자가 이르기를, "군자는 의로써 바탕을 삼고, 예로써 그것을 행하며, 공손함으로써 그것을 표출하며, 믿음으로써 그것을 이루니, 이것이 군자이다."(「위령공」)

| **원문** |

子曰 君子는 義以爲質이요 禮以行之하며 孫以出之하며 信以成之하나니 君子哉라

| 자해 |

* 의이위질義以爲質 : 의로써 바탕을 삼다. 의이義以 : 강조효과를 위하여 이의以義를 도치시킨 것.
* 손이출지孫以出之 : 공손함으로써 표출하다. 손이孫以 : 이손以孫이 도치된 것. 손孫 : 손遜과 같다. 지之 : 일반적인 사실, 사물, 사람을 가리키는 인칭대사.

| 해영 |

가령 공직자가 공무를 처리함에 있어서 완벽할 수는 없습니다. 하지만 의義를 바탕으로 공무를 수행하면 곧 합당하게 처리할 수 있지요. 또한 일을 처리함에 있어서 마땅히 행해야 할 것이라도 예禮로써 절제를 하면, 무리 없이 민중에 대한 눈높이 행정을 시행할 수 있습니다.

그러나 '예'라는 것은 스스로를 낮추고 공손하게 하는 것을 기본으로 여깁니다. 만일 공손한 뜻이 없으면, 아름다움이 퇴색될 뿐만 아니라 마지못해 하는 것으로 보여 오히려 눈살을 찌푸릴 수도 있기 때문이지요. 예禮를 초지일관 귀함으로 여기는 이유가 여기에 있는 것입니다.

공직자는 모름지기 이런 마음으로 정책을 생산하고 시행해야 민중으로부터 신뢰를 받을 수 있습니다. 신뢰 없인 그 어떤 정책도 껍데기에 불과한 만큼, 늘 정책이 신뢰를 받을 수 있도록 해야 합니다. 의와 예, 공손과 믿음은 공직자의 기본 덕목입니다. 잊지 말아야 하겠습니다.

군자의 병통

| 논어 |

공자가 이르기를, "군자는 자기의 무능을 병으로 여기고, 남이 자신을 알아주지 못함을 병으로 여기지 않는다."(「위령공」)

| 원문 |

子曰 君子는 病無能焉이요 不病人之不己知也니라

| 자해 |

* 무능無能 : 이 말은 '능력이 없다'는 뜻이 아니라, 아직 힘이 능하지 않음을 인식하여 끊임없이 덕德에 나아가고자 노력해야 함을 뜻하는 것이다.

| 해영 |

지도자의 학문은 기본적으로 민중을 위한 것입니다. 이를 위해서는 먼저 자기 자신을 갈고 닦을 필요가 있습니다. 자기 자신의 도道를 밝힐 수 있어야 남에게도 그 도를 전할 수 있기 때문입니다. 만일 스스로의 도를 제대로 밝히지 못한다면, 이는 전적으로 자신의 무능無能 탓으로 돌리고 스스로의 병통을 타개하기 위해 애를 써야 합니다.

한편, 자기 자신의 도를 밝혀 그것을 민중에게 제대로 전하고 있다면, 이는 그것으로 만족하면 됩니다. 남들이 그것에 대해 알아주지 않는다고 병통으로 삼을 필요는 없는 것이지요. 병통의 원인이 자신이 아닌 남들에게 달려 있기 때문입니다. 이것이 지도자의 자세입니다. 지도자가 타이틀에 손색이 없도록 평소 내공內功을 쌓는 이유입니다.

오호惡好

| 논어 |

공자가 이르기를, "여러 사람이 그를 미워하더라도 반드시 살펴[54]보며, 여러 사람이 그를 좋아하더라도 반드시 살펴보아야 한다."(「위령공」)

| 원문 |

子曰 衆惡之라도 必察焉하며 衆好之라도 必察焉이니라

| 자해 |

* 찰察 : 세세하고 꼼꼼히 살피는 것을 뜻한다.

54) 살펴보는 데에도 경중이 있다. 가령 시(視)는 육안으로 보이는 것 정도를 살피는 것이고, 관(觀)은 자세히 살피는 것을 의미하며, 찰(察)은 매우 정밀하게 살피는 것을 뜻할 때 쓴다. 검찰(檢察)과 경찰(警察)의 '찰'이 여기서 비롯된 말이다.

| 해영 |

사람의 마음이 간사하다보니 곧 잘 휩쓸리는 경향이 있습니다. 이는 정서를 경계한 것이지요. 오직 인仁한 사람이라야, 옳고 그름을 명확히 분변하여 좋아할 수도 미워할 수도 있습니다. 가령 모두가 어떤 사람을 미워한다고 하더라도 반드시 그를 살펴볼 필요가 있습니다. 혹 그의 행동거지는 잘못되었어도 그의 뜻은 그르지 않을 수도 있기 때문입니다.

마찬가지로 모두가 어떤 사람을 좋아한다고 하더라도 반드시 그를 살펴볼 필요가 있습니다. 혹 그의 행동거지가 공변된 것처럼 보일지 몰라도 속마음은 겉과 다르게 성실하지 않을 수도 있고, 또 크게 부풀려져 착각을 불러일으킨 결과일 수도 있기 때문입니다. 그러므로 끊임없이 살피면서도 휩쓸리지 않아야 호불호好不好의 올바름을 얻을 수 있습니다.

가령 공직에서도 사람을 좋아하고 미워하는 정서는 세속과 크게 다르지 않습니다. 그러나 좋아해야 할 사람을 미워하고 미워해야 할 사람을 좋아하면, 공직의 특성상 그 폐해는 적지 않습니다. 이른바 '호불호' 하는 과정에서 '살핌을 게을리 하지 않아야' 하는 이유가 여기에 있는 것이지요. 모두가 사소한 감정에서 비롯되는 만큼, 잘 살펴보아야 하겠습니다.

소지대수小知大受

| 논어 |

공자가 이르기를, "군자는 작은 일에 알 수는 없으나 큰 것을 받을 만하고, 소인은 큰 것을 받을 수는 없으나 작은 일에 알 수는 있는 것이다."(「위령공」)

| 원문 |

子曰 君子는 不可小知而可大受也요 小人은 不可大受而可小知也니라

| 자해 |

* 소지小知 : 아는 것이 작음. 아는 것이 자질구레함. 대수大受 : 받는 것이 큼.

| 해영 |

모름지기 군자는 크게 봐야지, 작게 봐서는 안 된다고 합니다. 가령 군자는 힘쓰는 것이 크고 넓기 때문에 간혹 작은 것을 놓치는 수가 있습니다. 하지만 크게 문제될 것은 없지요. 작은 일에 능숙한 참모들이 있기 때문입니다. 반면 소인은 생각이 사사롭기 때문에 작은 일에는 능하지만, 큰일은 감당하지 못하는 경우가 다반사입니다. 그러므로 큰일은 군자들의 몫이 될 수밖에 없습니다.

문제는 소인적인 사람이 욕심이 발동되어 이른바 높은 자리를 탐내는 경우입니다. 가령 역량은 딱 과장 수준인데, 바라는 것은 실장이나 장관이라면 문제는 달라지지요. 이는 조직의 질서를 훼손함은 물론 자칫 국가의 격까지 떨어뜨릴 수 있다는 점에서 경계하지 않을 수 없는 일입니다. 어떤 자리냐를 논하기에 앞서 자신의 역량이 과연 큰일을 받을 수 있는지를 고민해야[55] 하겠습니다.

세 가지 두려움

| 논어 |

공자가 이르기를, "군자는 세 가지 두려워하는 것이 있으니, 천명天命을 두려워하고, 대인을 두려워하며, 성인聖人의 말씀을 두려워한다. 소인은 천명을 알지 못하여 두려워하지 않으므로, 대인을 함부로 대하며, '성인'의 말씀을 업신여긴다."(「계씨」)

| 원문 |

孔子曰 君子有三畏하니 畏天命하며 畏大人하며 畏聖人之言이니라 小人은 不知天命而不畏也라 狎大人하며 侮聖人之言이니라

55) 공자는 일찍이 "지위가 없는 것을 근심하지 말고 지위에 설 자격을 근심하며, 자기를 알아주지 않는 것을 근심하지 말고, 알아줄 만한 사람이 되어야 한다고 했다."(『논어』, 「이인(里仁)」: 子曰, 不患無位, 患所以立, 不患莫己知, 求爲可知也.)

| 자해 |

* 외대인畏大人 : 대인을 두려워하다. 대인大人 : 덕망이 있는 훌륭한 인물을 가리키는 경우와 고위 관직에 있는 사람을 가리키는 경우가 있다.

| 해영 |

군자는 두려워하는 마음이 셋이라지요. 즉 '천명과 대인과 성인'의 말씀이 그것입니다. 하늘은 사람들에게 바른 이치를 지니고 살기를 기대하며 '천명'을 부여하지만 아무나 따르지는 못합니다. 하지만 '대인'은 그것을 온전히 합니다. '성인'의 말씀 또한 누구나 따르지 못하지만, 군자는 이를 두려워하며 따릅니다. 때문에 '천리'를 보전할 수 있는 것이지요.

반면 소인은 '천명'은 물론 이치 또한 알지 못하기 때문에 두려움 따위를 느끼지 못합니다. 대인은 물론 성인의 말씀도 희롱하지 않으면 다행일 정도로 무시하며 살지요. 때문에 흉한 결과를 맞이하기 쉽습니다. 군자로 불리는 리더들은 민심을 읽어 그들의 '마음을 넓혀주고 채워주어야' 합니다. 그것이 '천명'이고, '천리'를 보전하는 길이기 때문입니다.

권학勸學

| 논어 |

공자가 이르기를, "나면서부터 아는 자가 상등이고, 배워서 아는 자가 그 다음이고, 통하지 않음에 배우는 자가 또 그 다음이니, 통하지 않음에도 배우지 않으면 민중으로서 하등이 된다."(「계씨」)

| 원문 |

孔子曰 生而知之者는 上也요 學而知之者는 次也요 困而學之가 又其次也니 困而不學이면 民斯爲下矣니라

| 자해 |

* 생이지지生而知之 : 나면서부터 알다. 이而 : 원래 순접관계를 표시하는 접속사이지만 문맥에 의하여 '~하자마자 곧'이라는 의미를 지닌다. 지之 : 일반적인 사실이나 사물, 사람을 가리키는 인칭대사.
* 학이지지學而知之 : 배워서 알다. 이而 : 원래 순접관계를 표시하는 접속사로 생이지지生而知之의 이而와 같은 성질이지만, 문맥에 의하여 '~해야 비로소'라는 의미를 지닌다.
* 곤困 : 통하지 않는 바가 있음.
* 민사위하의民斯爲下矣 : 민중으로서 하등이 되다. 민民 : 사람, 인간. 사斯 : ~하면 곧. 조건에 따른 결과를 표시하는 접속사.

| 해영 |

사람의 기질은 다양합니다. 가령 태어나 특별히 교육을 통하지 않고도 삶의 이치를 터득하는 사람은 상등上等이라 합니다. 그리고 태어나 일정한 교육을 통해 이치를 깨닫는 사람은 그 다음이고, 통하지 않아 어쩔 수없이 교육을 통해 깨우침을 터득해 나가는 사람은 그다음이며, 대체 통하지도 않으면서 배우지 않아 전혀 깨우칠 조짐조차 없는 사람은 하등下等이 되는 것이지요. 한 마디로 대책이 없는 유형입니다.

가령 공직자의 기질도 다양하긴 마찬가지입니다. 임용 초기부터 두각을 나타내는 사람을 '상등'이라 한다면, 일정한 소양교육을 통해 공직의 도를 깨우치는 사람은 그 다음이라 할 수 있습니다. 그런가 하면 동료나 민중과 소통이 되지 않아 일정한 소양교육을 통해 공직의 도를 터득하는 사람은 그 다음이며, 공직의 도는 물론 동료 간에도 전혀 소통이 되지 않아 '곤란함이 하늘을 찌름에도 배우지 않는 사람은 하등'입니다.

공직자는 예로부터 군자로 불렸습니다. 군자는 자기보다 남을 먼저 생각하는 사람입니다. 그러므로 배우는 것을 귀하게 여깁니다. 그렇다면 태어나면서부터 이치를 터득하여 실천하는 '상등'의 인재가 되면 더없이 좋겠지만, 적어도 통하지 않음에도 배우지 않는 '하등'의 공직자는 되지 말아야 할 것입니다. 내공內功을 부지런히 쌓아야 하는 이유입니다. 내공을 쌓아 동료는 물론 민중들과도 유연하게 소통해야 하겠습니다.

아홉 가지 생각

| 논어 |

공자가 이르기를, "군자는 아홉 가지 생각이 있으니, 볼 때는 분명하게 볼 것을 생각하고, 들을 때는 분명하게 들을 것을 생각하고, 얼굴빛은 온화함을 생각하고, 용모는 공손함을 생각하고, 말은 충실함을 생각하고, 일은 경건함을 생각하고, 의심스러울 때는 물을 것을 생각하고, 분할 때는 어려움을 당할 것을 생각하고, 얻을 것을 보면 의로움을 생각한다."(「계씨」)

| 원문 |

孔子曰 君子有九思하니 視思明하며 聽思聰하며 色思溫하며 貌思恭하며 言思忠하며 事思敬하며 疑思問하며 忿思難하며 見得思義라

| 자해 |

* 의疑 : 의심하다, 정해지지 아니하다. 의義 : 옳다, 바르다.

| 해영 |

이른바 군자 노릇하기 쉽지 않습니다. 예컨대 공직자 노릇도 쉽지 않습니다. 그만큼 자기 자신보다는 남을 위한 사람이기 때문일 것입니다. 공직의 도를 명확히 인식하여 공명정대하게 공무를 수행하는

일도 만만치 않지만, 스스로 단속해야 할 것도 적지 않습니다.

볼 때는 분명하게 보고, 들을 때는 분명히 듣고, 얼굴빛은 항상 온화함을 생각하고, 용모는 공손할 것을, 말은 충실할 것을, 일은 경건하게, 의문은 질문을, 분한 일은 후일을 도모할 것, 얻음에 대한 의로운 생각 등 공직자들은 참으로 지켜야할 덕목이 많습니다.

공직자가 배우는 것은 쓸모없는 게 별로 없습니다. 어떤 형태로든 민중들에게 도움이 되기 때문이지요. 그러므로 공직자가 보고 듣고 말하는 모든 것은 각별할 수밖에 없습니다. 사사로운 욕심을 제거하고 끊임없이 민중을 위하는 마음을 유지해야 하겠습니다.

성상근습상원性相近習相遠

| 논어 |

공자가 이르기를, "성품은 서로 가까우나 익히는 데 따라 서로 멀어지게 된다."(「양화」)

| 원문 |

子曰 性相近也나 習相遠也니라

| 자해 |

* 성性 : 기질을 겸한 성.

* 습상원야習相遠也 : 익힘에 따라 멀어지다. 습習 : 습관이나 교육 등 후천적인 환경을 가리킨다.

| 해영 |

사람은 누구나 하늘로부터 성품을 부여받습니다. 그러나 기질氣質이 어떠냐에 따라 맑고 흐리고 순전純全하고 잡박雜駁함의 차이가 나타납니다. 생후 초기에는 선한 것과 악한 것이 서로 떨어지지 않고 가까이 존재하지만, 생활의 환경에 따라 선하고 악함이 점차 벌어집니다. 그러므로 평소의 생활 태도를 무시할 수 없는 것이지요.

가령 공직도 마찬가지입니다. 임용 초기에는 누구나 공직자로서의 사명감을 지니고 출발하지만, 어떤 이는 시간이 지날수록 민중들에게 필요한 공직자가 되어 가는가 하면, 어떤 사람은 비천하기 짝이 없는, 이른바 '공공의 적'이라는 소리까지 듣는 공직자도 있습니다. 다시 한 번 공직환경을 둘러보고 절제하는 미덕을 발휘할 때입니다.

상지하우上知下愚

| 논어 |

공자가 이르기를, "오직 가장 지혜로운 사람과 가장 어리석은 사람은 변하지 않는다."(「양화」)

| 원문 |

子曰 唯上知與下愚는 不移니라

| 자해 |

* 상지上知 : 가장 지혜로운 사람. 하우下愚 : 가장 어리석은 사람. 불이不移 : 자신의 생각을 바꾸지 못함.

| 해영 |

가끔 사람의 기질을 논할 때가 있습니다. 공자는 "성품은 서로 가까우나 익히는 데 따라 서로 멀어지게 된다."56)고 했지요. 여기서 익힘에 따라 상등과 하등으로 나누기도 합니다. 상등의 사람은 기운이 맑고 바탕 또한 정결하여 지혜로운 사람이라고 하며, 반대로 하등의 사람은 기운이 흐리멍덩하고 바탕 또한 잡되어 어리석은 사람으로 규정합니다. 이 두 종류의 사람은 성품이 일정하여 서로 교차될 수 없는 것이 특징입니다.

이러한 양극단의 부류와는 달리 중등 정도의 사람도 존재합니다. 선하게 살 수도 있고, 악하게도 살 수 있는 부류의 사람이지요. 이런 사람은 교육을 통해 그 기질을 선한 쪽으로 바꿀 수 있는 게 특징 가운데 하나입니다. 문제는 사람이라고 규정하기 어려운 사람입니다. 이런 사람은 성품이 사나울 뿐만 아니라 선한 것을 아무리 일러

56) 『논어』, 「양화(陽貨)」: 子曰, 性相近也, 習相遠也.

주어도 배척하기 일쑤죠. 이런 사람은 성인聖人과 함께 있어도 교화敎化57)되기 어렵습니다.

지도자는 예로부터 군자로 불렸습니다. 따라서 지혜롭게 행동하지 않으면 비난을 면하지 못합니다. 그러므로 지도자는 지혜를 기초로 중간 부류의 사람들을 선하게 이끌 의무가 있습니다. 이를 위해서는 끊임없이 중등의 사람들을 찾아내는 상지上智가 필요합니다. 물론 그러한 '상지'를 기르는 데에는 내공內功만한 게 없습니다. 내공이 넘쳐야 중간 부류의 사람들만이라도 자연스럽게 선한 쪽으로 이끌 수 있기 때문입니다.

육언육폐六言六蔽

| 논어 |

공자가 이르기를, "유야! 너는 육언六言과 육폐六蔽를 들어보았느냐?" 자로가 답하였다. "아직 듣지 못하였습니다." 공자가 이르기를, "앉아라. 내가 너에게 말해 주겠다. '인'만 좋아하고 배우기를 좋아하

57) 교화(敎化)란 인간을 가르쳐 감화시키는 작업을 말한다. 예컨대 학업을 통하여 사람을 가르치는 것을 교(敎)라면, 행동으로 이를 실천하여 모범을 보임으로서 사람다움을 권장하는 것을 화(化)라 한다. 따라서 '교화'란 이론과 실천이 병행되어야 가능하며, 교육보다 질적으로 고양된 고차원의 인간화 작업으로 지행일치의 경지에서만 가능하다. "교화가 널리 펴지고 마음속에 깊이 스며들어 민중이 화목하게 되었다"는 『한서』, 「예문지」의 구절이 말해 주듯이, 교화는 지식의 전달이 아니라 인간의 도리를 가르쳐 상호 존중의 사회를 만드는 과정이기 때문에 일방통행이 될 수 없다. 반드시 가르치는 주체의 모범적 행동이 요구되고 따라서 배우는 사람이 대상을 존경해야만 가능하므로 쌍방 간의 공감대와 합의가 필요하다(정옥자, 『정조의 교화사상』, 서울대학교 규장각, 1996, 63~68쪽).

지 않으면 그 폐단은 어리석게 되고, 지혜만 좋아하고 배우기를 좋아하지 않으면 그 폐단은 지나치게 호탕하게 되고, 믿음만 좋아하고 배우기를 좋아하지 않으면 그 폐단은 해치게 되고, 정직한 것만 좋아하고 배우기를 좋아하지 않으면 그 폐단은 급하게 되고, 용맹만 좋아하고 배우기를 좋아하지 않으면 그 폐단은 어지럽게 되고, 강한 것만 좋아하고 배우기를 좋아하지 않으면 그 폐단은 경솔하게 된다."(「양화」)

| **원문** |

子曰 由也아 女聞六言六蔽矣乎아 對曰 未也로이다 居하라 吾語女호리라 好仁不好學이면 其蔽也愚요 好知不好學이면 其蔽也蕩이요 好信不好學이면 其蔽也賊이요 好直不好學이면 其蔽也絞요 好勇不好學이면 其蔽也亂이요 好剛不好學이면 其蔽也狂이니라

| **자해** |

* 여문육언육폐의호女聞六言六蔽矣乎 : 너는 여섯 마디의 말과 여섯 가지의 폐단을 들었는가. 여女 : 너. 이인칭대사. 여汝와 같다. 육언六言 : 여섯 가지 덕목. 의矣 : 동작이 이미 완료되었음을 표시하는 어기조사.
* 거居 : 앉음.
* 오어여吾語女 : 내가 너에게 말하다. 어語 : ~에게 ~을 말하다.
* 호인불호학好仁不好學 : '인'만 좋아하고 배우기를 좋아하지 않다.

* 기폐야우其蔽也愚 : 그 폐단은 어리석게 되다. 폐蔽 : 폐단, 폐弊와 같다. 야也 : 음절을 조정하고 어기를 고르는 어기조사. 우愚 : 속임을 당할 만함.
* 탕蕩 : 높고 넓은 곳을 탐구하면서 그치지 못함.
* 적賊 : 상대를 해롭게 함.
* 교絞 : 급함. 꼬임.

| 해영 |

배우기를 좋아하면서도 그 덕을 이루지 못하면 곧 폐단이 되고 맙니다. 선善함이 선함으로 남기 위해서는 그 까닭을 알아야 합니다. 까닭을 알지 못하면 이 또한 폐단이 됩니다. 가령 인仁이라는 말이 좋긴 하지만, 배워서 이치를 밝히지 못하면 완전한 인이 되지 못할 뿐 아니라 오히려 폐인이 될 뿐이고, 지혜라는 말도 좋기는 하지만, 그 이치를 밝히지 못하면 허울만 남게 될 가능성이 높습니다. 믿음도 마찬가지지요. 그 이치를 밝혀야 하고, 곧음도, 용맹도, 굳셈도 모두 그 이치를 밝히지 못하면 폐단이 될 뿐입니다.

가령 최근의 공직사회에서는 '폐단이 쌓여 있다'는 이른바 적폐積弊를 청산하겠다는 말들을 자주 합니다. 단언컨대 적폐가 만들어진 까닭을 밝혀 그것을 해소시키지 못하는 한, 적폐청산은 수포로 돌아갈 수밖에 없습니다. 다시 말해 적폐가 발생하게 된 원인을 명확하게 인식하여 제거하지 않는 한, 공허한 메아리로 머물 수밖에 없는 것입니다. 공허에서 실질로 변화시키기 위해서는 공직자들이 일치된 마음으로 적폐의 원인과 까닭을 밝혀 일소一掃하는 일입니다. 적폐가 공직자들의 자세와 무관하지 않기 때문입니다.

향원鄕原

| 논어 |

공자가 이르기를, "향원58)은 덕德의 적이다."(「양화」)

| 원문 |

子曰 鄕原은 德之賊也니라

| 자해 |

향鄕 : 비루하고 속됨. 원原 : 원愿과 같으며 삼가는 뜻이다.

| 해영 |

공자는 향원59)에 관해 논하면서, 향원이 내 문 앞을 지나면서 내 집

58) 매사에 옳고 그름을 분명하게 따지지 않고 세속에 맞춰 두루뭉술하게 살아감으로써 온 고을 사람들의 칭송을 받는 사람을 일컫는다. 뚜렷한 가치관이 없고 삶의 태도가 진지하지 않아 일반적으로 위선자라는 의미를 내포하고 있다.

59) 향원(鄕原)에 관한 여러 해석이 있지만, 맹자의 해석이 설득력이 있다. 만장이 말하길, "한 지방이 모두 어진 사람이라고 부른다면 가는 곳마다 어진 사람이 될 터인데 공자가 '덕을 해치는 사람'이라고 여긴 것은 어째서입니까?" 맹자가 이르기를, "비난하려고 들면 들어서 말할 것이 없고, 풍자하려고 들면 풍자할 것이 없으며, 흘러가는 시속에 동화되고 더러운 세상에 부합하며, 위인은 충직한 듯하고 행동은 청렴결백한 듯하여 여러 사람들이 다 그를

을 들어오지 않더라도 유감으로 여기지 않을 자는 오직 향원일 것 60)이라고 언급한 바 있습니다. 그만큼 향원에 대한 비판의 강도는 컸습니다. 덕을 해친 사람이었기 때문이지요. 이는 쉽게 얘기하면 자신의 덕을 펼치기 위해서는 자신이 지니고 있는 만큼, 그 자리에서 베풀면 된다는 지극히 간단한 덕의 원리를 논한 것입니다. 즉 남의 덕을 내 덕으로 포장해서는 곤란하다는 것이지요.

안타까운 일이지만 공직의 예를 가지고 논해 보겠습니다. 특정한 부서를 열거하지 않더라도 열과 성을 다해 생산해 낸 부하나 동료직원들의 업적을 부서장이란 이름으로 업적을 가로채는 행위들이 종종 보고되고 있습니다. 바로 이 같은 경우가 향원과 같은 사람들이라 할 수 있을 것입니다. 말로 표현하기 어려울 만큼, 갈등의 연속에서 구축한 성과물을 부서장이란 이름으로 과실을 챙기는 사람들이야 말로 오늘날 공직사회에서의 향원인 것입니다.

사실 향원을 잘 모르는 사람들은 그들을 좋은 사람으로 평가하기도 합니다. 법 없이도 살 수 있는, 그야말로 평판이 좋은 사람으로 여기지요. 그러나 이들로부터 사회가 변화하지 않는다는 데 문제가 있습니다. 아니 이들 때문에 오히려 사회의 악이 더디게 개선된다는 점에서 문제가 아닐 수 없는 것이지요. 소수에게는 도움이 될지 모

좋아하고 자신도 옳다고 여기지만 요순(堯舜)의 도(道)에는 들어갈 수 없기 때문에 '덕을 해치는 사람'이라고 한 것이다."(『맹자』, 「진심(盡心)하」: 萬章曰, 一鄕, 皆稱原人焉, 無所往而不爲原人, 孔子以爲德之賊, 何哉. 曰, 非之無擧也, 刺之無刺也, 同乎流俗, 合乎汙世, 居之似忠信, 行之似廉潔, 衆皆悅之, 自以爲是而不可與入堯舜之道, 故曰, 德之賊也.)

60) 『맹자』, 「진심(盡心)하」: 孔子曰, 過我門而不入我室, 我不憾焉者, 其惟鄕原乎.

르나, 다수에게 특히 사회적 약자를 위해 존재한다는 공직 본연의 입장에서 보면 반드시 개혁의 대상인 것입니다.

공직자는 군자입니다. 모두가 자신의 밝은 덕을 민중에게 펼치기 위해 존재하는 사람입니다. 그런 의미에서 덕을 해치는 사람이 되어서는 곤란합니다. 자신의 입장에서 펼칠 수 있는 만큼, 그 역량을 발휘하면 그만이지요. 무리수를 두어가며 덕을 쌓는 것은 허덕虛德이기 때문입니다. 따라서 밝은 덕을 펼치기 위해 끊임없이 수련이 필요합니다. 수련의 내공이 생겨야, 흐리멍덩한 덕이 아닌 '밝은 덕'을 민중들에게 지속적으로 펼칠 수 있습니다.

여자와 소인

| 논어 |

공자가 이르기를, "오직 여자와 소인은 다루기 어려우니, 가까이 하면 불손해지고 멀리하면 원망한다."(「양화」)

| 원문 |

子曰 唯女子與小人이 爲難養也니 近之則不孫하고 遠之則怨이니라

| 자해 |

* 위난양야爲難養也 : 다루기 어렵다. 위爲 : '~이다'라는 뜻의 동사. 뒤

에 오는 형용사와 결합하여 '~하다'라는 뜻의 술어를 이룬다. 난難 : '어렵다'라는 뜻의 형용사로 뒤에 동사를 동반하여 '~하기 어렵다'라는 뜻을 이루는 특수한 기능을 가지고 있다. 양養 : 다루다, 다스리다.

| 해영 |

공자라는 '사상가'가 요즘 사람들에게 쉽게 다가서지 못하게 하는 부분이 있다면, 바로 이런 대목 때문일 것입니다. 특히 여성들이 심하게 부정하는 지점이지요. 그러나 이는 '공자의 본의'를 제대로 짚지 못해 일어난 단순 오해에서 비롯된 것에 불과합니다.

공자는 여자女子가 되기보다는 숙녀淑女가 될 것을 권하고, 소인小人보다는 끊임없이 노력해서 기필코 군자君子가 될 것을 권합니다. '숙녀와 군자'가 '정신적으로 통달한 사람'이라면, '여자와 소인'은 '물질적으로 통달한 사람'을 가리키기 때문입니다.

숙녀와 군자의 타이틀은 고상함 그 자체입니다. 시간이 지날수록 위로 통달[61]합니다. 즉 학문과 도를 좋아하여 날이 갈수록 인격이 완성되는 것이지요. 날이 갈수록 인간성이 허물어지고 타락하여 점차 천박해지는 여자와 소인과는 차원이 다른 것입니다.

61) 『논어』, 「헌문(憲問)」 : 君子上達, 小人下達.

불혹不惑

| 논어 |

공자가 이르기를, "나이가 마흔이 되어서도 미움을 받으면 그대로 끝이다."(「양화」)

| 원문 |

子曰 年四十而見惡焉이면 其終也已니라

| 자해 |

* 견오언見惡焉 : 미워함을 당하다. 미움을 받는다. 견見 : 동사 앞에 놓여서 피동을 표시한다. 언焉 : 음절을 조정하고 어기를 고르는 어기조사.
* 기종야이其終也已 : 아마도 거기서 끝날 것이다. 기其 : 아마. 추측을 표시하는 부사. 종終 : 끝나다. 더 이상 가망이 없다는 의미. 야이也已 : 단정적인 어기를 표시하는 어기조사.

| 해영 |

일반 사람도 나이 마흔이 되면 '삶의 도'가 생깁니다. 하물며 군자로 불리는 지도자는 어떠하겠습니까? 당연히 '지도자 도'가 쑥쑥 성장할 때입니다. 그럼에도 불혹不惑이 되어서도 '지도자의 도'는커녕 배움의 열의 또한 없다면, 그러한 사람에게는 더 이상 볼 것이 없을 것

입니다. 위민爲民 운운할 것도 없습니다. 즉시 하산하여 소인으로 살아가는 게 자신은 물론 민중들에게도 도움이 될 것입니다.

동일한 인

| 논어 |

미자[62]는 떠나가고 기자[63]는 종이 되고 비간[64]은 간하다가 죽었다. 공자가 이르기를, "은나라에 세 '인'한 사람이 있었다."(「미자」)

| 원문 |

微子는 去之하고 箕子는 爲之奴하고 比干은 諫而死하니라 孔子曰 殷有三仁焉하니라

| 자해 |

* 미자거지微子去之 : 미자가 그를 떠났다. 미微 : 나라이름. 자子 : 작

62) 미자(微子)는 은나라 마지막 임금인 주왕(紂王)의 형이다. 그의 모친이 아직 제을(帝乙)의 첩일 때 그를 낳았고, 그 뒤 본처가 되고 나서 주왕을 낳았기 때문에 비록 동생이지만 주왕이 왕위를 계승했다. 그는 주왕의 무도한 짓을 목격하고 여러 차례 간했으나 소용이 없자, 주(周)나라로 떠났다. 은나라가 망한 후 주나라 무왕(武王)에 의하여 송(宋)나라의 제후로 봉해졌다.

63) 기자(箕子)는 주왕의 숙부로 그의 무도함을 보고 여러 차례 간했으나 주왕은 듣지 않고 오히려 기자를 가두었다. 이에 기자가 머리를 풀어헤치고 미치광이 행세를 하면서 종이 되었다.

64) 비간(比干) 역시 주왕의 숙부였으나 그의 무도함을 목격하자 끝까지 간언하다가 피살되었다. 주왕은 계속 간하는 숙부 비간을 향해 "성인의 심장에는 구멍이 일곱 개나 된다."라고 하면서 그의 심장을 도려내어 죽였다.

위. 지之 : 주왕紂王을 가리키는 인칭대사.

* 기자위지노箕子爲之奴 : 기자가 그의 종이 되다. 지之 : 주왕紂王을 가리키는 인칭대사로 관형어로 쓰였다. 기箕 : 나라이름. 자子 : 작위.

| 해영 |

옛날 은殷나라의 마지막 왕인 주紂가 정치를 제대로 하지 않자, '미자'는 바로잡을 것을 자주 권했습니다. 그러나 듣지 않자 떠나버렸지요. '기자'는 주왕이 음란하고 방탕하자 이에 대한 문제제기를 하다가 구속되었습니다. 그러자 기자는 머리털을 풀어헤치고 미친 척하며 종이 되었지요. '비간' 또한 정치를 올바로 하기를 권하다가 마침내 죽임을 당하였습니다. 이 세 사람은 모두가 주왕의 종친이자 신하들인데, 떠나거나 종이 되거나 죽임을 당한 것이지요.

세 사람 모두 행동거지에 따라 운명이 갈렸습니다. 그러나 그들의 행적은 서로 달랐지만 그 뿌리를 보면 다르지 않다고 할 수 있습니다. 왕의 올바른 정치를 기대했고, 나라 사랑하는 마음이 다르지 않았기 때문이지요. 미자가 떠난 것은 자기로 하여금 주왕이 정신 차리기를 기대한 것이고, 종이 된 기자 또한 주왕이 바로 서기를 기대했으며, 죽임을 당한 비간은 자기 몸을 죽여 주왕을 깨닫게 하기 위함이었습니다. 모두가 충성하는 마음에서 비롯된 것입니다.

지도자들이 민중을 위하는 이른바 '인한 마음'으로 움직이는 것은 모두가 같습니다. 민중을 위하고 나라를 사랑하는 마음은 크게 다르지 않지만, 방법에 따라 상호 갈등할 때가 있는 것이지요. 부자지간의 갈등은 자식이 부모를 위하는 마음이 먼저이지만, 지도층에서는 윗사람이 아랫사람의 마음을 다독이는 게 먼저입니다. 이러한 특유의 정서를 인식하여 지도자 상호간의 갈등을 이해하고 조정하는 데에도 남다른 수련이 필요합니다. 인한 정치를 위함입니다.

초탈하지 않는 삶

| 논어 |

초탈超脫한 사람은 '백이'와 '숙제'와 '우중'과 '이일'과 '주장'과 '유하혜'와 '소련'이었다. 공자가 이르기를, "그 뜻을 굽히지 않고 그 몸을 욕되게 하지 않는 자는 백이와 숙제이다." 유하혜와 소련을 평하여 이르기를, "뜻을 굽히고 몸을 욕되게 하였으나, 말이 윤리에 맞으며 행실이 생각에 맞았으니 이런 점일 뿐이다." 우중과 이일을 평하여 이르기를, "숨어 살면서 말을 함부로 하였으나, 몸은 깨끗함에 맞았고 벼슬을 하지 않은 것도 권도에 맞았다. 나는 이와 달라서 할 만한 것도 없고 할 만하지 않은 것도 없다."(「미자」)

| 원문 |

逸民은 伯夷와 叔齊와 虞仲과 夷逸과 朱張과 柳下惠와 少連이니라 子曰 不降其志하며 不辱其身은 伯夷叔齊與인저 謂柳下惠少連하대 降志辱身矣나 言中倫하며 行中慮하니 其斯而已矣니라 謂虞仲夷逸

하대 隱居放言하나 身中淸하며 廢中權이니라 我則異於是하여 無可無不可호라

| 자해 |

* 일민逸民 : 세속을 초월한 사람. 일逸 : 벼슬길에서 빠져 있음. 민民 : 지위가 없는 사람의 칭호.
* 우중虞仲 : 태백泰伯의 동생인 중옹仲雍으로 그의 자손이 오왕吳王에 봉해졌기 때문에 우중虞仲이라고 불렀다는 설이 있으나 확실치 않다.
* 이일夷逸, 주장朱張 : 행적 미상.
* 유하혜柳下惠 : 춘추시대 노魯나라의 현자賢者였던 그는 유하柳下에서 살았다고 하여 호號가 되었으며, 성은 전展, 이름은 획獲, 자는 금禽이다. 문인들이 혜惠라는 시호를 올려 유하혜로 불렀다. 모든 것을 자신의 덕으로 화합하고자 하면서도 직도直道를 지켜 임금을 섬긴 것으로 유명하다. 맹자孟子는 그를 일러 성인聖人 중의 화和한 사람이라고 평했다.
* 소련少連 : 동이東夷의 자손으로 부모가 돌아가셨을 때, 거상居喪을 잘했다고 하여 공자가 칭송한바 있다.65)
* 위謂 : 평하다, 말하다. 강지降志 : 뜻을 낮추다, 뜻을 굽히다. 언중륜言中倫 : 말이 윤리에 맞다. 행중려行中慮 : 행동이(다른 사람의) 생각에 부합하다.

65) 『예기』, 「잡기(雜記)하」.

* 기사이이의其斯而已矣 : 아마 이러했을 것이다. 기其 : 아마, 추측을 표시하는 부사. 사斯 : 언중륜言中倫, 행중려行中慮를 가리키는 지시대사. 이이의而已矣 : '~일 뿐이다'라는 뜻의 어기조사.
* 신중청身中淸 : 몸이 깨끗함에 맞다. 폐중권廢中權 : 벼슬을 그만 둠이 권도에 맞다.
* 아즉이어시我則異於是 : 나로 말할 것 같으면 이들과 다르다. 즉則 : ~로 말하자면, ~로 말할 것 같으면, ~는. 두 가지 또는 여러 가지 사실의 대비 관계를 표시하는 접속사. 시是 : 앞에서 이야기한 은자들을 가리키는 지시대사.

| 해영 |

조선시대 선현들의 도道로 논의해 보겠습니다. 민중을 위하고 나라를 사랑하는 마음은 모두가 같았지만 그 방법은 다양했습니다. 크게 세 가지의 형태66)로 나눠볼 수 있습니다. 우선 '수양철학修養哲學 노선'입니다. 인간의 내면 수양을 통하여 하늘과 하나[하늘=인간]가 되고자 합니다. 주로 인성론을 논제로 삼은 경敬 중심의 철학노선을 취하는데, 대표적인 학자로는 권근權近 : 1352~1409과 이언적李彦迪 : 1491~1553, 이황李滉 : 1501~1570 등이 있습니다. 이 노선에서는 수양을 강조하고, 수양한 후에 실천하자는 논리를 내세우기 때문에 실천이 약화되는 면을 보이는 것이 특징입니다.

66) 김해영, 『지금은, 정조를 읽어야 할 시간』, 안티쿠스, 2013, 189쪽.

두 번째는 '정치철학政治哲學 노선'입니다. 이는 하늘의 이상理想이 현실 사회에서 이루어져야 한다[천리=인사 : 天理=人事]는 지치주의至治主義67)의 정치철학을 의미합니다. 가령 세상이 혼란하여 도道가 사라졌다면, 천하를 내 몸과 같이 생각하여 현실 정치를 통해 '도'가 회귀되도록 바꿔가야 한다는 노선입니다. 여기에 긍정하는 대표적인 학자로는 조광조趙光祖 : 1482~1519와 이이李珥 : 1536~1584, 송시열宋時烈 : 1607~1689 등이 있습니다. 이들 노선에서는 이른바 수양이 부족하다 하더라도 실천하는 과정에서 수양하자는 논리로, 실천을 더욱 강조하는 것이 특징이라 하겠습니다.

마지막으로 '초탈원융철학超脫圓融哲學 노선'입니다. 이는 앞의 두 노선이 인간이 가진 '사회적 속성을 중심 문제'로 삼았다면, 이 노선을 택한 서경덕徐敬德 : 1489~1546과 조식曺植 : 1501~1572, 김정희金正喜 : 1786~1856 등의 학자들은 인간이 가진 '자연적 속성을 중심문제'로 삼아 자연과 우주를 연구하면서 그 우주[선천과 후천]와 하나[자연 · 하늘=인간]가 되어 물아일체物我一體를 이루고자 한 것이 특징입니다. 이러한 다양한 노선을 이해하고 실천하는 데에도 내공內功이 필요함

67) 지치(至治)라는 말은 본래 『서경』, 「군진(君陳)」에 나오는 말로 "잘 다스려진 세상은 향기로워서 신명에게까지 감동시킨다."는 구절에서 유래하였다. 한국 성리학의 특징이 담겨있는 사상이라고 하여 왕도정치(王道政治)와 구별하여 지치주의라 일컫는다.(김해영, 『지금은, 정조를 읽어야 할 시간』, 안티쿠스, 2013, 160쪽.) 지치주의(至治主義)가 왕도정치(王道政治)와 다른 점은 융평사상(隆平思想)에 있다. '융평사상'이란 인간사회를 현재의 상태에서 평안히 하는 것이 아니라 이상적인 상태, 즉 융(隆)의 상태로 끌어 올려 평안히 한다는 뜻이다. 이것은 한국철학사상의 기본 특징이 드러난 것으로 하늘의 이치가 땅에서도 실현되어야 한다는 이른바 '천인무간(天人無間)'사상을 근거로 하고 있다.(김해영, 『지금은, 정조를 읽어야 할 시간』, 안티쿠스, 2013, 165~166쪽.)

은 말할 것도 없습니다. 내공이 쌓여야 다양한 민중의 정서를 무탈하게 아우를 수 있기 때문입니다.

선비의 절개

| 논어 |

자장이 이르기를, "선비가 위태로움을 보면 생명을 바치고, 이득을 보면 의義를 생각하며, 제사에 공경을 생각하며, 상사喪事에 슬픔을 생각한다면 괜찮을 것이다."(「자장」)

| 원문 |

子張이 曰 士見危致命하고 見得思義하며 祭思敬하며 喪思哀면 其可已矣니라

| 자해 |

* 기가이의其可已矣 : 괜찮을 것이다. 기其 : 아마, 추측을 표시하는 부사. 이의已矣 : 새로운 상황이 발생했거나 그럴 가능성이 있음을 표시하는 어기조사로 단정적인 어기를 표시한다.

| 해영 |

선비가 선비 역할을 제대로 하려면 그 이름에 부합하는 행위를 할

때 귀하게 여김을 받습니다. 가령 세상을 이끌어 가는 지도자나 자신의 부모가 위태로움에 빠져 있을 때는 구차하게 목숨을 아끼지 않아야 하며, 얻는 것을 보았을 때는 의義로써 마땅한지를 생각해 보아야 합니다. 또 먼 조상의 제사에 임하여서는 안팎으로 정성과 예를 다하고 있는지를 생각하고, 장사葬事지낼 때에는 애도하는 마음으로 정성을 다하고 있는지를 생각해 보아야 합니다. 선비는 큰 절개를 세운, 세속의 북극성과 같은 존재이기 때문입니다.

공직자로 논의해 보겠습니다. 위태로움에 목숨을 아끼지 않는 현상은 소방이나 경찰에서 흔히 찾아볼 수 있고, 이로움을 보면 의義를 아끼지 않는 현상은 잃어버린 재물을 찾아주는 공직자들에게서 볼 수 있습니다. 또 제사에 공경을 아끼지 않는 현상은 현충일 즈음에 볼 수 있으며, 상사喪事에 슬픔을 아끼지 않는 현상은 이른바 '세월호 참사'와 같은 곳에서 확인할 수 있습니다. 모두가 민중의 마음을 아우르는 현상들입니다. 공직자들이 의연하게 중심을 잡아야 하는 이유가 여기에 있습니다. '선비'이기 때문입니다.

기술자와 군자의 도

| 논어 |

자하가 이르기를, "모든 기술자들은 공장에 있으면서 그 일을 이루고, 군자는 배워서 그 도道를 이룬다."(「자장」)

| 원문 |

子夏曰 百工이 居肆하여 以成其事하고 君子는 學하여 以致其道니라

| 자해 |

* 거사居肆 : 작업장을 지키고 있다. 작업장을 떠나지 않고 꾸준히 가지 일에 정진함을 말한다. 거居 : 꾸준히 한 곳에 머물다. 사肆 : 옛날에 기술자가 스스로 물건을 만들기도 하고 팔기도 하던 작업장 겸 가게. 관부에서 물건을 제조하는 곳이기도 하다.
* 치致 : 지극히 함.

| 해영 |

어디에서든 사력死力을 다하면 얻는 것이 있기 마련입니다. 농산물이든 공산품이든 열과 성을 다하면 결과물은 당연한 것이지요. 하지만 일을 할 때 기술자들이 좋은 아이디어와 생산기술력을 융합하면 결과는 배가 되고도 남습니다. 기술자들의 아이디어 하나가 때로 수많은 사람들의 생계를 책임질 수도 있을 만큼 그 영향력은 지대합니다. 하물며 시대의 리더로 자처하는 지도자는 어떠해야 하겠습니까? 끊임없이 민중의 마음을 위로하는 한편, 그들이 깨우침을 얻을 수 있도록 늘 가르치는데 힘써야 하겠습니다.

요순우의 도

| 논어 |

요임금이 이르기를, "아! 너 순舜아, 하늘의 운수가 너의 몸에 있으니, 진실로 그 중中을 잡아라. 사해가 곤궁하면 하늘의 복록이 영원히 끊어질 것이다." 순임금도 이 말로 우임금에게 명하였다. 탕임금이 이르기를, "나 소자 이履는 감히 검은 희생을 써서 감히 크나 큰 상제께 아룁니다. 죄 있는 사람을 감히 용서하지 않으며 상제의 신하를 감히 가리지 않으니, 선택은 상제의 마음에 달려 있습니다. 내 몸에 죄가 있는 것은 만방 때문이 아니고, 만방에 죄가 있는 것은 그 죄가 내 몸에 있습니다."(「요왈」)

| 원문 |

堯曰 咨爾舜아 天之曆數在爾躬하니 允執其中하라 四海困窮하면 天祿이 永終하리라 舜이 亦以命禹하니라 曰 予小子履는 敢用玄牡하여 敢昭告于皇皇后帝하노니 有罪를 不敢赦하며 帝臣不蔽하여 簡在帝心이니다 朕躬有罪는 無以萬方이요 萬方有罪는 罪在朕躬하니라

| 자해 |

* 자咨 : 아. 탄식하는 소리. 감탄사.

* 윤집기중允執其中 : 진실로 그 중을 잡다. 윤允 : 진실로.

* 천록天祿 : 하늘이 내리는 복록. 여기서는 임금의 자리를 가리킨다.
* 순역이명우舜亦以命禹 : 순임금도이것을 우임금에게 명하다. 이以 : 다음에 목적어로서 천지역수~천록영종天之曆數~天祿永終을 가리키는 인칭대사가 생략되어 있다.
* 여소자이予小子履 : 나 어린아이 이履. 여소자予小子 : 상고시대에 제왕이 자신을 겸허하게 일컫던 상투어. 이履 : 상나라, 즉 은나라를 세운 탕임금의 이름.
* 현모玄牡 : 검은 색의 수소. 소고昭告 : 분명하게 말하다. 후제后帝 : 천제, 하느님.
* 제신불폐帝臣不蔽 : 하느님의 신하를 은폐하지 않다. 인재를 버려두지 않고 적재적소에 잘 등용한다는 뜻. 제신帝臣 : 어질고 능력 있는 모든 인재를 가리킨다.
* 간簡 : 가리다. 간택하다. 짐朕 : 나, 짐. 일인칭대사로 본래 아무나 쓸 수 있었으나, 진시황 이후 황제의 자칭으로만 쓰였다.
* 무이만방無以萬方 : 만방에 기인하지 않다. 그러니 만방의 민중에게 고통을 주지 말라는 뜻. 무無 : 불不과 같다. 이以 : 인因과 같다.

| 해영 |

흔히 화평한 세상을 논할 때 요순시대堯舜時代를 드는 경향이 있습니다. 요순이 임금 노릇할 때, 그만큼 평화로웠다는 말일 것입니다. 하지만 요순시대가 도래하기 전, 혼란의 혼란이 점철된 역사와 시대가 있었음을 사람들은 잘 모릅니다. 겨우 요순시대에 당도하여 혼란함

을 잠재움으로서 평화를 맛볼 수 있었던 것을 사람들은 짐작조차 못하는 것이지요.

가령 독재체제를 물리치고 하늘의 도, 즉 중용적 도를 통한 다스림의 결과를 모르는 것과 같은 것이지요. 지도자들이 여기서 타산지석으로 삼을 수 있는 부분은, 옛날 요임금이 순임금에게, 순임금이 우임금에게 자리를 선양[68]할 때 공통적으로 경계 삼도록 한 것처럼, 잘되면 민중의 덕으로, 못되면 자신의 탓으로 돌리면서 민중을 위해 헌신하라는 얘기입니다.

지도자들이 중용적 마음을 지니고 끊임없이 민중을 위한 정책을 생산하고 집행하면 결국 민중들은 지도자들의 마음을 믿고 의지할 것입니다. 신뢰가 신뢰를 낳다 보면 세상에서 말하는 요순시절도 당도하리라 믿습니다. 요순과 같은 사회를 만들기 위해서는 쉼 없이 내공內功을 필요로 합니다. 내공이 쌓여야 민중이나 지도자의 구분이 없어지기 때문입니다.

68) 선양(禪讓)은 유가(儒家)의 이상적 정권교체를 가리키는 말이다. 천자(天子)가 제위(帝位)를 유덕자, 즉 덕(德)이 있는 사람에게 양보하는 것으로 방벌(放伐)에 대비되는 말이다. 대표적으로 요임금과 순임금, 우임금 사이에 행해진 정권이양을 가리키는데, 천자의 지위는 성덕(聖德)이 있는 사람에게만 양도하고, 덕이 있는 사람만이 그것을 받을 수 있는 유가 정치이론의 모범을 의미한다.

맹자(孟子)

子貢問曰。有一言而可以終
乎。己所不欲。勿施於人。
言己之所惡。勿加施於人。
子曰吾之於人也。誰毁誰譽。如
矣。
包曰。所譽者輒試以事。不虛譽而已。
斯民也。三代之所以直道而
馬曰。三代夏殷周用民如此。無所阿私。所以云直道而行
子曰。吾猶及史之闕文也。
包曰。古之良史。於書字有疑。則闕之以待知者

인의仁義1

| 맹자 |

맹자가 양혜왕을 뵈니, 왕이 말하였다. "선생께서 천리를 멀리 여기지 않고 오셨으니, 또한 장차 내 나라를 이롭게 함이 있겠습니까?" 맹자가 답하기를, "왕은 하필 이로움[利]을 말씀하십니까? 또한 인의仁義가 있을 뿐입니다."69)(「양혜왕상」)

| 원문 |

孟子見梁惠王하신대 王曰 叟不遠千里而來하시니 亦將有以利吾國乎잇가 孟子對曰 王은 何必曰利잇고 亦有仁義而已矣니이다

| 자해 |

* 맹자孟子 : 공자孔子의 유학을 계승 발전시켜 아성亞聖으로 불린다. 젊은 시절 공자의 손자인 자사의 문하생으로 수학했다. 가장 혼란했던 전국시대戰國時代 때의 사상가로 난세亂世 속에서도 자신의 주장을 폈다. 이름은 가軻, 자는 자여子輿 또는 자거子車이다.
* 양혜왕梁惠王 : 위魏나라 혜왕魏惠王 : B.C.400~B.C.319을 지칭. 위魏의 3

69) 『史記』에 의하면, 혜왕 35년에 자신의 예(禮)를 낮추고 폐백을 후(厚)하게 하여 현자(賢者)를 초청하자, 맹자가 양나라 땅에 이르렀다. 맹자와 양혜왕의 논의 내용을 얼핏 보면, 맹자는 나이 많은 선생님, 양혜왕은 젊은 왕으로 비춰지지만 실제 상황은 정반대다. 맹자는 이때 53세이고, 양혜왕은 81세의 고령이었다. 양혜왕은 51년간 재위(B.C.369~B.C.319)했는데, 양혜왕은 맹자를 만난 이듬해에 세상을 떠났다.

대 군주이다. 대량大梁에 도읍하고 참칭僭稱하였으며, 시호諡號를 혜惠라 하였다. 『맹자』에서는 양혜왕梁惠王으로 기록하고 있고, 『장자莊子』에서는 문혜군文惠君으로 기록되어 있다. 성은 희姬. 씨는 위魏. 휘는 앵罃.

* 수叟 : 노인, 늙은이, 장로, 선생. 역亦 : 또한. 장將 : 장차. 이以 : ~가지고. 이以에는 목적어가 있어야 한다. 여기서는 목적어 하何가 생략되었다. 따라서 "무엇을 가지고 내 나라를 이롭게 함이 있겠습니까?" 리利 : 나라를 부유하게 하거나, 군대를 강하게 하는 것 따위의 이로움. 오국吾國 : 내 나라. 호乎 : 의문의 어기를 표시하는 어기조사.
* 하필왈리何必曰利 : 하필 이로움利을 말씀하십니까? 인仁 : 마음의 덕, 사랑의 원리. 의義 : 마음의 제재, 일의 마땅함. 이이의而已矣 : '~일 뿐이다'라는 뜻의 어기조사.

| 해영 |

맹자가 양나라를 방문하여 혜왕惠王을 만난 것은 그가 겸손하고 덕德을 쌓을 줄 아는 왕이라는 소문 때문이었습니다. 말하자면 그를 통해 왕도王道를 구현하기 위함이었지요. 혜왕이 맹자에게 물었습니다. "선생님께서 천리千里가 넘는 길을 마다하지 않으시고 오셨는데, 이는 분명 우연이 아닐 것입니다. 어찌하면 우리나라를 이롭게 하여 부유하고 강대强大한 나라를 만들 수 있겠습니까?"

기대와 달리 혜왕의 물음은 맹자의 코드가 아니었습니다. 인상이 찌푸려진 맹자는 점잖게 꾸짖습니다. "왕께서 진정 나라 다스림을 극진히 하고자 한다면, 이익을 논해서는 안 됩니다. 오직 인의仁義만 있을 뿐이지요. 인仁은 '마음의 덕'과 '사랑의 이치'이며, 의義는 '마음으로 재단'하고 '일의 마땅함'을 뜻합니다. 왕께서는 어찌 이런 본질은 놓아두고, 말단적인 이익을 논하십니까?"

인의仁義2

| 맹자 |

"왕께서 어떻게 하면 내 나라를 이롭게 할까 하시면, 대부들은 어떻게 하면 내 집[70]을 이롭게 할까 하며, 하급관리와 서민들은 말하기를 어떻게 하면 내 몸을 이롭게 할까 하여, 상하가 서로 이로움을 취하면 나라가 위태롭게 될 것입니다. 만승萬乘의 나라에서 그 임금을 죽이는 자는 반드시 천승千乘의 집이고, 천승의 나라에서 그 임금을 죽이는 자는 반드시 백승百乘의 집이니, 만에서 천을 취하며 천에서 백을 취하는 것이 많지 않은 것이 아닌데, 진실로 의義를 뒤로 하고 이로움을 앞세우면 (모두) 빼앗지 않고서는 만족하지 않을 것입니다."(「양혜왕상」)

70) 집, 즉 가(家)는 일반적인 집을 지칭하는 게 아니다. 고대의 통치영역은 천하(天下)와 국(國) 그리고 가(家)로 구분했다. '천하'는 천자(天子)가 다스리는 영역이고, '국'은 '천하'를 구성하는 한 단위, 즉 제후(諸侯)가 다스리는 영역이며, '가'는 '국'을 구성하는 한 단위, 즉 대부(大夫)가 다스리는 영역이다. 국(國)의 규모는 다소 차이가 있지만, 대체로 '천하'의 10분의 1, 가(家)의 규모는 '국'의 10분의 1정도다.

| 원문 |

王曰 何以利吾國고 하시면 大夫曰 何以利吾家오 하며 士庶人曰 何以利吾身고 하여 上下交征利면 而國危矣리이다 萬乘之國에 弑其君者는 必千乘之家요 千乘之國에 弑其君者는 必百乘之家니 萬取千焉하며 千取百焉이 不爲不多矣언마는 苟爲後義而先利면 不奪하여는 不饜이니이다

| 자해 |

* 하何 : 이以의 목적어로 이以 뒤에 나와야 하지만, 의문대명사로 쓰기 위해 앞으로 나왔다. 대부大夫 : 주周나라 때, 천자天子나 제후諸侯의 신하는 경卿과 대부大夫, 사士로 나뉘어 있었다. 교交 : 서로. 정征 : 다투다, 취하다. 이而 : 칙則과 같음. 국위의國危矣 : 나라가 위태로워 질 것이다. 의矣 : 필연의 결과를 표시하는 어기조사.
* 승乘 : 수레의 수. 대개 천자는 만승萬乘, 제후는 천승千乘, 대부는 백승百乘을 보유함. 시弑 : 죽이다, 시해하다. 불위불다不爲不多 : 많지 아니함이 없다. 구苟 : 만일, 진실로. 탈奪 : 빼앗다. 염饜 : 만족하다.

| 해영 |

왕께서 이익을 논하면 안 되는 이유를 생각해 보십시오. 왕은 나라의 표준이기 때문입니다. 가령 왕께서 우리나라만 이롭게 되기를 바란다면 그것으로 끝이 납니까? 이는 분명 대부大夫들에게로 바람이 불어 이익을 논하게 될 게 뻔하고 관료들은 물론 종국終局에는 일반

민중들까지 이익을 논하게 될 것입니다. 그렇게 되면 아래에서 이익을 취하기 위해 윗사람들을 죽이는 극단적인 일이 마구 일어날 것입니다.

제후諸侯는 틈만 나면 천자天子를 죽여 이익을 극대화 하려 할 것이고, 대부大夫 또한 틈만 나면 제후의 목숨을 노릴 것입니다. 죽이고 빼앗는 것이 일상화 되면, 결국 세상 사람들은 모두가 만족하지 못하는 삶이 되고 말 것입니다. 이쯤 되면 인심은 사나워져 나라는 하루도 편안한 날이 없게 됨은 명약관화한 일입니다. 올바른 삶이 아닙니다. 이익보다 인의仁義를 앞세우는 이유가 여기에 있는 것입니다.

인의仁義3

| 맹자 |

"인仁하고서 어버이를 버리는 자는 있지 않으며, 의義롭고서 임금을 뒤로하는 자는 있지 않습니다. 왕께서는 또한 인의仁義를 말씀하실 따름이지, 하필 이로움[利]을 말씀하십니까?"(「양혜왕상」)

| 원문 |

未有仁而遺其親者也며 未有義而後其君者也니이다 王은 亦曰仁義而已矣시니 何必曰利잇고

| 자해 |

* 미未 : 아직 ~하지 않다. 유遺 : 버리다. 역亦 : 또한, 역시. 이이의而已矣 : '~일 따름이다'라는 뜻의 어기조사.

| 해영 |

세상살이에서 인의仁義는 지극히 바른 것입니다. 할 수 있는 것이 아닌, 마땅히 행해야 하는 것이지요. 인仁은 '마음의 덕'과 '사랑의 이치'이며, 의義는 '마음으로 재단'하고 '일의 마땅함'을 뜻하는 바, 행한다면 그 자체로 힘이 되기 때문입니다.

가령 인仁한 사람이 사람을 사랑하지 않는 경우가 없듯, 의義로운 사람이 세상을 어지럽히는 경우는 없습니다. 이익은 논하고 추구할수록 해로움이 커지지만, 인의는 논하고 추구할수록 이로움이 커집니다. 지도자라면 더욱 강조되는 대목입니다.

왕도1

| 맹자 |

양혜왕이 말하였다. "과인은 나라에 대하여 마음을 다하고 있습니다. 하내河內에 흉년이 들면 그 민중을 하동河東으로 이주시키고, 그 곡식을 하내로 옮기며, 하동에 흉년이 들면 또 그렇게 하고 있습니다. 이웃나라의 정사를 살펴보면, 과인처럼 마음을 쓰는 자가 없는데도 이

웃나라의 민중들이 더 적어지지 않으며, 과인의 민중들이 더 많아지지 않음은 어째서입니까?"(「양혜왕상」)

| 원문 |

梁惠王이 曰 寡人之於國也에 盡心焉耳矣로니 河內凶이어든 則移其民於河東하며 移其粟於河內하며 河東凶이어든 亦然하노니 察隣國之政한대 無如寡人之用心者로대 隣國之民이 不加少하며 寡人之民이 不加多는 何也잇고

| 자해 |

* 과인寡人 : 제후가 스스로를 일컫는 말. '자신의 덕이 적다'는 일종의 겸사다. 진심盡心 : 마음을 다하다. 하河 : 황하를 말함. 속粟 : 찧지 않은 곡식. 찰察 : 살피다. 인국隣國 : 이웃나라.

| 해영 |

혜왕이 맹자에게 묻습니다. "저는 나라를 다스림에 밤낮없이 민중들의 삶을 살펴보고 있습니다. 가령 하내河內 지방이 흉년으로 민중들의 삶이 곤궁해지면, 그 지방 민중들은 급히 하동河東 지방으로 옮기고, 하내 지방에 부족한 곡식을 보내줍니다. 또 하동 지방이 흉년으로 민중들의 삶이 곤궁해지면 마찬가지로 합니다.

그런데 이웃나라의 경우는 흉년이 들어도 저와 같은 구제정책救濟政策을 실시하지 않습니다. 그럼에도 이웃나라의 민중들은 우리나라

로 이주해 오지 않습니다. 이상한 일입니다. 제가 볼 때, 확실히 우리 나라가 구제정책을 잘하고 있다고 확신하고 있는데, 왜 이웃나라의 민중들은 줄어들지 않는 것일까요? 이유가 뭘까요?"

왕도2

| 맹자 |

맹자가 답하여 이르기를, "왕이 전쟁을 좋아하시니, 청컨대 전쟁으로 비유하겠습니다. 둥둥 북을 쳐서 병기와 칼날이 이미 접하게 되면, 갑옷을 버리고 병기를 끌고 패주敗走하되, 혹 백보를 패주한 뒤에 멈추며 혹 오십 보를 도망간 뒤에 멈추어서, 오십 보를 패주한 것으로 백보 패주한 것을 비웃으면 어떻게 여기십니까?" 왕이 이르기를, "그래서는 안 되니, 다만 백보를 패주하지 않았을 뿐, 이 또한 패주한 것입니다." 맹자가 이르기를, "왕이 만일 이를 아신다면 민중들이 이웃나라보다 많아지는 것을 바라지 마십시오."(「양혜왕상」)

| 원문 |

孟子對曰 王이 好戰하실새 請以戰喩호리이다 塡然鼓之하여 兵刃旣接이어든 棄甲曳兵而走하되 或百步而後止하며 或五十步而後止하여 以五十步로 笑百步면 則何如하니잇고 曰 不可하니 直不百步耳언정 是亦走也니이다 曰 王如知此시면 則無望民之多於隣國也하

소서

| 자해 |

* 청請 : 청하다. 유喩 : 비유하다. 전塡 : 북소리. 전연塡然 : '둥둥'하는 소리. 『순자』, 「의병義兵」에 의하면, 공격할 때는 북소리를 후퇴할 때는 쇠소리를 낸다. 고지鼓之 : 북을 치다. 지之 : 일반적인 사실이나 사물, 사람을 가리키는 인칭대사. '고'라는 명사를 동사 역할을 하도록 도와줌. 즉 '북을 치다'로 해석.
* 병인기접兵刃旣接 : 병기무기와 칼날이 이미 접하다. 기갑棄甲 : 갑옷을 버리다. 갑甲 : 갑옷. 예병曳兵 : 병기무기를 끌다. 주走 : 패주敗走하다. 소笑 : 비웃다. 직直 : 부사로 쓰임, 다만. 무망민지다어인국야無望民之多於隣國也 : 민중들이 이웃나라보다 많아지기를 바라지 마소서. 지之 : 주격조사로 쓰임.

| 해영 |

맹자가 혜왕에게 답을 줍니다. "왕께서 전쟁을 좋아하시니 비유를 좀 하겠습니다. 왕께서도 잘 알고 계시듯 싸움을 시작할 때, 북을 치면 공격하고 징을 치면 후퇴를 뜻합니다. 분명 공격의 신호인 북을 쳤음에도 나아가 싸우기는커녕 후퇴하면서 오십 보를 달아난 자가 백 보를 달아난 자에게 비웃는다면 왕께서는 이를 어찌 평가하시겠습니까?"

혜왕은 주저 않고 답합니다. "비웃음이 가당키나 합니까? 오십 보나 백 보나 도망간 것은 같은 것이지요." 맹자가 점잖게 타이릅니다. "왕께서 오십 보를 도망간 자와 백 보를 도망간 자를 똑같이 평가를 하신다면 이웃나라의 민중들이 이 나라로 이주해 오지 않는다고 섭섭해 마십시오. 이웃나라의 정치나 왕의 정치나 오십 보 백 보이기 때문입니다."

주지하듯 양혜왕의 정치방법은 부국강병富國强兵을 추구하는 이른바 패도정치覇道政治의 표본입니다. 맹자가 이른바 '오십 보 백 보 논리'를 들고 나온 것은, 양나라의 정치방법과 이웃나라의 정치방법이 크게 차이가 없다는 것을 일러주기 위함입니다. 민중들을 위한 진정한 정치는 패도가 아닌 왕도정치가 되어야 함을 일깨워주는 대목입니다.

왕도3

| 맹자 |

"농사 때를 어기지 아니하면 곡식을 이루 다 먹지 못하고, 빽빽한 그물을 웅덩이와 연못에 들이지 않으면 물고기와 자라를 이루 다 먹지 못하며, 도끼와 자귀를 때에 맞추어 산림에 들이면 재목을 이루 다 쓰지 못할 것입니다. 곡식과 물고기, 자라를 이루 다 먹지 못하며, 재목을 이루 다 쓰지 못하면, 이는 민중으로 하여금 살아있는 사람을 봉양하고 돌아가신 사람을 장례지내는 데 유감이 없게 하는 것이니,

살아있는 사람을 봉양하고 돌아가신 사람을 장례지내는 데 유감이 없게 하는 것이 왕도의 시작입니다."(「양혜왕상」)

| 원문 |

不違農時면 穀不可勝食也며 數罟를 不入洿池면 魚鼈을 不可勝食也며 斧斤을 以時入山林이면 材木을 不可勝用也니 穀與魚鼈을 不可勝食하며 材木을 不可勝用이면 是는 使民養生喪死에 無憾也니 養生喪死에 無憾이 王道之始也니이다

| 자해 |

* 위違 : 어기다. 불위농시不違農時 : '농사철을 어기지 않는다'는 말은 농사철에 민중들을 동원해서 부역을 시켜서는 아니 된다는 뜻이다. 불가승식不可勝食也 : 이루 다 먹을 수 없다. 촉數 : 빽빽하다, 촘촘하다. 고罟 : 그물. 오지洿池 : 구덩이와 연못. 부근斧斤 : 도끼와 자귀. 시時 : 알맞은 때를 뜻함.
* 곡여어별穀與魚鼈 : 곡식과 물고기와 자라. 여與 : 접속사로 쓰임, ~와. 생生 : 살아있는 사람. 상喪 : 장례. 무감無憾 : 유감이 없다. 감憾 : 유감, 한하다. 왕도王道 : 유가儒家의 이상 정치를 구현하기 위한 방법. 즉 도덕적인 사회의 지도자가 되어 조화롭고 안락한 사회를 건설하기 위한 방법.

| 해영 |

맹자의 왕도정치王道政治 논리가 시작됩니다. 왕도정치의 핵심은 '도덕적인 사회', '도덕적인 인간'을 만들어 내는 것입니다. 이를 위해서는 의식주衣食住가 선행되어야 합니다. 즉 경제가 담보되지 않고서는 도덕적인 삶을 논할 수 없기 때문입니다. 따라서 나라에서는 부역 등으로 민중들을 동원할 경우, 반드시 농번기를 피할 것을 강조하고, 그물의 경우는 작은 고기가 잡히지 않도록 그물의 코를 살펴야 하며, 싹이 나는 봄에는 나무를 일체 베지 못하도록 하는 것이 중요합니다. 왕도정치는 이처럼 경제로부터 시작합니다.

왕도4

| 맹자 |

"오무五畝의 집에 뽕나무를 심으면 나이 오십인 사람이 비단 옷을 입을 수 있으며, 닭과 돼지, 개, 큰 돼지를 기르는데 번식할 때를 잃지 않으면 나이 칠십인 사람이 고기를 먹을 수 있으며, 백무百畝의 밭을 경작하는데 농사할 때를 빼앗지 않으면 몇 식구의 집이 굶주리지 않을 수 있으며, 상서庠序의 가르침을 삼가서 효도와 공손의 의리를 거듭하면 머리가 반백이 된 사람이 길에서 짐을 지거나 머리에 이지 않을 것입니다. 나이 칠십인 사람이 비단을 입고 고기를 먹으며, 민중들이 굶주리지 않고 춥지 않으면서도 왕 노릇을 하지 못할 사람은

있지 않습니다."(「양혜왕상」)

| 원문 |

五畝之宅에 樹之以桑이면 五十者 可以衣帛矣며 雞豚狗彘之畜을 無失其時면 七十者 可以食肉矣며 百畝之田을 勿奪其時면 數口之家 可以無飢矣며 謹庠序之敎하여 申之以孝悌之義면 頒白者 不負戴於道路矣리니 七十者 衣帛食肉하며 黎民이 不飢不寒이요 然而不王者 未之有也니이다

| 자해 |

* 무畝 : 이랑, 두둑. 음은 '무', '묘', '요', '모'로 쓰이나 여기서는 '무'로 통일. 수樹 : 심다. 체彘 : 큰 돼지. 휵畜 : 기르다. 시時 : 새끼 밸 때. 탈奪 : 빼앗다. 상서庠序 : 학교 이름. 일반 민중을 상대로 가르치는 학교. 주로 은나라 때는 서序라 하였고, 주나라 때는 상庠이라 하였다. 신申 : 거듭함. 반頒 : 반半과 같음. 머리가 반은 희고 반은 검은 모양. 부대負戴 : 등짐을 지고, 머리에 이다. 여민黎民 : 머리털이 검은 젊은 장정.
* 불왕자不王者 : 왕 노릇하지 못하는 사람. 불不 : 비非가 명사를 부정하는데 비해, 불不은 동사나 형용사를 주로 부정하는 역할을 함. 따라서 불왕不王은 왕을 동사로 여겨 '왕 노릇하지 못하다'로 해석하는 것이 부드럽다. 미未 : 아직 ~하지 않다. 지之 : 유有와 도치되었다. 부정을 나타내는 지시대사로 타동사와 목적어가 이어질 때는

타동사와 목적어가 도치되는 경우가 많다. 미유지야未有之也로 놓고 보면 자연스럽다.

| 해영 |

왕도정치의 핵심은 '도덕적인 사회', '도덕적인 인간'을 만들어 내는 것이라고 위에서 설명했습니다. 여기서 의식주衣食住가 안정적으로 구현되도록 하는 것을 이른바 '국가경제'라고 한다면, 이 부분은 '가정경제'를 뜻한다고 볼 수 있습니다. 즉 나이 50세가 되면 몸이 약해지고, 70세가 되면 몸은 더욱 약해집니다. 고기를 챙겨드리지 않을 수 없는 것이지요.

가축을 기르는 것도 이와 같은 민중들의 삶과 직결되기 때문입니다. 이렇게 가정경제에 대한 가르침이 구현되면 자연스럽게 윗사람에게 공손하고 부모님께 효도하는 방법에 관해 교화教化하게 됨은 물론입니다. 이러한 가르침과 삶이 하나가 되면 왕도사회, 즉 도덕적인 사회가 완성되는 것입니다. 지도자들은 끊임없이 행해야 합니다. 사명이기 때문입니다.

왕도5

| 맹자 |

"개와 큰 돼지가 사람이 먹을 것을 먹는데도 단속할 줄 모르며, 길에

굶어죽은 시체가 있는데도 창고를 열줄 모르고, 사람이 죽으면 말하기를 '내가 그렇게 한 것이 아니라 흉년 때문'이라고 하니, 이 어찌 사람을 찔러 죽이고 말하기를 '내가 그런데 아니라 병기 때문'이라고 하는 것과 다르겠습니까? 왕이 죄를 흉년으로 돌리지 않으시면, 이 천하의 민중들이 (위나라로) 이르러 올 것입니다."(「양혜왕상」)

| 원문 |

狗彘食人食而不知檢하며 塗有餓莩而不知發하고 人死어든 則曰 非我也라 歲也라하나니 是何異於刺人而殺之曰 非我也라 兵也리오 王無罪歲하시면 斯天下之民이 至焉하리이다

| 자해 |

* 식食 : 먹다. 검檢 : 단속하다, 제재하다. 도塗 : 도途와 같음. 표莩 : 굶어죽은 사람. 발發 : 창고를 열어 곡식을 내어줌. 세歲 : 풍년과 흉년. 어於 : '~에서'라는 장소를 나타내는 대사지만, 앞에 이異가 올 때는 '~에서 다르다'로 해석하기보다는 '~과 다르다'로 해석하는 것이 부드럽다.
* 척刺 : 찌르다. 바늘이나 송곳 등으로 찌를 때는 주로 '자'로 발음하지만, 칼이나 창으로 찌를 때는 '척'으로 발음한다. 지언至焉 : 이를 것이다. 언焉 : 진술의 어기를 표시하는 어기조사.

| 해영 |

혜왕의 물음에 맹자는 왕도정치王道政治를 행하지 않고서는 그 어떤

방법도 해법이 될 수 없음을 일러줍니다. 오직 어진 정치만이 나라의 온갖 어려움을 해결할 수 있는 유일한 길임을 제시한 것입니다.

예나 지금이나 어려움은 상존합니다. 그러나 지도자들이 어떤 마음으로 민중을 대하는지에 따라 삶의 질은 천양지차입니다. 극단으로 치달을 때 갈등이 비롯된다는 점에서 왕도를 잊지 말아야 하겠습니다.

주객일치?

| 맹자 |

양혜왕이 말하였다. "과인이 원하건대 편안히 가르침을 받들고자 합니다." 맹자가 답하여 묻기를, "사람을 죽임에 몽둥이와 칼날을 사용하는 것이 차이가 있습니까?" 양혜왕이 답하길, "차이가 없습니다." 맹자가 묻기를, "칼날과 정치로 하는 것이 차이가 있습니까?" 양혜왕이 답하길, "차이가 없습니다." 맹자가 이르기를, "푸줏간에는 살찐 고기가 있고, 마굿간에는 살찐 말이 있는데도 민중들은 굶주린 기색이 있고, 들에는 굶어죽은 시체가 있다면, 이는 짐승을 몰아서 사람을 잡아먹게 한 것입니다. 짐승들이 서로 잡아먹는 것도 사람들은 미워하는데, 민중의 부모가 되어 정치를 행하면서 짐승을 몰아 사람을 먹게 함을 면치 못한다면, 민중의 부모 된 것이 어디에 있습니까?"(「양혜왕상」)

| 원문 |

梁惠王曰 寡人이 願安承教하노이다 孟子對曰 殺人以梃與刃이 有以異乎잇가 曰 無以異也니이다 以刃與政이 有以異乎잇가 曰 無以異也니이다 曰 庖有肥肉하며 廐有肥馬요 民有飢色하며 野有餓莩면 此는 率獸而食人也니이다 獸相食을 且人이 惡之하나니 爲民父母하여 行政하되 不免於率獸而食人이면 惡在其爲民父母也리잇고

| 자해 |

* 원願 : 원하다. 이以 : ~으로써, ~을 가지고. 정梃 : 몽둥이. 이정여인以梃與刃 : 몽둥이와 칼날로~. 포庖 : 푸줏간. 구廐 : 마굿간. 기색飢色 : 굶주린 기색. 아표餓莩 : 굶어죽은 시체. 솔率 : 몰다, 거느리다. 솔수率獸 : 짐승을 몰다. 수상식獸相食 : 짐승들이 서로 잡아먹다. 식食 : 잡아먹다. 오惡 : 미워하다. 용俑 : 허수아비, 인형. 상象 : 형상. 여지하如之何 : 어찌하다. 관용어구로 '어찌하여', '어떻게' 등의 뜻으로 쓰인다.

| 해영 |

아주 오래전, 인간은 과연 이기적인 존재였을까요? 아마도 공동체가 굳게 유지될 때까지는 그렇지 않았을 것입니다. 나와 남이 하나가 아닌 구별되면서부터 이기적인 존재로 변이變異된 것으로 추측推測70) 됩니다. 여하튼 이기적인 인간으로 변모되면서부터 일정한 지도자들

또한 필요하게 된 것이지요.

따라서 지도자라고 하여 구성원의 권리를 초월해서는 안 됩니다. 구성원이 본질本質이라면 지도자는 말단末端이기 때문입니다. 좌우간 지도자는 모든 역량을 구성원인 민중들에게 집중해야 합니다. 늘 생사고락生死苦樂을 함께해야 하는 존재인 것이지요. 그것이 민본정치에 부합되기 때문입니다.

측은지심1

| **맹자** |

왕72)이 말하였다. "과인 같은 사람도 민중을 보호할 수 있습니까?" 맹자가 이르기를, "할 수 있습니다." 왕이 말하길, "무슨 이유로 나의 가능함을 아십니까?" 맹자가 이르기를, "신이 다음과 같은 말을 호흘胡齕에게 들었습니다. 왕이 당 위에 앉아 계시는데, 소를 끌고 당 아래로 지나가는 자가 있었습니다. 왕이 이를 보시고 말하기를, '소를 어디로 끌고 가느냐?'고 하자, 답하여 말하기를, '장차 종鐘의 틈을 바르는데 쓰려고 합니다.'라고 했습니다. 왕이 말하길, '놓아 주어라. 내

71) 최한기(1803~1877)는 일찍이 경험을 통해 축적된 기억을 바탕으로 자신의 생각을 확장해 나갈 수 있다고 주장했다. 그 과정이 바로 추측(推測)이다. 그는 추측의 방법으로 다섯 가지를 제시한다. 1. 현상적 존재[氣]를 통하여 본질[理]을 추측하는 것, 2. 드러난 정(情)을 통해 성(性)을 추측하는 것, 3. 움직임[動]을 보고 정지[靜] 상태를 알아내는 것, 4. 자기[己]를 미루어 남[人]을 알아보는 것, 5. 물(物)을 바탕으로 일[事]을 짐작하는 것 등이다.

72) 제(齊)나라 선왕(宣王)을 지칭한다.

가 그 두려워 벌벌 떨면서 죄 없이 사지死地로 나아감을 차마 보지 못하겠다.'라고 하자, 답하여 말하기를, '그러면 흔종釁鐘을 폐해야 합니까?'라고 했습니다. 그러자 왕이 말하기를, '어찌 폐할 수 있겠느냐? 양으로 바꾸라.'고 하셨다고 합니다. 알지 못하겠습니다만, 그런 일이 있었습니까?" 왕이 말하기를, "그런 일이 있었습니다." 맹자가 이르기를, "이 마음으로 족히 왕 노릇 할 수 있습니다. 백성들은 모두 왕이 아낀다고 하지만, 신은 진실로 왕이 차마 하지 못하는 것을 압니다." 왕이 말하기를, "그렇습니다. 진실로 그러한 백성이 있습니다만, 제나라가 비록 좁고 작으나 내 어찌 소 한 마리를 아끼겠습니까? 그 두려워 벌벌 떨면서 죄 없이 사지死地로 나아감을 차마 보지 못해서였습니다. 그러므로 양으로 바꾸라고 한 것입니다."(「양혜왕상」)

| 원문 |

曰 若寡人者도 可以保民乎哉잇가 曰 可하니이다 曰 何由로 知吾可也잇고 曰 臣聞之胡齕하니 曰 王坐於堂上이어시늘 有牽牛而過堂下者러니 王見之하시고 曰 牛何之오 對曰 將以釁鐘이니이다 王曰 舍之하라 吾不忍其觳觫若無罪而就死地하노라 對曰 然則廢釁鐘與잇가 曰 何可廢也리오 以羊易之라하니 不識케이다 有諸잇가 曰 有之하니이다 曰 是心이 足以王矣리이다 百姓은 皆以王爲愛也어니와 臣은 固知王之不忍也하노이다 王曰 然하다 誠有百姓者로다마는 齊國이 雖褊小나 吾何愛一牛리오 卽不忍其觳觫若無罪而就死地라 故로 以羊易之也니이다

| 자해 |

* 호흘胡齕 : 제나라 신하. 당堂 : 마루. 견우牽牛 : 소를 끌다. 우하지牛何之 : 소가 어디로 가는가? 하何 : 지之의 목적어지만, 의문대명사이기 때문에 지之 앞에 놓였다. 흔종釁鐘 : 종을 새로 주조하고 나면, 짐승의 피로 그 틈을 바르는 것. 사舍 : 사捨와 통용, 놓아주다.
* 곡속약觳觫若 : 두려워 벌벌 떠는 모양. 약若은 연然과 마찬가지로 형용사에 붙는 말이다. 전통적으로 곡속觳觫에 구句를 생략하고, 약若을 붙여 '벌벌 떨며 죄 없이 사지死地로 가는 것 같다'로 해석. 여與 : 의문의 어기를 표시하는 조사. 역易 : 바꾸다. 저諸 : 지호之乎와 같음.
* 족이왕足以王 : 족히 왕도를 실행할 수 있다. 애愛 : 아끼다, 인색하다. 이왕위애以王爲愛 : '왕으로써 애愛로 여기다.'는 의미로 여기서 애愛는 명사다. 때문에 '사랑하는 사람'이란 뜻으로, 사랑하면 아끼게 되고 아끼면 인색하게 됨으로 민중들은 왕이 인색한 사람으로 이해한다는 의미다.
* 고固 : 진실로. 연然 : 그러하다. 성誠 : 진실로. 편褊 : 좁다. 이양역지以羊易之 : 양으로 바꾸다. 차마 볼 수 없는 측은지심이 발동하여 양으로 대체하라고 한 것이다.

| 해영 |

맹자가 제나라 선왕宣王과의 논의가 상당히 구체적으로 드러나고 있습니다. 여기서 요체要諦로 삼을 수 있는 점은, 역시 '선왕이 왕도정

치를 구현할 수 있느냐?'일 것입니다. 맹자는 긍정의 근거로 "놓아 주어라. 내가 그 두려워 벌벌 떨면서 죄 없이 사지死地로 나아감을 차마 보지 못하겠다."라고 한 대목을 주목합니다. 지도자가 측은지심惻隱之心이 존재한다면 왕도를 행할 수 있다고 본 것입니다. 지도자가 어떤 마음의 소유자여야 하는지 알 수 있는 대목입니다.

측은지심2

| **맹자** |

맹자가 이르기를, "왕은 백성들이 왕에 대해 아낀다고 하는 것을 이상하게 여기지 마십시오. 작은 것으로 큰 것을 바꾸었으니, 저들이 어찌 알겠습니까? 왕이 만일 그 죄 없이 사지로 나아감을 측은히 여기셨다면, 소와 양을 어찌 가리셨습니까?" 왕이 웃으면서 말하기를, "이 진실로 어떤 마음이었던가? 내가 그 재물을 아껴서 양으로 바꾸라고 한 것은 아니지만, 마땅히 백성들은 내가 아꼈다고 이르겠구나." 맹자가 이르기를, "해로울 것이 없습니다. 이것이 바로 인仁을 행하는 방법이니, 소는 보았고 양은 아직 보지 못하였기 때문입니다. 군자가 금수禽獸에 대해 그 산 것을 보고 차마 그 죽는 것을 보지 못하며, (죽으면서 애처롭게 울부짖는) 소리를 듣고는 차마 그 고기를 먹지 못합니다. 이 때문에 군자는 푸줏간을 멀리하는 것입니다."(「양혜왕상」)

| 원문 |

曰 王은 無異於百姓之以王爲愛也하소서 以小易大이니 彼惡知之리잇고 王若隱其無罪而就死地면 則牛羊을 何擇焉이리잇고 王笑曰 是誠何心哉런고 我非愛其財而易之以羊也언마는 宜乎百姓之謂我愛也로다 曰 無傷也라 是乃仁術也니 見牛코 未見羊也일새니이다 君子之於禽獸也에 見其生하고 不忍見其死하며 聞其聲하고 不忍食其肉하나니 是以로 君子遠庖廚也니이다

| 자해 |

* 이異 : 이상하다, 괴이하다. 피오지지彼惡知之 : 저들이 어찌 알겠는가? 은隱 : 측은하게 여기다, 불쌍하게 여기다. 비非 : 명사를 부정하는 역할을 함. 즉 '~한 것이 아니다. 아비애기재我非愛其財 : 내가 그 재물을 아끼는 게 아니다. 의宜 : 마땅하다.
* 상傷 : 해로움. 이내인술야是乃仁術也 : 이것이 바로 인仁을 행하는 방법이다. 술術 : 방법. 인술仁術 : 인술仁術은 인仁을 실행하는 방법. 미未 : 아직 ~하지 않다. 미견양야未見羊也 : 아직 양을 보지 못하였다.
* 군자지君子之 : 군자가. 지之 : 주격조사. 불인不忍 : 차마 ~하지 못하다. 불인견기사不忍見其死 : 차마 그 죽는 것을 보지 못하다. 시이是以 : 이 때문에. 포주庖廚 : 고기를 자르고 삶는 장소. 즉 푸줏간을 뜻한다.

| 해영 |

여기서도 제나라 선왕宣王과의 논의가 구체적으로 이어지고 있습니다. 요체로 삼을 수 있는 부분은 선왕이 왕도王道를 행할 수 있는지를 좀 더 구체적으로 분석했다는 점입니다. 가령 소[牛]를 측은하게 여겨 양羊으로 바꾸게 한 것이지요. 물론 양 또한 그런 모습을 보였다면 선왕은 측은하게 여겼을 것입니다.

여기서 중요한 것은 선왕이 왕도를 행할 수 있는 단서로 '소를 양으로 바꾸게 했다'는 사실입니다. 이런 마음의 소유자라면, 분명 민중들에게도 어진 정치를 할 수 있는 근거가 되기 때문입니다. 왕도는 멀리 있지 않습니다. 어진 마음을 실천할 수 있느냐?에 달려 있는 것이지요. 지금 여기서 실천하면 되는 것입니다.

측은지심3

| 맹자 |

왕이 말하기를, "하지 않는 것과 할 수 없는 것의 형상이 어떻게 다릅니까?" 맹자가 이르기를, "태산을 끼고 북해를 건너뛰는 것을 사람들에게 말하기를 '나는 못한다'고 하면, 이는 진실로 못하는 것이지만, 어른을 위하여 나뭇가지를 꺾는 것은 사람들에게 말하기를 '나는 못한다'고 하면 이는 하지 않는 것이지 못하는 것이 아닙니다. 그러므로 왕이 왕 노릇을 못하는 것은 태산을 끼고 북해를 건너뛰는 종

류가 아니라, 왕이 왕 노릇을 못하는 것은 이 나뭇가지를 꺾는 종류 입니다."(「양혜왕상」)

| 원문 |

曰 不爲者와 與不能者之形이 何以異잇고 曰 挾太山하여 以超北海를 語人曰 我不能이라하면 是는 誠不能也어니와 爲長者折枝를 語人曰 我不能이라하면 是는 不爲也언정 非不能也니 故로 王之不王은 非挾太山以超北海之類也라 王之不王은 是折枝之類也니이다

| 자해 |

* 형形 : 형상함. 협挾 : 끼다. 태산太山 : 태산泰山을 지칭함. 중국의 산동성에 있는 명산으로 오악五岳 가운데 하나이다. 동악東岳에 해당한다. 초超 : 뛰어 건너다. 북해北海 : 북쪽의 바다라는 뜻이지만, 여기서는 발해渤海를 지칭한다. 절지折枝 : 나뭇가지를 꺾다.

| 해영 |

맹자는 제나라 선왕이 왕도정치를 충분히 실행할 수 있는 근거를 확인하고, 일러줍니다. 하찮은 짐승 따위도 측은하게 여기는데, 민중을 살피는 것은 두말없는 것이지요. 이제 남은 것은 그가 진실로 왕도를 실천하는 것입니다.

왕도의 실천방법은 어렵지 않습니다. 의지意志[73]만 있으면 가능합니다. 가령 민중들을 위해 나뭇가지 하나를 꺾을 수 있는 것처럼 간단한 일이지요. 이는 하지 않을 뿐이지, 지도자라면 누구나 할 수 있습니다. 즉 실천이 요체인 셈입니다.

항산항심恒産恒心

| 맹자 |

왕[74]이 말하였다. "내가 어두워서 이에 나가지 못하니, 원컨대 선생은 나의 뜻을 도와 밝게 나를 가르쳐 주십시오. 내 비록 민첩하지 못하나 청컨대 한번 시험해보겠습니다."[75] 맹자가 이르기를, "일정한 생업이 없어도 일정한 마음을 갖는 자는 오직 선비만이 가능한 것이요, 민중과 같은 경우는 일정한 생업이 없으면 그로 인하여 일정한 마음이 없습니다. 진실로 일정한 마음이 없으면 방탕하고 편벽되며 사치를 하지 아니함이 없을 것이니, 그리하여 죄에 빠짐에 이른 뒤에 좇아가 형벌을 가하면 이는 민중을 그물질 하는 것입니다. 어찌 인한 사람이 지위에 있으면서 민중을 그물질 할 수 있겠습니까?"(「양

73) 의지(意志)의 '의(意)는 생각'하는 것이고, '지(志)는 실천'한다는 의미다.

74) 제(齊)나라 선왕(宣王)을 지칭한다.

75) 맹자는 제나라 선왕에게 초지일관 패도(覇道)의 마음을 버리고 왕도(王道)의 방법을 일러주고 실천을 요구했다. 왕도의 요체는 다름 아닌 '차마 하지 못하는 마음을 미루어서 차마 못하는 정치를 행하는 것'이다. 결과적으로 선왕은 왕도를 실천하지 않았다. 그가 행할 능력이 부족해서가 아니라 사사로운 감정에 얽매인 탓이다. 안타까운 일이다.

혜왕상」)

| 원문 |

王曰 吾惛하야 不能進於是矣로니 願夫子는 輔吾志하여 明以敎我하소서 我雖不敏이나 請嘗試之하리이다 曰 無恒產而有恒心者는 惟士爲能이어니와 若民則無恒產이면 因無恒心이니 苟無恒心이면 放辟邪侈를 無不爲已니 及陷於罪然後에 從而刑之면 是는 罔民也라 焉有仁人在位하여 罔民을 而可爲也리오

| 자해 |

* 혼惛 : 혼미함, 마음이 어둡고 몽매한 것. 원願 : 원하다. 부자夫子 : 선생님. 보輔 : 돕다. 상嘗 : 한번, 맛보다. 항산恒產 : 항상 의지해서 살아가는 생업生業. 항심恒心 : 항상 사람에게 있는 착한 마음.
* 방벽放辟 : 방탕하고 편벽되다. 사邪 : 정正과 반대되는 개념으로 사악하다는 뜻. 치侈 : 사치하다. 무불위이無不爲已 : 하지 아니함이 없다. 무소불위無所不爲와 같다. 급함어죄及陷於罪 : 죄에 빠짐에 이르다. 종從 : 좇다. 망罔 : 망網의 본 글자. 망민罔民 : 민중을 그물질하다. 언焉 : 어찌. 재위在位 : 지위에 있다.

| 해영 |

세상에는 크게 두 가지의 패러다임이 존재합니다. 하나는 도덕[정신]적 삶이고, 다른 하나는 경제[물질]적 삶입니다. 여기서 '도덕은 정신

적 삶'을 풍요롭게 하는 기제機制이고, '경제는 물질적 삶'을 풍요롭게 하는 기제입니다. 사실 두 가치가 공히 중요합니다만 굳이 따지자면 '도덕적 삶을 확립'하는 일이 무엇보다 시급하다고 할 수 있습니다. 하지만 먹고 사는 문제 또한 무시할 수 없기 때문에 경제를 중시하는 것이지요.

가령 경제를 등한시하면 어찌될까요? 결국 본질인 도덕적 삶도 무너질 수 있습니다. 경제를 중시하는 이유가 여기에 있다 할 것입니다. 문제는 지도자들입니다. 일반 민중들과 같을 수는 없기 때문이지요. 일정한 생업[恒産]이 없더라도 일정한 마음[恒心]을 유지할 수 있어야 하는 것이죠. 이른바 '무항산無恒産이라도 유항심有恒心'이 그것76)입니다. 도덕적 삶도 지향하지 못하면서 민중을 이끈다는 것은 기만이기 때문입니다.

여민동락

| 맹자 |

제나라 선왕이 묻기를, "문왕의 동산이 사방 칠십 리라 하는데, 그렇습니까?" 맹자가 답하기를, "옛 기록에 있습니다." 왕이 말하기를, "이

76) 일찍이 관자(管子)도 '창고가 차야 예절을 안다'고 했고, 맹자도 항산(恒産)이 없으면 항심(恒心)을 지니기 어렵다고 했지만, 지도자는 항산이 없어도 항심을 지녀야 한다는 말이다. 지도자가 예로부터 선비로 불린 이유도 여기에 있다. 이는 지위고하를 막론하고 지도자라면 마땅히 지녀야 할 자세일 뿐 아니라 책무다. 모두의 안위와 온전한 나라를 존립케 하는 기틀이 된다는 점에서도 잊지 말아야 한다.

와 같이 큽니까?" 맹자가 이르기를, "민중들은 오히려 작다고 여겼습니다." 왕이 말하기를, "과인의 동산은 사방 사십 리인데도 민중들은 오히려 크다고 하는 것은 어째서입니까?" 맹자가 이르기를, "문왕의 동산이 사방 칠십 리에 꼴 베고 나무하는 자들이 그리로 가며 꿩과 토끼를 잡는 자들이 그리로 들어가 민중과 더불어 함께 하시니 민중들이 작다고 여김이 또한 마땅하지 않습니까? 신臣이 처음 국경에 이르러, 나라에서 크게 금하는 것을 물어본 다음에 감히 들어왔습니다. 신臣이 들으니, 교외와 관문 안에 있는 동산이 사방 사십 리인데, 그곳의 사슴을 죽이는 자를 살인의 죄와 같이 처벌한다고 합니다. 이는 사방 사십 리로 나라 가운데 함정을 만든 것이니, 민중들이 크다고 여김이 또한 마땅하지 않습니까?"(「양혜왕하」)

| 원문 |

齊宣王이 問曰 文王之囿 方七十里라하니 有諸잇가 孟子對曰 於傳에 有之하나이다 曰 若是其大乎잇가 曰 民猶以爲小也니이다 曰 寡人之囿는 方四十里로되 民猶以爲大는 何也잇고 曰 文王之囿는 方七十里에 芻蕘者往焉하며 雉兎者往焉하여 與民同之하시니 民以爲小 不亦宜乎잇가 臣始至於境하여 問國之大禁然後에 敢入하니 臣聞 郊關之內에 有囿方四十里에 殺其麋鹿者를 如殺人之罪라하니 則是方四十里로 爲阱於國中이니 民以爲大 不亦宜乎잇가

| 자해 |

* 유囿 : 동산, 새와 짐승을 기르는 곳. 방方 : 사방. 유저有諸 : 그런 일이 있습니까? 유지호有之乎와 같음. 어於 : ~에. 어전於傳 : 옛 기록에. 유지有之 : 그러한 것이 있다. 지之 : 그러한 것. 약시若是 : 이와 같다. 이위以爲 : ~라고 여기다.
* 추芻 : 꼴. 가축들의 먹이를 뜻하나, 여기서는 '꼴을 베다'라는 동사로 쓰임. 요蕘 : 땔나무를 뜻하나, 여기서는 '나무하다'라는 동사로 쓰임. 추요자왕언芻蕘者往焉 : 꼴 베고 나무하는 자들이 그곳으로 가다. 왕언往焉 그곳으로 가다. 언焉 : 그곳으로. 어차於此와 같음. 치토雉兎 : 꿩과 토끼를 지칭하나, 여기서는 '꿩을 잡다, 토끼를 잡다'라는 동사로 쓰임. 의宜 : 마땅하다.
* 시지어경始至於境 : 처음 국경에 이르다. 국지國之 : 제齊나라를 지칭. 감입敢入 : 감히 들어오다. 교관지내郊關之內 : 교외와 관문 사이. 교郊 : 수도 밖 백리까지를 교郊라 한다. 미록麋鹿 : 사슴들. 미麋 : 큰 사슴. 록鹿 : 작은 사슴. 위정爲阱 : 함정을 만들다. 정阱 : 함정, 구덩이를 파서 짐승들이 빠지도록 하는 곳.

| 해영 |

제나라 선왕이 보여주는 것은 동산의 크고 작은 것을 논하면서 민중들의 생각을 이해할 수 없다고 합니다. 민본의식民本意識이 아예 없어 보입니다. 반대로 맹자는 동산의 크고 작은 것을 논하면서 오히려 그의 민중에 대한 시각을 비판합니다.

맹자의 이 같은 비판은 선왕의 의식이 고양되어 민중들과 고락苦樂을 함께 할 때 동산의 크고 작은 문제에서 벗어날 수 있음을 일러줍니다. 지도자는 구성원인 민중들과 항상 고통과 즐거움을 함께 해야 합니다. 본질이자 당위이기 때문입니다.

외교

| 맹자 |

제나라 선왕이 묻기를, "이웃나라와 사귀는데 도道가 있습니까?" 맹자가 답하기를, "있습니다. 오직 인한 자라야 큰 나라로 작은 나라를 섬길 수 있습니다. 그러므로 탕湯임금이 갈葛나라를 섬기시고 문왕文王이 곤이昆夷를 섬기셨습니다. 오직 지혜로운 자라야 작은 나라로 큰 나라를 섬길 수 있으니, 그러므로 태왕大王이 훈육獯鬻을 섬기시고 구천句踐이 오吳나라를 섬겼습니다. 큰 나라로 작은 나라를 섬기는 자는 천리天理를 즐거워하는 자요, 작은 나라로 큰 나라를 섬기는 자는 천리天理를 두려워하는 자입니다. '천리'를 즐거워하는 자는 천하를 보전하고 '천리'를 두려워하는 자는 나라를 보전합니다. 『시경』에 이르기를, '하늘의 위엄을 두려워하여 이에 보전한다'고 하였습니다." 왕이 말하였다. "크도다. 말씀이여! 과인에게 병통이 있으니, 과인은 용기를 좋아합니다." 맹자가 이르기를, "왕은 청컨대 작은 용기를 좋아하지 마십시오. 칼을 어루만지며 눈을 부릅뜨고 말하기를,

'네가 어찌 감히 나를 당하겠는가?'라고 하니, 이는 필부의 용기로 한사람을 대적하는 자이니, 왕은 청컨대 크게 하십시오. 『시경』에 이르기를, '왕이 발끈 노하여 이에 그 군대를 정돈하여 침략하러 가는 무리들을 막아 주나라의 복을 돈독히 하여 천하의 기대에 대답하였다'고 하니, 이는 문왕의 용기입니다. 문왕이 한번 노하여 천하의 민중을 편안하게 하셨습니다."(「양혜왕하」)

| 원문 |

齊宣王이 問曰 交隣國이 有道乎잇가 孟子對曰 有하니 惟仁者라야 爲能以大事小하나니 是故로 湯事葛하시고 文王事昆夷하시니이다 惟智者라야 爲能以小事大하나니 故로 大王事獯鬻하시고 句踐事吳하니이다 以大事小者는 樂天者也요 以小事大者는 畏天者也니 樂天者는 保天下하고 畏天者는 保其國이니이다 詩云 畏天之威하여 于時保之라하니이다 王曰 大哉라 言矣여 寡人有疾하니 寡人은 好勇하노이다 對曰 王請無好小勇하소서 夫撫劍疾視曰 彼惡敢當我哉리오하나니 此는 匹夫之勇이라 敵一人者也니 王請大之하소서 詩云 王赫斯怒하사 爰整其旅하여 以遏徂莒하여 以篤周祜하여 以對于天下라하니 此는 文王之勇也니 文王이 一怒而安天下之民하시니이다

| 지해 |

* 인국隣國 : 이웃나라. 도道 : 방법. 이대사소以大事小 : 큰 나라로 작은

나라를 섬기다. 탕湯 : 은나라 임금. 곤이昆夷 : 서방에 있는 이민족異民族의 한나라. 태왕大王 : '대'는 '태'와 발음이 같음. 따라서 '태왕'으로 발음한다. 여기서 태왕은 주周나라 문왕의 조부인 고공단보古公亶父를 지칭한다. 훈육獯鬻 : 적인狄人, 즉 북방에 있는 이민족異民族의 한나라. 구천句踐 : 월나라 임금. 낙천자樂天者 : 천리天理를 즐기는 자. 여기서 천리는 '당연한 이치'를 뜻한다. 시詩 : 『시경詩經』, 「주송周頌 · 아장我將」. 시時 : 시是와 같음.

* 대재大哉 : 크도다. 재哉 : 감탄의 어기를 표시하는 어기조사. 언의言矣 : 말씀이여. 의矣 : 감탄의 어기를 표시하는 어기조사. 유질有疾 : 병통이 있다. 질疾 : 원망하다, 미워하다. 호용好勇 : 용기를 좋아하다. 무검撫劍 : 칼을 어루만지다. 질시疾視 : 성난 눈으로 보는 것. 피오감당아재彼惡敢當我哉 : 네가 어찌 감히 나를 당하겠는가. 필부지용匹夫之勇 : 보잘 것 없는 일반 사람의 용기.

* 시詩 : 『시경詩經』, 「대아大雅 · 황의皇矣」. 혁赫 : 발끈 노한 모양. 원爰 : 이에. 어시於是와 같음. 려旅 : 군대, 무리. 알遏 : 막다, 그치다. 조徂 : 가다. 려莒 : 군대, 무리라는 뜻으로 『시경』에는 려旅로 되어 있다. 조려徂莒는 밀密땅 사람이 원阮나라를 침략하기 위하여 공共땅으로 가는 군대를 말한다. 주호周祜 : 주나라의 복. 호祜 : 복福과 같음. 대對 : 대답하다. 대우천하對于天下 : 천하 민중들의 기대에 대답하다.

| 해영 |

최근 우리나라에 유행하는 소문 가운데 하나가 '위기의식 실종'이라

고 합니다. 우리를 둘러싸고 있는 주변의 나라들을 보십시오. 모두가 초강대국들입니다. 지도자들의 의식이 그 어느 때보다 투철하지 않으면 안 되는 시기입니다. 맹자는 작은 나라가 큰 나라를 섬기는 이른바 사대주의事大主義보다는 큰 나라가 작은 나라를 섬기는 이른바 사소주의事小主義를 강조합니다. 이는 나라간의 평화가 아닌 천하가 평화로울 수 있는 기제가 된다고 보기 때문입니다. 그런 점에서 현 미국과 중국, 일본의 지도자들은 많은 성찰이 요구됩니다.

맹자의 "큰 나라로 작은 나라를 섬기는 자는 천리天理를 즐거워하는 자요, 작은 나라로 큰 나라를 섬기는 자는 천리天理를 두려워하는 자다. '천리'를 즐거워하는 자는 천하를 보전하고 '천리'를 두려워하는 자는 나라를 보전한다."는 주장과 정면으로 배치되는, 즉 패권에만 사로잡혀 있기 때문입니다. 따라서 지금 우리에게 필요한 것은 종종 발생하는 작은 분노를 삼가면서 끊임없이 '큰 용기를 기르는 지혜'가 요구된다는 것입니다. 한번 노怒하면 주변의 강대국들 모두가 납작 엎드릴 수 있게 하는, 그런 용기를 길러야 하겠습니다.

정명正名

| 맹자 |

맹자가 제나라 선왕에게 이르기를, "왕의 신하 가운데 그 처자를 친구에게 부탁하고 초나라에 가서 놀던 자가 있었는데, 돌아옴에 미

쳐서 본즉 친구가 그 처자를 얼고 굶주리게 하였다면 어떻게 하겠습니까?" 왕이 말하길, "버릴 것입니다." 맹자가 이르기를, "사사士師가 사士를 다스리지 못하면 어떻게 하겠습니까?" 왕이 말하길, "그만두게 할 것입니다." 맹자가 이르기를, "사방의 국경 안이 다스려지지 않으면 어떻게 하겠습니까?" 왕이 좌우를 돌아보며 다른 말을 하였다.(「양혜왕하」)

| 원문 |

孟子謂齊宣王曰 王之臣이 有託其妻子於其友而之楚遊者가 比其反也하여 則凍餒其妻子어든 則如之何잇고 王曰 棄之니이다 曰 士師不能治士어든 則如之何잇가 王曰 已之니이다 曰 四境之內不治어든 則如之何잇가 王이 顧左右而言他하시다

| 자해 |

* 탁託 : 부탁하다, 기탁寄託하다. 비比 : 미침, 이르다. 동뇌凍餒 : 얼고 굶주리다. 여지하如之何 : 어찌하다. 관용어구로 '어찌하여', '어떻게' 등의 뜻으로 쓰인다. 기棄 : 버리다, 끊다, 절교하다. 사사士師 : 옥관獄官, 일종의 교도소장. 이已 : 파직하다, 떠나게 하다. 사경지내四境之內 : 사방의 국경 안.

| 해영 |

부탁을 받고도 처자를 얼고 굶주리게 했다면 친구가 될 수 없으며,

봉급을 받는 교도소장이 형벌을 사사롭게 여기는 교도관들을 제대로 다스리지 못했다면 이 또한 교도소장으로 존립할 수 없을 것입니다. 그렇다면 민중들의 삶을 책임지고 있는 국가의 지도자라면 어떻겠습니까? 친구나 교도소장 정도의 책임과는 비교가 안 될 것입니다.

다시 말해 민중들의 삶을 제때 살피지 못하는 지도자가 존재한다면 어떻게 해야 하겠습니까? 마땅히 문제 삼지 않을 수 없을 것입니다. 이는 공자의 '정명론正名論'과도 정확히 일치합니다. '지도자는 지도자답고, 관료는 관료다우며, 아버지는 아버지답고, 자식은 자식다워야 한다'는 논리입니다. 이름에 부합된 삶이 필요한 이유입니다.

강상綱常

| 맹자 |

제나라 선왕이 물었다. "탕湯[77]이 걸桀[78]을 추방하고 무왕武王이 주紂[79]를 정벌하였다 하니, 그러한 일이 있습니까?" 맹자가 이르기를,

---

77) 중국 상왕조(商王朝)의 초대 임금. 성은 자(子), 이름은 리(履), 은탕(殷湯) 또는 성탕(成湯)이라고도 한다. 하(夏)나라의 걸왕(桀王)이 포악무도하여 제후들이 덕망 있는 그를 섬겼다. 그는 세를 규합하여 하(夏)를 멸망시키고 걸왕(桀王)을 남소(南巢)로 추방시켰다.

78) 중국 하(夏)나라 최후의 왕. 포악무도한 정치를 하다 탕(湯)으로부터 남소(南巢)로 추방당했다가 죽었다.

79) 중국 상왕조(商王朝)의 마지막 왕. 성은 자(子), 이름은 수(受), 주(紂)는 무도한 군주에게 주어진 시호다. 포악무도한 정치가 지속되자, 주(周)의 무왕(武王)이 제후를 이끌고 그를 토벌했다. 이상적인 지도자로 불리는 요순(堯舜)과 달리 주(紂)는 걸(桀)과 함께 포악한 군

"경전에 있습니다." 왕이 말하였다. "신하가 임금을 시해함이 옳습니까?" 맹자가 이르기를, "인仁을 해치는 자를 적賊이라 이르고, 의義를 해치는 자를 잔殘이라 이르고, 잔적殘賊한 사람을 일부一夫라 이르니, 일부인 주紂를 베었다는 말은 들었으나, 임금을 시해하였다는 말은 듣지 못하였습니다."(「양혜왕하」)

| 원문 |

齊宣王이 問曰 湯放桀하시고 武王伐紂라하니 有諸잇가 孟子對曰 於傳에 有之하니이다 曰 臣弑其君이 可乎잇가 曰 賊仁者를 謂之賊이요 賊義者를 謂之殘이요 殘賊之人을 謂之一夫니 聞誅一夫紂矣요 未聞弑君也니이다

| 자해 |

* 방放 : 추방하다, 유치留置하다, 내치다. 벌伐 : 정벌하다. 유저有諸 : 있습니까? 저諸 : 지호之乎와 같음. 전傳 : 전하다, 전승되다. 시弑 : 시해하다. 여기서 걸주桀紂는 천자天子를 지칭하고 탕무湯武는 제후諸侯를 지칭한다. 적賊 : 해치다. 일부一夫 : 한 지아비. 주誅 : 베다, 죽이다. 미문未聞 : 아직 듣지 못했다.

| 해영 |

부모와 자식이 하나가 되는 것, 지도자와 민중이 하나가 되는 것,

주의 상징으로, 이른바 '걸주(桀紂)'로 병칭되고 있다.

거기에는 사랑이라는 이른바 인仁이 존재합니다. 가령 부모와 자식 사이에는 천륜天倫이 존재합니다. 때문에 부모가 잘못된 사랑을 하게 되더라도 자식으로서 부모를 떠날 수는 없습니다. 하지만 지도자와 민중들 간의 사이는 천륜과 다릅니다. 따라서 지도자가 정치를 잘못하여 민중들의 삶이 피폐해질 경우, 인仁을 해치는 것이라고 하여 떠날 수 있는 것입니다. 부연하면 민중들 간 사랑을 할 수 없도록 나라를 위태롭게 하는 행위도 인仁을 해치는 경우이고, 공부를 못하게 하여 인仁한 행위를 할 수 없도록 하는 것도 인仁을 해치는 경우입니다.

그렇다면 의義를 해치는 것은 어떤 경우가 있을까요? 쉽게 말하면 의로움에 반대가 되는 경우가 될 것입니다. 가령 작위적인 권력을 이용해 무능한 사람을 기용하면, 의義를 해치는 경우가 되는 것이고, 폭력에 의한 금품갈취도 의義를 해치는 경우가 되는 것입니다. 또 나라를 침략한 자들에게 복종하도록 강요하는 것도 의義를 해치는 경우이고, 노동자가 자본가에게 일방적으로 착취당하게 하는 것도 의義를 해치는 행위입니다. 이처럼 인仁과 의義를 해치는 지도자라면, 그는 더 이상 지도자가 아닙니다. 이름을 거론할 자격조차 없는 것이지요. 맹자가 시해라는 말 대신 '베었다'고 한 뜻을 새길 필요가 있습니다.

왕 노릇1

| 맹자 |

공손추가 말하였다. "관중管仲80)은 그 군주를 (천하에) 패자霸者가 되게 하였고, 안자晏子81)는 그 군주를 이름이 드러나게 하였으니, 관중과 안자도 오히려 해봄직 하지 않습니까?" 맹자가 이르기를, "제나라를 가지고 왕 노릇 하는 것은 손을 뒤집는 것과 같이 쉬운 것이다." 공손추가 말하였다. "그렇다면 제자의 의혹이 더욱 심해집니다. 문왕의 덕을 가지고 백년 뒤에 붕崩82)하였는데도 아직 천하에 교화敎化가 무젖지 못하여, 무왕과 주공이 계속한 뒤에야 크게 행해졌습니다. 그런데 지금 왕 노릇 하는 것을 쉬운 것처럼 말씀하시니, 그렇다면 문왕은 족히 본받을 만한 것이 못됩니까?"(「공손추상」)

| 원문 |

曰 管仲은 以其君霸하고 晏子는 以其君顯하니 管仲晏子도 猶不足爲與잇가 曰 以齊王이 由猶反手也니라 曰 若是則弟子之惑이 滋甚

80) 관이오(管夷吾 : B.C.725~B.C.645)는 춘추시대 초기 제나라의 정치가이자 사상가로, 자는 중(仲)이다. 보통 성(姓)과 자(字)를 합쳐 관중(管仲)으로 불리며, 제나라 환공(桓公)을 도와 춘추오패(春秋五霸)의 첫 번째 패자로 만드는데 큰 역할을 했다.

81) 안영(晏嬰 : B.C.?~B.C.500)은 춘추시대 제나라의 명재상이다. 자는 중(仲), 시호는 평(平). 제나라 영공(靈公)과 장공(莊公), 경공(景公) 3대를 섬긴 재상으로 절약 검소하고 군주에게 기탄없이 간언한 것으로 유명하다. 안평중(晏平仲) 혹은 안자(晏子)라는 존칭으로 불린다.

82) 천자(天子)가 죽는 것을 붕(崩)이라 하고, 제후(諸侯)가 죽는 것은 훙(薨)이라 하며, 대부(大夫)나 사(士)가 죽는 것은 졸(卒), 일반 민중이 죽는 것은 사(死)라 한다.

이니이다 且以文王之德으로 百年而後崩하시되 猶未洽於天下하여 武王周公이 繼之然後에 大行이어늘 今言王若易然하시니 則文王은 不足法與잇가

| 자해 |

* 공손추公孫丑 : 공손은 성姓, 추는 이름. 맹자의 제자로 제나라 사람이다. 현顯 : 이름을 드러냄. 이제以齊 : 제나라를 가지고. 유由 : 유猶와 통용. 반수反手 : 쉬움을 뜻함. 자滋 : 더함. 붕崩 : 임금의 죽음, 즉 붕어崩御의 준말.
* 흡洽 : 무젖다, 적시다. 주공周公 : 무왕武王의 동생. 이름은 단旦. 무왕이 천자가 된 이후 얼마 지나지 않아 죽었으므로 주공이 무왕의 아들인 성왕成王을 도와 주왕조周王朝의 기초를 탄탄히 하였다. 법法 : 본받다.

| 해영 |

제나라에는 관중管仲과 안자晏子라는 유명한 재상이 있었습니다. 관중은 환공桓公을 도와 제후들을 규합하고 천하를 바르게 했다는 점에서 세상에 드러났고, 안자는 경공景公을 도와 덕德을 펴고 형벌을 유연하게 하여 경공의 이름을 드러나게 한 인물입니다.

수천 년이 지난 오늘날까지도 공功이 이어져 오는 것을 보면, 그 공로가 짐작되고도 남습니다. 하지만 맹자는 그들이 패도정치를 행하였다는 점을 들어 오히려 가볍게 평가합니다. 맹자의 입장에서는 오

로지 왕도정치를 행할 때만이 가치로 평가하는 것입니다.

왕 노릇2

| 맹자 |

맹자가 이르기를, "문왕文王을 어찌 당할 수 있겠는가? 탕왕湯王으로부터 무정武丁에 이르기까지 어질고 성스러운 군주가 6~7명이 나와서 천하가 은殷나라에 돌아간 지가 오래되었으니, 오래되면 변하기 어렵다. 무정이 제후들에게 조회 받고 천하를 소유하면서 마치 이것을 손바닥에 움직이듯이 하였으니, 주왕紂王은 무정과의 거리가 오래지 않다. 그 고가故家와 남은 풍속과 유풍流風과 선정善政이 아직도 남은 것이 있었으며, 또 미자微子·미중微仲과 왕자 비간比干과 기자箕子·교격膠鬲이 있었는데, 이들은 다 현인이었다. 이들이 서로 더불어 그를 보좌하였으므로 오랜 뒤에야 나라를 잃었으니, 한 자 되는 땅도 그의 소유 아님이 없었으며, 한 민중도 그의 신하 아닌 이가 없었다. 그런데도 문왕은 사방 백리를 가지고 일어나셨으니, 이 때문에 어려웠던 것이다. 제齊나라 사람의 말에 이르기를, '비록 지혜가 있으나 세勢를 타는 것만 못하며, 비록 농기구가 있으나 때를 기다리는 것만 못하다' 하였으니, 지금 때는 그렇게 하기가 쉽다. 하후夏后와 은殷·주周의 전성기에 땅이 천리를 넘은 자가 있지 않았는데, 지금 제齊나라는 그만한 땅을 소유하고 있으며, 닭 울음과 개짖는 소리가 서로 들려서 사방 국경에 도달하고 있으니, 제나라가 그만한 민중을 가지고 있으니, 땅을 다시 더 개간하지 않으며 민중을 더 모으지 않더라도 인정仁政을 행하고서 왕 노릇 한다면 이것을 막을 자가 없을 것이다. 또 왕업을 이룬 자가 나타나지 않은 것이 지금보다 더 드물었던 적이 있지 않았으며, 민중들이 학정에 시달린 것이 지금보다 더 심한 적이 있지 않았다. 굶주린 자에게는 밥이 되기가 쉽고, 목마른 자에게는 음료가 되기가 쉬운 것이다. 공자가 이르기를, '덕의 유행이 파발마로 명을 전달하는 것보다 빠르다'고 하였으니, 지금을 당하여 만승의 나라가 인정仁政을 행한다면 민중들의 기뻐하는 것이 거꾸로 매달린 것을 풀어준 것과 같을 것이다. 그러므로 일은 옛사람의 반만 하고서 효과는 옛사람의 배가 되는 것은 오직 지금만이 그러할 것이다."(「공손추상」)

| 원문 |

曰 文王은 何可當也리오 由湯으로 至於武丁히 賢聖之君六七이 作하여 天下歸殷이 久矣니 久則難變也라 武丁이 朝諸侯有天下하되 猶運之掌也하시니 紂之去武丁이 未久也라 其故家遺俗과 流風善政이 猶有存者하며 又有微子微仲王子比干箕子膠鬲이 皆賢人也라 相與輔相之故로 久而後에 失之也하니 尺地도 莫非其有也며 一民도 莫非其臣也어늘 然而文王이 猶方百里起하시니 是以難也니라 齊人有言曰 雖有智慧나 不如乘勢며 雖有鎡基나 不如待時라하니 今時則易然也니라 夏后殷周之盛에 地未有過千里者也하니 而齊有其地

矣며 雞鳴狗吠가 相聞而達乎四境하니 而齊有其民矣니 地不改辟矣며 民不改聚矣라도 行仁政而王이면 莫之能禦也리라 且王者之不作이 未有疏於此時者也하며 民之憔悴於虐政이 未有甚於此時者也하니 飢者에 易爲食이며 渴者에 易爲飮이니라 孔子曰 德之流行이 速於置郵而傳命이라하시니 當今之時하여 萬乘之國이 行仁政이면 民之悅之 猶解倒懸也리니 故로 事半古之人이요 功必倍之는 惟此時爲然하니라

| 자해 |

* 당當 : 대적함, 감당함. 유由 : ~부터. 무정武丁 : 은殷나라의 20대 임금인 고종高宗을 지칭. 작作 : 일어남. 조朝 : 조회하다. 거去 : 주紂가 무정武丁까지 가는 거리. 이 때의 거리는 시간적 거리를 의미함. 고가故家 : 옛 신하의 집. 미자微子 : 주紂의 이모형異母兄. 이름은 계啓. 미微는 국명. 주紂를 버리고 도망감. 미중微仲 : 미자微子의 동생. 이름은 연衍. 비간比干 : 주紂의 숙부. 주紂에게 간하다 죽임을 당함. 기자箕子 : 주紂의 친척으로 광인狂人의 흉내를 내어 노예가 됨. 교격膠鬲 : 주紂의 현신. 보輔 : 보좌하다. 척지尺地 : 한 자의 땅.
* 자鎡 : 호미. 자기鎡基 : 농기구의 일종, 호미. 이易 : 쉽다. 후后 : 하후夏后가 하왕조夏王朝를 의미함. 따라서 후后는 음률을 위하여 첨가한 것임. 계명雞鳴 : 닭이 울다. 구폐狗吠 : 개가 짖다. 벽辟 : 개간하다. 벽闢과 통용.
* 왕자지부작王者之不作 : 왕업을 이룬 자가 나타나지 않다. 부작不作

나타나지 않다. 초췌憔悴 : 시달리다. 치置 : 역 또는 역마. 우郵 : 역마. 일설에 치置는 말을 타고 달려 전달하는 것을 뜻하고, 우郵는 걸어서 전달하는 것을 의미한다. 전명傳命 : 명을 전하다. 도현倒懸 : 곤궁과 괴로움을 비유함.

| 해영 |

『주역周易』에 원·형·이·정元·亨·利·貞이란 말이 있습니다. 쉬운 말로 하면 봄, 여름, 가을, 겨울로 나누어 설명할 수 있습니다. 즉 만물이 시작되면 자라게 되고, 자라면 거두게 되며, 거두면 마침내 저장하게 된다는 논리입니다. 가령 씨를 뿌려야 할 때 뿌리지 않으면 어찌 될까요? 또 저장해야 할 때 씨를 뿌리면 어찌 될까요? 모두가 허사가 될 것입니다.

작은 농지를 하나 얻어 농사를 짓는다고 생각해 보실까요? 반드시 씨를 뿌릴 때와 자랄 때, 거둘 때, 저장할 때를 알아야 합니다. 순리를 거스르면 결과는 볼 것도 없습니다. 왕도를 다른 말로 하면, 순리를 거스르지 않고 민중들이 때를 도모할 수 있도록 도와주는 것입니다. 그것이 활성화 되면, 천하를 다스리는 것이 손바닥을 뒤집듯 쉽다는 말입니다.

부동심1

| 맹자 |

공손추가 물었다. "선생님께서 제齊나라의 경상 지위에 오르시어 도道를 행할 수 있게 되신다면, 비록 이로 말미암아 패업霸業을 이루거나 왕업王業을 이룬다 하더라도 이상하지 않을 것입니다. 이와 같다면 마음이 동요되시겠습니까? 않으시겠습니까?" 맹자가 이르기를, "아니다. 나는 40세여서 마음을 동요하지 않는다."(「공손추상」)

| 원문 |

公孫丑問曰 夫子加齊之卿相하사 得行道焉하시면 雖由此霸王이라도 不異矣리니 如此則動心이릿가 否乎잇가 孟子曰 否라 我는 四十이라 不動心호라

| 자해 |

* 부자夫子 : 만인의 스승이 될 만한 덕행을 갖춘 사람에 대한 경칭, 즉 선생님을 뜻함. 가加 : 오르다. 경상卿相 : 경卿은 직위, 상相은 직책을 뜻함. 즉 재상宰相을 지칭한다. 유由 : 말미암다. 동심動心 : 마음이 움직이다, 마음이 동요되다. 부호否乎 : 않습니까? 호乎 : 의문의 어기를 표시하는 어기조사. 사십四十 : 맹자가 답하는 이때의 나이가 대략 40세 정도였던 것으로 보임.

| 해영 |

나라의 재상이 되어 왕업王業이든 패업霸業이든 이룬다면 그 마음이 어떨까요? 과연 흔들릴까요? 공자는 나이 마흔에 '미혹되지 않았다'는 이른바 불혹不惑을 강조했는데, 맹자 또한 그러한 마음을 배우려 했던 것일까요? 동요되지 않는다고 합니다. 그렇다면 사람이 평소 흔들리지 않기 위해서는 어떤 마음으로 살아야 할까요? 맹자식의 해답은 역시 '사사로운 마음을 갖지 않는 것'입니다.

잠시 공적 조직으로 살펴보겠습니다. 승진 경쟁에서 뒤처지면 흔들리고, 동료들로부터 사랑을 받지 못해도 흔들립니다. 요즘은 상황이 많이 호전되긴 했지만, 성性차별을 당해도 흔들리고, 빈부貧富의 차에서 살아가는 것도 흔들리는 요인 가운데 하나입니다. 하지만 시대의 리더들은 예나 지금이나 예외로 합니다. 어떤 상황에서도 동요되어선 안 되는 것이지요. 존재의 이유이기 때문입니다.

부동심2

| 맹자 |

"이와 같다면 선생님께서는 맹분孟賁보다 크게 뛰어나십니다." 맹자가 이르기를, "이것은 어렵지 않으니, 고자告子도 나보다 먼저 마음을 동요하지 않았다." 공손추가 물었다. "마음을 동요하지 않는데 방법이 있습니까?" 맹자가 이르기를, "있다. 북궁유北宮黝가 용기를 기

르는 방법은 피부가 찔려도 흔들리지 않으며 눈동자를 피하지 않아서, 생각하기를 털끝만큼이라도 남에게 좌절을 당하면 마치 시장市場이나 조정朝廷에서 종아리를 맞는 것처럼 여겨, 보통사람에게도 모욕을 받지 않으며 또한 만승萬乘의 군주에게도 모욕을 받지 않아, 만승의 군주를 찌르는 것 보기를 마치 보통 사람을 찔러 죽이는 것처럼 생각하여, 제후를 두려워함이 없어서 험담하는 소리가 이르면 반드시 보복하는 것이다. 맹시사가 용기를 기르는 방법은 '이기지 못하는 것을 이기는 것처럼 보는 것이니, 적을 헤아린 뒤에 전진하며 승리를 생각한 뒤에 교전한다면 이것은 적의 삼군三軍을 두려워하는 자이다. 내 어찌 반드시 이기는 것만을 할 수 있겠는가? 두려워하지 않을 수 있을 뿐이다'라고 말한 것이었다. 맹시사는 증자와 유사하고 북궁유는 자하와 유사하니, 이 두 사람의 용기에 대해서는 누가 더 나은지 모르겠으나, 그러나 맹시사의 지킴이 요약하다. 옛날에 증자가 자양에게 이르기를, '그대는 용기를 좋아하는가? 내 일찍이 큰 용기를 선생님에게 들었다. 스스로 돌이켜 정직하지 못하면 비록 보통 사람이라도 내가 두려워하지 않겠는가. 스스로 돌이켜 정직하면 비록 천만 명이 있더라도 내가 가서 대적할 수 있다'고 하였다. 맹시사의 지킴은 기氣이니, 또한 증자의 지킴이 요약함만 못하다."(「공손추상」)

| 원문 |

曰 若是則夫子過孟賁이 遠矣로소이다 曰 是不難하니 告子도 先

我不動心하니라 曰 不動心이 有道乎잇가 曰 有하니라 北宮黝之養勇也는 不膚撓하며 不目逃하여 思以一毫挫於人이어든 若撻之於市朝하여 不受於褐寬博하며 亦不受於萬乘之君하여 視刺萬乘之君하되 若刺褐夫하여 無嚴諸侯하여 惡聲至어든 必反之하니라 孟施舍之所養勇也는 曰視不勝하되 猶勝也로니 量敵而後進하며 慮勝而後會하면 是는 畏三軍者也니 舍豈能爲必勝哉리오 能無懼而已矣라하니라 孟施舍는 似曾子하고 北宮黝는 似子夏하니 夫二子之勇이 未知其孰賢이어니와 然而孟施舍는 守約也니라 昔者에 曾子謂子襄曰 子好勇乎아 吾嘗聞大勇於夫子矣로니 自反而不縮이면 雖褐寬博이라도 吾不惴焉이리오 自反而縮이면 雖千萬人이라도 吾往矣라하시니라 孟施舍之守는 氣라 又不如曾子之守約也니라

| 자해 |

* 맹분孟賁 : 용사勇士, 즉 힘이 센 혈기가 왕성했던 장사의 이름. 제齊나라 사람이라고도 하고 위衛나라 사람이라고도 한다. 살아있는 소의 뿔을 뽑을 수 있을 만큼 장사였다고 전한다. 과맹분원過孟賁遠 : 맹분을 지나가는 것이 멀다. 즉 '맹분보다 나은 정도가 많다'는 의미.
* 고자告子 : 맹자와 동시대 사람으로 성性에 관해 치열하게 토론한 인물. 이름은 불해不害. 맹자는 고자가 도道를 알지도 못했는데도 자신보다 부동심을 먼저 하였다는 것을 들어 '마음을 동요하지 않는

것'을 어렵지 않게 봄.

* 북궁유北宮黝 : 북궁北宮은 성, 유黝는 이름. 양용養勇 : 용기를 기름. 불부요不膚撓 : 피부가 흔들리지 않다. 불목도不目逃 : 눈을 피하지 않다. 일호一毫 : 털끝만큼, 조금. 좌어인挫於人 : 남에게 좌절을 당하다. 달撻 : 본래는 '매질하다'는 뜻이지만, 여기서는 피동으로 '종아리를 맞다'로 해석.

* 갈관박褐寬博 : 갈褐은 '베옷을 입은 사람'을 뜻하고, 관박寬博은 '몸에 맞지 않는 풍덩한 옷을 입은 사람'을 뜻함. 따라서 '갈관박'은 보통 사람들을 지칭. 만승지군萬乘之君 : 천자天子. 시자視刺 : 찌르는 것을 보다. 갈부褐夫 : 베옷을 입은 사람. 무엄無嚴 : 두려워함이 없음. 악성惡聲 : 험담하는 소리. 반지反之 : 보복하다.

* 맹시사孟施舍 : 맹孟은 성姓이고, 시施는 발어사, 사舍는 이름이다. 양적量敵 : 적을 헤아리다. 진進 : 전진하다. 여승慮勝 : 승리를 생각하다. 회會 : 교전하다, 모여 싸우다. 삼군三軍 : 천자는 육군六軍을, 제후 가운데 큰 나라는 삼군三軍을 소유. 일군一軍은 대략 12,500명. 기豈 : 어찌. 무구이이의無懼而已矣 : 두려워하지 않을 뿐이다. 이이의而已矣 : '~일 뿐이다'라는 뜻의 어기조사.

* 사似 : 같다, 유사하다. 증자曾子 : 공자의 제자. 자字는 자여子輿. 『대학』의 저자로 알려져 있다. 유가의 덕목인 충忠과 서恕의 중요성을 강조했으며, 효孝를 재확립하는데 크게 힘썼다. 자하子夏 : 공자의 제자. 성은 복卜, 이름은 상商. 예禮를 특히 중시한 사람이다. 순자荀子가 자하의 학통을 이어 받았다. 현賢 : 승勝과 같음. 약約 : 요약하

다, 긴요하다.

* 자양子襄 : 증자의 제자. 상嘗 : 일찍이. 부자夫子 : 스승인 공자를 지칭. 축縮 : 직直과 같음, 즉 정직 또는 곧음. 갈관박褐寬博 : 보통 사람들. 췌惴 : 두려워하다. 왕往 : 가서 대적하다.

| 해영 |

부동심을 터득하는 방법은 다양합니다. 그 가운데 한 가지 방법은 관심을 집중하는 것입니다. 요컨대 북궁유北宮黝는 모욕을 당하지 않는 일에 집중함으로써 부동심을 터득하였고, 맹시사孟施舍는 오로지 공격하는 일에 집중함으로써 부동심을 터득하였습니다.

또 증자曾子는 '남과 구별하지 않는 마음'인 이른바 효孝와 충忠을 강조하고 덕德을 밝히는데 집중했고, 자하子夏는 '남과 구별하는 마음'인 예禮를 강조하고 이를 밝히는데 집중했습니다. 따라서 맹시사는 증자와 유사하고, 북궁유는 자하와 유사합니다.

가령 증자가 자신의 행동거지가 본마음에 부합되면, 무적無敵에 가까운 상대라 할지라도 공격함에 있어 결코 주저하지 않습니다. 이러한 본마음을 지키기 위해 공격을 집중한다는 것은 사실 선량한 민중을 위한다는 점에서 보다 높은 평가를 할 수 있겠습니다.

호연지기

| **맹자** |

감히 묻겠습니다.83) "선생님께서는 어디에 장점이 있으십니까?" 맹자가 이르기를, "나는 말을 알며, 나는 나의 호연지기浩然之氣를 잘 기른다." "감히 묻겠습니다. 무엇을 호연지기라고 합니까?" 맹자가 이르기를, "말하기 어렵다. 그 기氣가 지극히 크고 지극히 강하니, 정직함으로써 잘 기르고 해침이 없으면, 이 호연지기가 천지의 사이에 꽉 차게 된다. 그 기氣됨이 의義와 도道에 배합되니, 이것이 없으면 굶주리게 된다. 이 호연지기는 의리義理를 많이 축적하여 생겨나는 것이다. '의'가 하루아침에 갑자기 엄습하여 취해지는 것은 아니니, 행하고서 마음에 흡족하게 여기지 않는 바가 있으면 호연지기가 굶주리게 된다. 내 그러므로 '고자가 일찍이 의義를 알지 못한다'고 말한 것이니, 이는 '의'를 밖이라고 하기 때문이다. 반드시 호연지기를 기르는데 종사하고, 효과를 미리 기대하지 말아서 마음에 잊지도 말며 억지로 조장하지도 말아서, 송나라 사람과 같이 하지 말아야 한다. 송나라 사람 중에 벼 싹이 자라지 못함을 안타깝게 여겨 뽑아놓은 자가 있었다. 그는 아무 것도 모르고 돌아와서 집안사람들에게 말하기를, '오늘 나는 매우 피곤하다. 내가 벼 싹이 자라도록 도왔다'고 하자, 그 아들이 달려가서 보았더니, 벼 싹은 말라 있었다. 천하에

83) 이 부분은 바로 위 문단인 '부동심의 논리'가 연장되는 내용으로, 제자인 공손추가 질의하고 맹자가 답변한 것이다.

벼 싹이 자라도록 억지로 조장하지 않는 자가 적으니, 유익함이 없다 해서 버려두는 자는 비유하면 벼 싹을 김매지 않는 자이고, 억지로 조장하는 자는 벼 싹을 뽑아놓는 자이다. 이는 유익함이 없을 뿐만 아니라 도리어 해치는 것이다."(「공손추상」)

| 원문 |

敢問 夫子는 惡乎長이시니잇고 曰 我는 知言하며 我는 善養吾 浩然之氣하노라 敢問 何謂浩然之氣잇고 曰 難言也니라 其爲氣也 至大至剛하니 以直養而無害면 則塞于天地之閒이니라 其爲氣也 配義與道하니 無是면 餒也니라 是集義所生者라 非義襲而取之也니 行有不慊於心이면 則餒矣라 我故로 曰 告子未嘗知義라하노니 以其外之也일새니라 必有事焉而勿正하여 心勿忘하며 勿助長也하여 無若宋人然이어다 宋人이 有閔其苗之不長而揠之者러니 芒芒然歸하여 謂其人曰 今日에 病矣로라 予助苗長矣로라하여늘 其子趨而往視之하니 苗則槁矣러라 天下之不助苗長者寡矣니 以爲無益而舍之者는 不耘苗者也요 助之長者는 揠苗者也니 非徒無益이라 而又害之니라

| 자해 |

* 오惡 : 의문사로 쓰임. 오호惡乎 : 어디에, 어떻게. 지언知言 : 마음을 다하고 성性을 알아 천하의 말에 그 이치를 궁구하고 지극히 하여 시비득실是非得失의 까닭을 앎. 호연浩然 : 성대히 유행하여 형상과

징험 없이 언어로써 형용하기 어려움. 기氣 : 몸에 충만 되어 있다는 것.

* 난언難言 : 그 마음에 홀로 터득하여 형상과 소리의 징험 없이 언어로써 형용하기 어려움. 지대至大 : 애초부터 한량이 없음. 지강至剛 : 굽히고 흔들림이 없음. 배配 : 배합되어 도움이 됨. 의義 : 인심의 재제裁制. 도道 : 천지의 자연. 뇌餒 : 굶주리고 결핍되어 기氣가 몸에 충만하지 못함.
* 시是 : 호연지기. 집의集義 : 적선積善과 같은 의미. 일마다 의義에 합하고자 함. 습襲 : 엄습하여 취하는 것. 겸慊 : 흡족하다, 만족하다.
* 사事 : 호연지기를 기름에 종사하다. 호연지기를 기름에 일삼다. 물정勿正 : 미리 기대하지 말라. 정正 : 미리 기대하다, 미리 기약하다. 물조장勿助長 : 억지로 조장하지 말라. 송宋 : 하남성河南省의 남부에 있었던 나라. 주周나라가 은殷나라를 멸한 이후, 은왕족殷王族의 일족一族인 미자微子를 송나라에 봉하여 선조의 제사를 지내게 하였다고 전함.
* 민閔 : 근심하다. 알揠 : 뽑다. 망망芒芒 : 무지無知한 모양. 망망茫茫과 같음. 기인其人 : 자기의 '사람'이란 의미이지만, 여기서는 '가족'을 지칭. 병病 : 피곤하다. 고槁 : 마르다. 이위以爲 : 여기다. 이위무익이사지以爲無益而舍之 : 유익함이 없다고 여겨 버리다. 운耘 : 김매다. 도徒 : 뿐만 아니라. 비非와 연용되면 '다만 ~일 뿐만 아니라'로 해석.

| 해영 |

세상에서는 종종 호연지기에 대한 이야기를 합니다. 하지만 호연지기의 정확한 의미를 이해하기는 쉽지 않습니다. 맹자의 "말하기 어렵다. 그 기氣가 지극히 크고 지극히 강하니, 정직함으로써 잘 기르고 해침이 없으면, 이 호연지기가 천지의 사이에 꽉 차게 된다. 그 기氣됨이 의義와 도道에 배합되니, 이것이 없으면 굶주리게 된다. 이 호연지기는 의리義理를 많이 축적하여 생겨나는 것이다. '의'가 하루아침에 갑자기 엄습하여 취해지는 것은 아니니, 행하고서 마음에 흡족하게 여기지 않는 바가 있으면 호연지기가 굶주리게 된다."는 답변만 보아도 알 수 있습니다. 하지만 좀 더 쉽게 말해본다면, 사람이 '태어나면서부터 품수한 선한 마음을 구현할 수 있는 호연한 기운' 정도로 설명할 수 있겠습니다.

그렇다면 호연지기를 기르는 방법은 무엇이 있을까요? 마치 효孝의 확장원리를 활용하면 좋을 듯합니다. 주지하듯 사람은 어느 누구도 홀로 태어나 성장하고 삶을 영위할 수 없는 존재입니다. 때문에 사회적 존재인 사람이 사람다운 삶을 영위하려면, 수많은 관계 속에서만 가능합니다. 그 관계 중 가장 원초적인 관계는 말할 것도 없이 부자관계父子關係입니다. 즉 부모와 자식 간의 관계는 원초적인 관계입니다. 그러므로 유가는 모든 사람들의 관계가 효孝에서 비롯됨을 강조합니다. 효孝는 부모와 자식 간의 관계에서 출발하여 인간의 도리를 포함한 사회와 정치 · 종교 · 철학적 관계로 확대되는 원리를 가지고 있습니다. 이러한 원리를 그대로 실천하는 것이 호연지기를 잘 기르는 방법이 되겠습니다.

성선性善

| 맹자 |

맹자가 이르기를, "사람들은 모두 사람에게 차마 하지 못하는 마음[不忍人之心]을 가지고 있다. 선왕이 사람에게 차마 하지 못하는 마음이 있어서, 사람에게 차마 하지 못하는 정사를 시행하셨으니, 사람에게 차마 하지 못하는 마음으로 사람에게 차마 하지 못하는 정사를 행한다면, 천하를 다스리는 것은 손바닥 위에 놓고 움직일 수 있을 것이다. 사람들이 모두 사람에게 차마 하지 못하는 마음을 가지고 있다고 말하는 까닭은, 지금에 사람들이 갑자기 어린아이가 장차 우물로 들어가려는 것을 보고는 모두 깜짝 놀라고 측은해 하는 마음을 가지니, 이것은 어린아이의 부모와 교분을 맺으려고 해서도 아니며, 향당과 붕우들에게 명예를 구해서도 아니며, (잔인하다는) 명성을 싫어해서 그러한 것도 아니다. 이로 말미암아 본다면 측은지심이 없으면 사람이 아니며, 수오지심이 없으면 사람이 아니며, 사양지심이 없으면 사람이 아니며, 시비지심이 없으면 사람이 아니다. 측은지심은 인仁의 단서요, 수오지심은 의義의 단서요, 사양지심은 예禮의 단서요, 시비지심은 지智의 단서이다. 사람이 이 사단四端을 가지고 있는 것은 사체四體를 가지고 있는 것과 같으니, 이 사단을 가지고 있으면

서도 스스로 인의仁義를 행할 수 없다고 말하는 자는 자신을 해치는 자이고, 자기 임금이 인의를 행할 수 없다고 말하는 자는 임금을 해치는 자이다. 사단이 나에게 있는 것을 다 넓혀서 채울 줄 알면, 마치 불이 처음 타오르며 샘물이 처음 나오는 것과 같을 것이니, 만일 이것을 채울 수 있다면 충분히 사해四海를 보호할 수 있고, 만일 채우지 못한다면 부모도 섬길 수 없을 것이다."(「공손추상」)

| 원문 |

孟子曰 人皆有不忍人之心하니라 先王이 有不忍人之心하사 斯有不忍人之政矣시니 以不忍人之心으로 行不忍人之政이면 治天下는 可運之掌上이니라 所以謂人皆有不忍人之心者는 今人이 乍見孺子將入於井하고 皆有怵惕惻隱之心하나니 非所以內交於孺子之父母也며 非所以要譽於鄕黨朋友也며 非惡其聲而然也니라 由是觀之컨댄 無惻隱之心이면 非人也며 無羞惡之心이면 非人也며 無辭讓之心이면 非人也며 無是非之心이면 非人也니라 惻隱之心은 仁之端也요 羞惡之心은 義之端也요 辭讓之心은 禮之端也요 是非之心은 知智之端也니라 人之有是四端也는 猶其有四體也니 有是四端而自謂不能者는 自賊者也요 謂其君不能者는 賊其君者也니라 凡有四端於我者를 知皆擴而充之矣면 若火之始然하며 泉之始達이니 苟能充之면 足以保四海요 苟不充之면 不足以事父母니라

| 자해 |

* 유有 : 타동사로 목적어인 불인인지심不忍人之心을 '소유한다'는 뜻이지만, 한국어는 목적어를 주어처럼 사용하는 습관이 있기 때문에 '不忍人之心'을 주어로 해석하는 것이 좋다. 인忍 : 잔인하게 행하는 것. 불인인지심不忍人之心 : 남에게 잔인하게 하지 못하는 마음. 가운지장상可運之掌上 : 손바닥 위에 놓고 움직일 수 있다. 가운可運 : 움직일 수 있다. 지之 : 지시대명사로 천하天下를 지칭. 장상掌上 : 손바닥 위에서.
* 소이所以 : 까닭. 사乍 : 문득, 홀忽과 같음. 유자孺子 : 어린아이. 출척怵惕 : 두려워하다, 깜짝 놀라 움직이는 모양. 측惻 : 서글퍼하기를 간절히 함. 은隱 : 아파하기를 깊이 함. 납內 : 납納과 통용. 납교內交 : 교분을 맺음. 요要 : 구함. 오惡 : 싫어하다. 성聲 : 잔인하다고 비난하는 소리.
* 수羞 : 자기의 불선不善을 부끄러워함. 오惡 : 남의 불선不善을 증오함. 사辭 : 자기에게 오는 것을 마다함. 양讓 : 자기에게 오는 것을 미루어 남에게 양보함. 시是 : 선善을 알아서 옳게 여김. 비非 : 악惡을 알아서 그르게 함. 단端 : 실마리. 지知 : 지智와 통용. 사체四體 : 사지四肢. 적賊 : 해치다.
* 확擴 : 미루어 넓힘. 충充 : 가득함. 약若 : 만약. 연然 : 연燃과 통용, 타오르다. 달達 : 흐르다. 구苟 : 만일.

세속에서는 흔히 열길 물속은 알 수 있어도, 한길도 안 되는 사람의 마음은 알기 쉽지 않다고들 합니다. 사람들이 지니고 있는 공통적인 마음을 그만큼 파악하기 쉽지 않다는 하나의 반증일 것입니다. 때문에 맹자의 성선설性善說은 현대철학에서 매우 중요하게 다뤄지고 있습니다. 시공時空을 초월한 공통적인 마음, 즉 '차마 하지 못하는 마음[不忍人之心]'을 제시했기 때문입니다.

'차마 하지 못하는 마음'은 이기적 유전자에 의한 마음이 아닙니다. 사람이라면 누구나 가지고 있는 공통심共通心을 뜻합니다. 이 공통된 마음을 세분화 하면 사단四端이라 합니다. 즉 측은지심과 수오지심, 사양지심, 시비지심이 그것입니다. 여기서 측은지심은 인仁에서 나오고, 수오지심은 의義에서, 사양지심은 예禮에서, 시비지심은 지智에서 나오는 것으로 파악했습니다.

따라서 맹자는 나라의 최고지도자부터 '차마 하지 못하는 마음'을 솔선해서 확충擴充할 것을 주장합니다. 지도자가 선한 마음을 발휘하면 민중들도 선해지고, 잔인한 마음을 보이면 민중들도 잔인해지기 때문입니다. 맹자의 성선설性善說은 인간의 삶을 극단에서 확인할 수 있다는 점에서 중요한 철학적 논제가 되고 있습니다. 리더로 불리는 이들은 반드시 인식해야 하겠습니다.

시인矢人

| 맹자 |

맹자가 이르기를, "화살 만드는 사람이 어찌 갑옷 만드는 사람보다 인仁하지 못하겠는가마는, 화살 만드는 사람은 오직 사람을 상하게 하지 못할까 두려워하고, 갑옷 만드는 사람은 오직 사람을 상하게 할까 두려워하니, 무당과 관棺 만드는 목수도 또한 그러하다. 그러므로 직업을 (선택함에) 삼가지 않으면 안 되는 것이다."(「공손추상」)

| 원문 |

孟子曰 矢人이 豈不仁於函人哉리오마는 矢人은 唯恐不傷人하고 函人은 唯恐傷人하나니 巫匠亦然하니 故로 術不可不愼也니라

| 자해 |

* 시인矢人 : 화살 만드는 사람. 개豈 : 어찌. 함인函人 : 갑옷 만드는 사람. 유唯 : 오직. 무巫 : 사람들을 위해 기도하고 축원하여 사람이 사는 것을 이롭게 여기는 사람. 장匠 : 관곽棺槨을 만들어 사람이 죽는 것을 이롭게 여기는 사람. 술術 : 직업.

| 해영 |

일반적으로 직업에 귀천이 없다고들 합니다. 하지만 '차마 하지 못하는 마음[不忍人之心]'을 기준으로 보면 약간 달리 볼 수 있는 여지

가 있습니다. 가령 산부인과 의사는 사람이 탄생할 수 있도록 도우면서 살아가지만, 장의사는 이와 반대로 죽는 사람이 존재해야 살아갑니다. 또 조경사는 어떻습니까? 그들은 나무를 기르면서 살아가지만, 목수는 오히려 잘 자란 나무를 베어야 살 수 있습니다. '차마 하지 못하는 마음'을 확충할 수 없는 직업군과 '차마 하지 못하는 마음'을 확충할 수 있는 직업군이 있다면, 어느 쪽을 선택해야 하겠습니까? 볼 것도 없이 '차마 하지 못하는 마음'을 확충할 수 있는 직업군이 좋습니다. 직업을 선택하는데 신중을 기해야 하는 이유가 여기에 있습니다.

군자불유君子不由

| 맹자 |

맹자가 이르기를, "백이는 섬길 만한 군주가 아니면 섬기지 않으며, 벗할 만한 사람이 아니면 벗하지 않으며, 악한 사람의 조정에 서지 않으며, 악한 사람과 더불어 말씀하지 않더니, 악한 사람의 조정에 서며 악한 사람과 더불어 말하는 것을, 마치 조복朝服을 입고 조관朝冠을 쓰고서 진흙과 숯 구덩이에 앉은 듯이 여겼으며, 악을 미워하는 마음을 미루어서 생각하기를 마을 사람들과 더불어 서있을 때에 그 관이 바르지 못하면 뒤돌아보지 않고 떠나가 마치 장차 자신을 더럽힐 듯이 여겼다. 이 때문에 제후들이 비록 그 말을 잘하여 찾아오는

자가 있더라도 받아들이지 않았으니, 받아들이지 않은 것은 이 또한 나아감을 달갑게 여기지 않은 것이다. 유하혜는 더러운 군주를 섬기는 것을 부끄러워하지 않으며, 작은 벼슬을 낮게 여기지 않아, 나아가서는 어진 것을 숨기지 않아 반드시 그 도道를 다하였으며, 벼슬길에서 버려지고 누락되어도 원망하지 않으며 곤액困厄을 당하여도 근심하지 않았다. 그러므로 말하기를, '너는 너이고 나는 나이니, 네가 비록 내 곁에서 옷을 걷고 몸을 드러낸들 네가 어찌 나를 더럽힐 수 있겠는가?'라고 하였다. 그러므로 유유느긋하게 그와 더불어 함께 있으면서도 스스로 올바름을 잃지 않아, 떠나려고 하다가도 잡아당겨 멈추게 하면 멈추었으니, 잡아당겨 멈추게 하면 멈춘 것은 이 또한 떠나가는 것을 달갑게 여기지 않은 것이다. 맹자가 이르기를, "백이는 좁고 유하혜는 불공不恭하니, '좁음'과 '불공'함은 군자가 따르지 않는다."(「공손추상」)

| 원문 |

孟子曰 伯夷는 非其君不事하며 非其友不友하며 不立於惡人之朝하며 不與惡人言하더니 立於惡人之朝와 與惡人言을 如以朝衣朝冠으로 坐於塗炭하며 推惡惡之心하여 思與鄕人立에 其冠不正이어든 望望然去之하여 若將浼焉하니 是故로 諸侯雖有善其辭命而至者라도 不受也하니 不受也者는 是亦不屑就已니라 柳下惠는 不羞汙君하며 不卑小官하여 進不隱賢하여 必以其道하며 遺佚而不怨하며 阨窮而不憫하더니 故로 曰 爾爲爾요 我爲我니 雖袒裼裸裎

於我側인들 爾焉能浼我哉리오하니 故로 由由然與之偕而不自失焉하여 援而止之而止하니 援而止之而止者는 是亦不屑去已니라

孟子曰 伯夷는 隘하고 柳下惠는 不恭하니 隘與不恭은 君子不由也니라

| 자해 |

* 조의朝衣 : 조복朝服을 말함. 도塗 : 진흙. 탄炭 : 숯 구덩이. 추오악지심推惡惡之心 : 악을 미워하는 마음을 미루다. 향인鄕人 : 시골 마을의 평범한 사람. 망망望望 : 떠나가고 뒤를 돌아보지 않는 모양. 매浼 : 더럽히다. 설屑 : 깨끗함. 『설문說文』에는 '동작을 절절히[급급함] 하는 것'이라 하였음. 즉 불설취不屑就는 '나아감을 깨끗하게 여겨 이에 급급해 하지 않음'을 뜻함.
* 유하혜柳下惠 : 춘추시대 노魯나라의 현자賢者. 유하柳下에서 살았다고 하여 호號가 되었으며, 성은 전展, 이름은 획獲, 자는 금禽이다. 문인들이 혜惠라는 시호를 올려 유하혜로 불렀다. 수羞 : 부끄럽다. 오汙 : 더럽다. 불은현不隱賢 : 도道를 굽히지 않음. 유일遺佚 : 추방하여 버리다. 액阨 : 곤함. 민憫 : 근심하다.
* 단석袒裼 : 웃옷을 벗음, 즉 팔을 노출시키는 것. 나정裸裎 : 옷을 모두 벗음, 즉 몸을 노출시키는 것. 언焉 : 어찌. 유유由由 : 느긋한 모양, 자득한 모양. 해偕 : 함께 거처함. 부자실不自失 : 올바름을 잃지 않는 것. 원援 : 잡아당기다. 애隘 : 좁다, 협착狹窄하다. 불공不恭 : 간략하고 거만하다.

| 해영 |

백이의 행실은 비록 높고 조촐하나 타인의 더러움이 자신의 몸에 미칠까 항상 두려워하였지요. 물론 결백潔白은 세상을 이끌어 가는데 반드시 필요한 덕목 가운데 하나입니다. 하지만 지나치면 천하의 사람들과 더불 수 없습니다. 외로워질 수밖에 없습니다.

반면 유하혜의 행실은 비록 너그럽고 온화하나 백이와는 상반된 삶을 볼 수 있습니다. 극단적으로 말하면 천하의 사람들을 가볍게 여기는 면이 존재하는 것이지요. 성인의 도와는 전혀 다르게 말입니다. '따르지 않는다'는 말은 한쪽으로 치우쳤기 때문입니다.

하지만 맹자가 '백이의 좁음'과 '유하혜의 공손하지 않음'을 폄훼하는 말은 아니라는 사실입니다. 시중時中, 즉 때에 알맞은 삶을 추구한 공자의 삶을 배워야 함을 에둘러 언급한 것입니다. 백이와 유하혜의 삶을 통해 지도자의 삶을 살펴보라는 의미입니다.

민중의 마음

| 맹자 |

맹자가 이르기를, "천시天時가 지리地利만 못하고, 지리가 인화人和만 못하다. 3리里 되는 성城과 7리里 되는 곽郭84)을 포위 공격하여도 이

84) 성(城)의 둘레를 3리(里)라 하고, 곽(郭)의 둘레를 7리(里)라 한 것을 보면, '성'보다 '곽'이 1.5배 정도 되는 것임을 알 수 있다.

기지 못하는 경우가 있다. 포위 공격하면 반드시 천시를 얻을 때가 있겠지만, 그런데도 이기지 못하는 것은, 이는 천시가 지리만 못한 것이다. 성이 높지 않은 것도 아니며, 못이 깊지 않은 것도 아니며, 병기와 갑옷이 견고하고 예리하지 않은 것도 아니며, 쌀과 곡식이 많지 않은 것도 아니지만 이것을 버리고 떠나가니, 이는 지리가 인화만 못한 것이다. 그러므로 옛말에 이르기를, '민중을 구분하되 국경의 경계로써 하지 않으며, 국가를 견고히 하되 산과 강의 험고險固함으로써 하지 않으며, 천하를 두렵게 하되 병기와 갑옷의 예리함으로써 하지 않는다'고 한 것이다. 도를 얻은 자는 도와주는 이가 많고, 도를 잃은 자는 도와주는 이가 적다. 도와주는 이가 적음의 지극함에는 친척이 배반하고, 도와주는 이가 많음의 지극함에는 천하가 순종하는 것이다. 천하가 순종하는 바로써 친척이 배반하는 바를 공격한다. 그러므로 군자는 싸우지 않음이 있을지언정 싸우면 반드시 승리하는 것이다."(「공손추하」)

| **원문** |

孟子曰 天時不如地利요 地利不如人和니라 三里之城과 七里之郭을 環而攻之而不勝하나니 夫環而攻之에 必有得天時者矣언마는 然而不勝者는 是天時不如地利也니라 城非不高也며 池非不深也며 兵革이 非不堅利也며 米粟이 非不多也로되 委而去之하나니 是地利不如人和也니라 故로 曰 域民하되 不以封疆之界하며 固國하되 不以山谿之險하며 威天下하되 不以兵革之利니 得道者는 多助하고 失

道者는 寡助라 寡助之至에는 親戚畔之하고 多助之至에는 天下順之니라 以天下之所順으로 攻親戚之所畔이라 故로 君子有不戰이언정 戰必勝矣니라

| 자해 |

* 천시天時 : 시일時日의 지간支干[간지干支]에 대한 고허孤虛와 왕상王相 같은 등속을 말함. 지리地利 : 지형의 험險함과 성지城池의 견고함. 인화人和 : 인심人心의 화和함을 얻음. 성城 : 내성內城을 의미. 곽郭 : 외성外城을 뜻함. 환環 : 포위하다, 둘러싸다. 지池 : 성 밖에 방어용으로 삼기 위하여 띠 모양으로 파놓은 못.
* 병兵 : 창이나 칼 등의 공격 무기. 혁革 : 갑옷. 속粟 : 조, 곡식. 위委 : 버리다. 역域 : 구분하다, 한계 짓다. 봉강封疆 : 제후에게 봉封한 나라의 국경. 고固 : 견고하다. 계谿 : 시내, 강. 산계지험山谿之險 : 산과 강의 험고함. 위威 : 두렵게 하다. 반畔 : 배반하다.

| 해영 |

"천시天時가 지리地利만 못하고, 지리가 인화人和만 못하다"는 말은 역시 사람들의 화합이 얼마나 중요한지를 일러주는 대목이 아닌가 싶습니다. 가령 전쟁은 길吉이 아닌 흉凶한 일에 속하지만, 불가피하게 해야만 한다면 가장 중요한 덕목이 무엇이겠습니까? 그렇습니다. 상대의 전력이 아닌 '내부 구성원들의 화합'일 것입니다.

일단 화합이 되면, 방어 전략의 하나인 지형과 지물을 보다 견고

히 할 수 있으며, 승패를 가를 수 있는 천시天時 또한 상대적으로 유리하게 활용할 수 있기 때문입니다. 따라서 지도자는 민중들의 마음을 늘 세심히 살필 필요가 있습니다. "군자는 싸우지 않음이 있을지언정 싸우면 반드시 승리한다"는 말 또한 인화를 두고 한 말입니다.

떠나감

| 맹자 |

맹자가 이르기를, "관직이 있는 자가 그 직책을 수행할 수 없으면 떠나고, 언론의 책임을 지고 있는 자가 그 말을 할 수 없으면 떠난다."(「공손추하」)

| 원문 |

孟子曰 有官守者 不得其職則去하고 有言責者 不得其言則去니라

| 자해 |

* 관수官守 : 이관위수以官爲守로 '벼슬로써 맡음을 삼다'는 뜻. 언책言責 : 이언위책以言爲責으로 '말로써 책임을 삼다'는 뜻.

| 해영 |

거去에 관해 언급한 것입니다. 난진이퇴難進易退와 다르지 않은 말입

니다. 즉 나아감은 어렵게, 물러감은 쉽게 하라는 말이지요. 하지만 오늘날의 정서는 이와 반대입니다. 쉽게 나아가고 물러나기는 오히려 꺼려합니다. 삶이 구차해지지 않을 수 없는 이유입니다. 관료나 언론을 막론하고 자신의 위치에서 도리道理에 어긋나면 즉각 물러나야 합니다. 그것이 민중을 위한 바른 자세입니다.

농단龍斷

| 맹자 |

"옛날에 시장에서 교역하는 자들이 자기가 가지고 있는 물건을 가지고 없는 물건과 바꾸면, 유사는 (세금을 거두지 않고) 다스릴 뿐이었다. 그런데 천한 장부 한 사람이 있어, 반드시 농단龍斷을 찾아 올라가서 좌우로 바라보면서 시장의 이익을 망라하자, 사람들이 모두 천하게 여겼다. 그러므로 뒤이어 그에게 세금을 징수하였으니, 장사꾼에게 세금을 징수한 것은 이 천한 장부로부터 비롯되었다."(「공손추하」)

| 원문 |

古之爲市者는 以其所有로 易其所無者어든 有司者治之耳러니 有賤丈夫焉하니 必求龍斷而登之하여 以左右望而罔市利어늘 人皆以爲賤이라 故로 從而征之하니 征商이 自此賤丈夫始矣니라

| 자해 |

* 유사有司 : 시장의 질서를 책임지고 있는 관리. 치治 : 주로 분쟁을 다스림. 농단龍斷 : 롱龍은 롱壟과 통용. 즉 '언덕'을 뜻하므로 농단壟斷은 세로로 잘라 놓은 것처럼 '가파른 언덕'을 뜻한다. 망罔 : 망網과 같다. 망라하여 취하다. 정征 : 세금을 징수하다.

| 해영 |

21세기, 제4차 산업혁명을 주도하는 시대에 '국정농단國政壟斷'이라는 희대稀代의 사건이 발생하여 나라가 크게 몸살을 앓았습니다. 급기야 새로운 정부가 들어섰습니다. 결코 두 번 다시 이와 유사한 일이 없어야 하겠습니다만, 돌이켜 보면 참으로 한심한 일이 아닐 수 없습니다. 사익을 위해 장부가 취한 농단壟斷이나 공公을 사사롭게 악용하다 드러난 농단壟斷이 다를 게 전혀 없기 때문입니다. 공직公職의 의미를 다시금 새겨야 하겠습니다.

맹자거제

| 맹자 |

맹자가 제나라를 떠날 적에 주晝 땅에 유숙하였다. 왕을 위하여 맹자의 발걸음을 만류하고자 하는 자가 있어, 앉아서 말하였으나, 맹자가 응대하지 않고 안석에 기대어 누었다. 객이 기뻐하지 않으며 말

하였다. “제가 재숙齋宿한 뒤에 감히 말씀드렸는데 선생님께서 누우시고 들어주지 않으시니, 다시는 감히 뵙지 말아야겠습니다.” 맹자가 이르기를, “앉아라! 내 그대에게 분명하게 말해 주겠다. 옛적에 노나라 목공繆公은 자사의 곁에 (자기의 성의를 전달할) 사람이 없으면 (자사가 떠나가실까 염려하여) 자사를 편안히 하지 못하였고, 설류泄柳와 신상申詳은 목공의 곁에 보좌할 만한 사람이 없으면 그 몸을 편안히 하지 못하였다. 그대가 어른을 위하여 생각해 주되, 자사에게 미치지 못하니, 자네가 어른을 끊은 것인가? 어른이 자네를 끊은 것인가?”(「공손추하」)

| 원문 |

孟子去齊하실새 宿於晝러시니 有欲爲王留行者坐而言이어늘 不應하시고 隱几而臥하신대 客이 不悅曰 弟子齋宿而後敢言이어늘 夫子臥而不聽하시니 請勿復敢見矣로이다 曰 坐라 我明語子하리라 昔者에 魯繆公이 無人乎子思之側이면 則不能安子思하고 泄柳 申詳이 無人乎繆公之側이면 則不能安其身이러니라 子爲長者慮而不及子思하니 子絶長者乎아 長者絶子乎아

| 자해 |

* 주晝 : 제齊나라의 수도인 임치臨淄의 서남쪽에 있는 읍邑. 유행留行 : 발걸음을 만류하다. 은隱 : 의지하다, 기대다. 궤几 : 앉을 때 기대는 도구. 제자弟子 : 자신을 낮춰 일컬음. 재숙齋宿 : 재계하는 마음으로

밤을 새움, 즉 오랫동안 마음을 가다듬었다는 뜻. 물부감견勿復敢見 : 다시는 감히 보지 말아야겠다.

* 노목공魯繆公 : 이름은 현顯, 기원전 409년부터 477년까지 재위. 『사기史記』, 「노세가魯世家」에서는 목繆이 목穆으로 나온다. 자사子思 : 공자의 손자로 이름은 급伋, 자사는 그의 자字이다. 설류泄柳 : 노나라의 현자賢者. 신상申詳 : 노나라의 현자賢者로 공자의 제자인 자장子張의 아들이다.

* 자子 : 그대. 자위장자子爲長者 : 그대가 장자를 위하다. 장자長者 : 어른을 뜻하지만, 여기서는 맹자 자신을 칭한 것. 여이불급자사慮而不及子思 : 생각해 주되 자사子思에 미치지 못하다. 절絶 : 끊다, 절교하다.

| 해영 |

맹자가 제나라를 떠날 때의 일입니다. 왕을 위해 충성하던 한 친구가 맹자가 떠나가는 것을 만류하고자 했습니다. 어진 마음을 지니고는 있었지만, 그는 어진 사람을 예우하는 예禮를 알지 못하였습니다. 정성을 다해 만류해도 부족한 상황에서 무례하게 앉아서 물은 것입니다. 맹자가 답하지 않고, '안석에 의지하여 비스듬히 누워 듣지 않는 척'을 한 것은 이해가 되고도 남습니다.

물론 존경하는 마음을 다하여 목욕재계하고 말을 꺼낸 것이지만, 맹자가 그런 무례를 모른 척하고 넘어갔다면 맹자가 아니지요. 그는 노나라 목공과 설류, 신상의 자세를 통해 그를 깨우친 것입니다. 즉

'군자는 쉽게 머무르게 할 수 없는 존재'임을 부각하면서도 머무르게 할 수 있는 방법은 오히려 '왕의 마음을 깨우쳐서' 그로 하여금, '군자가 머물도록 해야 함'을 일러준 것입니다.

학교

| 맹자 |

"상·서·학·교를 설치하여 (민중들을) 가르쳤으니, 상庠은 봉양한다는 뜻이요, 교校는 가르친다는 뜻이요, 서序는 활쏘기를 익힌다는 뜻입니다. 하夏나라에서는 교校라 하였고, 은殷나라에서는 서序라 하였고, 주周나라에서는 상庠이라 하였으며, 학學은 삼대三代가 공통이었으니, 모두 인륜을 밝히는 것이었습니다. 인륜이 위에서 밝으면 소민小民들이 아래에서 친해집니다. 왕자王者가 나오면 반드시 와서 법法을 취할 것이니, 이는 왕자王者의 스승이 되는 것입니다. 『시경』에 이르기를, '주나라가 비록 오래된 나라이나, 그 명命은 새롭다'고 하였으니, 이는 문왕을 이른 것입니다. 그대가 힘써 행한다면 또한 그대의 나라를 새롭게 할 수 있을 것입니다."(「등문공상」)

| 원문 |

設爲庠序學校하여 以敎之하니 庠者는 養也요 校者는 敎也요 序者는 射也라 夏曰校요 殷曰序요 周曰庠이요 學則三代共之하니 皆所

以明人倫也라 人倫이 明於上이면 小民이 親於下니이다 有王者起면 必來取法하리니 是爲王者師也니이다 詩云 周雖舊邦이나 其命維新이라하니 文王之謂也니 子力行之하시면 亦以新子之國하시리이다

| 자해 |

* 상庠 : 노인을 봉양함으로써 의의를 삼다. 교校 : 민중을 가르침으로써 의의를 삼다. 서序 : 활쏘기를 익힘으로써 의의를 삼다. 학學 : 국학國學. 공지共之 : 다른 명칭이 없는 것, 즉 공통이었다. 윤倫 : 차례85)를 뜻함.
* 왕자王者 : 패자覇者에 대칭되는 말로 요임금이나 순임금처럼 왕도王道로써 천하를 다스리는 성왕聖王을 가리킨다. 시詩 : 『시경詩經』, 「대아大雅 · 문왕文王」. 자子 : 문공文公을 가리킨다.

| 해영 |

상庠이든 서序든 교校든 요즘말로 학교學校를 설치하여 민중들을 가르치는 근본 이유는 무엇일까요? 그렇습니다. 인륜人倫을 밝히는데 있습니다. 과거 지방의 학교인 향교나 중앙의 학교인 성균관의 주변이 모두 명륜동明倫洞이라고 이름 지은 것만 보아도 쉽게 알 수 있습

85) 차례, 즉 부자(父子)간에는 친함이 있고, 군신(君臣)간에는 의리가 있고, 부부(夫婦)간에는 분별이 있고, 장유(長幼)간에는 질서가 있고, 붕우(朋友)간에는 신의가 있는 것이니, 이것이 사람의 큰 윤리다. 상 · 서 · 학 · 교(庠 · 序 · 學 · 校)는 모두 이를 밝히기 위해 설치한 것이다.

니다. 가령 인륜이 위에서 밝아지면 어찌될까요? 일반 민중들은 저절로 친해집니다. 그러면 왕도王道를 행할 수 있는 지도자가 나타나 진실로 '도덕적인 인간, 도덕적인 사회를 건설'할 수 있기 때문입니다. 시대의 리더들이 끊임없이 인륜을 밝히는 이유가 여기에 있다 하겠습니다.

허자許子

| **맹자** |

맹자가 이르기를, "허자는 반드시 곡식을 심은 뒤에 먹는가?" "그렇습니다." "허자는 반드시 베를 짠 뒤에 입는가?" "아닙니다. 허자는 갈옷을 입습니다." "허자는 관을 쓰는가?" "관을 씁니다." "무슨 관을 쓰는가?" "흰 비단으로 된 관을 씁니다." "스스로 그것을 짜는가?" "아닙니다. 곡식을 가지고 바꿉니다." "허자는 어찌하여 스스로 짜지 아니하는가?" "밭갈이에 방해되기 때문입니다." "허자는 가마솥과 시루로 밥을 지으며, 쇠붙이로 밭을 가는가?" "그렇습니다." "스스로 그것을 만드는가?" "아닙니다. 곡식을 가지고 바꿉니다. 곡식을 가지고 연장이나 그릇을 바꾸는 것은 옹기장이나 대장장이를 해치는 것이 되지 아니하니, 옹기장이나 대장장이 또한 그 연장이나 그릇을 가지고 곡식과 바꾸는 것이 어찌 농부를 해치는 것이 되겠는가? 또 허자는 어찌 도야陶冶를 만들어 다만 모두 그 집안에서 취하여 쓰지 아

니하고, 무엇 때문에 분분紛紛하게 백공百工들과 교역하는가? 어찌하여 허자는 번거로움을 꺼리지 않는가?" "백공의 일은 진실로 밭을 갈면서 또한 할 수는 없는 것입니다." "그렇다면 천하를 다스리는 것은 홀로 밭을 갈면서 또 할 수 있단 말인가? 대인[정치]의 일이 있고 소인[민중]의 일이 있다. 또 한 사람의 몸으로서 온갖 기술자가 하는 일이 구비되어 있다고 하여, 만일 반드시 스스로 만든 뒤에야 쓴다면, 이는 천하의 사람을 이끌어 길에 내놓는 것이다. 그러므로 옛말에 이르기를, '혹 마음을 수고롭게 하며, 혹 힘을 수고롭게 하니, 마음을 수고롭게 하는 사람은 남을 다스리고, 힘을 수고롭게 하는 사람은 남에게 다스려진다'고 하였다. 남에게 다스려지는 사람은 남을 먹여주고, 남을 다스리는 사람은 남에게 얻어먹는 것이 천하의 공통된 의리이다."(「등문공상」)

| **원문** |

孟子曰 許子는 必種粟而後에 食乎아 曰 然하다 許子는 必織布而後에 衣乎아 曰 否라 許子는 衣褐이니라 許子는 冠乎아 曰 冠이니라 曰 奚冠고 曰 冠素니라 曰 自織之與아 曰 否라 以粟易之니라 曰 許子는 奚爲不自織고 曰 害於耕이니라 曰 許子는 以釜甑爨하며 以鐵耕乎아 曰 然하다 自爲之與아 曰 否라 以粟易之니라 以粟易械器者 不爲厲陶冶니 陶冶亦以其械器易粟者 豈爲厲農夫哉리오 且許子는 何不爲陶冶하여 舍皆取諸其宮中而用之하고 何爲紛紛然與百工交易고 何許子之不憚煩고 曰 百工之事는 固不可耕且爲也니라 然則

治天下는 獨可耕且爲與아 有大人之事하고 有小人之事하며 且一人之身而百工之所爲備하니 如必自爲而後用之면 是는 率天下而路也니라 故로 曰 或勞心하며 或勞力이니 勞心者는 治人하고 勞力者는 治於人이라하니 治於人者는 食人하고 治人者는 食於人이 天下之通義也니라

| 자해 |

* 허자許子 : 허행許行을 말함. 종속種粟 : 곡식을 심다. 직포織布 : 베를 짜다. 관冠 : 관을 쓰다. 소素 : 흰 비단으로 만든 관. 이속역지以粟易之 : 곡식으로 그것을 바꾸다. 해奚 : 어찌. 해위부자직奚爲不自織 : 어찌하여 스스로 짜지 아니하는가? 해害 : 방해되다.
* 부釜 : 삶는 것. 증甑 : 밥 짓는 것. 찬爨 : 불 때는 것. 이부증찬以釜甑爨 : 가마솥과 시루로 밥을 짓다. 철鐵 : 쇠붙이로 만든 연장. 자위지여自爲之與 : 스스로 그것을 만드는가? 위爲 : 만들다. 여與 : 의문의 어기를 표시하는 조사.
* 계기械器 : 가마솥과 시루의 일종. 려厲 : 해치다. 도陶 : 시루를 만드는 사람. 야冶 : 쇠붙이, 즉 연장을 만드는 사람. 사舍 : 지止와 통용, '다만'으로 해석. 여기서 사舍를 앞의 문장과 붙이면 도야사陶冶舍가 된다. 즉 '질그릇 굽고 풀무질 하는 집'이 된다. 저諸 : 지어之於와 같음. 분분紛紛 : 어지러운 모양. 백공百工 : 온갖 기술자들을 통칭. 고固 : 진실로.
* 솔천하이로야率天下而路也 : 천하의 사람을 이끌어 길에 내놓다. 다

시 말해 천하의 사람들을 거느리고서 길로 분주히 왕래하여 휴식할 때가 없다는 뜻이다. 치인治人 : 남을 다스리다. 치어인治於人 : 남에게 다스려진다. 사食 : '먹여준다'는 뜻의 사역동사. 사인食人 : 남을 먹여주다. 사食 : '먹여지다'라는 뜻의 피동형 동사. 사어인食於人 : 남에게 먹여지다. 통의通義 : 공통된 의리.

| 해영 |

세상을 살아가면서 아무리 출중한 능력을 지녔다 하더라도 모든 물건을 손수 만들어 쓸 수는 없습니다. 각자가 지니고 있는 장점을 십분 발휘하여 제작한 물건을 상호 교환하는 것이 훨씬 효과적입니다. 사실 의식주衣食住와 관련된 모든 것이 그렇습니다.

가령 직접 농사에 임하는 농부들은 평소 어떤 생각을 하면서 삽니까? 가을의 결실을 두고 자신들의 고된 땀방울의 결정체로 이해합니다. 하지만 실상을 따져보면 철학자와 과학자는 물론 각 분야 기술자들의 지혜가 총체적으로 모인 결과임을 알 수 있습니다.

이는 정치와 경제, 사회, 문화, 교육, 국방 등 사회를 유지하는 모든 분야에서도 마찬가지입니다. 육체노동자가 되었든 정신노동자가 되었든 민중들이 주어진 영역에서 능력을 최대한 발휘할 수 있도록 도와주는 것도 지도자들의 몫임을 잊지 말아야 합니다.

문화

| 맹자 |

"나는 중화中華의 법을 써서 오랑캐의 도를 변화시켰다는 말은 들었지만, 오랑캐에게 변화를 당했다는 말은 듣지 못하였다. 진량은 초나라 태생이니, 주공周公·중니仲尼의 도를 좋아하여 북쪽으로 중국에 가서 공부하자 북방의 학자들이 혹시라도 그보다 앞선 자가 없었으니, 그는 이른바 호걸스러운 선비이다. 그대의 형제가 그를 섬기기를 수십 년 동안 하다가 스승이 죽자, 마침내 배반하는구나!"(「등문공상」)

| 원문 |

吾聞用夏變夷[86]者요 未聞變於夷者也로라 陳良은 楚産也니 悅周公仲尼之道하여 北學於中國이어늘 北方之學者가 未能或之先也하니 彼所謂豪傑之士也라 子之兄弟가 事之數十年이라가 師死而遂倍之온여

| 자해 |

* 용用 : 이以와 통용. 하夏 : 변방에 대한 상대개념으로 중원中原 지역을 뜻함. 즉 제하諸夏[중화中華]의 예의禮義를 의미한다. 변이變夷 : 만

86) 이(夷)는 본래 중국 동부지역에 살던 사람들이나 나라를 일컫던 고유명사였으나, 전국시대에 들어서 변방을 일컫는 말로 일반화 되었다.

이蠻夷의 사람을 변화시키는 것. 변어이變於夷 : 도리어 만이蠻夷의 사람에게 변화를 당함. 산産 : 출생. 중국中國 : 수도, 즉 서울이란 뜻이다.

* 선先 : 뛰어남. 피彼 : 그, 저. 호걸豪傑 : 재주와 덕이 출중한 칭호, 능히 스스로 유속流俗에서 빼어남을 지칭한다. 수遂 : 마침내. 배倍 : 배背와 같음. 진량陳良은 중화中華의 법을 써서 오랑캐를 변화시켰는데, 진상陳相은 오랑캐에게 변화를 당한 것을 이른다.

| 해영 |

문화文化를 논함에 있어서 일반적으로는 수준이 낮은 곳에서 높은 곳으로 향합니다. 따라서 가르침에는 높은 곳에서 낮은 곳으로 향하는 것이 이치입니다. 그런 점에서 문화 민족이 오랑캐를 변화시키는 것은 더 이상 논할 바가 아닙니다. 그럼에도 진상은 당시의 문화 중추인 유가儒家를 버리고 농가農家의 학설을 추종하였습니다. 비판받지 않을 수 없는 일입니다.

대장부의 도

| 맹자 |

경춘이 말하였다. "공손연87)과 장의88)는 어찌 진실로 대장부가 아

87) 위(魏)나라 사람으로 다섯 나라의 재상을 겸하면서 합종책을 주장하였다는 설[趙岐]이 있

니겠습니까? 한번 노함에 제후들이 두려워하고, 편안히 거처함에 천하가 잠잠합니다. 맹자가 이르기를, "이 어찌 대장부라 할 수 있겠는가? 그대는 예禮를 배우지 않았는가? 장부[남자]가 관례冠禮할 때에 아버지가 명[훈계]하고, 여자가 시집갈 때에 어머니가 명[훈계]한다. 시집감에 문에서 전송할 적에 경계하기를, '네 집에 가서 반드시 공경하고 반드시 경계하여 부자[남편]를 어기지 말라'고 하니, 순종을 정도正道로 삼는 것은 아녀자의 도道이다. 천하의 넓은 집仁에 거처하며, 천하의 바른 자리禮에 서며, 천하의 큰 도義를 행하여, 뜻을 얻으면 민중과 함께 도를 행하고, 뜻을 얻지 못하면 홀로 그 도를 행하여, 부귀富貴가 마음을 방탕하게 하지 못하며, 빈천貧賤이 절개를 변하게 하지 못하며, 위무威武가 지조를 굽히게 하지 못하는 것, 이를 대장부라 한다."(「등문공하」)

| 원문 |

景春曰 公孫衍, 張儀는 豈不誠大丈夫哉리오 一怒而諸侯懼하고 安居而天下熄하니이다 孟子曰 是焉得爲大丈夫乎리오 子未學禮乎아 丈夫之冠也에 父命之하고 女子之嫁也에 母命之하나니 往에 送之門할새 戒之曰 往之女家하여 必敬必戒하여 無違夫子라하나니 以

고, 장의(張儀)가 죽은 후 진(秦)나라의 재상이 되었다고도 한다.(『사기(史記)』, 「장의열전(張儀列傳)」)

88) 소진(蘇秦)과 함께 종횡가(縱橫家)의 대표적인 인물로 일컬어지는 사람이다. 소진이 합종책(合縱策)을, 장의는 연횡책(連橫策)을 주장하였다. 종횡가들은 제후들을 설득하여 상대의 나라를 정벌하도록 했기 때문에 각 제후들은 그들에게 잘못 보일 경우, 다른 나라의 제후로 하여금 공격당할 것을 우려하여 두려워하였다.

順爲正者는 妾婦之道也니라 居天下之廣居하며 立天下之正位하며 行天下之大道하여 得志하여는 與民由之하고 不得志하여는 獨行其道하여 富貴不能淫하며 貧賤不能移하며 威武不能屈이 此之謂大丈夫니라

| 자해 |

* 경춘景春 : 맹자와 동시대 인물로 이른바 종횡가縱橫家에 속하는 사람으로 알려져 있다. 공손연公孫衍 : 위魏나라 사람. 장의張儀 : 위魏나라 사람. 식熄 : 그치다, 잠잠하다.
* 관冠 : 머리에 관冠을 더하는 관례冠禮. 남자가 20세가 되었을 때, 갓을 쓰게 하는 식. 즉 성인식을 지칭. 명命 : 훈계. 가嫁 : 시집가다. 왕往 : 구체적인 출발지나 목적지에 관계없이 '가는 행위'를 표현할 때 쓰임. 참고로 거去는 어떤 장소에서 떠나가는 것을 뜻하고, 지之는 어떤 장소로 가는 것을 의미한다.
* 지여가之女家 : 너의 집에 가다. 여가女家 : 남편의 집. 부인婦人은 남편의 집을 안으로 하기 때문에, 시집가는 것을 돌아간다고 하는 것이다. 여기서 여女는 여汝와 같음. 부자夫子 : 남편을 지칭.
* 광거廣居 : 인仁. 정위正位 : 예禮. 대도大道 : 의義. 여민유지與民由之 : 그 얻은 바를 민중에게 미룸. 독행기도獨行其道 : 그 얻은 바를 자기 몸에 지키는 것. 음淫 : 마음을 방탕하게 함. 이移 : 절개를 변함. 굴屈 : 지조를 꺾음.

주지하듯 종횡가縱橫家의 대표적인 인사는 소진蘇秦과 장의張儀입니다. 소진은 이른바 한위조연제초韓魏趙燕齊楚의 여섯 나라를 종縱으로 연합하여 진秦나라에 대항하게 한 인물이고, 장의는 진나라로 하여금 위의 여섯 나라를 횡橫으로 연합하여 한 나라씩 점령하게 한 인물입니다. 종횡가들의 말솜씨는 천하가 알아주었습니다. 각국의 제후들은 이들을 만나기만 하면 설득 당하였습니다. 그런 종횡가들은 제후들을 설득하여 상호 정벌하게 하였음은 물론입니다. 시간이 지나자, 각 제후들은 이들을 두려워하지 않을 수 없었지요. 경춘景春은 바로 이들을 대장부로 여긴 것입니다.

하지만 맹자의 대장부89)론은 이와 다릅니다. 패도覇道에 의한 부국강병 논리는 인의仁義를 기반으로 하는 왕도정치王道政治와 정면으로 배치되기 때문입니다. 따라서 대장부들은 민중을 위한 정치가 현실에서 구현되길 기대하면서 항상 일정한 기조를 유지합니다. 하지만 민중을 위한 정치가 현실에서 구현되지 않을 경우에는 대장부로서 뜻을 얻지 못할지언정 정면으로 문제를 삼습니다. 그런 와중에 부귀富貴가 마음을 방탕하게 하지 못하고, 빈천貧賤이 절개를 변하게 하지 못하며, 위무威武가 지조를 굽히게 하지 못합니다. 대장부는 쉽게 흔들리는 존재가 아니기 때문입니다.

89) 대장부(大丈夫)는 군자의 다른 이름이다.

재장梓匠

| 맹자 |

팽갱90)이 말하였다. "목수와 수레 만드는 사람은 그 뜻이 장차 밥을 구하려는 것이지만, 군자가 도를 행함도 그 뜻이 장차 밥을 구하려는 것입니까?" 맹자가 이르기를, "자네가 어찌 그 뜻을 따지는가? 자네에게 공功이 있어 밥을 먹일 만하면 밥을 먹이는 것이다. 또 자네는 뜻을 위주로 하여 밥을 먹이는가? 공功을 위주로 하여 밥을 먹이는가?" 팽갱이 말하였다. "뜻을 위주로 하여 밥을 먹입니다." 맹자가 이르기를, "여기에 사람이 있는데, 기와를 부수고 담장에 그어 대기를 함부로 해놓고서도 그 뜻이 장차 밥을 구하려는 것이라면 자네는 그에게 밥을 먹이겠는가?" 팽갱이 말하였다. "아닙니다." 맹자가 이르기를, "그러면 자네는 뜻을 위주로 하여 밥을 먹이는 것이 아니라, 공功을 위주로 하여 밥을 먹이는 것이다."(「등문공하」)

| 원문 |

曰 梓匠輪輿는 其志將以求食也어니와 君子之爲道也도 其志亦將以求食與잇가 曰 子何以其志爲哉오 其有功於子하여 可食而食之矣니라 且子는 食志乎아 食功乎아 曰 食志니이다 曰 有人於此하니 毁瓦畫墁이요 其志將以求食也인댄 則子食之乎아 曰 否니이다 曰 然

90) 팽갱(彭更)은 맹자의 제자이다.

則子非食志也라 食功也로다

| 자해 |

* 가사이사지의可食而食之矣 : 밥을 먹일 만하면 먹이다. 여기서 사食는 '밥'이라는 뜻의 명사나 '밥을 먹인다'는 의미의 사역동사 혹은 '밥 먹임을 당한다'는 뜻의 피동형의 동사로 쓰이기 때문에 음이 모두 '사食'이다. 훼와획만毁瓦畫墁 : 기와를 부수고 담장에 낙서하다. 즉 공功은 없고 해害만 있음을 뜻함. 획畫 : 긋는다. 만墁 : 담장에 칠을 하여 꾸미다.

| 해영 |

사람들이 살아가는 모습은 다양합니다. 그럼에도 간단히 요약해보면 '경제적인 삶을 확립'하고자 하는 이들과 '도덕적인 삶을 확립'하고자 이들로 나눠볼 수 있습니다. 경제적 삶을 위해 맡은 바 직무를 충실히 수행하는 이들의 공功이 존중되어야 하지만, 도덕적인 삶을 위해 애쓰는 이들의 공功도 존중되어야 합니다.

시대의 리더들은 '도덕적인 사회를 확립'하는데 힘쓰는 것이 소임所任입니다. 소임에 충실하면 공功은 저절로 쌓입니다. 노동자가 공功을 위해 노동하는 것이 아니듯 시대의 리더들 또한 공功을 위해 소임을 다하는 것이 아닙니다. 오직 민중들을 위해 '도덕적인 삶을 확립'하는데 애쓰는 것이 소임이자, 자세입니다.

기우杞憂

맹자

만장이 물었다. "송나라는 작은 나라입니다. 이제 장차 왕도정치를 행하려 하니, 제나라와 초나라가 그것을 미워하여 정벌하면 어찌합니까? 맹자가 이르기를, "탕왕이 박亳읍에 거처할 때에 갈葛나라와 이웃하였는데, 갈백이 방탕하여 제사를 지내지 않자, 탕왕이 사람을 시켜 묻기를, '어찌하여 제사를 지내지 않는가?'라고 하니, 답하기를 '바칠 희생이 없기 때문입니다.'라고 하였다. 탕왕이 사람으로 하여금 소와 양을 보내주게 하였는데, 갈백은 이것을 먹고 또 제사를 지내지 않았다. 탕왕이 또 사람을 시켜 묻기를, '어찌하여 제사를 지내지 않는가?'라고 하니, '자성粢盛을 바칠 것이 없기 때문입니다.'라고 하였다. 탕왕이 박읍의 민중들로 하여금 갈나라에 가서 밭을 갈아주게 하니, 노약자들이 밥을 내다 먹였다. 이에 갈백이 그의 민중을 거느리고 가서 술과 밥과 기장밥, 쌀밥을 내온 자들을 강요하여 빼앗되, 주지 않는 자는 죽였다. 어떤 동자가 기장밥과 고기를 가지고 와서 밥을 먹이자, 그를 죽이고 빼앗았다. 『서경』에 이르기를, '갈백이 밥을 먹이는 자를 원수로 여겼다'고 하였으니, 이것을 말한 것이다. 이 동자를 죽였기 때문에 갈나라를 정벌하자, 사해四海의 안이 모두 말하기를, '천하를 탐내서가 아니라, 필부匹夫와 필부匹婦를 위하여 복수해 주시려는 것이다.' 하였다."(「등문공하」)

| 원문 |

萬章이 問曰 宋은 小國也라 今將行王政하나니 齊楚惡而伐之면 則如之何니잇고 孟子曰 湯이 居亳하실새 與葛爲鄰이러시니 葛伯이 放而不祀어늘 湯이 使人問之曰 何爲不祀오 曰 無以供犧牲也로이다 湯이 使遺之牛羊하신대 葛伯이 食之하고 又不以祀어늘 湯이 又使人問之曰 何爲不祀오 曰 無以供粢盛也로이다 湯이 使亳衆으로往爲之耕이어시늘 老弱이 饋食러니 葛伯이 帥其民하여 要其有酒食黍稻者하여 奪之하되 不授者를 殺之하더니 有童子가 以黍肉餉이어늘 殺而奪之하니라 書曰 葛伯이 仇餉이라하니 此之謂也니라爲其殺是童子而征之하신대 四海之內皆曰 非富天下也라 爲匹夫匹婦하여 復讎也라하니라

| 자해 |

* 만장萬章 : 맹자의 제자. 송왕宋王 언偃이 일찍이 등滕나라를 멸하고 설薛나라를 정벌하였으며, 제齊 · 초楚 · 위魏의 군대를 패퇴敗退시켜 천하에 패자霸者가 되고자 하였다고 하니, 아마도 이때인 듯하다.
* 거박居亳 : 박亳읍에 거처하다. 박亳 : 땅이름 박. 갈葛 : 나라 이름. 백伯 : 작위爵位. 방이불사放而不祀 : 방종放縱하고 무도無道하여 선조先祖에게 제사하지 않다. 희생犧牲 : 희생하다. 자성粢盛 : 제사 음식.
* 박중亳衆 : 탕왕의 민중. 궤사饋食 : 밥을 먹이다. 솔帥 : 통솔하다, 거느리다. 기민其民 : 갈나라의 민중. 주식서도酒食黍稻 : 술, 밥, 기장밥, 쌀밥. 수授 : 주다. 동자童子 : 어린이. 향餉 : 밥을 배달해서 먹이다.

* 서書 : 『서경書經』, 「중훼지고仲虺之誥」. 구仇 : 원수. 구향仇餉 : 밥을 먹이는 사람과 원수가 되다. 비부천하非富天下 : 탕왕의 마음이 천하를 부富하게 여겨 그것을 얻고자 함이 아니다. 필부필부匹夫匹婦 : 민중들 개개인.

| 해영 |

송나라처럼 작은 나라가 덕치, 즉 왕도정치를 하다 주변의 강대국들에게 미움을 받게 되면 오히려 침략을 당할 수 있지 않을까 싶어 스승께 물은 것입니다. 맹자는 작은 나라였지만 강국을 건설한 탕왕의 예를 들어주었습니다. 나라가 크고 작은 것이 문제가 아니란 말씀이지요. 『논어』에 "덕은 외롭지 않다. 반드시 이웃이 있다."91)는 말이 있습니다. 이는 예로부터 덕德을 폐기하면서까지 정치를 하는 지도자는 없다는 말입니다.

사정이 아무리 나빠도 덕德을 배제하지는 않습니다. 특히 '덕'이라고 하는 것은 '선善한 마음이 지속적으로 쌓인 결과'라는 점에서 쉽게 사라지지 않습니다. 때문에 '덕'이 있으면 반드시 상호 구원하는 일이 생깁니다. 이웃을 지나 타국으로까지 확대됩니다. 동서고금東西古今을 막론하고 '덕'을 찬양하는 것은 이 때문입니다. 강대국이라 할지라도 왕도를 행하는 나라를 쉽게 넘보지 못하는 이유가 여기에 있다 하겠습니다.

91) 『논어』, 「이인(里仁)」 : 子曰, 德不孤, 必有隣.

정벌?

| 맹자 |

"탕왕이 첫 번째 정벌을 갈나라로부터 시작하여 11개국을 정벌하셨는데, 천하에 대적한 이가 없었다. 동쪽을 향하여 정벌하면 서쪽의 오랑캐가 원망하며 남쪽을 향하여 정벌하면 북쪽의 오랑캐가 원망하여 말하기를, '어찌하여 우리를 뒤에 정벌하시는가?' 하여, 민중들이 희망하는 것이 큰 가뭄에 비를 바라듯이 하여, 시장에 돌아가는 자들이 발길을 그치지 않았으며, 김매는 자들이 동요하지 않았다. (탕왕이) 그 군주를 베고 그 민중들을 위문하자, 단비가 내린 듯이 민중들이 크게 기뻐하였다. 『서경』에 이르기를, '우리 임금님을 기다리니, 우리 임금님이 오시면 형벌이 없으시겠지!'라고 하였다."(「등문공하」)

| 원문 |

湯이 始征을 自葛載하사 十一征而無敵於天下하니 東面而征에 西夷怨하며 南面而征에 北狄怨하여 曰 奚爲後我오하여 民之望之가 若大旱之望雨也하여 歸市者弗止하며 芸者不變이어늘 誅其君弔其民하신대 如時雨降이라 民이 大悅하니 書曰 徯我后하노니 后來하시면 其無罰아하니라

| 자해 |

* 재載 : 시작하다. 십일정十一征 : 11개국을 정벌하다. 약대한지망우야

若大旱之望雨也 : 큰 가뭄에 비를 바라듯이 하다. 귀시歸市 : 시장에 돌아가다. 불변不變 : 동요하지 않다. 주誅 : 베다, 죽이다. 조弔 : 위문하다, 조문하다. 여시우강如時雨降 : 단비가 내린 듯이. 시우時雨 : 때맞춰 오는 비, 즉 '단비'를 말함. 서書 : 『서경書經』, 「태갑상太甲上」. 혜徯 : 기다리다.

| 해영 |

민중들이 도탄塗炭에 빠진 것이, 마치 자신의 친척들이 빠진 것처럼 생각하는 지도자라면 어떤 마음일까요? 아마도 하루 빨리 그들을 구출하기 위해 애쓸 것입니다. 전쟁이 본질적으로는 흉한 일이지만 지도자를 잘못 만나 민중들이 도탄에 빠져 있다면, 그들을 구출하기 위해 전쟁을 할 수밖에 없는 경우도 있습니다. 이런 경우는 침략전쟁이란 평가를 받지 않습니다. 그 나라 민중들의 지지를 받기 때문입니다.

하지만 여기서도 반드시 경계해야 하는 일이 있습니다. 명분은 그럴 듯하지만 실제는 전혀 다른 경우입니다. 과거 미국이 이라크와 전쟁을 선포하면서 "후세인에 의해 이라크 민중들이 도탄에 빠져 있다. 이들을 구원하기 위한 전쟁이다."라고 하였습니다. 실제로는 어떠했습니까? 철저히 미국의 이익을 위한 것임이 드러났습니다. 패도가 오늘날에도 이처럼 버젓이 행해지고 있습니다. 비판을 면키 힘든 일입니다.

환경?

| **맹자** |

맹자가 대불승에게 이르기를, "그대는 그대의 왕이 선해지기를 바라는가? 내가 분명히 그대에게 말하겠다. 여기에 초나라 대부가 있는데, 그의 아들이 제나라 말을 하기를 원한다면, 제나라 사람으로 하여금 그를 가르치게 하겠는가? 아니면 초나라 사람으로 하여금 가르치게 하겠는가?" 대불승이 답하였다. "제나라 사람으로 하여금 가르치게 할 것입니다." 맹자가 이르기를, "한 제나라 사람이 그를 가르치는데 여러 초나라 사람들이 떠들어댄다면, 비록 날마다 종아리를 치면서 제나라 말을 하기를 요구하더라도 할 수 없을 것이다. (그러나) 그를 끌어다가 제나라 장악莊嶽의 사이에 수년 동안 둔다면 비록 날마다 종아리를 치면서 초나라 말을 하기를 요구한다 하더라도 또한 할 수 없을 것이다. 그대는 설거주를 선한 선비라 하여 그로 하여금 왕의 처소에 거처하게 되었는데, 왕의 처소에 있는 자가 어른과 어린이, 낮고 높은 사람이 모두 설거주와 같은 사람이라면 왕이 누구와 더불어 불선不善한 짓을 할 것이며, 왕의 처소에 있는 자가 어른과 어린이, 낮고 높은 사람이 모두 설거주와 같은 사람이 아니라면 왕이 누구와 더불어 선善한 일을 하겠는가? 한 명의 설거주가 홀로 송왕에게 어찌하겠는가?"(「등문공하」)

| 원문 |

孟子謂戴不勝曰 子欲子之王之善與아 我明告子하리라 有楚大夫於此하니 欲其子之齊語也인댄 則使齊人傅諸아 使楚人傅諸아 曰 使齊人傅之니이다 曰 一齊人傅之어든 衆楚人咻之면 雖日撻而求其齊也라도 不可得矣어니와 引而置之莊嶽之間數年이면 雖日撻而求其楚라도 亦不可得矣리라 子謂薛居州를 善士也라하여 使之居於王所하나니 在於王所者 長幼卑尊이 皆薛居州也면 王誰與爲不善이며 在王所者 長幼卑尊이 皆非薛居州也면 王誰與爲善이리오 一薛居州 獨如宋王에 何리오

| 자해 |

* 대불승戴不勝 : 송宋나라 신하. 자子 : 그대. 제어齊語 : 제齊나라 사람의 말. 부傅 : 가르침, 스승. 여기서는 동사로 쓰였기 때문에 '가르치게 하다'로 해석. 휴咻 : 시끄럽게 떠들다.
* 달撻 : 매질하다, 종아리를 치다. 장악莊嶽 : 제齊나라 서울에 있는 거리의 이름. 설거주薛居州 : 송宋나라 신하. 수誰 : 여與의 목적어지만 의문대명사로 앞으로 나온 것이다.

| 해영 |

현행법에 '학교환경위생정화구역'이란 제도가 있습니다. 학교 경계선으로부터 직선거리로 200미터 이내 지역을 '학교환경위생정화구역'으로 설정하여, 위험시설 및 유흥업소, 숙박업소, 게임제공업소

등의 설치를 제한하는 것이 골자입니다. 한마디로 아이들을 교육하는데 방해가 될 만한 요소를 사전에 제거하자는 것이지요. 교육 환경이 그 만큼 중요하다는 의미일 것입니다.

나라의 지도자도 마찬가지입니다. 올바른 정치를 위해선 주변 참모들이 대체로 선한 마음의 소유자들로 구성돼야 합니다. 가령 일부 참모들은 왕도정치에 적극 동참코자 하지만 다수의 참모들이 패도적인 마인드를 버리지 못한다면 선량한 마음을 지닌 지도자라도 왕도를 행하기는 쉽지 않습니다. 주변의 환경이 어떻게 형성되고 유지되는지 항상 고민해야 하는 이유입니다.

폐단 개혁

| **맹자** |

대영지가 말하였다. "10분의 1의 세제稅制와 관문과 시장의 세금을 철폐하는 것을 금년에는 능히 할 수 없으니, 청컨대 세금을 경감하고 내년을 기다린 연후에 그만두려고 합니다. 이것이 어떻습니까?" 맹자가 이르기를, "지금 어떤 사람이 날마다 이웃집의 닭을 훔쳤는데, 혹자가 그에게 '이는 군자의 도리가 아니다'라고 하자, 답하기를 '청컨대 그 수를 줄여서 달마다 닭 한 마리를 훔치다가 내년을 기다린 연후에 그만두겠다'고 하였다. 만일 의義가 아님을 안다면 속히 그만두어야 할 것이니, 어찌 내년을 기다리겠는가?"(「등문공하」)

| 원문 |

戴盈之曰 什一과 去關市之征을 今茲未能이란대 請輕之하여 以待來年然後에 已하되 何如하니잇고 孟子曰 今有人이 日攘其鄰之雞者어든 或告之曰 是非君子之道라한대 曰 請損之하여 月攘一雞하여 以待來年然後에 已로다 如知其非義인댄 斯速已矣니 何待來年이리오

| 자해 |

* 대영지戴盈之 : 송宋나라 대부大夫. 십일什一 : 정전법井田法. 거去 : 철폐하다, 없애다. 관시지정關市之征 : 상인에 대한 세금. 금자今茲 : 금년今年과 같음. 이已 : 그만두다. 양攘 : 훔치다, 사물이 스스로 오는 것을 취하는 것. 손損 : 감해주다.

| 해영 |

의롭지 않은 일을 인식했을 경우엔 즉각 멈추어야 합니다. 최근의 적폐積弊 논란도 인지하고 있으면서도 묵혀 두었기 때문에 논란이 종식되지 않는 것입니다. 『논어』에는 허물과 관련된 용례들이 약간 있습니다. 예컨대 "소인의 허물은 반드시 꾸며댄다."[92] "군자의 허물은 일식과 월식 같아서 허물이 있으면 사람들이 모두 보고, 허물을 고치면 사람들이 모두 우러러본다."[93] "허물이 있어도 고치지 않는

92) 『논어』, 「자장(子張)」: 子夏曰, 小人之過也, 必文.

93) 『논어』, 「자장(子張)」: 子貢曰, 君子之過也, 如日月之食焉. 過也, 人皆見之, 更也, 人皆仰之.

것, 이것을 허물이라고 한다."[94]

또한 "군자가 중후하지 않으면 위엄이 없으니, 배워도 견고하지 못하다. 충성과 신의를 주로 하며, 자기만 못한 이와 벗하지 말며, 허물이 있거든 고치기를 꺼려하지 말라."[95] 등이 있습니다. 완벽한 사람은 존재하지 않습니다. 때문에 누구나 잘못을 저지릅니다. 하지만 잘못을 인지하면 고치기를 꺼리지 말아야 합니다. 그러면 정직한 사람으로 인정받게 되고, 민중의 신뢰를 받을 수 있습니다. 지도자들이 솔선해야 하는 이유입니다.

선왕의 법

| 맹자 |

맹자가 이르기를, "오직 인仁한 사람이 마땅히 높은 지위에 있어야 하는 것이니, 인仁하지 아니하면서 높은 지위에 있으면, 이는 민중에게 그 악惡을 뿌리는 것이다. 위에서는 도道로 헤아림이 없고 아래에서는 법으로 지킴이 없으며, 조정에서는 도道를 믿지 않고 관리들은 법도法度를 믿지 않으며, 군자가 의義를 범하고 소인이 형벌을 범하면, (그러고도) 나라가 보존되는 것은 요행이다. 따라서 이르기를, '성곽城郭이 완전하지 않고 병사兵士나 무기가 많지 않은 것이 나라의

94) 『논어』, 「위령공(衛靈公)」: 子曰, 過而不改, 是謂過矣.

95) 『논어』, 「학이(學而)」: 子曰, 君子不重則不威, 學則不固. 主忠信, 無友不如己者, 過則勿憚改.

재앙이 아니며, 밭과 들이 개간되지 않고 재화財貨가 모이지 않은 것이 나라의 해로움이 아니다. 위에서 예禮가 없고 아래에서 배움이 없으면 나라를 해치는 민중들이 나와서 망하는데 며칠 걸리지 않는다'고 하는 것이다."(「이루상」)

| 원문 |

孟子曰 惟仁者아 宜在高位니 不仁而在高位면 是는 播其惡於衆也니라 上無道揆也하며 下無法守也하며 朝不信道하며 工不信度하여 君子犯義하고 小人犯刑이면 國之所存者幸也니라 故로 曰 城郭不完하며 兵甲不多가 非國之災也며 田野不辟하며 貨財不聚가 非國之害也라 上無禮하며 下無學이면 賊民이 興하여 喪無日矣라하니라

| 자해 |

* 인자仁者 : 인한 마음과 인한 소문을 소유하고 선왕의 도를 행하는 사람. 파播 : 뿌리다. 도道 : 의리義理. 규揆 : 헤아리다. 도규道揆 : 의리로써 사물을 헤아려 마땅하게 하는 것. 법法 : 제도. 수守 : 지키다. 법수法守 : 법도로써 스스로 지키는 것. 공工 : 본래 장인을 뜻하지만 여기서는 '관리'를 의미한다.
* 도度 : 법. 형刑 : 형벌. 행幸 : 요행, 바라다. 성곽城郭 : 성을 이중으로 쌓을 경우, 안쪽은 성城이라 하고 바깥쪽은 곽郭이라 한다. 벽辟 : 벽闢과 통용. 즉 '열다', '개간하다', '개척하다'를 뜻함. 적賊 : 해치

다. 상무일의喪無日矣 : 망하는데 날이 없다는 것은, 곧 시간적 여유가 없다는 말이다.

| 해영 |

맹자의 "오직 인仁한 사람이 마땅히 높은 지위에 있어야 하는 것이니, 인仁하지 아니하면서 높은 지위에 있으면, 이는 민중에게 그 악惡을 뿌리는 것이다."라고 주장하는 이유는 무엇일까요? 인하지 않은 자는 삶의 도道를 헤아리기는커녕 의義 또한 실천할 수 없기 때문입니다. 만일 인하지 않은 자가 윗자리를 차지하면 어떤 일이 벌어질까요?

민중들을 위해 그간 이룩해 놓은 선왕先王들의 법은 곧 폐기되고 말 것입니다. 선왕들의 법이 폐기되면 어찌될까요? 그 폐해는 고스란히 민중들에게 돌아갑니다. 경계하는 이유가 여기에 있는 것이지요. 나라가 망하는 원인은 다양합니다만 형벌이나 성곽, 무기, 재화 등이 부족해서가 아니란 사실입니다. 선왕의 법을 연구하고 실천하는 이유입니다.

인륜의 표준

| 맹자 |

맹자가 이르기를, "규구規矩는 방형方形과 원형圓形의 표준이요, 성인

聖人은 인륜人倫의 표준이다. 임금이 되고자 한다면 임금의 도를 다하고, 신하가 되고자 한다면 신하의 도를 다할 것이니, 이 두 가지는 모두 요堯와 순舜을 본받은 따름이다. 순이 요임금을 섬기던 것으로써 임금을 섬기지 않는다면 그 임금을 공경하지 않는 사람이고, 요임금이 민중 다스리던 것으로써 민중을 다스리지 않는다면 그 민중을 해치는 사람이다."(「이루상」)

| 원문 |

孟子曰 規矩는 方員之至也요 聖人은 人倫之至也니라 欲爲君인댄 盡君道요 欲爲臣인댄 盡臣道니 二者를 皆法堯舜而已矣니 不以舜之所以事堯로 事君이면 不敬其君者也요 不以堯之所以治民으로 治民이면 賊其民者也니라

| 자해 |

* 방원方員 : 방원方圓, 즉 네모와 동그라미. 지至 : '지극함'을 뜻하는 것으로 즉 '표준'을 의미한다. 욕위군欲爲君 : 임금이 되고자 하다. 법法 : 본받다.

| 해영 |

사람들이 모여 살면 자연스럽게 조직이 구성되고, 삶의 표준인 윤리가 형성됩니다. 지도자는 지도자의 윤리, 관료는 관료의 윤리, 민중은 민중의 윤리가 있습니다. 각자 주어진 윤리를 따를 때, 사회는 건

강해집니다. 맹자는 진실로 지도자가 되고자 한다면, 요순堯舜96)의 도道를 따르라고 합니다. 『사기史記』를 포함한 역사서에 따르면, 요임금은 스무 살에 왕위에 올라 덕德으로 나라를 다스린 것으로 나타납니다. 그의 치세 동안에는 가족들이 화합하고 백관의 직분이 공명정대하여 모든 제후국들이 화목하였다고 합니다.

요임금은 혹 독단적이고 독선적인 정치를 우려하여 감간고敢諫鼓97)를 설치하여 스스로를 경계하였다고 전합니다. 그의 통치 기간이 70년 가까이 되자, 후계자를 효성이 지극한 순舜을 발탁한 것은 널리 알려진 사실입니다. 요임금의 통치스타일을 그대로 물려받은 순임금은 어떠했겠습니까? 항상 요임금이 민중을 다스리던 방식 그대로 다스렸습니다. 그렇지 않으면 민중을 잔인하게 대하는 것이고, 민중을 해치는 것으로 보았기 때문입니다. 유가儒家의 학자들이 언필칭 요순을 언급하는 이유가 여기에 있다 하겠습니다.

96) 요순(堯舜)의 관계를 모순관계로 보는 철학자도 있다. 한비자에 따르면, 유가(儒家)를 비롯한 제가(諸家)에서 숭상하는 전설의 제왕인 요(堯)임금과 순(舜)임금이 마치 모순이라는 주장이다. 가령 요임금이 성군(聖君)이었다면, 순임금은 별 볼일이 없었을 것이므로 성군일 수 없고, 반대로 순임금이 성군이었다면, 역시 이전의 요임금 또한 별 볼일 없는 평범한 지도자에 불과했을 것이라는 논리다.(윤무학, 『순자 하나, 둘, 셋의 비밀』, 살림, 2013, 57~59쪽.)

97) 민중들이 임금에게 쓴 소리를 하고 싶을 때, 북을 치게 함으로써 독단정치를 경계하도록 한 장치.

인과 불인

| 맹자 |

맹자가 이르기를, "삼대三代가 천하를 얻은 것은 인仁 때문이고, 그 천하를 잃은 것은 불인不仁 때문이다. 나라가 폐하고 흥하며 존하고 망하는 것 또한 그러하다. 천자가 불인하면 사해四海를 보존하지 못하고, 제후가 불인하면 사직社稷을 보존하지 못하며, 경대부가 불인하면 종묘宗廟를 보존하지 못하고, 선비나 일반 민중이 불인하면 자기 몸을 보존하지 못한다. 지금 죽거나 망하는 것을 싫어하면서 불인을 좋아하는데, 이것은 취하기를 싫어하면서 억지로 술을 마시는 것과 같다."(「이루상」)

| 원문 |

孟子曰 三代之得天下也는 以仁이요 其失天下也는 以不仁이니라 國之所以廢興存亡者도 亦然하니라 天子不仁이면 不保四海하고 諸侯不仁이면 不保社稷하고 卿大夫不仁이면 不保宗廟하고 士庶人不仁이면 不保四體니라 今에 惡死亡而樂不仁하나니 是猶惡醉而强酒니라

| 자해 |

* 삼대三代 : 하은주夏殷周 세 나라를 말함. 국國 : 제후국을 말함. 사해四海 : 이 세상 전체, 즉 천하天下를 가리킨다. 사직社稷 : 사社는 땅

을 관장하는 신을 뜻하고, 직稷은 곡식을 관장하는 신을 뜻한다. 즉 '사직을 보존하지 못한다'는 것은 나라를 잃음을 의미한다. 종묘宗廟[98] : 조상의 신을 모셔놓은 사당祠堂. 사체四體 : 몸 전체를 뜻한다. 오惡 : 싫어하다.

| 해영 |

인仁과 불인不仁의 정치가 어떤 것인지를 일러주는 대목입니다. 맹자는 삼대三代의 정치를 살펴보니, 천하를 얻거나 잃는 것이 모두 인한 정치를 하느냐, 하지 않느냐에 달려있다고 보고 지도자들에게 경계를 강조한 말입니다. 『고려사』에도 이와 관련한 언급이 있습니다. "이른바 덕德이란 것을 어찌 다른 곳에서 찾겠습니까? 그것은 임금 자신의 마음 씀씀이와 행동에서 찾아야 할 뿐입니다. 마음을 선하게 쓰고 그것이 모든 행동으로 나타난 임금들이 요堯·순舜·우禹·탕湯과 주나라 문왕文王·무왕武王·성왕成王·강왕康王이라 할 것입니다. 그러므로 그들의 말 한 마디 행동 하나가 모두 다 천심天心에 부합되어서 능히 무궁한 복을 누릴 수 있었습니다. 마음 씀씀이가 선하지 못하고 그것이 모든 행동으로 나타난 임금들은 걸桀·주紂[99]와 주나라 유왕幽王·여왕厲王·진시황秦始皇입니다. 그들은 말 한

98) 일반적으로 '조상의 신'을 모셔 놓은 사당을 지칭한다. 여기서 천자나 제후에게도 물론 종묘가 있지만, 천자의 사명은 천(天)이고 제후는 사직(社稷)이며 경(卿)이나 대부(大夫)는 종묘(宗廟)이다. 따라서 제후나 경이나 대부 등은 '천'에 제사할 수 없고, 경이나 대부는 '사직'에 제사할 수 없다.

99) 맹자는 "걸(桀)과 주(紂)가 천하를 잃은 것은 그 민중을 잃었기 때문이니, 그 민중을 잃었다는 것은 그 마음을 잃었다는 것이다. 천하를 얻는데 도(道)가 있으니, 그 민중을 얻으면 천

마디 행동 하나가 모두 다 하늘의 도리에 어긋나서 구차한 자기 한 몸조차도 지킬 수 없었으니, 또한 어찌 천하의 국가를 소유할 수 있었겠습니까?"100) 이처럼 인仁과 불인不仁의 정치는 하늘과 땅 만큼이나 차이가 큽니다. 오로지 민중들과 더불어 기쁨과 슬픔을 함께 할 때, 천하의 모든 것이 보존될 수 있습니다. 자각하지 않을 수 없는 일입니다.

자책

| 맹자 |

맹자가 이르기를, "사람을 사랑해도 친해지지 않으면 그 인[사랑]을 돌이켜보고, 사람을 다스려도 다스려지지 않으면 그 지혜를 돌이켜보며, 사람을 예로써 대해도 반응이 없으면 그 공경을 돌이켜보아야 한다. 행하고도 뜻대로 되지 않는 것이 있으면 모두 자신을 돌이켜보아야 하니, 그 자신이 바르면 천하가 돌아올 것이다."(「이루상」)

하를 얻을 수 있다. 그 민중을 얻는데 도(道)가 있으니, 그 마음을 얻으면 민중을 얻을 수 있다. 그 마음을 얻는데 도(道)가 있으니, 원하는 바를 주어 모이게 하고, 싫어하는 바를 베풀지 말아야 한다."고 강조했다.(『맹자』, 「이루(離婁)상」 : 孟子曰, 桀紂之失天下也, 失其民也, 失其民者, 失其心也. 得天下有道, 得其民, 斯得天下矣. 得其民有道, 得其心, 斯得民矣. 得其心有道, 所欲, 與之聚之, 所惡, 勿施爾也.)

100) 『고려사』 권98, 「열전」 11, [제신(諸臣)] 林完 : 所謂德者, 豈他求哉. 在人君用心與夫行事而已. 用心善而見諸行事者, 若堯 · 舜 · 禹 · 湯 · 文 · 武 · 成 · 康, 是也. 故一云爲一注措, 皆合於天心, 而能享無疆之休. 用心不善而見諸行事者, 若桀 · 紂 · 幽 · 厲 · 秦始皇, 是也. 故一云爲一注措, 皆悖於天道, 區區一身, 尙不能保, 又烏能享天下國家哉.

| 원문 |

孟子曰 愛人不親이어든 反其仁하고 治人不治어든 反其智하고 禮人不答이어든 反其敬이니라 行有不得者어든 皆反求諸己니 其身正而天下歸之니라

| 자해 |

* 부득不得 : 뜻대로 되지 않음. 즉 친해지지 않고 다스려지지 않으며 반응이 없는 것을 뜻한다. 구저기求諸己 : 자기에게서 원인을 찾다. 저諸 : 지어之於와 같음.

| 해영 |

일반적으로 남을 책망하기는 쉽습니다. 그렇다면 남도 나를 책망하기 쉽습니다. 다시 말해 내가 남의 잘못을 감쌀 수 있다면, 남 또한 나의 잘못을 감쌀 수 있을 것입니다. 모든 것은 자신의 마음에 달려 있습니다. 다스림의 결과나 사람의 관계, 정책의 성패 여부가 하나같이 자신에게서 출발하는 것입니다. 자신이 바르면, 제가齊家와 치국治國·평천하平天下의 길로 접어들 수 있습니다. 항상 성찰해야 하는 이유입니다.

스스로 취함

| 맹자 |

맹자가 이르기를, "불인자와 더불어 말할 수 있는가? 그 위태로움을 편안히 여기고, 재앙을 이롭게 여기며, 망하게 되는 짓을 즐긴다. 불인하면서도 더불어 말할 수 있다면, 어찌 나라를 망하게 하고 집안을 패하게 할 수 있겠는가? 어떤 아이가 노래하기를, '창랑滄浪[101]의 물이 맑으면 내 갓끈을 씻고, 창랑의 물이 흐리면 내 발을 씻는다'라고 하니, 공자가 이르기를, '제자들아 (저 노래를) 들어 보거라. 맑으면 갓끈을 씻고, 흐리면 발을 씻는다고 하니 이것은 스스로 선택하는 것이다'라고 하였다. 사람은 반드시 스스로 업신여긴 다음에 남이 그를 업신여기고, 집안은 반드시 스스로 헐뜯은 다음에 남이 그 집안을 헐뜯으며, 나라는 반드시 스스로 친 다음에 남이 그 나라를 치는 것이다. 「태갑」에 이르기를, '하늘이 만든 재앙은 오히려 피할 수 있지만, 스스로 만든 재앙은 피할 수 없다'고 한 것은 이를 두고 한 말이다."(「이루상」)

| 원문 |

孟子曰 不仁者는 可與言哉아 安其危而利其菑하여 樂其所以亡者하나니 不仁而可與言이면 則何亡國敗家之有리오 有孺子歌曰 滄浪之

101) 이 노래 가사는 『초사(楚辭)』, 「어부(漁父)」에도 나오는 말로 '물이 맑으면 갓끈을 씻고, 물이 흐리면 발을 씻으면 되듯 세상사에 맞춰 살면 된다는 의미로 쓰이고 있다.

水清兮어든 可以濯我纓이요 滄浪之水濁兮어든 可以濯我足이라하여늘 孔子曰 小子아 聽之하라 淸斯濯纓이요 濁斯濯足矣로소니 自取之也라하시니라 夫人必自侮然後에 人侮之하며 家必自毁而後에 人毁之하며 國必自伐而後에 人伐之하나니라 太甲曰 天作孼은 猶可違어니와 自作孼은 不可活이라하니 此之謂也니라

| 자해 |

* 치菑 : 재災와 같음. 유자孺子 : 어린아이. 창랑滄浪 : 강 이름. 여기서 창랑은 지명이며 창랑지수는 그 지역에 흐르는 강이라는 설도 있다. 탁濯 : 씻다. 영纓 : 갓끈. 탁濁 : 흐리다. 소자小子 : 제자. 태갑太甲 : 『서경書經』, 「상서商書」. 얼孼 : 재앙.

| 해영 |

사람들이 인仁하지 않은 자들과 멀리 하는 이유는 무엇일까요? 해롭기 때문일 것입니다. 인하지 않은 자들의 특징은 행동을 함부로 한다는 점입니다. 자신의 행동을 거리낌 없이 하다 보니, 자신을 망침은 물론 조직을 망치고 나라도 망치게 합니다. 또한 그런 자들의 특징은 악행을 다반사로 저지르면서도 얼굴색 하나 변하지 않는다는 점입니다.

즐기기 때문이지요. 한마디로 구제불능인 자들입니다. 하지만 지도자들은 불인한 자들의 숫자가 커지지 않도록 살펴야 합니다. 스스로의 몸을 망치는 것이야 논할 게 없지만, 조직을 무너뜨리고 나라

를 붕괴시킬 수도 있기 때문입니다. "하늘이 만든 재앙은 오히려 피할 수 있지만, 스스로 만든 재앙은 피할 수 없다"는 말은 이와 같은 경우입니다.

자포자기

| 맹자 |

맹자가 이르기를, "스스로 해치는 자와는 더불어 말할 수 없고, 스스로 버리는 자와는 더불어 행할 수 없으니, 말할 때 예의를 비방하는 것을 자포自暴라 이르고, 내 몸은 인仁에 거하고 의義를 행할 수 없다고 하는 것을 자기自棄라 이른다. 인은 사람의 편안한 집이고, 의는 사람의 바른 길이다. 편안한 집을 비워두고 거하지 않으며, 바른 길을 버리고 행하지 않으니, 슬프도다."(「이루상」)

| 원문 |

孟子曰 自暴者는 不可與有言也요 自棄者는 不可與有爲也니 言非禮義를 謂之自暴也요 吾身不能居仁由義를 謂之自棄也니라 仁은 人之安宅也요 義는 人之正路也라 曠安宅而弗居하며 舍正路而不由하나니 哀哉라

| 자해 |

* 자포自暴 : 스스로 해치다. 포暴 : 해치다. 자기自棄 : 스스로 버리다.

비非 : 훼毁와 같음, 비방하다. 거인유의居仁由義 : 인에 거처하고 의를 행한다. 유由 : 행行과 같음, 따르다. 광曠 : 비워두다. 불弗 : 불不과 같음. 사舍 : 사捨와 같음, 버리다.

| 해영 |

주지하듯 맹자는 사람의 성性을 선善하다고 보았습니다. 따라서 환경에 의해 악惡한 행동을 하더라도 그것을 본질로 보지는 않습니다. 그렇다고 마땅히 지켜야 할 도리를 행하지 않고 자포자기自暴自棄하는 것까지 옹호하지는 않습니다. 가령 인仁은 '사람의 편안한 집'이고, 의義는 '사람의 바른 길'이기 때문입니다.

편안한 집에 거처하지 않고, 바른 길을 버린다면 슬픈 일이 아니고 무엇이겠습니까? 예컨대 도적질에 성공하면 자신에겐 이로운 일이지만 당하는 집은 해로운 일입니다. 하지만 인의仁義의 이로움을 가르쳐 체득시키면 더 이상 도적질 따위는 하지 않습니다. 무엇이 본질이고 말단인지 늘 살펴 실천토록 해야 하겠습니다.

성실

| 맹자 |

맹자가 이르기를, "아래 지위에 있으면서 윗사람에게 (신임을) 얻지 못하면 민중을 다스릴 수 없을 것이다. 윗사람에게 (신임을) 얻는데 도가 있으니, 벗에게 믿음을 받지 못하면 윗사람에게 (신임을) 얻지

못할 것이다. 벗에게 믿음을 받는데 도가 있으니, 어버이를 섬겨 기쁨을 받지 못하면 벗에게 신임을 받지 못할 것이다. 어버이를 기쁘게 하는데 도가 있으니, 자신을 반성해서 성실하지 못하면 어버이에게 기쁨을 받지 못할 것이다. 자신을 성실히 하는데 도가 있으니, 선善을 밝게 알지 못하면 자신을 성실히 하지 못할 것이다. 이 때문에 성실함은 하늘의 도道요, 성실히 할 것을 생각함은 사람의 도道다. 지극히 성실하고서 (남을) 감동시키지 못하는 자는 있지 않으니, 성실하지 못하면 (남을) 감동시킬 자가 있지 않다."(「이루상」)

| **원문** |

孟子曰 居下位而不獲於上이면 民不可得而治也리라 獲於上有道하니 不信於友면 弗獲於上矣리라 信於友有道하니 事親弗悅이면 弗信於友矣리라 悅親有道하니 反身不誠이면 不悅於親矣리라 誠身有道하니 不明乎善이면 不誠其身矣리라 是故로 誠者[102]는 天之道也요 思誠者[103]는 人之道也니라 至誠而不動者 未之有也니 不誠이면 未有能動者也니라

| **자해** |

*불획어상不獲於上 : 윗사람으로부터 (신임을) 얻지 못하다. 열悅 : 기

102) 주자(朱子)는 나에게 존재하는 이(理)를 거짓 없이 '성실히 하는 것'을 이른바 천도(天道)의 본연(本然)이라 하였다.

103) 주자(朱子)는 나에게 존재하는 이(理)를 '성실히 하여 거짓이 없게 하고자 하는 것'을 이른바 인도(人道)의 당연함이라 하였다.

뻐다. 성誠 : 성실하다, 정성스럽다. 지성至誠 : 지극히 성실하다.

| **해영** |

"성誠실히 할 것을 생각함은 사람의 도道다. 지극히 성실하고서 (남을) 감동시키지 못하는 자는 있지 않으니, 성실하지 못하면 (남을) 감동시킬 자가 있지 않다."는 구절에 주목할 필요가 있습니다. 『중용』에 "성실한 것은 하늘의 도道요, 성실히 하려는 것은 사람의 '도'이다. 성실한 것은 힘쓰지 않고도 '도'에 맞으며, 생각하지 않고도 알아서 자연스럽게 도에 맞으니 성인聖人이요, 성실히 하려는 것은 선善을 택하여 굳게 잡는 것이다."104)라는 구절이 있습니다.

이는 『중용』에서도 핵심 가르침의 한 부분이라 할 수 있는 대목입니다. 여기서 말하는 성誠은 진실하여 거짓이 없는 천리天理의 본연한 것을 이릅니다. 이를 온전하게 하는 사람은 사실상 태어나면서 알기 때문에 힘쓰지 않아도 스스로 중中에 들어맞지 않음이 없고, 생각하지 않아도 도道를 얻는다고 합니다. 이런 사람들을 흔히 성인聖人이라 하지요. 성인은 성誠하지 않음이 없어서, 우주 자연의 질서와 더불어 삽니다. 때문에 이른바 '하늘의 도'라고 합니다.

하지만 이 성誠에 이르지 못한 사람들은 힘쓰지 않으면 중中에 들어맞지 못하고, 생각 또한 하지 않으면 도道를 얻지도 못합니다. 때문에 항상 이치에 따라 선善을 택해 밝혀야 합니다. 이는 하늘의 이

104) 『중용』 제20장 : 誠者, 天之道也. 誠之者, 人之道也. 誠者, 不勉而中, 不思而得, 從容中道, 聖人也. 誠之者, 擇善而固執之者也.

치와는 다르게 물욕物欲에 얽매여 성誠하지 못하는 경우가 있기 때문입니다. 그러므로 성誠하고자 노력하는 것이 바로 인도人道입니다. 진실 되고 거짓이 없는 마음으로 하늘의 이치에 부합되도록 힘쓰는 자세, 그것이 이른바 '사람의 도'라고 하는 것입니다.

불인한 정치

| **맹자** |

맹자가 이르기를, "염구가 계씨의 가신이 되어 그의 덕을 바꾸지 못하고, 세금을 거두는 것이 다른 때보다 배가 되자, 공자가 이르기를, '염구는 내 제자가 아니다. 제자들아, 북을 울리며 성토해도 좋다'고 하였다. 이로부터 본다면, 군주가 인정仁政을 행하지 않는데 (그 군주를) 부유하게 하면 모두 공자에게 버림을 받을 자이다. 하물며 군주를 위하여 억지로 싸워서, 땅을 다투어 싸움에 사람을 죽인 것이 들에 가득하며, 성城을 다투어 싸움에 사람을 죽인 것이 성城에 가득한 것에 있어서랴! 이것은 이른바 토지 때문에 사람의 고기를 먹게 하는 것이니, 죄가 죽어도 용납될 수 없는 것이다. 그러므로 전쟁을 잘하는 자는 상형극형을 받아야 하고, 제후들과 연합하는 자는 그 다음이며, 풀밭과 쑥밭을 개간하여 (민중들에게) 토지를 맡기는 자는 그 다음이다."(「이루상」)

| 원문 |

孟子曰 求也爲季氏宰하여 無能改於其德이요 而賦粟倍他日한대 孔子曰 求는 非我徒也로소니 小子아 鳴鼓而攻之可也라하시니라 由此觀之컨대 君不行仁政而富之면 皆棄於孔子者也니 況於爲之强戰하여 爭地以戰에 殺人盈野하며 爭城以戰에 殺人盈城이온여 此所謂率土地而食人肉이라 罪不容於死니라 故로 善戰者는 服上刑하고 連諸侯者次之하고 辟草萊任土地者次之니라

| 자해 |

* 구求 : 공자의 제자, 염구冉求. 계씨季氏 : 노나라의 대부인 계손씨季孫氏를 말한다. 당시의 권력자였다. 재宰 : 가신家臣. 부賦 : 거두다. 속粟 : 곡식, 즉 세금을 뜻한다. 소자小子 : 제자. 공攻 : 성토하다.
* 유차관지由此觀之 : 이를 말미암아 보다. 강전强戰 : 억지로 싸우다. 쟁지爭地 : 땅을 차지하기 위해 다투다. 솔토지率土地 : 토지 때문에, 토지를 거느리다. 연제후連諸侯 : 제후와 연합하다. 벽辟 : 闢과 통용, 개간하다. 초래草萊 : 풀밭과 쑥밭. 임사지任土地 : 민중들에게 토지를 맡겨 경작시킴.

| 해영 |

천하에 도道가 있으면 나아가 벼슬하고, '도'가 없으면 숨어살아야 한다는 이유가 여기에 있다 하겠습니다. 직무를 성실히 수행하는 만큼, 오히려 민중들에게 악惡이 되기 때문이지요. 또 불인不仁한 지도

자에게 반기를 들 경우, 자칫 귀한 목숨을 헛되이 할 수도 있기 때문에 '도'가 없는 세상에선 철저히 숨어사는 것입니다. 이른바 은자隱者로 불리는 사람들이 그런 사람들입니다. '불인한 정치'는 어떤 형태로든 민중들에게 도움이 안 된다는 점에서 성토할 일입니다.

권도

| 맹자 |

순우곤이 말하였다. "남여가 주고받기를 친히 하지 않는 것이 예禮입니까?" 맹자가 이르기를, "예禮이다." 순우곤이 말하였다. "형수가 (물에) 빠지면 손으로 구해야 합니까?" 맹자가 이르기를, "형수가 (물에) 빠졌는데도 구하지 않는다면 이것은 승냥이다. 남녀가 주고받기를 친히 하지 않음은 예禮이고, 형수가 (물에) 빠졌을 때 손으로 구함은 권도權道이다." 순우곤이 말하였다. "지금 천하가 (물에) 빠졌는데 선생님이 구하지 않음은 무엇 때문입니까?" 맹자가 이르기를, "천하가 (물에) 빠지면 도道로써 구하는 것이고, 형수가 (물에) 빠지면 손으로 구하는 것인데, 그대는 손으로 천하를 구하고자 하는가?"(「이루상」)

| 원문 |

淳于髡曰 男女授受不親이 禮與잇가 孟子曰 禮也니라 曰 嫂溺則援之以手乎잇가 曰 嫂溺不援이면 是는 豺狼也니 男女授受不親은 禮

也요 嫂溺이어든 援之以手者는 權也니라 曰 今天下溺矣어늘 夫子之不援은 何也잇고 曰 天下溺이어든 援之以道요 嫂溺이어든 援之以手니 子欲手援天下乎아

| 자해 |

* 순우곤淳于髡 : 순우淳于는 성, 곤髡은 이름이다. 제나라 사람으로 말을 잘하는 사람으로 유명하다. 친親 : 손과 손을 잡아 하나가 된다는 뜻. 수嫂 : 형수. 시랑豺狼 : 승냥이와 이리. 권權 : 권도權道를 말함, 즉 항상 지켜야 하는 상도常道에 반대되는 개념으로 '상황에 따라 달리 대처하는 도道'라고 할 수 있다.

| 해영 |

이른바 상도常道와 권도權道에 관해 명확히 논한 부분입니다. 일찍이 공자는 "더불어 함께 배울 수는 있어도 더불어 도道에 나갈 수는 없으며, 더불어 '도'에 나아갈 수는 있어도 더불어 설 수는 없으며, 더불어 설 수는 있어도 더불어 권도權道를 행할 수는 없다."105)고 한바 있습니다.

즉 자신을 위한 학문을 한다면 더불어 배울 수 있고, 학문이 충분하게 '선'을 밝게 알 수 있어야 더불어 '도'에 나갈 수 있으며, '도'에 대한 믿음이 돈독한 뒤에야 더불어 설 수 있는 것이며, 상황에 맞춰

105) 『논어』, 「자한(子罕)」: 可與共學, 未可與適道, 可與適道, 未可與立, 可與立, 未可與權.

시의적절時宜適切하게 조치할 줄을 알아야 더불어 권도를 행할 수 있다는 것입니다.

이러한 논리를 전제하고 순우곤이 물은 것은 아닙니다만, 직접 맹자에게 세상 구하기를 요청한 것입니다. 지금 천하가 물에 빠졌는데 무엇하고 계시냐는 것이지요. 이에 맹자는 천하가 물에 빠진 것은 '권도'로 구할 수 있는 성격의 것이 아닌, 오로지 인도人道라야 가능함을 일러줍니다.

역자교지

| **맹자** |

공손추가 말하였다. "군자가 (직접) 자식을 가르치지 않는 것은 무엇 때문입니까?" 맹자가 이르기를, "형세가 좋지 않기 때문이다. 가르치는 자는 반드시 올바름으로써 하는 것인데, 올바름으로써 (가르쳐도) 행해지지 않는다면 노怒함이 뒤따르고, 노함이 뒤따르면 도리어 (자식의 마음을) 상하게 한다. (자식이 생각하기를) '부자[아버지]가 나를 올바름으로 가르치지만 부자[아버지]도 (행실이) 올바름으로 나오지 못한다'고 한다면, 이는 부자가 서로 (의를) 상하는 것이니, 부자가 서로 상한다면 나쁜 것이다. 옛날에는 자식을 서로 바꾸어 가르쳤다. 부자父子 사이는 선善을 요구하지 않는 것이니, 선善을 요구하면 (정이) 떨어지게 된다. (정이) 떨어지면 상서롭지 못함이 이보다 큰 것

이 없다."(「이루상」)

| 원문 |

公孫丑曰 君子之不敎子는 何也잇고 孟子曰 勢不行也니라 敎者는 必以正이니 以正不行이어든 繼之以怒하고 繼之以怒면 則反夷矣니 夫子敎我以正하시되 夫子도 未出於正也라하면 則是父子相夷也니 父子相夷면 則惡矣니라 古者에 易子而敎之하니라 父子之間은 不責善이니 責善則離하나니 離則不祥이 莫大焉이니라

| 자해 |

* 세勢 : 형세形勢. 불행不行 : 통하지 않는다, 즉 아니 된다는 의미다. 이夷 : 감정이 상하다. 책責 : 요구하다.

| 해영 |

세상에서 가장 원초적인 관계는 말할 것도 없이 부자관계父子關係입니다. 때문에 어떤 일을 함에 있어서도 부자지간의 관계가 멀어지게 하는 것은 삼갈 필요가 있습니다. 특히 교육문제가 그렇습니다. 가령 부모가 자식을 직접 가르쳐 보십시오. 대체로 실패할 확률이 높습니다. 이는 부모가 자식을 가르칠 능력이 없어서가 아니라 부모의 기대에 자식이 충족을 시켜주지 못하기 때문입니다. 그러므로 선현들은 자식이 교육을 받을 나이가 되면 훌륭한 지인이나 유덕자有德者를 찾아 보냈습니다.

'자식을 바꾸어 가르친다'는 이른바 역자교지易子敎之가 그것입니다. 이때 자식의 입장에서 보면, 가르침을 받을 때 고행 속에서 생활하기 일쑤입니다. 하지만 자식의 처지에서는 참고 견디는 수밖에 달리 뾰족한 수가 없습니다. 물론 스승의 입장에서는 부자지간의 정을 헤아리지 않아도 되기 때문에 혹독하게 해도 무방합니다. 짧게는 수년, 길게는 십 수 년 동안 스승 밑에서 교육을 받습니다. 부자지간의 관계가 손상되지 않으면서도 효과적으로 자식을 가르칠 수 있는 하나의 방도였습니다.

증자의 효

| 맹자 |

맹자가 이르기를, "섬기는 일 중에 무엇이 큰 것인가? 어버이를 섬기는 일이 큰 것이다. 지키는 일 중에 무엇이 큰 것인가? 몸을 지키는 일이 큰 것이다. 그 몸을 잃지 않고 그 어버이를 섬길 수 있는 사람을 나는 들어보았지만, 그 몸을 잃고서도 그 어버이를 섬길 수 있었다는 사람을 나는 아직 들어보지 못하였다. 무엇인들 섬기는 일이 아니겠는가마는 어버이를 섬기는 것이 섬김의 근본이요, 무엇인들 지키는 일이 아니겠는가마는 몸을 지키는 것이 지킴의 근본이다. 증자가 증석을 봉양할 때 (밥상에) 반드시 술과 고기가 있었는데, 상을 물리려고 할 때 (증자는) 반드시 '누구에게 줄까요?'라고 여쭈었으

며, (증석이) '남은 것이 있느냐?'고 물으시면 반드시 '있습니다'라고 하였다. 증석이 죽고 증원이 증자를 봉양할 때 (밥상에) 반드시 술과 고기가 있었는데, 상을 물리려고 할 때 (증원은) '누구에게 줄까요'라고 여쭙지 않았고, (증자가) '남은 것이 있느냐?'라고 물으면 반드시 '없습니다'라고 대답하였는데, 다음에 다시 올리기 위한 것이었다. 이것은 이른바 '입과 몸을 봉양한다'는 것이니, 증자처럼 하는 것은 '뜻을 봉양한다'고 할 수 있다. 어버이를 섬기는 것은 증자처럼 하는 것이 좋다"(「이루상」)

| 원문 |

孟子曰 事孰爲大오 事親이 爲大하니라 守孰爲大오 守身이 爲大하니라 不失其身而能事其親者를 吾聞之矣요 失其身而能事其親者를 吾未之聞也로라 孰不爲事리오마는 事親이 事之本也요 孰不爲守리오마는 守身이 守之本也니라 曾子養曾晳하시되 必有酒肉이러시니 將徹할새 必請所與하시며 問有餘어든 必曰有라하시다 曾晳死어늘 曾元養曾子하되 必有酒肉하더니 將徹할새 不請所與하며 問有餘어시든 曰 亡矣라하니 將以復進也라 此所謂養口體者也니 若曾子면 則可謂養志也니라 事親을 若曾子者可也니라

| 자해 |

*사事 : 섬기다. 숙孰 : 무엇. 사친事親 : 어버이를 섬기다. 수신守身 : 몸을 추슬러 불의에 빠지지 않도록 함. 증석曾晳 : 증자의 아버지,

이름은 점點. 장將 : 장차. 철徹 : 철撤과 통용, 밥상을 물리다. 증원曾元 : 증자의 아들. 부진復進 : 다시 올리다. 무의亡矣 : 없습니다. 양구체養口體 : 물질, 즉 어버이의 육체적인 봉양. 양지養志 : 정신, 즉 어버이의 뜻을 봉양.

| 해영 |

일반적으로 효孝에 대해 논의할 때, 양지養志의 효와 양구체養口體의 효로 나누어 설명합니다. '양지의 효는 정신적인 효'를 의미하고 '양구체의 효는 육체적인 효'를 뜻합니다. 물론 양지의 효를 양구체의 효보다 높게 평가합니다. 양지의 효를 행한 사람 가운데 대표적으로 증자曾子를 지칭하곤 합니다. 그는 위에서도 볼 수 있듯 부모의 마음까지도 편안하게 하는 효를 행합니다. 하지만 효라는 것은 자칫 부모의 마음을 아프게 할 수도 있음을 성찰하게 합니다. 어느 날 증자가 아버지의 일을 돕기 위해 참외 밭에 나간 적이 있습니다. 그런데 일이 서툴러 그만 참외 뿌리를 모두 끊고 말았습니다. 증자의 아버지는 노발대발하며 증자를 몽둥이로 마구 때렸지요.

증자는 자기의 잘못을 받아들여 아버지의 매질을 피하지 않았습니다. 증자는 자신의 잘못이 명백한지라 아버지의 분이 풀릴 때까지 매질을 참다가 그만 기절하고 말았습니다. 이후 깨어난 증자는 아버지 앞에 나아가 무릎을 끓고 다시 한 번 사죄를 하였습니다. 그리고는 방으로 돌아가 아무 일 없었다는 뜻을 간접적으로 전하기 위해 거문고를 타며 노래를 불렀습니다. 이와 같은 이야기를 제자들로부터 전해들은 공자는 크게 노하였습니다. 그러면서 증자를 보지 않겠노라 하였지요. 놀란 증자는 그 까닭을 백방으로 수소문하여 확인하였으나 허사로 돌아갔습니다. 증자는 스승의 집 앞을 서성거리며 도대체 무엇을 잘못했기에 만나주지도 않으시는지 알고 싶어 하였습니다.

그때 공자의 한 제자가 증자에게 그 연유에 대해 말해주었습니다. "스승께서 자네가 큰 잘못을 범했다고 하시면서 효자로 유명한 순임금 이야기를 해주셨지. 순임금의 아버지는 화를 내고 툭하면 매를 드는 사람이었다네. 그런데 순임금은 아버지가 작은 회초리를 들 적에는 조용히 그 매를 맞았지만, 큰 몽둥이를 들면 재빨리 몸을 피해 매를 맞지 않았다네. 그것은 아버지의 매가 무서워서가 아니라, 그것으로 인해 자신이 큰 상처를 입게 되면 아버지가 스스로를 미워하고 후회 하실까봐 그런 것이라네. 아버지의 몽둥이를 피하지 않은 자네가 자칫 큰 사고로 이어졌다면, 아버지로 하여금 큰 허물을 짓게 하는 것으로 그보다 더 큰 불효가 어디 있겠느냐고 하신 것이라네."

이런 이야기를 전해들은 증자는 큰 깨달음을 얻었습니다. 그렇게 성장한 증자가 아버지를 봉양할 때, 밥상에 반드시 술과 고기가 있었는데 상을 물리려고 할 때쯤 반드시 '누구에게 줄까요?'라고 여쭈면, 아버지는 '남은 것이 있느냐?'고 물으시면 반드시 '있습니다'라고 한 것입니다. 이웃까지 생각한 것이지요. 하지만 증자의 자식인 증원曾元은 아버지와 달리 깊게 미치지 못했습니다. 효도의 차원이 다름을 알 수 있습니다. 세상에서는 효를 무수히 강조하지만 어떻게 하는 것이 진정한 효도인지는 잘 모릅니다. 가르치지 않아 그렇습니다. '양구체의 효'도 중요하지만, '양지의 효'까지 도달해야 합니다. 시대의 리더들은 솔선수범해야 합니다. 민중들의 표본이기 때문입니다.

대인

| 맹자 |

맹자가 이르기를, "(정치에 가담하고 있는) 사람들을 (일일이) 지적(허물)할 것이 못되며, (잘못된) 정책에 대해 (일일이) 흠잡을 것이 못된다. 오직 대인大人이라야 군주의 나쁜 마음을 바로잡을 수 있다. 군주가 인하면 인하지 않음이 없고, 군주가 의로우면 의롭지 않음이 없으며, 군주가 바르면 바르지 않음이 없으니, 한번 군주를 바로 잡으면 나라가 안정된다."(「이루상」)

| 원문 |

孟子曰 人不足與適也며 政不足與間也라 惟大人이아 爲能格君心之非니 君仁이면 莫不仁이요 君義면 莫不義이요 君正이면 莫不正이니 一正君而國定矣니라

| 자해 |

*여與 : 편들어 지지하는 것. 적適 : 적謫과 통용. 허물, 꾸짖음. 간間 :

비난하다. 격格 : 바로잡다. 막莫 : ~한 사람이 없다.

| 해영 |

지도자의 지위와 역량에 따라 다스림의 폭은 천양지차입니다. 요컨대 초야에 묻혀있는 사람들은 아무리 좋은 정책을 가지고 있다 해도 그것을 실현시키기 쉽지 않습니다. 지위와 영역 때문입니다. 반대로 대단한 지위와 환경을 지니고 있다 해도 관철시키기는 쉽지 않습니다. 넘어서면 이른바 월권越權[106]이 될 수 있기 때문입니다. 여기서 비롯된 말이 "그 지위에 있지 않으면 그 정사를 도모하지 않는다."[107]고 합니다.

그러므로 정치에 가담하고 있는 사람들에게 일일이 지적할 것이 못되며, 잘못된 정책에 대해 일일이 문제를 삼아선 안 된다고 하는 것입니다. 하지만 대인大人만은 지도자의 나쁜 마음을 바로잡을 수 있다는 점에서 비판을 주문합니다. 지도자가 인仁하면 모두가 인해지고, 지도자가 의義로우면 모두가 의롭게 되며, 지도자가 바르면 모두가 바르게 되니, 한번 지도자를 바로 잡으면 나라가 안정되기 때문입니다.

106) 사전적 의미로는 '자기 권한 밖의 일에 관여하여 남의 직권을 침범하는 일'로 규정하고 있지만, 본래 월권이란 의미는 나무를 심어 문 안을 가리는 수색문(樹塞門)이나 술잔을 받치는 작(酌)의 규모 등에서 비롯되었다.

107) 『논어』, 「태백(泰伯)」: 子曰, 不在其位, 不謀其政.

예측불허

| 맹자 |

맹자가 이르기를, "예상하지 못한 영예로움이 있으며, 완전함을 추구하다 받는 비방도 있다."(「이루상」)

| 원문 |

孟子曰 有不虞之譽하며 有求全之毁하니라

| 자해 |

* 우虞 : 예상하다, 기다리다, 헤아리다. 훼毁 : 허물, 비방하다.

| 해영 |

불가佛家에서 쓰는 말 가운데 '방하착放下着'이라는 말이 있습니다. 흔히 '내려놓으라', '놓아 버려라'라는 뜻으로, 선종禪宗에서 화두話頭[108]로 삼는 용어의 하나입니다. 다시 말해 사람들의 마음속 깊이 자리잡고 있는 탐욕貪欲을 깨끗이 제거해 버림으로써, '무소유를 통한 인간의 자기회복'이라는 의미를 지닙니다.

유가儒家에서는 답답할 때 주역周易의 점占을 치곤합니다. 길吉이나

108) 선종(禪宗)에서는 고칙(古則) · 공안(公案)이라고도 한다. 원래 공안은 공부안독(公府案牘)의 약칭으로, 선가(禪家)에서는 고래로 조사(祖師)들이 정한 설(說) · 언구(言句) · 문답 등 불조(佛祖)와 인연된 종강(宗綱)을 수록하여 공안이라 하고, 선(禪)의 과제로 삼아 인연화두(因緣話頭)라 한다.

흉凶을 미리 알고 싶어서죠. 하지만 결과가 길吉이든 흉凶이든 모두 삼가야 한다는 점입니다. 우리의 삶이 때로는 영예로움이 따르기도 하지만, 완전함을 추구하다 오히려 비방을 받는 경우도 있기 때문입니다. 항상 성찰해야 하는 이유입니다.

무책임한 언론

| 맹자 |

맹자가 이르기를, "사람들이 그 말을 가볍게 하는 것은 책임감이 없기 때문이다."(「이루상」)

| 원문 |

孟子曰 人之易其言也는 無責耳矣니라

| 자해 |

* 이易 : 쉽다, 가볍다. 이의耳矣 : ~때문이다.

| 해영 |

요즘 우리나라는 언론의 자유가 하늘을 찌르는 형국입니다. 하고 싶은 말을 그야말로 아무 죄의식 없이 합니다. 문제를 삼으면, 언론탄압이라고 주장합니다. 생각해 보십시오. 페이크 뉴스Fake News라고

상대를 폄훼하는가 하면, 팩트 체크Fact Check라고 하여 언론 스스로 검증하는 웃지 못 할 일들이 횡행하고 있습니다. 언론이 언론다워야 나라가 흔들리지 않습니다. 크게 성찰할 일입니다.

대효大孝

| 맹자 |

맹자가 이르기를, "천하 사람들이 크게 기뻐하여 장차 자기에게 돌아오려 함에, 천하 사람들이 기뻐하여 자기에게 돌아옴을 초개草芥와 같이 본 것은 오직 순임금이 그러하였다. 어버이에게 기쁨을 얻지 못하면 사람이 될 수 없고, 어버이에게 순종하지 못한다면 자식이 될 수 없다고 여긴 것이다. 순임금이 어버이를 섬기는 도를 다함에 고수가 기뻐하게 되고, 고수가 기뻐함에 천하가 교화되며, 고수가 기뻐함에 천하의 부자관계가 안정되었으니, 이를 일러 대효大孝라 한다."(「이루상」)

| 원문 |

孟子曰 天下大悅而將歸己어늘 視天下悅而歸己하되 猶草芥也는 惟舜이 爲然하시니 不得乎親이면 不可以爲人이요 不順乎親이면 不可以爲子러시다 舜이 盡事親之道而瞽瞍底豫하니 瞽瞍底豫而天下化하며 瞽瞍底豫而天下之爲父子者定하니 此之謂大孝니라

| 자해 |

* 대열大悅 : 크게 기뻐하다. 장귀기將歸己 : 장차 자기에게 돌아오다. 개芥 : 지푸라기. 고수瞽瞍 : 순임금의 아버지. 후처後妻의 악행으로 순임금을 두 번이나 죽이려 하였다. 지底 : 이르다. 예豫 : 기쁘다, 즐거워하다.

| 해영 |

순임금에 대한 일화는 남다릅니다. 그에게는 바보 같은 아버지가 있었는데, 사람들은 그를 고수瞽叟 : 장님라 불렀습니다. 순은 어머니를 일찍 여의고 계모 밑에서 자랐는데, 계모는 매우 악독한 여자였습니다. 게다가 계모에게는 상象이라는 아들이 있었는데, 오만하기 짝이 없었습니다. 그런데도 고수는 상을 총애했습니다. 그러한 환경에서 자란 순이었지만 늘 부모님께 효도하고 동생을 사랑했습니다.

그 때문이겠지요. 사람들은 순에 대하여 '덕德이 높은 사람'이라고 칭송하였습니다. 요堯임금은 그런 말을 전해 듣고 무척 기뻐하면서 공주인 아황娥皇과 여영女英을 순에게 시집보내어 사람됨을 지켜보게 했습니다. 또한 식량 창고를 지어주고 많은 소와 양을 보냈습니다. 그것을 본 순의 계모와 동생 상은 질투심이 하늘을 찔렀습니다. 그들은 고수와 함께 순을 죽이기로 공모하고 실행에 옮겼습니다.

어느 날, 고수는 순에게 식량 창고 지붕을 고치라고 했습니다. 순이 사다리를 타고 지붕에 이르자 창고에 불을 질렀습니다. 순을 죽이려고 한 것이지요. 불이 난 것을 인지한 순은 사다리를 찾았으나 보이지 않았습니다. 이미 치워버렸기 때문이죠. 다행히도 순은 햇빛을 가리는 데 쓰는 삿갓 두 개를 갖고 있었습니다. 그는 양 손에 삿갓 하나씩을 들고 새가 날개를 편 것처럼 하여 지붕에서 뛰어내렸습니다.[109]

계획이 수포로 돌아가자 이번에는 순에게 우물을 파도록 지시했습니다. 순이 우물 안으로 깊게 들어가자 우물 입구를 아예 메워버렸습니다. 순을 우물 안에 파묻어 죽이려 한 것이지요. 입구가 봉쇄된 순은 당황하지 않고 옆으로 굴을 파서 나왔습니다. 이런 악행이 있고 난 이후, 그들은 더 이상 순을 해칠 생각을 못했습니다. 그럼에도 순은 이전과 다름없이 부모님께 효도하고 동생 상과 사이좋게 지냈습니다.[110]

---

109) 원문을 그대로 인용하면 이렇다. 만장이 말하였다. "(순임금의) 부모가 순임금으로 하여금 창고를 수리하게 하고 사다리를 치운 다음 고수(瞽瞍)가 창고에 불을 질렀으며, 순임금에게 우물을 파도록 하고 나올 무렵 흙으로 덮어버렸습니다. 상(象)이 말하기를, '꾀를 내어 도군(都君)을 덮은 것은 모두 나의 공적이니, 소와 양은 부모의 것이고, 방패와 창은 나의 것이며, 거문고는 나의 것이고, 두 형수는 나의 거처를 다스리게 하겠다'라고 하였습니다. 상(象)이 가서 순임금의 궁궐에 들어가니, 순임금이 평상에서 거문고를 타고 계셨다. 상(象)이 말하기를, '사무치도록 도군(都君)을 생각했습니다'라고 하고는 부끄러워하자, 순임금이 말하기를, '이 여러 신하들을 너는 내게 와서 다스리라'고 하였습니다. 알지 못하겠습니다. 순임금은 상(象)이 장차 자신을 죽이려고 하였음을 알지 못한 것입니까?" 맹자가 이르기를, "어찌 알지 못하였겠는가? 상(象)이 근심하면 또한 근심하고, 상(象)이 기뻐하면 또한 기뻐한 것이다."(『맹자』, 「만장(萬章)상」 : 萬章曰, 父母使舜, 完廩捐階, 瞽瞍焚廩, 使浚井, 出, 從而揜之. 象曰, 謨蓋都君, 咸我績, 牛羊父母, 倉廩父母, 干戈朕, 琴朕, 弤朕, 二嫂, 使治朕棲. 象, 往入舜宮, 舜, 在牀琴. 象曰, 鬱陶思君爾, 忸怩. 舜曰, 惟茲臣庶, 汝其于予治. 不識, 舜, 知象之將殺己與. 曰, 奚而不知也, 象憂亦憂, 象喜亦喜.)

110) 사실 천하의 대효(大孝)를 행하는 순(舜)이라 할지라도 가슴이 아프지 않을 리 없었을 것이다. 가령 만장과의 논의에서 순의 감정을 일부 확인할 수 있다. 만장이 물었다. "순임금이 밭에 가서 하늘을 부르짖으며 우셨으니, 어찌하여 그처럼 부르짖으며 우셨습니까?" 맹자가 이르기를, "원망하고 사모하셨기 때문이다."(『맹자』, 「만장(萬章)상」 : 萬章問曰, 舜往于田, 號泣于旻天, 何爲其號泣也. 孟子曰, 怨慕也.)

요임금은 이와 같은 순의 됨됨이를 보고 받고는 진실로 덕이 높은 사람임을 인정하여 임금의 자리를 그에게 넘겨주었습니다. 이렇게 임금의 자리를 '덕 있는 사람에게 물려주는 것'을 이른바 '선양禪讓'이라고 합니다. 임금이 된 순은 민중들과 부지런히 일하며 검소하게 살았습니다. 이후 요임금이 세상을 떠나자, 그의 아들인 단주丹朱에게 임금 자리를 넘기려 했으나 민중들의 반대로 직職을 이어갔습니다.

이러한 성품의 순임금도 만일 아버지 고수가 살인을 저질렀다면 어떻게 했겠느냐는 논의가 있습니다. 맹자 제자인 도응桃應이 물었습니다. "순임금이 천자天子를 하고, 고요皐陶가 사관[士 : 법을 집행하는 대신]을 하고 있는데, 순임금의 아버지 고수가 사람을 죽였다면 어찌해야 할까요? 이에 맹자가 이르기를, "고요는 법을 집행할 따름이다. 즉 고요는 그를 체포할 수밖에 없을 것이다."고 하였습니다.

도응이 다시 물었습니다. "그렇다면 순임금은 그것을 못하게 하지 않을까요?" 맹자가 이르기를, "순임금이 어찌 그것을 금할 수 있겠는가? 그것을 받아 들여야 할 원칙이 있는 것이다." 도응이, "그렇다면 순임금은 어찌 합니까?" 맹자가 이르기를, "순임금은 천하를 버리는 것을 헌신짝 버리듯 할 것이다. 몰래 아버지를 업고서 도망가 바닷가에 숨어 지내고 종신토록 기뻐하며 즐기고 천하를 잊을 것이다."[111]

111) 『맹자』, 「진심(盡心)상」 : 桃應, 問曰, 舜爲天子, 皐陶爲士, 瞽瞍殺人則如之何. 孟子曰, 執之而已矣. 然則舜, 不禁與. 曰, 夫舜, 惡得而禁之, 夫有所受之也. 然則舜, 如之何. 曰, 舜視棄天

순임금의 효는 이런 것입니다. 부모님으로부터 기쁨을 얻지 못하면, 사람이 될 수 없고, 부모님께 순종하지 못한다면 자식이 될 수 없다고 여긴 것입니다. 순임금이 부모를 섬기는 도를 다함에 아버지인 고수가 기뻐하게 되고, 고수가 기뻐함에 천하가 교화되며, 고수가 기뻐함에 천하의 부자관계가 안정되었으니, 이를 일러 대효大孝라고 하는 것입니다. 오늘날까지도 순임금이 칭송받는 이유라 하겠습니다.

동이인

| 맹자 |

맹자가 이르기를, "순임금은 저풍諸馮에서 태어나 부하負夏로 옮겼다가 명조鳴條에서 돌아가셨으니, 동이東夷 사람이다. 문왕은 기주岐周에서 태어나 필영畢郢에서 돌아가셨으니, 서이西夷 사람이다. 땅이 서로 떨어진 것이 천여 리가 되며, 세대가 서로 뒤떨어진 것이 천여 년이 되지만, 뜻을 얻어 (도가) 중국中國에 행해진 것은 부절符節을 합한 것 같았다. 앞의 성인聖人과 뒤의 성인이 그 헤아려 봄이 한 가지였다."(「이루하」)

| 원문 |

孟子曰 舜은 生於諸馮하사 遷於負夏하사 卒112)於鳴條하시니 東

下, 猶棄敝蹝也, 竊負而逃, 遵海濱而處, 終身訢然樂而忘天下.

夷113)之人也시니라 文王은 生於岐周하사 卒於畢郢하시니 西夷之人也시니라 地之相去也 千有餘里며 世之相後也 千有餘歲로되 得志하여 行乎中國하사는 若合符節하니라 先聖後聖이 其揆一也니라

| 자해 |

* 저풍諸馮, 부하負夏, 명조鳴條 : 모두 지명으로 동방 이복夷服의 땅에 있다. 『주례周禮』에 의하면 천자의 직할 구역인 왕기王畿로부터 500리 씩 구분하여 구복九服을 두었다. 이른바 후복侯服, 전복甸服, 남복男服, 채복采服, 위복衛服, 만복蠻服, 이복夷服, 진복鎭服, 번복藩服을 가리킨다.
* 기주岐周 : 기산岐山 아래 주나라의 옛 도읍. 필영畢郢 : 풍호豊鎬에 가까운 땅으로 문왕의 묘가 있다. 부절符節 : 옥으로 만들어 글자를 새기고 가운데를 나누어 가졌다가 일이 있을 때 좌우를 합쳐 신표信標로 삼는 것. 약합부절若合符節 : 부절을 합한 것 같다. 즉 서로 같다

112) 『예기』, 「곡례(曲禮)하」에 "천자(天子)가 죽으면 붕(崩)이라 하고, 제후(諸侯)는 훙(薨)이라 하며, 대부(大夫)는 졸(卒), 사(士)는 불록(不祿), 서인은 사(死)라 한다."는 말에 의하면, 순(舜)과 문왕(文王)은 모두 천자이므로 붕(崩)이라 해야 마땅하다. 그리고 『예기』, 「단궁(檀弓)상」에 나오는 "군자에 있어서는 종(終)이라 하고 소인에 있어서는 사(死)라 한다."는 말에 의거해도 종(終)으로 써야 마땅하다. 따라서 여기서 졸(卒)로 쓴 것은 종(終)이라는 의미로 쓴 듯하다.

113) 동이(東夷)의 이(夷)는 본래 동쪽에 살던 부족의 총칭이었다. 하지만 서이(西夷) 사람들이 세운 하(夏)나라를 동이(東夷) 사람들이 멸망시키고 은(殷)나라를 세우자, 서이(西夷) 사람들은 동이(東夷) 사람들을 미워했다. 후일 서이(西夷) 사람들이 은(殷)나라를 멸망시키고 주(周)나라를 세워 유지하면서 동이(東夷) 사람들을 업신여기는 습관의 하나로 이(夷)를 격하시켜 부른 것으로 추측된다.

는 뜻. 규揆 : 탁度과 같음. 즉 헤아리다.

| **해영** |

일반적으로 중국의 역대 임금을 논할 때, 요堯·순舜·우禹·탕湯·문文·무武·주공周公 식으로 설명합니다. 하夏나라의 초대 임금이 우왕이고, 은殷나라의 초대 임금은 탕왕이며, 주周나라를 세운 사람은 문왕입니다. 여기서 눈여겨 볼 점은 하나라와 주나라를 세운 우왕과 문왕은 이른바 '서쪽 사람'이고, 은나라를 세운 탕왕은 이른바 '동쪽 사람'이라는 사실입니다. 위에서 언급한 순임금도 '동쪽 사람'이고, 맹자는 물론 공자도 '동쪽 사람'입니다. 동이東夷나 서이西夷나 문화국가文化國家를 기준으로 보면, 별 차이가 없는 것으로 이해됩니다만, 민족적 자각차원에서 본다면, 눈을 비비고 새롭게 바라볼 일입니다.

정치의 근본

| **맹자** |

자산이 정나라의 정사를 담당할 적에, 자신이 타는 수레로 진수와 유수에서 사람들을 건네주었다. 맹자가 이르기를, "은혜롭지만 정치를 할 줄 모른다. 해마다 11월에 사람들이 건널 수 있는 다리를 만들고, 12월에 수레가 건널 수 있는 다리를 만든다면, 민중들이 건너는

것을 걱정하지 않을 것이다. 군자가 정사를 공평히 하면 출행할 때 사람들을 물리치는 것도 가능한데, 어찌 사람마다 모두 건네줄 수 있겠는가? 그러므로 위정자가 각각의 사람들을 기쁘게 해주려면 날마다 하여도 또한 부족할 것이다."(「이루하」)

| 원문 |

子産이 聽鄭國之政할새 以其乘輿로 濟人於溱洧러니 孟子曰 惠而不知爲政이로다 歲十一月에 徒杠이 成하며 十二月에 輿梁이 成하면 民未病涉也니라 君子平其政이면 行辟人이 可也니 焉得人人而濟之리오 故로 爲政者每人而悅之면 日亦不足矣리라

| 자해 |

* 자산子産 : 정나라의 대부 공손교公孫僑. 자산은 자字. 춘추시대 때 유명한 재상이다. 자산이 죽자 공자가 눈물을 흘렸다고 한다. 청聽 : 정사를 담당하다. 진유溱洧 : 진수溱水와 유수洧水. 혜惠 : 사소한 은혜를 가리킴.
* 십일월十一月 : 주나라 11월로 하나라는 9월에 해당. 도강徒杠 : 사람들이 건널 수 있는 작은 다리. 여량輿梁 : 수레가 건널 수 있는 큰 다리. 미병섭야未病涉也 : 건너는 것을 걱정하지 않을 것이다. 섭涉 : 건너다. 행行 : 출행하다. 벽辟 : 고관들이 큰 길을 통행할 때 행인들을 물리치는 것.

정나라의 자산은 업적이 실로 대단한 사람입니다. 그럼에도 맹자는 평가가 혹독합니다. 그만큼 정치의 근본에 더욱 충실할 것을 주문한 것이라 하겠습니다. 자산은 강경과 온건을 동시에 구사하면서 깨끗한 정치를 하였고, 귀족출신이면서도 귀족들을 설득하였으며, 비굴하지 않으면서도 갈등 또한 유발시키지 않고 대국大國을 설득[114]하였습니다.

예컨대 당시 정나라는 소국인데다 초楚와 진晉이라는 두 강대국 사이에 끼어 있어 굉장한 위협이었습니다. 초나라가 다가오면 초나라와 동맹을 맺고, 진나라가 다가오면 진나라와 동맹을 맺지 않을 수 없었지요. 두 강대국 사이에서 이 나라 저 나라 눈치를 봐야 하는 힘겨운 외교정책도 모자라 첨예한 내부갈등까지, 내우외환의 형국이었습니다.

자산은 이런 상황에서 재상이 되어 국내의 정치질서를 회복시켰을 뿐만 아니라 일련의 교묘한 외교활동을 통해 약소국 정나라를 열강 사이에서 우뚝 설 수 있게 만든 것입니다. 이에 따라 정나라의 정치적 지위도 크게 존중받게 되었음은 말할 것도 없습니다. 이렇게 볼 때, 공자孔子가 자산을 높게 평가한 것은 전혀 이상할 것이 없는 일입니다.

114) 자산(子産)은 정(鄭)나라 목공의 손자로 태어났다. 기원전 547년 재상에 임명되어 기원전 522년 세상을 뜨기까지 20년 넘게 정치를 혁신하는데 심혈을 기울였다. 대외적으로는 실용적인 외교활동을 벌여 열강들이 감히 정나라에 칼을 겨누지 못하게 하였다.

관계?

| 맹자 |

맹자가 제나라 선왕에게 이르기를, "임금이 신하 보기를 손이나 발처럼 하면 신하는 임금 보기를 배나 심장처럼 하고, 임금이 신하 보기를 개나 말처럼 하면 신하는 임금 보기를 국인보통사람처럼 하며, 임금이 신하 보기를 흙이나 지푸라기처럼 하면 신하는 임금 보기를 도적이나 원수처럼 합니다."(「이루하」)

| 원문 |

孟子告齊宣王曰 君之視臣이 如手足이면 則臣視君을 如腹心하고 君之視臣이 如犬馬면 則臣視君을 如國人하고 君之視臣이 如土芥면 則臣視君을 如寇讎니이다

| 자해 |

* 국인國人 : 길거리의 보통 사람, 즉 원망도 덕도 없는 사람을 의미한다. 구수寇讎 : 도적과 원수.

| 해영 |

임금과 신하의 관계는 요즘 대통령과 관료의 관계와 같습니다. 민주화가 꽃을 피우고 있는 지금이야 상호 존중하는 관계로 변화되고 있는 듯하지만, 지도자의 성품에 따라 언제든 과거지향이 될 수 있다

는 점에서 눈을 크게 뜨지 않을 수 없는 일입니다. 이는 공적 조직에서 만의 문제가 아니기 때문입니다.

가령 기업을 이끄는 대표와 임직원들 간의 관계, 각종 사회단체의 대표와 그 구성원들 간의 관계, 심지어는 예술단체의 대표와 그 구성원들 간의 관계에서도 구조는 조금도 다르지 않습니다. 문제는 지도자의 위치에 있는 이들의 자세입니다. 관계의 중요성을 인식하여 상대를 자신처럼 존중하는 것입니다.

기미

| 맹자 |

맹자가 이르기를, "죄 없는 선비를 죽이면 대부大夫가 떠나야 하고, 죄 없는 민중을 죽이면 선비가 옮겨가야 한다."(「이루하」)

| 원문 |

孟子曰 無罪而殺士 則大夫可以去요 無罪而戮民 則士可以徙니라

| 자해 |

* 육민戮民 : 민중을 죽이다. 사徙 : 옮기다.

| 해영 |

화禍가 미칠 때에는 반드시 기미幾微, 즉 조짐兆朕이 나타납니다. 임금

이 한 때의 화를 참지 못하고 죄 없는 선비를 죽인다면 이는 곧 대부大夫까지 죽임이 미칠 수 있는 단서가 됩니다. 대부가 이런 광경을 보면 주저 없이 떠나야 합니다. 마찬가지로 임금이 죄 없는 민중을 죽이면 이는 곧 선비까지 죽임이 미칠 수 있는 단서가 됩니다. 선비가 이런 광경을 보면 주저 없이 떠나야 합니다. 이런 기미를 알아채지 못하고 떠나지 않으면, 큰 화禍를 당할 수 있기 때문입니다. 예나 지금이나 단서는 같습니다. 늘 살펴야 하는 이유입니다.

살핌

| 맹자 |

맹자가 이르기를, "사람은 하지 않는 것이 있은 뒤에야 하는 것이 있을 수 있다."(「이루하」)

| 원문 |

孟子曰 人有不爲也而後에 可以有爲니라

| 자해 |

* 유불위有不爲 : 하지 않는 것이 있다. 즉 스스로 속이지 않는 마음을 지속해야 훌륭한 일을 할 수 있음.

| 해영 |

천하天下의 일 가운데 마땅히 할 것이 있고, 하지 말아야 할 것이 있습니다. 가령 위정자가 언필칭 민중을 들먹이면서 '해서는 안 되는 짓을 마구 자행'한다면, 세상이 어떻게 되겠습니까? 이는 민중을 배반하는 것일 뿐 아니라 본질인 천하의 일과도 전혀 딴판인 사사로운 이익의 길로 치닫고 말 것입니다. 스스로 속이지 않는 지조志操를 지켜야 합니다. 그래야 훌륭한 일을 수행할 수 있습니다. 매사 꼼꼼히 살펴서 가려야 하는 이유입니다.

적자지심

| 맹자 |

맹자가 이르기를, "대인大人은 갓난아이의 마음을 잃지 않은 사람이다."(「이루하」)

| 원문 |

孟子曰 大人者는 不失其赤子之心者也니라

| 자해 |

* 적자지심赤子之心 : 갓난아이의 마음.

| 해영 |

대인大人과 갓난아이의 마음이 같을 수는 없습니다. 하지만 대인으로 불리는 까닭을 잘 살펴보면 갓난아이 때의 마음을 잃지 않고 산다는 점입니다. 갓난아이의 마음은 순일純一하여 거짓이 없습니다. 때문에 행동도 거침이 없습니다. 대인의 마음도 갓난아이의 마음과 같습니다. 때문에 거짓 없이 대담하게 행동합니다. 시대의 리더들은 모두가 대인으로 불립니다. 어린아이의 마음을 잃지 않도록 해야 하겠습니다.

물의 근원

| 맹자 |

서자가 말하였다. "중니仲尼께서 자주 물을 칭하여 이르기를, 물이여! 물이여! 하셨으니, 물에서 무엇을 취하신 것입니까?" 맹자가 이르기를, "근원이 있는 샘이 콸콸 솟아나 밤낮을 가리지 아니하여 구덩이를 채운 뒤에 나아가 사해四海에 이르니, 근원이 있는 것이면 이와 같으니, 이것을 취한 것이다. 진실로 근원이 없다면 칠팔월 사이에 빗물이 모여 도랑들이 모두 가득하지만, 그것이 마르는 것은 서서 기다릴 수 있다. 그러므로 명성이 실제보다 지나치는 것을 군자는 부끄러워한다."(「이루하」)

| 원문 |

徐子曰 仲尼亟稱於水曰 水哉 水哉여하시니 何取於水也시니잇고

孟子曰 原泉이 混混하여 不舍晝夜하여 盈科而後進하여 放乎四海하나니 有本者如是라 是之取爾시니라 苟爲無本이면 七八月之間에 雨集하여 溝澮皆盈이나 其涸也는 可立而待也라 故로 聲聞過情을 君子恥之니라

| 자해 |

* 중니仲尼 : 공자의 자字. 기亟 : 자주, 삭數과 같음. 수재水哉 : 감탄하여 아름답게 여김. 원천原泉 : 근원이 있는 물. 혼혼混混 : 샘에서 물이 콸콸 솟아나는 모양. 불사주야不舍晝夜 : 밤낮을 가리지 아니하다. 영盈 : 가득하다. 과科 : 구덩이. 영과盈科 : 구덩이를 채우다.

* 방放 : 이르다, 도달하다. 이爾 : 여기서는 어조사로 쓰임. 집集 : 모임. 구회溝澮 : 도랑, 여기서는 도랑사이의 물길을 뜻한다. 학涸 : 마르다. 성문聲聞 : 명성. 정情 : 실제. 치恥 : 실제가 없어서 장차 계속되지 못함을 부끄러워함.

| 해영 |

물리학적으로 보면 물은 반드시 위에서 아래로 흐릅니다. 상류에서 하류로 흐르든 지하수에서에서 솟아 나오든, 근원이 있는 물은 흐르다 구덩이를 만나면 반드시 채우고 나아갑니다. 또한 근원이 있는 물은 밤낮없이 흐르고 흘러 결국 강이나 바다로 흘러듭니다. 하지만

일시적으로 생긴 물은 일시적으로 흐르고 그칩니다. 소나기가 그런 경우입니다. 근원이 없기 때문입니다.

사람의 삶도 마찬가지입니다. 하늘이 부여한 명命은 근원이 있습니다. 즉 부여받은 천명을 끊임없이 세상 사람들과 나누어야 생명력이 있습니다. 일시적으로 천명을 나누고자 하는 사람은 마치 소나기 같은 사람으로 생명력이 오래 지속될 수 없습니다. 시대의 리더들은 근원이 있는 물과 같은 존재입니다. 밤낮없이 세상 사람들에게 명을 전달해야 합니다. 의무이기 때문입니다.

춘추

| 맹자 |

맹자가 이르기를, "왕자王者의 자취가 종식됨에 시詩가 없어졌고, 시詩가 없어진 뒤에 『춘추』가 지어졌다. 진나라의 승乘, 초나라의 도올檮杌, 노나라의 춘추春秋가 한가지다. 그 일은 제나라 환공과 진나라 문공의 일이며, 그 글은 사관士官이 쓴 것이다. 공자가 이르기를, '그 의義는 내가 가만히 취한 것이다'라고 하였다."(「이루하」)

| 원문 |

孟子曰 王者之跡이 熄而詩亡하니 詩亡然後에 春秋作하니라 晉之乘과 楚之檮杌과 魯之春秋가 一也니라 其事則齊桓晉文이요 其文

則史니 孔子曰 其義則丘竊取之矣로라하시니라

| 자해 |

* 적跡 : 자취. 식熄 : 없어지다, 종식되다. 승乘 : 진晉나라의 역사서. 즉 승乘이란 사냥이나 부역, 승마 등을 기록하였기 때문이라는 설[趙岐]과 당시의 행사를 기록했기 때문이라는 설[朱子]이 있다.
* 도올檮杌 : 초楚나라의 역사서. 조기趙岐는 '도올'을 흉악한 무리라 하였고, 주자朱子는 나쁜 짐승에서 연유하여 흉악한 사람을 일컫는다고 하였다.
* 춘추春秋 : 옛날 사관이 기록할 때 첫머리에 해를 기록하는데, 해에는 춘하추동이 있기 때문에 자연스럽게 이름으로 삼은 것. 사史 : 사관. 의義 : 역사를 기록하는 뜻, 즉 과거의 잘잘못을 기록하여 거울로 삼음. 절취竊取 : 겸손한 표현으로 '가만히 취한다'는 뜻.

| 해영 |

일반적으로 시詩는 칭찬하는 것이 요체이고, 역사歷史는 비판하는 것이 요체입니다. 왕도정치를 행한 이들의 흔적이 사라지자 시를 칭찬할 만한 일이 종식되고, 비판하는 것만 존재하게 된 것은 어쩌면 자연스러운 현상입니다. 춘추春秋는 공자가 저술한 노魯나라의 역사책으로 '의義에 방점'이 있습니다. 따라서 2,500년이 지난 오늘날까지도 불의不義는 평가받고 있지요. 역사의 비판의식도 중요한 일이지만, 시詩를 칭찬하는 세상도 함께 할 수 있도록 지도자들은 애써야 하겠

습니다.

우직禹稷

| 맹자 |

우禹와 직稷이 치세를 만나 세 번 그 문을 지나면서도 들어가지 않았으니, 공자가 그들을 어질게 여겼다. 안자顔子가 난세를 만나 누추한 거리에 거처하면서 한 그릇의 밥과 한 바가지의 마실 것으로 사는 것을, 다른 사람은 그 근심을 견디지 못하는데 안자는 그 즐거움을 바꾸지 않았으니, 공자가 그를 어질게 여겼다. 맹자가 이르기를, "우와 직과 안회는 그 도가 같다. 우禹는 천하에 물에 빠진 자가 있으면 자기가 그를 빠지게 한 것처럼 생각하고, 직稷은 천하에 굶주린 자가 있으면 자기가 그를 굶주리게 한 것처럼 생각하였다. 이 때문에 이와 같이 급하게 여긴 것이다. 우와 직과 안자는 처지를 바꾸더라도 모두 그렇게 하였을 것이다."(「이루하」)

| 원문 |

禹稷이 當平世하여 三過其門而不入하신대 孔子賢之하시니라 顔子當亂世하여 居於陋巷하사 一簞食와 一瓢飮을 人不堪其憂어늘 顔子不改其樂하신대 孔子賢之하시니라 孟子曰 禹稷顔回同道하니라 禹는 思天下有溺者어든 由己溺之也하시며 稷은 思天下有飢者어든

由己飢之也하시니 是以로 如是其急也니라 禹稷顏子易地則皆然이리라

| **지해** |

* 직稷115) : 후직后稷, 주왕조周王朝의 시조. 성은 희姬, 이름은 기棄. 평세平世 : 치세治世를 말함. 안자顏子 : 공자의 제자인 안회顏回를 높여 부르는 말. 당當 : 당하다, 만나다. 일단사一簞食 : 한 그릇의 밥. 사食 : 밥. 감堪 : 견디다. 도道 : 행동원리, 행동방식. 유由 : 유猶와 통용. 익溺 : 물에 빠지다. 기飢 : 굶주리다. 역지易地 : 처지를 바꾸다.

| **해영** |

우禹와 직稷이 요순堯舜의 치세를 만나 자신의 집 앞을 세 번이나 지나면서도 들어가지 않았다는 것은 그만큼 분주히 공무를 수행했다는 뜻입니다. 하지만 안자顏子는 가난하게 살면서도 그 뜻을 굽히지 않았습니다. 삶의 양태는 서로가 달랐지만 삶의 근본을 실천한 것은 동일합니다.

즉 하나같이 자신의 처지에 맞도록 중용中庸을 실천한 사람들입니다. 분주하게 움직여야 할 때 분주하게 움직였고, 가난하게 지내면서도 그 뜻을 굽히지 않은 것 또한 중용을 실천한 것입니다. 그러므로

115) 강원(姜嫄)이 들에서 거인의 발자국을 밟고 잉태하여 낳았다. 그 때문에 불길하다고 버려졌으나 그 때마다 구조되었다. 강원은 이를 신(神)으로 여겨 양육하였다. 요임금과 순임금 때 민중들에게 농사짓는 법을 가르쳤다고 전한다.

상호 그 입장을 바꾼다 하더라도 그들은 그대로 중용을 실천했을 것이라는 점입니다.

하늘1

| 맹자 |

만장이 말하였다. "요임금이 천하를 순임금에게 주었다고 하는데, 그런 일이 있었습니까?" 맹자가 이르기를, "아니다. 천자는 천하를 남에게 줄 수 없다." 만장이 말하였다. "그렇다면 순임금이 천하를 소유한 것은 누가 준 것입니까?" 맹자가 이르기를, "하늘이 주었다." "하늘이 주었다는 것은 자세히 당부하면서 주었다는 것입니까?" 맹자가 이르기를, "아니다. 하늘은 말하지 않는다. 행실과 일로써 보여줄 뿐이다. 만장이 말하였다. "행실과 일로써 보여준다는 것은 어떻게 하는 것입니까?" 맹자가 이르기를, "천자는 사람을 하늘에 천거할 수 있지만 하늘로 하여금 천하를 주게 할 수는 없으며, 제후는 사람을 천자에게 천거할 수 있지만 천자로 하여금 제후를 주게 할 수는 없으며, 대부는 사람을 제후에게 천거할 수 있지만 제후로 하여금 대부를 주게 할 수는 없는 것이다. 옛날 요임금이 순임금을 하늘에 천거함에 하늘이 받아들이고, 민중들에게 드러냄에 민중들이 받아들였다. 그러므로 하늘은 말하지 않고 행실과 일로써 보여줄 뿐이다."라고 한 것이다."(「만장상」)

| 원문 |

萬章曰 堯以天下與舜이라하니 有諸잇가 孟子曰 否라 天子不能以天下與人이니라 然則舜有天下也는 孰與之잇고 曰 天與之시니라 天與之者는 諄諄然命之乎잇가 曰 否라 天不言이라 以行與事로 示之而已矣시니라 曰 以行與事로 示之者는 如之何잇고 曰 天子能薦人於天이언정 不能使天與之天下며 諸侯能薦人於天子언정 不能使天子與之諸侯며 大夫能薦人於諸侯언정 不能使諸侯與之大夫니 昔者에 堯薦舜於天而天受之하시고 暴之於民而民受之라 故로 曰 天不言이라 以行與事로 示之而已矣라하노라

| 자해 |

* 저諸 : 지호之乎와 같음. 순순諄諄 : 자세히 말하는 모양. 행行 : 몸으로 행함. 사事 : 천하에 베풂. 천薦 : 천거하다. 폭暴 : 드러내다, 나타내다.

| 해영 |

사람들이 세상을 살아가는데 있어 무엇을 기준으로 삼았을까요? 옛날의 현명한 이들은 천지자연의 이치를 기준으로 삼아 움직였습니다. 천지자연의 운행은 조금도 거스르지 않기 때문입니다. 그러므로 이를 기준으로 삼은 사람들은 이른바 지도층이 되고, 지도층은 민중들을 다스리는 것입니다. 이는 지극히 자연스러운 현상입니다. 이들이 천天의 역할을 대신하기 때문입니다. 맹자가 "천자는 천하를 남에

게 줄 수 없다. 하늘이 주었다."라고 한 것은 이를 두고 한 말입니다.

하늘2

| 맹자 |

만장이 말하였다. "감히 묻겠습니다. 하늘에 천거함에 하늘이 받아들이고, 민중들에게 드러냄에 민중들이 받아들였다는 것은 어떠한 것입니까?" 맹자가 이르기를, "순임금으로 하여금 제사를 주관하게 함에 온갖 신들이 흠향하니, 이는 하늘이 받아들인 것이요, 순임금으로 하여금 일을 주관하게 함에 일이 다스려져서 백성들이 편안하니, 이것은 민중들이 받아들인 것이다. 하늘이 그에게 주고 사람들이 그에게 준 것이기 때문에 말하기를, '천자는 천하를 남에게 주지 못한다'고 하는 것이다. 순임금이 요임금 돕기를 28년간 하였으니, 사람이 할 수 있는 것이 아닌 하늘의 뜻이다. 요임금이 돌아가심에 3년 상喪을 마치고 순임금이 요임금의 아들을 피하여 남하南河의 남쪽으로 갔는데, 천하 제후로서 조회하는 자들이 요임금의 아들에게 가지 않고 순임금에게 갔으며, 옥사獄事를 송사하는 자들이 요임금의 아들에게 가지 않고 순임금에게 갔으며, 덕을 구가謳歌하는 자들이 요임금의 아들을 구가하지 않고 순임금을 구가하였다. 그러므로 '하늘의 뜻이다'라고 말하는 것이다. 그런 뒤에 서울에 가서 천자의 지위에 나아갔다. 만일 요임금의 궁궐에 거처하면서 요임금의 아들을 핍박했

다면 이는 찬탈이지 하늘이 준 것이 아니다."(「만장상」)

| 원문 |

曰 敢問薦之於天而天受之하시고 暴之於民而民受之는 如何니잇고 曰 使之主祭而百神享之하니 是는 天受之요 使之主事而事治하여 百姓安之하니 是는 民受之也라 天與之하며 人與之라 故로 曰 天子不能以天下與人이라하노라 舜相堯二十有八載하시니 非人之所能爲也요 天也라 堯崩이어시늘 三年之喪을 畢하고 舜이 避堯之子於南河之南이어시늘 天下諸侯朝覲者 不之堯之子而之舜하며 訟獄者不之堯之子而之舜하며 謳歌者 不謳歌堯之子而謳歌舜이라 故로 曰天也라 夫然後에 之中國하사 踐天子位焉하시니 而如居堯之宮하여 逼堯之子면 是는 簒也라 非天與也니라

| 자해 |

* 백百 : 온갖, 모든. 향享 : 흠향한다. 신神들이 제사를 흠향한다는 것은 제사지내는 사람의 마음을 받아들인다는 의미다. 가령 기우제 이후, 비가 오면 신神이 기우제를 받아들인 것과 같은 의미다. 상相 : 돕다. 붕崩 : 천자天子의 죽음. 필畢 : 마치다. 남하南河 : 기주冀州의 남쪽, 즉 예주豫州를 말한다.
* 근覲 : 배알하다. 송옥訟獄 : 옥獄을 결단하지 못해 송사하는 것을 뜻한다. 구가謳歌 : 덕德을 칭송하며 노래하는 것. 중국中國 : 가운데, 즉 서울을 뜻한다. 고전古典에서는 국國을 주로 도읍지로 쓰곤 한다.

천踐 : 나아가다, 부임하다, 지위에 오르다. 이而 : 여如와 같다. 핍逼 : 핍박하다. 찬簒 : 빼앗다, 찬탈하다.

| **해영** |

마찬가지 논리입니다. 만장이 "하늘에 천거함에 하늘이 받아들이고, 민중들에게 드러냄에 민중들이 받아들였다는 것은 어떠한 것입니까?" 묻자, 맹자가 '순임금으로 하여금 제사를 주관하게 함에 온갖 신들이 흠향한 것은 하늘이 받아들인 것이요, 순임금으로 하여금 일을 주관하게 함에 일이 다스려진 것은 민중들이 받아들인 것이다.'라고 답한 것도 위와 같은 천天의 역할을 구현했기 때문입니다. 그러므로 지도자들은 '천지자연의 운행'이 민중들을 다스리는 근거가 됨을 잊지 말아야 하겠습니다. 이를 위한 수신修身은 물론입니다.

호사가

| **맹자** |

만장이 물었다. "혹자가 이르기를, '공자가 위나라에서는 옹저癰疽를 주인으로 삼았고, 제나라에서는 내시 척환瘠環을 주인으로 삼았다'고 하니, 그러한 일이 있었습니까?" 맹자가 이르기를, "아니다. 그렇지 않다. 일 꾸미기를 좋아하는 자들이 만든 것이다."(「만장상」)

| 원문 |

萬章問曰 或謂 孔子於衛에 主癰疽하시고 於齊에 主侍人瘠環이라 하니 有諸乎잇가 孟子曰 否라 不然也라 好事者爲之也니라

| 자해 |

* 혹或 : 혹자, 어떤 사람. 주主 : 그 집에 머물면서 주인으로 삼는 것. 옹저癰疽 : 옹과 저는 모두 종기를 의미한다. 즉 종기를 치료하는 의원의 이름이다. 시인侍人 : 내시, 환관을 뜻함. 척환瘠環 : 척瘠은 성, 환環은 이름. 호사자好事者 : 말을 지어내기 좋아하는 사람, 일 꾸미기를 좋아하는 사람.

| 해영 |

만장이 물었습니다. "어떤 사람이 이르기를, '공자는 위나라에서 임금이 가까이 하고 친애하는 사람인 옹저의 집에서 주로 머물렀고, 제나라에서는 임금이 가까이 하고 친애하는 사람인 내시 척환의 집에서 주로 머물렀다고 하는데, 정말 그런 일이 있었습니까?" 이에 맹자가 답하기를, "아니다. 그렇지 않다. 말을 지어내기 좋아하는 자들이 사사롭게도 공자를 폄훼하기 위해 만들어낸 말이다."라고 하였습니다.

세상에는 이른바 호사가好事家라는 사람들이 있습니다. '말을 지어내기 좋아하는 사람', 혹은 '일 꾸미기를 좋아하는 사람'이라는 의미를 지니고 있지요. 가령 특정인을 폄훼하기 위해 없는 말을 만들어

내거나, 사실과 다른 말로 혼란을 야기하고 부채질하는 자들이 그들입니다. 가까이는 성실하게 사는 지인부터 멀리는 인류의 스승들까지도 자신들에게 이득이 된다면 가리지 않습니다. 멀리해야 할 자들입니다.

백이

| 맹자 |

맹자가 이르기를, "백이伯夷는 눈으로는 나쁜 빛을 보지 않으며, 귀로는 나쁜 소리를 듣지 않고, 그 (섬길 만한) 임금이 아니면 섬기지 않으며, 그 민중이 아니면 부리지 않아서, (세상이) 다스려지면 나아가고 혼란하면 물러나서 나쁜 정사政事가 나오는 곳과 나쁜 민중들이 머무는 곳에는 차마 거처하지 않았으며, 향인鄕人들과 더불어 거처하는 것을 생각하기를 마치 조복朝服과 조관朝冠을 하고 도탄塗炭에 앉은 듯이 여겼다. 주紂 임금 때를 당하여 북해北海의 가에 거처하면서 천하가 맑아지기를 기다렸다. 그러므로 백이의 풍도風度를 들은 자들은 완악한 지아비가 청렴해지고, 나약한 지아비가 뜻을 세울 수 있었다."(「만장하」)

| 원문 |

孟子曰 伯夷는 目不視惡色하며 耳不聽惡聲하고 非其君不事하며

非其民不使하여 治則進하여 亂則退하여 橫政之所出과 橫民之所止에 不忍居也하며 思與鄕人處하되 如以朝衣朝冠으로 坐於塗炭也러니 當紂之時하여 居北海之濱하여 以待天下之淸也하니 故로 聞伯夷之風者는 頑夫廉하며 懦夫有立志하니라

| 자해 |

* 악색惡色 : 나쁜 빛. 횡정橫政 : 올바른 정치가 아닌 '옆으로 된 정치'라는 말로 '나쁜 정치'를 뜻한다. 불인거야不忍居也 : 차마 거처하지 않다. 향인鄕人 : 시골의 미천한 사람들. 조의조관朝衣朝冠 : 조복朝服과 조관朝冠, 즉 조회할 때 입는 옷과 모자를 뜻함. 도탄塗炭 : 진흙과 숯. 북해지빈北海之濱 : 북해의 가. 빈濱 : 물가. 완頑 : 지각이 없다. 렴廉 : 청렴하다, 분변分辨이 있다. 나懦 : 나약하다, 유약하다.

| 해영 |

예로부터 청렴과 절개를 논하면 백이伯夷를 빼놓을 수 없습니다. 그는 예禮가 아니면 보거나 듣지 않았으며, 섬길 만한 지도자가 아니면 섬기지 않고, 부릴 만한 민중이 아니면 부리지 않아서, 세상이 다스려지면 나아가 벼슬하고 세상이 혼란하면 물러나 숨었는데, 포악한 정사가 비롯되는 곳과 포악한 민중들이 머무는 곳엔 거처하지 않았습니다.

뿐만 아니라 향인鄕人들과 서 있는 것을 조회할 때의 복장으로 도탄塗炭에 앉아 있는 것처럼 자신을 더럽히는 것으로 여겼습니다. 은

殷나라의 폭군 주紂가 집권하고 있을 때는 천하가 모두 악惡해져 지도자들과 민중들이 법도를 따르지 않았습니다. 백이는 이를 더럽고 흐린 세상으로 규정하여 바닷가로 피신해서 맑아지기만을 기다렸습니다.

백이가 뜻을 굽히지 않고 몸을 욕되게 하지 않은 것이 이와 같다 보니, '청렴과 절개의 표상'으로 평가받습니다. 이러한 연유로 후세에 백이의 풍도風度를 들은 사람들은 비록 완악頑惡하고 탐하기를 잘하는 지아비일지라도 감화되어 청렴하게 되고, 게으르고 약하여 지킴이 없는 지아비라도 감화되어 특별히 뜻을 세우는 사람들이 많아졌습니다.

이윤

| 맹자 |

"이윤伊尹은 말하기를, '어느 누구를 섬긴들 임금이 아니며, 어느 누구를 부린들 민중이 아니겠는가.' 하여 세상이 다스려져도 나아가며 혼란해도 나아가서, 말하기를, '하늘이 이 민중을 낸 것은 먼저 안 이로 하여금 뒤에 아는 이를 깨우치게 하며, 먼저 깨달은 이로 하여금 뒤에 깨닫는 이를 깨우치게 하는 것이다. 나는 하늘이 낸 민중 가운데 먼저 깨달은 사람이니, 내가 장차 이 도道로써 이 민중을 깨닫게 하리라'라고 하며, 생각하기를 천하의 민중들 가운데 필부필부匹夫匹

婦라도 요순堯舜의 은택을 입는데 참여하지 못한 사람이 있으면 자기가 밀어서 도랑 가운데에 넣은 것처럼 여겼으니, 그는 천하의 중책을 자임한 것이다."(「만장하」)

| 원문 |

伊尹曰 何事非君이며 何使非民이리오하여 治亦進하며 亂亦進하여 曰 天之生斯民也는 使先知로 覺後知하며 使先覺으로 覺後覺이시니 予는 天民之先覺者也로니 予將以此道로 覺此民也라하며 思天下之民이 匹夫匹婦有不與被堯舜之澤者어든 若己推而內納之溝中하니 其自任以天下之重也니라

| 자해 |

* 사事 : 섬기다. 각후지覺後知 : 뒤에 아는 이를 깨우치게 하다. 필부필부匹夫匹婦 : 평범한 일반 민중. 기퇴己推 : 자기를 밀다. 퇴推 : 밀다, 밀치다. 납內 : 납納과 통용. 구溝 : 도랑. 자임自任 : 임무를 스스로 맡다.

| 해영 |

예로부터 도리道理에 충실한, 즉 '모두가 자신의 탓'이라고 여긴 인물을 논한다면, 역시 이윤伊尹을 빼 놓을 수 없습니다. 그는 일찍이 '지도자가 이루게 할 도리道理가 자신에게 있으니, 어느 지도자를 섬긴들 자신의 지도자가 아니며, 민중을 기름지게 할 도리道理가 자신에

게 있으니, 어느 민중을 부린들 자신의 민중이 아니겠는가!'라고 하여 세상이 다스려져도 나아가 벼슬하고, 세상이 혼란해도 나아가 벼슬하였습니다.

그가 벼슬에 나아가면서 자신의 뜻을 설파한 일이 있습니다. 이를테면 '하늘이 이 민중을 낸 것은 먼저 깨달은 이로 하여금 뒤에 깨닫는 사람을 깨닫게 하고자 하는 것이니, 자신이 장차 이 도리道理로써 뒤에 알고 깨닫는 민중들을 깨닫게 하여 하늘의 부탁을 져버리지 않으리라!'라고 한 것입니다. 그의 말을 미뤄보면, 알지도 깨닫지도 못하여 요순시대堯舜時代의 삶을 누리지 못했다면, 모두가 '자신의 탓'으로 여긴 것입니다.

유하혜

| 맹자 |

"유하혜柳下惠는 더러운 임금 (섬김을) 부끄러워하지 않으며, 작은 벼슬을 사양하지 않으며, 나아감에 현명함을 숨기지 않아 반드시 그 도道로써 하고, 버림을 받아도 원망하지 않으며, 곤궁을 당해도 고민하지 않으며, 향인鄕人들과 더불어 처함에 유유由由히 차마 떠나지 못하며, '너는 너이고 나는 나이니, 비록 내 곁에서 옷을 걷고 벗는다 한들 네가 어찌 나를 더럽힐 수 있겠는가.' 하였다. 그러므로 유하혜의 풍도風度를 들은 자들은 비루한 사람이 너그러워지며, 각박한 사

람이 (인심이) 후해졌다."(「만장하」)

| 원문 |

柳下惠는 不羞汚君하며 不辭小官하며 進不隱賢하여 必以其道하며 遺佚而不怨하며 阨窮而不憫하며 與鄕人處하되 由由然不忍去也하여 爾爲爾며 我爲我니 雖袒裼裸裎於我側인들 爾焉能浼我哉리오하니 故로 聞柳下惠之風者는 鄙夫寬하며 薄夫敦하니라

| 자해 |

* 오군汚君 : 더러운 임금을 섬기다. 유일遺佚 : 벼슬에서 버림을 받다. 액궁阨窮 : 곤궁을 당하다. 즉 가난에 빠지다. 향인鄕人 : 시골의 미천한 사람들. 유유由由 : 유유悠悠와 같음. 거去 : 떠나가다. 단석袒裼 : 옷을 걷다. 나정裸裎 : 옷을 벗다. 매浼 : 더럽히다. 비鄙 : 좁고 더럽다. 돈敦 : 후하다.

| 해영 |

예로부터 '덕과 화합'의 인물을 논하면 유하혜柳下惠를 빼놓을 수 없습니다. 그는 비록 더러운 임금을 만나도 성심을 다해 섬기고, 작은 벼슬도 사양하지 않았습니다. 자신의 현명함과 유능함을 숨기지 않고 반드시 바른 도道로써 정사에 임했지요. 물론 자신의 도道가 버림을 받아도 원망치 않고, 몸이 곤궁해져도 고민하지 않았습니다.

또한 향인鄕人들, 즉 시골에 사는 미천한 사람들과 함께 거처하면

서도 마음이 유유悠悠하여 항상 즐거움으로 삼았습니다. 그래도 더럽혀지는 것에 대해 개의치 않았습니다. 가령, '너는 너고 나는 나이니, 비록 내 곁에서 옷을 걷거나 벗고 다닌다 한들 네가 어찌 나를 더럽힐 수 있겠는가.'라고 한 말에서 그의 덕망을 엿볼 수 있습니다.

유하혜의 뜻이 너그럽고 후한 마음이 이와 같다 보니, '덕과 화합의 표상'으로 평가받습니다. 이러한 연유로 후세에 유하혜의 풍도風度를 들은 사람들은 비록 비루鄙陋한 지아비일지라도 감화되어 너그러운 도량度量을 갖게 되고, 각박한 지아비라도 감화되어 인심이 넉넉한 사람으로 변모되었습니다. 흥기하지 않을 수 없는 일입니다.

공자

| 맹자 |

"공자孔子가 제나라를 떠날 때에는 (밥을 지으려고) 담근 쌀을 건져 가고, 노나라를 떠날 때는 이르기를, '더디고, 더디다. 나의 걸음이여!'라고 한 것은 부모의 나라를 떠나는 도이다. 속히 떠날 만하면 속히 떠나며, 오래 머무를 만하면 오래 머물며, 은둔할 만하면 은둔하며, 벼슬할 만하면 벼슬한 분이 공자이다."(「만장하」)

| 원문 |

孔子之去齊에 接淅而行하시고 去魯에 曰 遲遲라 吾行也여하시니

去父母國之道也라 可以速而速하며 可以久而久하며 可以處而處하며 可以仕而仕는 孔子也시니라

| 자해 |

* 접接 : 승承, 즉 '받음'과 같다. 석淅 : 밥하려고 물에 담근 쌀을 뜻한다. 따라서 접석이행接淅而行은 밥할 때까지 기다리지 않고 물에 담긴 쌀을 그냥 받아서 빨리 떠나는 것을 의미한다. 처處 : 은둔하다, 숨다. 가이처이처可以處而處 : 은둔할 만하면 은둔하다.

| 해영 |

오래전, 공자孔子가 제나라 경공에게 도道를 행하지 못하고 떠날 때는, 밥을 지으려고 물에 담가두었던 쌀을 건져 속히 떠난 적이 있습니다. 하지만 노나라의 실권자인 계환자가 제나라 여자와 풍류를 즐기는 것을 목격하고 떠날 때는, 자로子路의 재촉에도 불구하고 '더디고 더디다. 나의 떠남이여!'라고 하였습니다. 그가 '더디고 더디다'라고 한 것은 부모의 나라를 떠나는 도리道理로서 다른 나라를 떠날 때와는 다른 것임을 일러줍니다.

공자가 제나라를 속히 떠난 것은 실제로 급박해서가 아니라 도道가 이미 행해지지 못하므로 속히 떠난 것이고, 머무르기를 오래한 것은 지체한 것이 아니라 의義를 소홀히 할 수 없기 때문에 오래 머무른 것입니다. 벼슬하지 않은 것 또한 은둔한 것을 높여서가 아니라 세상이 알아주지 못하여 벼슬하지 않은 것이며, 벼슬을 하게 된

것은 그것이 영화로워서가 아니라 자신을 아는 지도자가 있어 벼슬한 것입니다. 그가 행하는 방식입니다.

시중時中

| 맹자 |

맹자가 이르기를, "백이는 성인 가운데 청렴한 분이고, 이윤은 성인 가운데 천하의 일을 스스로 맡은 분이며, 유하혜는 성인 가운데 화합한 분이고, 공자는 성인 가운데 때에 맞게 행한 분이다. 공자는 집대성集大成이라 이른다. 집대성이란 쇠[金]로 만든 악기로 소리를 내고 옥玉으로 만든 악기로 거두는 것이다. 쇠[金]로 만든 악기로 소리를 내는 것은 조리條理의 시작이고, 옥玉으로 만든 악기로 거두는 것은 조리條理를 마침이다. 조리를 시작하는 것은 지혜로움의 일이고, 조리를 마치는 것은 성스러움의 일이다. 지혜를 비유하면 공교함이고, 성스러움을 비유하면 힘이니, 백보 밖에서 활 쏘는 것과 같다. 그것이 이르는 것은 너의 힘이지만, 적중하는 것은 너의 힘이 아니다."(「만장하」)

| 원문 |

孟子曰 伯夷는 聖之淸者也요 伊尹은 聖之任者也요 柳下惠는 聖之和者也요 孔子는 聖之時者也시니라 孔子之謂集大成이니라 集大成

也者는 金聲而玉振之也라 金聲也者는 始條理也요 玉振之也者는 終條理也니 始條理者는 智之事也요 終條理者는 聖之事也니라 智를 譬則巧也요 聖을 譬則力也니 由猶射於百步之外也하니 其至는 爾力也어니와 其中은 非爾力也니라

| 자해 |

* 청淸 : 청淸이 지극한 것으로 잡된 바가 없음. 임任 : 천하의 일을 자신의 책임으로 삼음. 화和 : 화합이 지극한 것, 즉 그와 다른 바가 없음. 시時 : 벼슬하고, 멈추고, 오래되고, 빠름이 각각 때에 알맞음.
* 성成 : 하나의 악기로 연주하여 하나의 가락을 완성하는 것, 즉 음악을 한 번 마친 것을 뜻함. 집대성集大成 : '모아서 크게 이룬다'는 말로, 여러 악기가 연주하는 가락들을 모아서 크게 완성하는 것을 뜻한다. 즉 공자가 세 성인의 일을 모아서 큰 성인의 일을 함이 마치 음악을 연주하는 사람이 여러 소리의 적게 이룬 것을 모아서 크게 이룬 것처럼 하였다는 뜻이다.
* 금金 : 쇠로 만든 악기. 성聲 : 베풀다. 즉 소리를 울려 여운을 길게 늘어뜨리는 것. 옥玉 : 옥으로 만든 악기. 진振 : 거두다. 즉 소리를 수습하여 거두어들임으로써 여운을 그치게 하는 것. 조리條理 : 맥락脈絡과 같으며, 사물의 가닥이나 노래의 가락을 뜻한다. 유由 : 유猶와 같음.

| 해영 |

맹자가 여러 성인聖人을 차례로 거론한 뒤 평한 것은 참 이례적인 일입니다. 특히 백이와 이윤, 유하혜, 공자가 행한 일들에 관해 각각 그 특성을 열거한 점이 눈에 들어옵니다. 예컨대 백이는 절개가 높아서 한 점의 더러움도 없으니 성인 가운데 '맑은 사람'이고, 이윤은 천하의 일을 책임지고 결코 남에게 미루지 않았으니 성인 가운데 '맡은 사람'이며, 유하혜는 도량이 천하를 용납하여 조금도 막히거나 다름이 없으니 성인 가운데 '화합한 사람'이고, 공자는 옮기고, 변하고, 화합하는 행동거지가 모두 마땅하여 성인 가운데 '때에 맞게 행한 사람'이라고 평한 것입니다.

그럼 성인聖人 가운데 '때에 맞게 하였다'는 말은 무슨 뜻일까요? 공자가 성대한 덕德을 혼연하게 갖추고 세 성인의 장점을 겸하여 때에 알맞게 내니, 이것을 이른바 집대성集大成, 즉 '여러 성인을 모아서 크게 이룬 것'이라고 하지요. 그렇다면 어찌하여 '모아서 크게 이루었다'고 하는 것일까요? 음악에 여덟 가지의 소리가 있는데, 그 가운데 한 소리로 연주를 하면 한 소리로 시작하여 한 소리로 마치게 됩니다. 가령 쇳소리로 시작하면 쇳소리로 마치고, 옥소리로 시작하면 옥소리로 마치는 것이지요. 이것을 다른 말로 하면 '적게 이룬 것'이라고 할 수 있습니다.

따라서 '모아서 크게 이루었다'는 것은 연주를 할 때에 쇳[金]소리로 시작하고 마칠 때에는 옥玉소리로 거두는 것을 뜻합니다. 쇳소리로 시작하는 것은 여덟 소리를 연주할 때 먼저 쇠북을 쳐서 다른 소리를 이끌어내기 위함입니다. 즉 쇳소리가 여러 소리를 유인하는 '시작의 조리條理'라고 한다면, 옥 소리는 여러 소리의 연주가 종료되는 '마침의 조리'를 의미합니다. 시작하고 마치는 사이에 여러 소리의 맥락脈絡이 관통하여 갖추지 않는 것이 없으니, 이것을 이른바 '모아서 크게 이루었다'고 합니다. 여기서 '조리의 시작'은 공자의 앎이 완전하다는 것을 뜻합니다.

또한 '조리의 마침'은 공자의 덕이 온전하지 않음이 없다는 것으로 힘써 아는 것을 행하여 그 극진한 데까지 나아간 것을 이릅니다. 다른 말로 성스러움으로써 아는 것이 지극한 공을 거둔 것으로, 즉 옥으로써 음악을 마치는 것과 같다고 할 수 있습니다. 이처럼 성스러움과 지혜를 두루 갖춘 공자가 '모아서 크게 이루게 된 이유'이기도 합니다. 따라서 앞의 세 성인을 공자와 비교하면 '적게 이룬 것'으로 밖에 볼 수 없다는 점에서 공자의 덕德을 짐작할 수 있습니다. 공자가 지혜와 성스러움을 겸한 것과 아울러 '때에 맞게 행한 것'이 세 성인과 크게 다른 이유입니다.

아울러 '공자의 지혜'를 비유하면 공교工巧함이니, 신명이 안에 쌓여 공교함이 가운데에 감춰진 것과 실상이 같고, '공자의 성스러움'을 비유하면 힘이니, 조예造詣가 순전純全하고 지극하여, 강한 힘이 멀리 이르는 것과 실상이 같습니다. 성인의 도道를 힘써 행하여 이르도록 하는 것이 성스러움이라면, 때에 맞게 행하여 도道가 순전하도록 하는 것은 지혜입니다. 가령 과녁[貫革]을 백보 밖에 세우고 활을 쏘는 경우와 같습니다. 활을 쏘아서 화살이 과녁에 이르는 것은 쏘는 사람의 힘이지만, 화살이 과녁에 적중하는 것은 사람의 힘이 아닌 것과 같은 경우입니다.

이것은 몸과 마음, 즉 손과 마음이 서로 응하는 곳에서 얻어집니다. 말하자면 공교함으로써 힘을 행한 뒤에야 잘 쏘는 사람이 되듯, 지혜와 성스러움을 갖춘 뒤에야 온전한 덕德을 갖춘 사람이 되는 것과 같습니다. 공자는 공교함과 힘을 겸전兼全한 사람입니다. 이는 앞의 세 성인과 근본적으로 다름을 내포한 말입니다. 그들 또한 힘은 충분하지만 공교함에 있어서는 공자와 비교할 수 없다는 뜻입니다. 공자가 '크게 이룬 성인'이 된 이유가 여기에 있습니다. 따라서 공자를 배우는 사람들은 마땅히 지혜로 말미암아 성스러움에 들어가야 한다는 것이 맹자의 주장입니다.

벗1

| 맹자 |

만장이 물었다. "감히 벗에 대해 묻겠습니다." 맹자가 이르기를, "나이가 많음을 내세우지 않고, 귀함을 내세우지 않으며, 형제를 내세우지 않고 벗하는 것이다. 벗이란 그 덕을 벗하는 것이니, 내세움이 있어서는 안 된다. 맹헌자는 백승의 집안이다. 벗 다섯 사람이 있었는데, 악정구와 목중이요, 나머지 세 사람은 내가 잊어버렸다. 헌자가 이 다섯 사람과 벗함에 헌자의 집안을 내세움이 없었으며, 이 다섯

사람 또한 (헌자의 집안에 마음을 두지 않았으니) 헌자의 집안에 마음이 있었다면 더불어 벗하지 않았을 것이다."(「만장하」)

| 원문 |

萬章問曰 敢問友하노이다 孟子曰 不挾長하며 不挾貴하며 不挾兄弟而友니 友也者는 友其德也니 不可以有挾也니라 孟獻子는 百乘之家也라 有友五人焉하더니 樂正裘와 牧仲이요 其三人은 則予忘之矣로라 獻子之與此五人者로 友也에 無獻子之家者也니 此五人者亦有獻子之家면 則不與之友矣리라

| 자해 |

* 협挾 : 믿고 내세우다, 믿고 의지하다. 맹헌자孟獻子 : 노魯나라의 어진 대부大夫인 중손멸仲孫蔑을 지칭. 백승百乘 : 대부가 보유할 수 있는 수레의 수. 대개 천자는 만승萬乘, 제후는 천승千乘, 대부는 백승百乘을 보유할 수 있다. 악정구樂正裘 : 노나라 사람. 목중牧仲 : 노나라 사람.

| 해영 |

예나 지금이나 벗을 사귐에 있어서는 중시하지 않을 수 없습니다. 만장이 벗을 사귀는 도道에 대해 묻자, 맹자는 마음을 낮추고, 공손해야 함을 강조합니다. 자신의 나이가 많음을 내세우지 않고, 자신의 귀함을 내세우지 않으며, 자신의 형제들이 속된 말로 잘 나가는 것을 내세우지 않아야 한다고 말합니다. 벗이라고 하는 것은 그 사람

의 덕德과 벗하여 나의 덕德이 나아가는데 의지가 되게 하는 것을 뜻합니다.

천하에 '덕德보다 위에 있는 것이 없다'는 말은 이와 같은 경우에서 나온 말입니다. 만일 한 가지라도 스스로 내세우는 마음이 있다면 어찌 될까요? 아마도 오래지 않아 교만에 빠지고 말 것입니다. 그렇게 되면 덕이 있는 사람들이 저절로 멀어질 것은 명약관화한 일입니다. 특히 자신의 귀함을 내세우는 일에 대해선 더욱 삼가야 합니다. 오래전 자신의 귀함을 드러내지 않고 벗의 도道를 다한 사람이 있습니다.

노나라의 대부[서울시장이나 도지사 지위]로 있었던 맹헌자입니다. 그는 백승의 가문으로 그야말로 귀貴한 사람이었습니다. 그에겐 다섯 명의 어진 벗이 있었는데, 서로가 스스로의 덕德으로 상대를 존숭하였습니다. 형세의 이로움이나 헌자의 가문 따위를 전혀 의식하지 않고 사귄 것입니다. 만일 다섯 명의 어진 벗이 헌자의 가문을 의식했더라면 어찌 되었을까요? 제대로 된 벗으로 오래 지속하지 못했을 것입니다.

벗2

| **맹자** |

"순舜임금이 위에 올라가 요堯임금을 뵈었을 때, 요임금은 사위인 순임금을 별궁에 머물게 하고 또한 순임금에게 음식을 얻어먹어, 번갈

아 손님과 주인이 되었으니 이는 천자로서 필부와 벗한 것이다. 아랫사람으로서 윗사람 공경하는 것을 귀귀貴貴라 이르고, 윗사람으로서 아랫사람 공경하는 것을 존현尊賢이라 이르니, 귀귀貴貴와 존현尊賢이 그 뜻은 한가지이다."(「만장하」)

| 원문 |

舜이 尙見帝어시늘 帝館甥于貳室하시고 亦饗舜하사 迭爲賓主하시니 是는 天子而友匹夫也니라 用下敬上을 謂之貴貴요 用上敬下를 謂之尊賢이니 貴貴尊賢이 其義一也니라

| 자해 |

* 상尙 : 상上과 같음. 즉 순임금이 요임금의 딸과 혼인하여 '요임금을 뵌 것'을 의미한다. 관館 : 숙소. 생甥 : 사위, 요임금이 두 딸을 순의 아내로 주었기 때문에 사위라고 한 것이다. 이실貳室 : 별궁別宮, 버금가는 궁이라는 뜻의 부궁副宮으로 쓰기도 함. 질迭 : 바뀌다. 용用 : 이以와 같음.

| 해영 |

본래 철학哲學은 이른바 지도층 인사들을 대상으로 한다고 전해옵니다. 가령 "민중은 도道를 따르게 할 수는 있어도 그 원리를 알게 할 수는 없다."116)는 말이 잘 말해줍니다. 하지만 요즘 세상은 누구나 마음만 먹으면 지도층 진입이 가능하다는 점에서 일반 민중들에게

도 철학을 가르칩니다.

이는 일반 민중들 가운데서 이른바 고관대작高官大爵은 물론 최고 지도자까지도 나올 수 있는 환경이 되었다는 이야기입니다. 요순堯舜 시절에도 손님과 주인이 번갈아 가며 상호 존중했는데, 오늘날 그렇게 하지 못한다는 것은 말이 안 되는 일이지요. 시대의 리더들은 반드시 새길 일입니다.

교제1

| 맹자 |

만장이 물었다. "감히 묻겠습니다. 교제는 무슨 마음으로 해야 합니까?" 맹자가 이르기를, "공경이다." 만장이 말하였다. "물리쳐야 하는 것에서 물리치는 것이 불공不恭이라고 하는 것은 어째서입니까?" 맹자가 이르기를, "존귀尊貴한 사람이 줄 때, 이것을 취하는 것이 의義인가 불의不義인가를 생각한 이후에 받는다면, 이것을 불공不恭이라 한다. 그러므로 물리치지 않는 것이다." 만장이 말하였다. "청하건대 말로써 물리치지 말고, 마음으로써 물리치면서 말하기를, '그 민중에게 취하는 것을 불의不義라 했다'라고 하여, 다른 구실로 받지 않으면 되지 않습니까?" 맹자가 이르기를, "그 교제를 도道로써 하고, 그 대접을 예禮로써 하면 공자도 받았다."(「만장하」)

116) 『논어』, 「태백(泰伯)」: 子曰, 民, 可使由之, 不可使知之.

| 원문 |

萬章問曰 敢問交際는 何心也잇고 孟子曰 恭也니라 曰 卻之卻之가 爲不恭은 何哉잇고 曰 尊者賜之어든 曰 其所取之者義乎아 不義乎아하여 而後受之면 以是爲不恭이라 故로 弗卻也니라 曰 請無以辭卻之요 以心卻之曰 其取諸民之不義也라하고 而以他辭無受가 不可乎잇가 曰 其交也以道요 其接也以禮면 斯는 孔子도 受之矣시니라

| 자해 |

* 교제交際 : 예의와 폐백으로써 서로 사귀는 것을 말함. 각卻 : 받지 않고 돌려보내는 것. 각지각지卻之卻之 : 물리쳐야 하는 것에서 물리친다. 불弗 : 불不과 같음.

| 해영 |

예나 지금이나 교제는 쉽지 않은 일입니다. 특히 지도자들 간의 교제는 더욱 어렵다고 할 수 있습니다. 자칫 사욕이 끼어들 여지가 훨씬 크기 때문입니다. 가령 부정축재不正蓄財를 통한 재물을 가지고 교제의 수단으로 활용한다면 어떻겠습니까? 지속되기 쉽지 않을 것입니다. 하지만 과거의 잘못된 행위를 문제 삼아 계속해서 교제를 꺼린다면 이 또한 문제라 할 것입니다. 지금 바로 여기서 그 교제를 도道로써 하고, 그 대접을 예禮로써 할 수 있다면, 교제의 자격은 갖추었다고 할 수 있습니다. 완벽한 사람은 없기 때문입니다.

교제2

| 맹자 |

만장이 말하였다. "지금 국문國門 밖에서 사람을 막고서 강도질한 자가 그 교제를 도道로써 하고, 주는 것을 예禮로써 한다면 강도질한 물건을 받을 수 있습니까?" 맹자가 이르기를, "안 된다. 「강고」에서 이르기를, '사람을 재물 때문에 죽여 넘어뜨리고 완강하여 죽는 것을 두려워하지 않는 자를 모든 민중들이 원망하지 않는 이가 없다'고 하였으니, 이는 가르침을 기다리지 않고 죽일 자인 것이다. 어찌 그것을 받을 수 있겠는가?"(「만장하」)

| 원문 |

萬章曰 今有禦人於國門之外者가 其交也以道요 其餽也以禮면 斯可受禦與잇가 曰 不可하니 康誥에 曰 殺越人于貨하여 閔不畏死를 凡民이 罔不譈라하니 是는 不待教而誅者也니 如之何其受之리오

| 자해 |

* 어禦 : 막다, 즉 사람을 막아 강도질 하는 것. 국國 : 서울, 도읍지. 국문지외國門之外 : 사람이 없는 곳. 궤餽 : 선물을 주는 것. 강고康誥 : 『서경書經』, 「주서周書」의 편명. 월越 : 넘어뜨리다. 민閔 : 완강하다, 포악하다. 『서경』에서는 민暋으로 되어 있다. 대譈 : 원망하다.

| 해영 |

만장이 좀 더 극단적인 질문을 합니다. '예컨대 사람들이 드문 곳에서 강도질을 통해 빼앗은 물건이 여기 있습니다. 교제를 위해 도道로써 하고, 주는 것을 예禮로써 하며, 태도 또한 공손하게 하면서 선물로 그것을 준다면 받을 수 있습니까?' 맹자는 일언지하에 '안 된다'고 잘라 말합니다. 길에서 사람들의 갈 길을 막아 돈을 빼앗는 행위는 사람의 길을 포기한 흉악한 짓이기 때문입니다.117)

맹자는 '사람을 재물 때문에 죽이고, 완강하여 죽음조차 두려워하지 않는 자를 모든 민중들이 원망한다'는 『서경』의 말씀을 인용하고 있지만, 사실은 사람의 삶이 '결과 중심'이 아닌 '과정 중심'임을 일러주고 있는 것입니다. 이와 같은 경우엔 가르쳐 사람이 되기를 기다릴 필요도 없이 사회에서 배척해야 한다는 것이 그의 주장입니다. 이런 행위가 의義로운 행위임은 말할 것도 없습니다.

교제3

| 맹자 |

만장이 말하였다. "지금 제후들이 민중들에게 취하는 것이 강도질과

117) 서양에서는 인간의 행위와 관련된 측면을 기준으로 '목적론적 윤리'와 '의무론적 윤리'로 나누어 설명한다. 즉 행위의 옳고 그름의 기준을 결과나 목적 달성 여부로 판단하려는 것이 목적론적 윤리이고, 행위의 옳고 그름의 기준을 결과가 아닌 행위 그 자체의 옳고 그름 및 행위자의 의도와 동기로 판단하려는 것이 의무론적 윤리이다. 맹자의 위와 같은 논의는 당연히 의무론적 윤리에 해당한다.

같은데, '진실로 그 예禮와 교제交際를 잘하면 이는 군자도 받는다'고 하시니, 감히 묻건대 무슨 말씀입니까?" 맹자가 이르기를, "자네가 생각하기에, 왕도정치를 하는 자가 나타남이 있다면 장차 지금의 제후들을 나란히 세워 죽일 것인가? 그들을 가르쳐서 고치지 않은 뒤에 죽일 것인가? 자기 소유가 아닌 것을 취하는 것을 도적이라고 이르는 것은, 그 종류를 확충하여 뜻을 다하기에 이른 것이다. 공자가 노나라에서 벼슬할 때에 노나라 사람들이 엽각獵較을 하자, 공자도 엽각을 하였으니, 엽각도 오히려 가능한데 하물며 그 주는 것을 받는 것에 있어서랴!"(「만장하」)

| 원문 |

曰 今之諸侯取之於民也는 猶禦也어늘 苟善其禮際矣면 斯는 君子도 受之라하시니 敢問何說也니잇고 曰 子以爲有王者作인댄 將比今之諸侯而誅之乎아 其敎之不改而後에 誅之乎아 夫謂非其有而取之者를 盜也는 充類至義之盡也라 孔子之仕於魯也에 魯人이 獵較이어늘 孔子亦獵較하시니 獵較도 猶可온 而況受其賜乎아

| 자해 |

* 유어猶禦 : 강도질과 같다. 자子 : 자네, 그대. 이위以爲 : ~을 생각하다. 비比 : 연連과 같다. 즉 '나란히 세우다'라는 뜻이다. 충류지의充類至義 : 어떤 결론을 도출할 때에 논리적으로 같은 종류를 확충해

가는 방법118)을 뜻한다. 엽獵 : 사냥하다. 각較 : 다투다. 엽각獵較 : 사냥한 것을 서로 비교하여 많이 사냥한 사람이 적게 사냥한 사람의 것을 모두 차지하는 일종의 도박.

| 해영 |

사람은 누구나 완벽하지 않습니다. 장점과 단점을 동시에 갖추고 있는 존재입니다. 가령 장점이 훨씬 많고 단점이 아주 적은 사람이라면 대단한 사람이고, 장점은 찾아보기 힘들 만큼 적고, 단점이 훨씬 많은 사람이라면 미천한 사람이라고 할 수 있습니다. 문제는 장점이 매우 많음에도 일부의 단점을 지속적으로 문제 삼는 경우입니다. 이와는 반대로 단점이 매우 많음에도 일부 장점만을 취하여 부각하는 경우입니다.

해법은 장점이 많은 이에게는 장점이 더욱 확대되도록 장려하는 일이고, 단점이 많은 이에게는 가능한 단점은 숨겨주면서 장점이 발휘될 수 있도록 지속적인 충고가 필요하다는 것입니다. 나에게 비판하는 사람이 스승119)이라는 말이 적중될 수 있도록 끊임없이 변화의 길을 안내하는 것입니다. '공자가 사람들이 엽각獵較을 하자, 자신

118) 가령 '도적'이란 남의 것을 훔치는 자인데, 남의 것을 훔친다는 것은 자기의 것이 아닌 것을 가지는 것이므로, 자기의 것이 아닌 것을 가지는 종류에 해당하는 것을 모두 도적이라고 이름 붙이는 것과 같다. 이런 논리를 극도로 비약하면, 일한 것보다 더 많은 봉급을 받는 것도 도적이 되고, 일을 시키고 임금을 적게 주는 것도 도적이 되며, 상품을 팔고 사는 과정에서도 생산비 이상으로 받는 것 또한 도적이 된다. 결국 모든 민중들의 생활 자체가 도적이 될 수 있다.(이기동, 『맹자강설』, 성균관대학교 출판부, 2001, 427쪽.)

119) 『명심보감』, 「정기(正己)」: 道吾善者, 是吾賊. 道吾惡者, 是吾師.

도 엽각을 하였다'는 말은 단번의 변화가 아닌 서서히 변화시키기 위함이었습니다.

교제4

| 맹자 |

만장이 말하였다. "그렇다면 공자가 벼슬한 것은 도道를 일삼은 것이 아닙니까?" 맹자가 이르기를, "도道를 일삼은 것이다." 만장이 말하였다. "도道를 일삼았다면 어찌하여 엽각獵較을 하였습니까?" 맹자가 이르기를, "공자가 먼저 문서로 제기祭器를 바르게 하여 사방의 음식물을 공급하지 않도록 하셨다." 만장이 말하였다. "어찌하여 떠나지 않았습니까?" 맹자가 이르기를, "(도를 행할 수 있는) 조짐 때문이다. 조짐이 족히 시행될 만한 것인데도 행해지지 않은 이후에 떠났으니, 이 때문에 일찍이 삼년을 마치도록 머무른 곳이 없었다. 공자는 도道를 행하는 것이 가능함을 보고 벼슬이 있었고, 교제하는 것이 가능할 경우에 벼슬이 있었으며, 공양公養의 벼슬이 있었다. 계환자에게서 벼슬한 것은 도道를 행하는 것이 가능함을 보고 한 벼슬이었고, 위령공에게서 벼슬한 것은 교제하는 것이 타당하여 한 벼슬이었으며, 위효공에게서 벼슬한 것은 공양을 받는 벼슬이었다."(「만장하」)

| 원문 |

曰 然則孔子之仕也는 非事道與잇가 曰 事道也시니라 事道어시니

奚獵較也잇고 曰 孔子先簿正祭器하사 不以四方之食으로 供簿正하시니라 曰 奚不去也니잇고 曰 爲之兆也시니 兆足以行矣로되 而不行而後去하시니 是以로 未嘗有所終三年淹也시니라 孔子有見行可之仕하시며 有際可之仕하시며 有公養之仕也하시니 於季桓子엔 見行可之仕也요 於衛靈公엔 際可之仕也요 於衛孝公엔 公養之仕也니라

| 자해 |

* 사도事道 : 도를 일삼다. 사도해렵각事道奚獵較 : 만장이 맹자에게 물은 것. 부簿 : 문서, 장부. 정正 : 제사 때 쓰는 그릇이나 올려놓은 음식을 바르게 정리함. 조兆 : 조짐, 점칠 때의 조짐과 같음.
* 견행가見行可 : 그 도를 행할 만함을 본 것. 제가際可 : 교제하는데 예로써 함. 공양公養 : 임금이 어진 사람을 기르는 예. 계환자季桓子 : 노나라 대부 계손사季孫斯를 지칭, 일명 계씨季氏로 불린다.
* 위령공衛靈公 : 위나라 임금(재위 : 기원전 534~493년)으로 이름은 원元. 위효공衛孝公 : 『춘추』와 『사기』에는 효공孝公이라는 이름이 없다. 따라서 주자朱子는 영공의 아들인 첩輒 : 出公을 지칭하는 것이라고 하였다.

| 해영 |

엽각獵較은 사냥한 것을 서로 비교하여 많이 사냥한 사람이 적게 사냥한 사람의 것을 모두 차지하는 일종의 도박으로, 그 자체만 가지

고 보면 비판을 면할 수 없을 것입니다. 하지만 공자가 엽각 행위를 옹호하거나 미화하기 위함이 아닌, 그들을 변화시키는 것이 단번에 할 수 없음을 은유적으로 드러낸 것입니다. 따라서 공자는 엽각을 통해 피해가 생길 수 있는 부분을 제거함으로써 갈등을 줄인 것은 그의 역량이라 하겠습니다. 가령 사냥의 결과물들이 제사에 쓰이지 않도록 조치를 한 것이 그것입니다.

그리고 공자가 정치에 직접 뛰어든 것은 도道가 실현될 수 있는 단서 때문이었습니다. 계환자에게서 벼슬한 것은 도道를 행하는 것이 실제로 가능함을 보고 벼슬한 경우이고, 위나라 영공에게서 벼슬한 것은 교제하는 것이 타당하기 때문에 한 것이며, 위나라 효공에게서 벼슬한 것은 공양을 받을 만한 벼슬이었기 때문에 한 것입니다. 하지만 시간은 누구에게나 무한정 주어지지 않습니다. 도가 실현될 가능성이 점점 희박해짐을 인지하고 떠난 것입니다. 리더들의 교제에 대해 성찰하게 되는 대목입니다.

벼슬

| 맹자 |

맹자가 이르기를, "벼슬을 하는 것이 가난을 해결하기 위한 것은 아니지만, 때로는 가난을 해결하기 위한 경우가 있고, 아내를 얻는 것은 봉양을 받기 위한 것은 아니지만, 때로는 봉양을 받기 위한 경우

도 있다. 가난을 해결하기 위해 벼슬하는 것은 높은 자리를 사양하고 낮은 자리에 거처하며, 녹祿이 많은 것을 사양하고 적은 데에 거처해야 한다. 높은 자리를 사양하고 낮은 자리에 거처하며 녹祿이 많은 것을 사양하고 적은 데에 거처하는 것은 어떻게 해야 마땅한가? 관문을 여닫거나 목탁을 치는 것이다. 공자가 일찍이 위리委吏가 되어 이르기를, '회계를 마땅하게 할 따름이다'라고 하였고, 일찍이 승전乘田이 되어 이르기를, '소와 양을 살찌고 자라게 할 따름이다'라고 하였다. 지위가 낮은데 말을 높게 하는 것은 죄이고, 남의 조정에 서서 도道가 행해지지 않음은 부끄러운 일이다."(「만장하」)

| 원문 |

孟子曰 仕非爲貧也로되 而有時乎爲貧하며 娶妻非爲養也로되 而有時乎爲養이니라 爲貧者는 辭尊居卑하며 辭富居貧이니라 辭尊居卑하며 辭富居貧은 惡乎宜乎오 抱關擊柝이니라 孔子嘗爲委吏矣사 曰 會計를 當而已矣라하시고 嘗爲乘田矣사 曰 牛羊을 茁壯長而已矣라하시니라 位卑而言高가 罪也요 立乎人之本朝而道不行이 恥也니라

| 자해 |

* 빈貧 : 가난하다. 양養 : 봉양하다. 사부거빈辭富居貧 : 녹祿이 많은 것을 사양하고 적은 데에 거처하다. 오惡 : 어찌. 오호의호惡乎宜乎 : 어찌해야 마땅한가? 포관抱關 : 관문을 열고 닫는 관리. 탁柝 : 목탁,

딱따기. 격탁擊柝 : 시간을 알려야 할 때 목탁을 치는 관리.

* 상嘗 : 일찍이. 위委 : 창고. 위리委吏 : 창고의 출납을 맡은 아전衙前. 승전乘田 : 공원 등에서 짐승을 먹여 기르는 아전. 줄茁 또는 촬茁 : 살찌다, 자라다. 본조本朝 : 임금이 있는 조정.

| 해영 |

사람이 살아가는 근본 목적은 무엇일까요? 누구에게나 가지고 있는 명덕明德, 즉 '밝은 덕'을 밝히는 일입니다. 그것은 지위와 장소를 막론하고 '지금 바로 여기'에서 밝히면 되는 일이지요. 하지만 삶이 지나치게 곤궁해지면 명덕을 밝히기 쉽지 않을 것입니다.

이런 경우 벼슬을 하게 되면, 마땅히 높고 부유함을 추구해서는 안 된다는 것입니다. 가령 공자가 위리委吏라는 벼슬을 할 때는 회계를 깔끔하게 처리했고, 승전乘田이란 벼슬을 할 때는 소와 양이 잘 자라도록 하였다는 것에서 그 뜻을 읽을 수 있습니다.

이제 벼슬을 하게 되면 최소한의 생계를 유지할 수 있는 봉급을 받게 됩니다. 그렇다면 자신이 지니고 있는 명덕을 밝혀야 함은 물론입니다. 하물며 사회적 지위를 점하고 있는 지도자들은 어떻겠습니까? 더욱 더 배가해야 하는 것이지요. 당위이기 때문입니다.

선사善士

| 맹자 |

맹자가 만장에게 이르기를, "한 고을의 선사善士라야 한 고을의 선사善士와 벗할 수 있고, 한 나라의 선사善士라야 한 나라의 선사善士와 벗할 수 있으며, 천하의 선사善士라야 천하의 선사善士와 벗할 수 있는 것이다. 천하의 선사善士를 벗함에 만족하지 않은 것으로 여겨 또한 위로 옛사람을 논하는 것이니, 그 시를 외우고 그 글을 읽으면서도 그 사람을 알지 못한다면 되겠는가? 이 때문에 그 세상을 논하는 것이니, 이는 위로 올라가서 벗하는 것이다."(「만장하」)

| 원문 |

孟子謂萬章曰 一鄕之善士라야 斯友一鄕之善士하고 一國之善士라야 斯友一國之善士하며 天下之善士라야 斯友天下之善士니라 以友天下之善士로 爲未足하여 又尙論古之人하나니 頌其詩하며 讀其書하되 不知其人이 可乎아 是以로 論其世也니 是尙友也니라

| 자해 |

* 선사善士 : 선한 선비. 상尙 : 상上과 같음. 송頌 : 외우다. 논기세論其世 : 그 당시 행해지던 자취를 논의.

| 해영 |

유유상종類類相從이란 말이 있습니다. 유사한 사람들과 어울린다는 말이지요. 그럼 착한 사람들과 벗하고자 하는 것은 무슨 까닭일까요? 그것은 상대의 선함이 결국 자신에게 보익補益이 되기 때문일 것입니다. 이를 위해선 먼저 선해야 합니다. 가령 한적한 시골이라도 자신의 선함이 존재해야 뜻이 같은 사람들이 서로 도道를 닦아 덕德에 나아갈 수 있습니다. 그러므로 스스로 선한 선비가 되어야 선한 선비를 만날 수 있고, 스스로 선한 선비가 되어야 한 나라, 더 나아가 천하의 선비와도 어깨를 나란히 할 수 있는 것입니다.

이러한 방식을 통해 천하의 선한 선비들과 벗하고 있다면, 이를 부족하게 여겨 성현聖賢들의 삶까지 상고해야 합니다. 성현들의 시와 글을 읽는 것은 견문을 넓히기 위함입니다. 이런 과정을 통해 얻어진 식견은 현실사회에서 드러난 현안을 해결하는데 실마리가 되어야 함은 말할 것도 없습니다. 만일 성현들의 생각이 오늘날의 삶에 전혀 도움이 되지 않는다면 더 이상 위로 올라가 벗할 이유가 없습니다. 천하의 벗들과 옛 성현들의 생각에 만족하지 않고, 그것이 '지금 여기'서 끊임없이 소통되도록 선함을 극대화해야 하겠습니다.

장적戕賊

| 맹자 |

고자告子가 말하였다. "성性은 버드나무와 같고, 의義는 나무로 만든

그릇과 같으니, 사람의 성性으로 인의仁義를 행함은 버드나무로 그릇을 만드는 것 같다." 맹자가 이르기를, "그대가 버드나무의 성질을 따라서 나무 그릇을 만들 수 있는가? 장차 버드나무를 해친 후에 나무 그릇을 만들 수 있을 것이니, 만일 장차 버드나무를 해쳐서 나무 그릇을 만들면 또한 장차 사람을 해쳐서 인의仁義를 행하겠는가? 천하의 사람들을 거느려서 인의仁義를 실천하는데 해를 입히는 것은 반드시 그대의 말일 것이다."(「고자상」)

| **원문** |

告子曰 性은 猶杞柳也요 義는 猶桮棬也니 以人性爲仁義는 猶以杞柳爲桮棬이니라 孟子曰 子能順杞柳之性而以爲桮棬乎아 將戕賊杞柳而後에 以爲桮棬也니 如將戕賊杞柳而以爲桮棬이면 則亦將戕賊人以爲仁義與아 率天下之人而禍仁義者는 必子之言夫인저

| **자해** |

* 성性 : 사람이 태어나면서 받은 하늘의 이치. 기류杞柳 : 땅 버드나무와 산 버드나무. 배桮 : 그릇. 권棬 : 그릇. 배권桮棬 : 버드나무를 휘어 만든 그릇.
* 자子 : 그대, 자네. 순順 : 따르다. 이위以爲 : ~로 만들다. 장戕 : 해치다, 죽이다. 화禍 : 재앙을 내리다, 해치다.

| 해영 |

맹자의 성선性善이 본격적으로 들어가기 전, '사람의 마음'이 어떤 것인지 살펴보게 되는 대목입니다. 맹자는 당시의 사회상을 통해 어떻게 하면 혼란을 극복할 수 있는지 그 근원을 찾았습니다. 그는 남을 투쟁의 대상이 아닌, 나처럼 아끼고 사랑하는 대상으로 바꾸면 이른바 도덕성이 회복될 수 있다고 본 것입니다.

즉 마음의 본질인 선한 성을 곧게 발현시키면 갈등은 저절로 사라질 것이라고 본 것입니다. 이에 반해 고자는 본질적인 마음을 통찰하지 못하고 물리적인 성질만을 가지고 언급한 것입니다. 맹자의 "장차 버드나무를 해쳐서 나무 그릇을 만들면, 장차 사람을 해쳐서 인의仁義를 행하겠는가?"라는 비판이 매섭습니다.

선과 불선

| 맹자 |

고자가 말하였다. "성性은 여울물과 같다. 이것을 동쪽으로 터놓으면 동쪽으로 흐르고, 서쪽으로 터놓으면 서쪽으로 흐르니, 인성이 선善과 불선不善의 분별이 없는 것은 물이 동쪽과 서쪽으로 분별이 없는 것과 같다." 맹자가 이르기를, "물은 진실로 동서로 나누어짐이 없지만, 상하로 나누어짐이 없는가? 인성이 선善한 것은 물이 아래로 나가는 것과 같으니, 사람이 불선不善한 사람은 있지 않으며, 물이 아래

로 흐르지 않음은 없다. 지금 물을 쳐서 튀게 하면 이마를 지나가게 할 수 있으며, 격하게 흐르게 하면 산에 있게 할 수 있으니, 이 어찌 물의 본성이겠는가? 그 세勢가 곧 그런 것이다. 사람이 불선不善을 하게 할 수 있는 것은 그 성性이 또한 이와 같은 것이다."(「고자상」)

| 원문 |

告子曰 性은 猶湍水也라 決諸東方則東流하고 決諸西方則西流하나니 人性之無分於善不善也는 猶水之無分於東西也니라 孟子曰 水信無分於東西어니와 無分於上下乎아 人性之善也 猶水之就下也니 人無有不善하며 水無有不下니라 今夫水를 搏而躍之면 可使過顙이며 激而行之면 可使在山이어니와 是豈水之性哉리오 其勢則然也니 人之可使爲不善이 其性이 亦猶是也니라

| 자해 |

* 단湍 : 물결이 여울지는 모양, 즉 물이 고여 맴도는 모양이다. 결決 : 터놓다. 동방東方 : 동쪽. 박搏 : 치다. 약躍 : 뛰다, 튀다. 상顙 : 이마. 격激 : 물을 쳐서 위로 올리는 것. 세勢 : 형세.

| 해영 |

고자가 여전히 본질적인 마음을 통찰하지 못하고, 물리적인 성질만을 가지고 이른바 선악善惡을 논합니다. 가령 여울물은 동쪽으로 트든 서쪽으로 트든 물길을 내기만 하면 따라 움직이는 것이라며 성선

性善을 부정하려는 것이지요. 이에 맹자는 정면으로 반박합니다. 사람의 성품이 선한 것은 근본적으로 그러한 것이고, 악한 것은 부림을 받는데서 그런 것이라고요. 사람의 성품을 선하게 보는지? 악하게 보는지? 하는 문제는 작게는 사람들 간의 문제이지만, 크게는 나라의 질서를 구축하고 운영하는 데까지 나아갑니다.

가령 동양과 서양을 대별大別하여 보면 동양이 성선설적이고, 서양은 성악설적으로 이해합니다. 또 동양에서도 한국과 일본을 대별하여 보면, 한국이 성선설적인데 반해 일본은 성악설적으로 이해합니다. 이는 이른바 동도서기東道西器 논리와 유사합니다. 즉 동양과 한국은 도덕과 윤리를 통한 지배질서를 강조하는데 비해 서양과 일본은 예와 법, 과학, 기술을 통한 지배질서를 강조하는 사상이 그렇습니다. 사람의 성품을 어떻게 이해하느냐에 따라 이처럼 달라지는 것입니다. 눈을 크게 뜨지 않을 수 없는 일입니다.

본능

| 맹자 |

고자가 말하였다. "삶의 본능을 성性이라 한다." 맹자가 이르기를, "삶의 본능을 성性이라고 하는 것은 흰 것을 흰 것이라고 하는 것과 같은 것인가?" 고자가 말하였다. "그렇다." 맹자가 이르기를, "흰 깃털의 흰 것이 흰 눈의 흰 것과 같으며, 흰 눈의 흰 것이 흰 옥玉의 흰 것

과 같은가?" 고자가 말하였다. "그렇다." 맹자가 이르기를, "그러면 개의 성性과 소의 성性이 같으며, 소의 성性이 사람의 성性과 같단 말인가?"(「고자상」)

| 원문 |

告子曰 生之謂性이니라 孟子曰 生之謂性也는 猶白之謂白與아 曰然하다 白羽之白也가 猶白雪之白이며 白雪之白이 猶白玉之白與아 曰 然하다 然則犬之性이 猶牛之性이며 牛之性이 猶人之性與아

| 자해 |

* 생生 : 인물人物이 지각知覺하고 운동하는 것을 가리킨다. 견지성犬之性과 우지성牛之性, 인지성人之性의 성性은 모두 '본질적인 성性'을 의미한다.

| 해영 |

일반적으로 성性이란 '하늘에서 얻은 이치'이고, 생生이란 '하늘에서 부여한 기운'이라 합니다. 즉 '이치와 기운이 합쳐진 의미'로 생각하고, 움직이고, 먹고, 마시고, 일하는 모든 행위가 성性의 작용이라 하겠습니다. 이런 성의 작용은 다른 동물들에게도 존재합니다. 가령 개나 소나 그 성의 작용은 같다고 할 수 있는 것이지요.

하지만 기운이 아닌 이치만으로 분석해 보면, 사람에게는 인의예지仁義禮智라는 독특한 이치가 마음속에 존재합니다. 이러한 기능이 육체를 통해 무한 확충되는 것이지요. 만물의 영장이 된 것도 이런 작용의 결과입니다. 고자는 이런 근원적인 성의 원리를 이해하지 못하고 기운 만을 가지고 논하다 보니 진보하지 못한 것입니다.

성선性善1

| 맹자 |

공도자가 말하였다. "고자는 말하기를, '성性은 선善함도 없고 불선不善함도 없다'라고 하고, 혹자는 말하기를, '선은 선할 수도 있고 불선할 수도 있으니, 이 때문에 문왕文王과 무왕武王이 일어나면 민중들이 선善을 좋아하고, 유왕幽王와 여왕厲王이 일어나면 민중들이 포악함을 좋아한다'고 하며, 혹자는 말하기를, '성이 선한 이도 있고, 성이 불선한 이도 있다. 이 때문에 요堯를 임금으로 삼아도 상象이 있었으며, 고수瞽瞍를 아버지로 삼았는데도 순舜이 있었으며, 주왕紂王을 형의 아들로 삼고 또 임금으로 삼았는데도 미자微子 계啓와 왕자王子 비간比干이 있었다'고 하니, 지금 선생님께서 이르시길, '성性이 선善하다'라고 하시니, 그렇다면 저들은 모두 틀린 것입니까?" 맹자가 이르기를, "그 정情으로 말하면 선善하다고 할 수 있을 것이니, (이것이 내가 말하는) 이른바 선善하다는 것이다. 불선不善을 하는 것은 재才[120]

120) 재(才)는 마음의 기능으로 육체적 요소에 지배를 받는다. 육체가 욕심에 의해 타락하면 할수록 재(才)는 나쁜 쪽으로 움직인다. 끊임없이 수신(修身)해야 하는 이유다.(이기동, 『맹

의 죄가 아니다."(「고자상」)

| 원문 |

公都子曰 告子曰 性은 無善無不善也라하고 或曰 性은 可以爲善이며 可以爲不善이니 是故로 文武興하면 則民好善하고 幽厲興하면 則民好暴라하고 或曰 有性善하며 有性不善하니 是故로 以堯爲君而有象하며 以瞽瞍爲父而有舜하며 以紂爲兄之子요 且以爲君이로되 而有微子啓 王子比干이라하나니 今曰 性善이라하시니 然則彼皆非與잇가 孟子曰 乃若其情則可以爲善矣니 乃所謂善也니라 若夫爲不善은 非才之罪也니라

| 자해 |

* 성무선무불선性無善無不善 : 타고난 그대로를 일러 성性이라고 하는 것과 식색食色을 성性이라고 하는 의미다. 유성선유성불선有性善有性不善 : 한유韓愈의 성삼품설, 즉 성性은 상중하의 삼품三品이 있다는 말이 이와 같다.
* 미자계왕자비간微子啓王子比干 : 미자와 비간은 모두 주紂의 숙부이나, 『서경書經』에 미자微子를 상왕商王의 원자元子라고 한 것으로 보아, 아마도 여기에 잘못된 글자가 있는 듯하다. 내약乃若 : 주자朱子는 내약乃若 모두 발어사發語辭로 보았다. 정情 : 성품이 동하는 것.

자강설』, 성균관대학교출판부, 2001, 453쪽.)

| 해영 |

성性이 선한 것도 불선한 것도 없다는 것은 마치 식색食色을 좋아하는 삶의 작용 그 자체를 성性으로 보는 경우입니다. 이는 환경론자들의 '성'이 선하게도 불선하게도 되는 것은 '환경에 따라 결정된다'는 주장과 흡사합니다. 맹자의 주장은 이와 다릅니다. 사람의 '성'은 근원적으로 선하다는 것입니다. 그 선한 '성'을 곧게 드러내면 선한 행위가 되는 것이고, 곧게 드러내지 못하면 불선한 행위가 된다는 것입니다. 무엇이 본질이고 무엇이 말단인지 명확히 이해해야 하겠습니다.

성선性善2

| 맹자 |

"측은지심惻隱之心을 사람들이 다 가지고 있으며, 수오지심羞惡之心을 사람들이 다 가지고 있으며, 공경지심恭敬之心을 사람들이 다 가지고 있으며, 시비지심是非之心을 사람들이 다 가지고 있으니, 측은지심은 인仁이요, 수오지심은 의義요, 공경지심은 예禮요, 시비지심은 지智이다. 인의예지가 밖으로부터 나를 녹여서 들어온 것이 아니라 내가 본래 가지고 있는 것이지만 생각하지 않을 따름이다. 그러므로 말하기를, '구하면 얻고, 놓으면 잃는다'라고 하는 것이니, 혹 (선악의 거리가) 서로 배가 되고 다섯 배가 되어 헤아릴 수 없는 것은 그 재才를

다하지 못했기 때문이다. 『시경』에 이르기를, '하늘이 뭇 민중은 내시니, 사물이 있으면 법칙이 있도다. 민중들이 본마음을 가지고 있는지라, 이 아름다운 덕을 좋아한다'고 하였는데, 공자가 이르기를, '이 시를 지은 자여, 그 도道를 아는구나.' 하였다. 그러므로 사물이 있으면 반드시 법칙이 있는 것이니, 민중들이 본마음을 가지고 있기 때문에 이 아름다운 덕을 좋아하는 것이다."(「고자상」)

| 원문 |

惻隱之心을 人皆有之하며 羞惡之心을 人皆有之하며 恭敬之心을 人皆有之하며 是非之心을 人皆有之하니 惻隱之心은 仁也요 羞惡之心은 義也요 恭敬之心은 禮也요 是非之心은 智也라 仁義禮智가 非由外鑠我也라 我固有之也언마는 弗思耳矣라 故로 曰 求則得之하고 舍則失之라하니 或相倍蓰而無算者는 不能盡其才者也니라 詩曰 天生蒸民하시니 有物有則이로다 民之秉夷(彝)라 好是懿德이라하여늘 孔子曰 爲此詩者여 其知道乎인저 故로 有物이면 必有則이니 民之秉夷也라 故로 好是懿德이라하시니라

| 자해 |

* 공恭 : 경敬이 밖에 드러난 것. 경敬 : 공恭이 가운데에서 주장하는 것. 삭鑠 : 불로써 금속을 녹이는 것, 즉 밖에서 안으로 이르는 것을 의미한다. 고固 : 본래. 사舍 : 사捨와 통용. 즉 '놓아둔다'는 뜻. 배倍 : 배, 갑절. 사蓰 : 다섯 갑절. 산算 : 헤아리다, 계산하다.

* 시詩 :『시경詩經』, 「대아大雅 · 증민烝民」. 증蒸 :『시경』에는 증烝으로 되어 있다. 따라서 증蒸은 무리[衆]를 뜻한다. 물物 : 사물. 칙則 : 법칙. 이夷 :『시경』에 이彝로 되어 있다. 즉 변함없는 본마음 내지는 떳떳함을 의미한다. 이彝 : 떳떳하다. 의懿 : 아름답다.

| 해영 |

측은지심惻隱之心, 수오지심羞惡之心, 공경지심恭敬之心, 시비지심是非之心을 이른바 사단四端이라고 합니다. '본래부터 선한 마음을 지니고 있다'는 것이 맹자의 주장이며, 그것이 '사람의 본질'이라는 것이지요. 따라서 마음의 기능인 재才를 극진히 활용하면, 누구나 선한 성을 발현시킬 수 있고, 강건한 삶을 영위할 수 있다는 것입니다.

여기서 '구하면 얻고, 놓으면 잃는다'거나 '사물이 있으면 반드시 법칙이 있다'는 것은 사람에게 그 존재원리를 부여한 것입니다. 근본적으로 선한 성품을 해롭게 하지 말고 끊임없이 살피고 바로잡아 곧은 마음이 지속되도록 해야 한다는 것입니다. 시대의 지도자들이 바른 생각, 바른 생활의 원리를 연구하여 실제로 구현해야 하는 이유입니다.

양심養心

| 맹자 |

맹자가 이르기를, "우산의 나무가 일찍이 아름다웠는데, 그것이 대

국大國의 교외에 있었기 때문에 도끼와 자귀로 베니, 아름답게 될 수 있겠는가? 이에 낮과 밤에 자라는 바와 비와 이슬이 윤택하게 하는 바에 싹과 곁순이 나오는 것이 없지 않지만, 소와 양이 또 따라서 방목되므로 그 때문에 저와 같이 반질반질한 것이다. 사람들이 그 반질반질한 것을 보고 일찍이 재목材木이 있지 않다고 여기니, 이것이 어찌 산의 본성이겠는가?"(「고자상」)

| 원문 |

孟子曰 牛山之木이 嘗美矣러니 以其郊於大國也라 斧斤이 伐之어니 可以爲美乎아 是其日夜之所息과 雨露之所潤에 非無萌蘖之生焉이언마는 牛羊이 又從而牧之라 是以로 若彼濯濯也하니 人見其濯濯也하고 以爲未嘗有材焉이라하나니 此豈山之性也哉리오

| 자해 |

* 우산牛山 : 제齊나라의 동남쪽에 있는 산. 교郊 : 도읍 밖. 국國 : 도읍. 부근斧斤 : 큰 도끼와 작은 도끼. 식息 : 자라다, 생장生長하다. 맹萌 : 싹. 얼蘖 : 싹이 곁에 나는 것. 탁탁濯濯 : 반질반질한 모양. 이위以爲 : ~라고 여기다.

| 해영 |

사람의 성性이 선善하다는 것은 이미 위에서 언급하였습니다. 하지만 사사로운 욕심으로 인해 그 선한 마음이 가려지는 경우가 있습니다.

우산지목牛山之木이 그렇고, 일부 죄인들의 행태를 가지고 사람의 성품을 규정하는 경우가 그렇습니다. 특수한 현상을 일반화 하면 곤란하듯 사람의 성품이 왜곡돼선 안 되겠습니다.

의로움1

| **맹자** |

맹자가 이르기를, "생선도 내가 원하는 것이며, 곰발바닥도 또한 내가 원하는 것이지만 두 가지를 겸하지 못한다면 생선을 놓아두고 곰발바닥을 취할 것이다. 사는 것 또한 내가 바라는 것이며, 의義 또한 내가 바라는 것이지만, 두 가지를 겸하지 못한다면 사는 것을 놓아두고 의義를 취할 것이다. 사는 것 또한 내가 원하는 것이지만, 원하는 것이 사는 것보다 심한 것이 있다. 그러므로 (사는 것을) 구차하게 얻으려고 하지 않는다. 죽는 것 또한 내가 미워하는 것이지만, 미워하는 것이 죽는 것보다 심한 것이 있다. 그러므로 환난을 피하지 않는 것이 있다."(「고자상」)

| **원문** |

孟子曰 魚도 我所欲也며 熊掌도 亦我所欲也언마는 二者를 不可得兼인댄 舍魚而取熊掌者也로리라 生亦我所欲也며 義亦我所欲也언마는 二者를 不可得兼인댄 舍生而取義者也로리라 生亦我所欲이언

마는 所欲이 有甚於生者라 故로 不爲苟得也하며 死亦我所惡언마는 所惡가 有甚於死者라 故로 患有所不辟也라

| 자해 |

*어魚 : 물고기, 생선. 웅장熊掌 : 곰발바닥. 사舍 : 사捨와 통용. 아소오我所惡 : 내가 미워하는 것. 오惡 : 미워하다. 환患 : 근심, 여기서는 환난. 피辟 : 피避와 통용.

| 해영 |

누구나 사는 것을 바라고, 의義 또한 바랍니다. 하지만 두 가지를 겸하지 못한다면, 사는 것을 놓아두고 의義를 취할 수 있을까요? 또 의義를 좋아하고 불의不義를 싫어하지만 죽음도 불사하면서까지 의義를 취할 수 있을까요? 일반 민중들은 쉽지 않을 것입니다. 하지만 시대의 리더들은 삶을 버리고 의義를 취합니다. 세상이 건재한 이유입니다.

의로움2

| 맹자 |

"만일 사람들이 원하는 것이 사는 것보다 심한 것이 없다면, 무릇 삶을 얻을 수 있는 방법을 무엇인들 쓰지 않겠으며, 만일 사람들이 미

워하는 것이 죽는 것보다 심한 것이 없다면, 무릇 환난을 피할 수 있는 방법을 무엇인들 하지 않겠는가? 이로 말미암아 곧 살 수 있는데도 (그 방법을) 쓰지 않는 경우가 있으며, 이로 말미암아 환난을 피할 수 있는 데도 하지 않는 경우가 있는 것이다. 그러므로 원하는 것이 사는 것보다 심한 것이 있으며, 미워하는 것이 죽는 것보다 심한 것이 있으니, 유독 현명한 사람만이 이 마음을 가지고 있는 것이 아니라, 사람들은 모두가 가지고 있지만, 현명한 사람은 잃어버리지 않을 뿐이다."(「고자상」)

| **원문** |

如使人之所欲이 莫甚於生이면 則凡可以得生者를 何不用也며 使人之所惡가 莫甚於死者면 則凡可以辟患者를 何不爲也리오 由是라 則生而有不用也하며 由是라 則可以辟患而有不爲也니라 是故로 所欲이 有甚於生者하며 所惡가 有甚於死者하니 非獨賢者有是心也라 人皆有之언마는 賢者는 能勿喪耳니라

| **자해** |

*사使 : 본래 '~하여금 ~하게 하다'는 의미지만, 여기서는 주어에 해당하는 천天이 생략되었고, 또 가정문으로 쓰였기 때문에 앞의 글자 여如와 함께 '만일'로 해석하면 무리가 없다. 하불용何不用 : 무엇인들 쓰지 않겠는가? 하何 : 불용不用의 목적어지만, 의문대사로 앞으로 나온 것이다. 오惡 : 미워하다. 피辟 : 피避와 같음. 피환辟患 :

환난을 피하다. 소오所惡 : 미워하는 것.

| 해영 |

우리의 몸을 설명할 때, '정신적인 부분'과 '육체적인 부분'으로 나누곤 합니다. 여기서 정신적 삶은 도덕적 지향을 하고, 육체적 삶은 물질적 지향을 하는 것으로 이해합니다. 정신과 육체가 모두 소중하지만 굳이 따지자면 정신적 삶을 보다 중시합니다. 사단四端, 즉 인의예지仁義禮智의 삶을 그대로 표출하기 때문입니다.

현명한 사람들은 사단을 곧게 드러내는 삶을 삽니다. 즉 사람들이 생각하는 이로움과 사욕으로 인해 본심本心을 잃어버릴 수 있는 것에는 아예 관심을 두지 않습니다. 하지만 일반 사람들은 사사로운 욕심으로 인해 육체적 삶에 매몰되어 헤어 나오지 못하는 경우가 적지 않습니다. 현자賢者와 우자愚者의 차이입니다.

의로움3

| 맹자 |

"한 그릇의 밥과 한 그릇의 국을 얻으면 살고 얻지 못하면 죽더라도, 꾸짖으면서 주면 길 가는 사람도 받지 않으며, 발로 차서 주면 걸인乞人도 좋게 여기지 않는다. 만종의 녹祿은 예의를 분별하지 않고 받나니, 만종의 녹祿이 나에게 무엇을 더하겠는가? 궁실의 아름다움과

처첩妻妾이 받드는 것과 내가 아는 궁핍한 자가 나에게 얻는 것을 위해서일 것이다. 지난번 자신을 위해서는 죽어도 받지 않다가, 이제 궁실宮室의 아름다움을 위하여 받으며, 지난번 자신을 위해서는 죽어도 받지 않다가, 이제 처첩妻妾의 받듦을 위하여 받으며, 지난번 자신을 위해서는 죽어도 받지 않다가, 이제 알고 있는 궁핍한 자들이 나에게서 얻어가는 것을 위하여 받으니, 이 또한 그만둘 수 없는가? 이를 일러 본심을 잃었다고 하는 것이다."(「고자상」)

| 원문 |

一簞食와 一豆羹을 得之則生하고 弗得則死라도 嘑爾而與之면 行道之人도 弗受하며 蹴爾而與之면 乞人도 不屑也니라 萬鍾則不辨禮義而受之하나니 萬鍾이 於我何加焉이리오 爲宮室之美와 妻妾之奉과 所識窮乏者得我與인저 鄕爲身엔 死而不受라가 今爲宮室之美하여 爲之하며 鄕爲身엔 死而不受라가 今爲妻妾之奉하여 爲之하며 鄕爲身엔 死而不受라가 今爲所識窮乏者得我而爲之하나니 是亦不可以已乎아 此之謂失其本心이니라

| 자해 |

* 일단사一簞食 : 한 그릇의 밥. 사食 밥. 일두갱一豆羹 : 한 그릇의 국. 두豆 : 주로 제사 때 쓰이는 나무 그릇. 갱羹 : 국. 호嘑 : 꾸짖다. 이爾 : 접미사로 어떤 행위를 나타내는 말 뒤에 붙어서 역할을 한다.
* 행도지인行道之人 : 길에 다니는 일반적인 사람. 축蹴 : 밟다. 걸인乞

人 : 거지. 불설不屑 : 유쾌하지 않다. 향鄕 : 지난번, 전에. 궁실宮室 : 집과 방. 불가이이호不可以已乎 : 그만둘 수 없는가? 이已 : 그만두다. 호乎 : 의문의 어기를 표시하는 어기조사.

| 해영 |

좀 더 쉽고 안락한 삶만 추구하다 보면, 자신도 모르게 본심을 잃어 버립니다. 가령 대학을 졸업하고 내로라하는 좋은 직장에 들어가 돈을 많이 벌면, 정말 자기가 하고 싶은 것을 하면서 살겠노라 다짐합니다. 요컨대 그럴 듯한 직장에 들어가면 혼인을 어렵지 않게 합니다. 아이도 생깁니다. 이제 그에 걸맞은 집과 자동차를 선호합니다. 때로 오래된 와인과 우아한 음악이 동반된 외식을 합니다. 문화체험 운운하며 해외여행도 불사합니다.

어느 새 자신과 배우자는 더욱 더 질적 삶을 주창하며 집의 평수를 늘리고, 자동차 크기와 몸만들기에 골몰합니다. 자식들 또한 부모의 모습을 그대로 본받아 학업에 매진하며 더 좋은 학교에 진학하기 위해 발광합니다. 이쯤 되면 본심은 사라집니다. 거액의 주택담보 대출금과 자동차 할부금, 자녀의 학자금을 위해 머리부터 발끝까지 땀범벅으로 현장을 누빕니다. 애초에 지니고 있던 꿈은 멀찌감치 사라집니다. 노예 같은 노동을 지속합니다.

역사의 철칙 가운데 하나, '사치의 함정'입니다. 한번 빠지면 자신과 관계없던 사치품들이 졸지에 필수품이 됩니다. 필수품에 길들여지면 의존하게 됩니다. 의존하게 되면 떨어져 살 수 없는 지경에 이릅니다. 온갖 교통수단이 그렇고, 텔레비전과 냉장고, 세탁기, 식기 세척기 등 가전제품이 그렇습니다. 요즘은 극도로 발달하고 있는 스마트폰과 컴퓨터 이메일 작업 등이 그렇습니다. 며칠, 몇 달이 걸리던 자료 전달이 불과 수초면 해결됩니다.

사람들이 좀 더 쉽고 편안한 삶을 추구한 결과, 세상은 전혀 다른 방향으로 향하고 있습니다. 겨우 허기진 배를 채우고, 위험에서 벗어나기 위해 집이 필요했던 삶에서 사치의 함정에 빠지면서 인류를 위협하는 데까지 이르렀습니다. 팔이 없으면 팔을, 다리가 없으면 다리를 사다 붙이는 시기를 지나 심장과 간장, 비장 등 오장을 기계화하기 시작했습니다. 인간의 오랜 꿈이었던 장생불사가 실현되기 직전입니다. 본심을 잃은 결과입니다.

구방심

| 맹자 |

맹자가 이르기를, "인仁은 사람의 마음이요, 의義는 사람의 길이다. 그 길을 버리고 따르지 않으며, 그 마음을 놓아버리고 구할 줄을 모르니 슬프도다. 사람이 닭과 개를 잃어버리는 일이 있으면 구할 줄을 알지만, 마음을 잃어버리는 일이 있으면 구할 줄을 모른다. 학문의 도道는 다른 것이 없다. 그 잃어버린 마음을 구할 따름이다."(「고자상」)

| 원문 |

孟子曰 仁은 人心也요 義는 人路也니라 舍其路而不由하며 放其心而不知求하나니 哀哉라 人有雞犬放이면 則知求之하되 有放心而不知求하나니 學問之道는 無他라 求其放心而已矣니라

| 자해 |

*사舍 : 사捨와 통용. 즉 '버리다'의 의미. 애재哀哉 : 슬프도다. 재哉 : 감탄의 어기를 표시하는 어기조사.

| 해영 |

인仁이란 내가 나를 사랑하는 것처럼 남도 아끼고 사랑하는 것을 의미합니다. 의義는 인을 실천하는 도리를 뜻하고요. 맹자는 이를 사람이 다니는 길로 표현했습니다. 즉 인한 마음을 잃지 않고 의로운 길을 가라는 말씀입니다. 오래전 시골에서는 닭이나 개를 집에서 풀어 놓고 길렀습니다. 돌아올 때가 되었음에도 집으로 들어오지 않으면, 주인들은 닭이나 개를 찾아 다녔습니다. 인한 마음이 발동한 것이지요.

사람의 마음이란 이러한 것입니다. 하지만 요즘은 어찌된 일인지 그 인한 마음을 다 잃어버리고도 찾을 생각들을 않습니다. 무엇이 이토록 사람의 인한 마음과 의로운 길을 잃게 했을까요? 아마도 물질적인 가치에 매몰되어 있기 때문일 것입니다. 맹자는 사람이 학문하는 이유를 어렵지 않게 설명합니다. 인한 마음을 잃지 말고 실천

하라는 것입니다. 끊임없이 익히고 함양하여 물질에 꺼둘리지 말아야 하겠습니다.

대인과 소인

| 맹자 |

공도자가 물었다. "똑같은 사람인데 어떤 사람은 대인이 되고, 어떤 사람은 소인이 되는 것은 무엇 때문입니까?" 맹자가 이르기를, "그 대체를 따르는 이는 대인이 되고, 그 소체를 따르는 이는 소인이 된다." 공도자가 물었다. "똑같은 사람인데 어떤 사람은 대체를 따르고, 어떤 사람은 소체를 따르는 것은 무엇 때문입니까?" 맹자가 이르기를, "귀와 눈의 기능은 생각하지 못하여 사물에 가리워지는 것이니, 사물과 사물이 교차하면 거기에 끌려갈 따름이다. 마음의 기능은 생각하는 것이니, 생각하면 얻고 생각하지 않으면 얻지 못하니, 이것이 하늘이 우리에게 부여한 것이다. 먼저 그 큰 것을 세우면 그 작은 것이 빼앗지 못하니, 이것이 대인이 되는 이유일 따름이다."(「고자상」)

| 원문 |

公都子問曰 鈞是人也로되 或爲大人하며 或爲小人은 何也잇고 孟子曰 從其大體爲大人이요 從其小體爲小人이니라 曰 鈞是人也로되 或從其大體하며 或從其小體는 何也잇고 曰 耳目之官은 不思而蔽

於物하나니 物交物이면 則引之而已矣요 心之官則思라 思則得之하고 不思則不得也니 此天之所與我者라 先立乎其大者면 則其小者不能奪也니 此爲大人而已矣니라

| 자해 |

* 균鈞 : 균均과 통용, 동同의 뜻으로 쓰이기도 함. 혹或 : 어떤 사람. 종從 : 따르다, 즉 수隨와 같다. 대체大體 : 마음. 소체小體 : 이목耳目과 같은 종류. 관官 : 기능. 교交 : 교차하다, 교대하다. 탈奪 : 빼앗다.

| 해영 |

이목구비는 모두 고유의 기능이 있지만, 마음이 올바르게 기능하지 못한다면 어떻겠습니까? 소용없을 것입니다. 『논어』에 "군자는 위로 통달하고, 소인은 아래로 통달한다."121)는 말이 있습니다. 또 "사람이 멀리 생각하는 것이 없으면 반드시 가까운 근심이 있다."122)는 말도 있습니다. 즉 여기서의 근심은 정신적이냐? 물질적이냐가 관심사입니다. 맹자는 "군자가 종신토록 하는 근심은 있어도, 하루아침의 걱정은 없다."123)고 하였습니다. 평생의 근심이란 천하를 태평하게 한 순임금의 행동을 그대로 따르는 것을 뜻합니다.

그렇다면 가까운 근심이란 무엇일까요? 바로 물질적 근심을 의미

121) 『논어』, 「헌문(憲問)」 : 子曰, 君子上達, 小人下達.
122) 『논어』, 「위령공(衛靈公)」 : 子曰, 人無遠慮, 必有近憂.
123) 『맹자』, 「이루(離婁)하」 : 君子, 有終身之憂, 無一朝之憂也.

합니다. 어떻게 하면 재물을 취할 수 있을까? 어떻게 하면 남보다 위에 올라갈 수 있을까? 고민의 고민을 거듭하다 보면 저절로 근심이 생길 수밖에 없는 것이지요. 이것이 바로 '가까운 근심'입니다. 이것이 지속되면 결국 가공의 가치를 만들어 내는 수단에 불과함에도 골몰하게 되는 것이지요. 대인大人과 소인小人의 차이는 다른데 있지 않습니다. '지금 바로 여기'서 정신적 가치를 추구하고 사는지 물질적 가치를 추구하며 사는지를 살펴야 하겠습니다.

표준

| 맹자 |

맹자가 이르기를, "예羿가 사람들에게 활 쏘는 것을 가르칠 적에, 반드시 구彀에 뜻을 두도록 했으니, 배우는 자 또한 반드시 구彀에 뜻을 두었다. 큰 목수가 사람들을 가르칠 적에 반드시 규구規矩로써 하니, 목수 일을 배우는 자 또한 반드시 규구規矩로써 한다."(「고자상」)

| 원문 |

孟子曰 羿之教人射에 必志於彀하나니 學者도 亦必志於彀니라 大匠이 誨人에 必以規矩하나니 學者도 亦必以規矩니라

| 자해 |

* 예羿 : 활쏘기를 잘한 사람이다. 지志 : 기期와 통용, 즉 기약하다. 구彀 : 활을 당기다. 학學 : 쏘는 것을 배우는 것. 대장大匠 : 큰 목수, 즉 공사工師 : 도목수. 규구規矩 : 장인匠人의 법法.

| 해영 |

활 쏘는 법을 가르침은 무엇 때문일까요? 집 짓는 법을 가르침은 무엇 때문일까요? 그렇다면 사람들에게 학문하는 법을 가르침은 무엇 때문일까요? 모두가 객관적인 표준을 익히게 하기 위함입니다. 각자의 재능에 따라 더 밝히고 덜 밝히는 정도가 있을 뿐 표준을 익히게 함은 동일합니다. 사람에게는 사단四端, 즉 인의예지仁義禮智가 삶의 표준이라 할 수 있습니다. 시대의 리더들은 더욱 부지런히 닦고 밝혀야 하겠습니다.

요순

| 맹자 |

조교曹交가 물었다. "사람은 모두 요순堯舜이 될 수 있다고 하는데, 그러한 것이 있습니까?" 맹자가 이르기를, "그러하다." "제가 들으니, '문왕은 10척이고, 탕은 9척이었다'고 합니다. 지금 저는 9척 4촌으로 자랐는데도, 곡식만 먹을 뿐이니 어찌하면 되겠습니까?" 맹자가

이르기를, "어찌 이에 (상관이) 있겠는가? 또한 그것을 할 뿐이다. 여기에 어떤 사람이 있는데, 힘이 한 마리 오리 새끼도 이기지 못하면 곧 힘이 없는 사람이 될 것이고, 이제 말하기를 백균百鈞을 든다고 하면 곧 힘이 있는 사람이 될 것이다. 그렇다면 오확烏獲의 짐을 든다면 이 또한 오확이 될 따름이니, 사람이 어찌 이기지 못하는 것을 근심으로 삼겠는가? 하지 않을 뿐이다."(「고자하」)

| 원문 |

曹交問曰 人皆可以爲堯舜이라하니 有諸잇가 孟子曰 然하다 交는 聞 文王은 十尺이요 湯은 九尺이라하니 今交는 九尺四寸以長이로되 食粟而已로니 如何則可니잇고 曰 奚有於是리오 亦爲之而已矣니라 有人於此하니 力不能勝一匹雛면 則爲無力人矣요 今曰擧百鈞이면 則爲有力人矣니 然則擧烏獲之任이면 是亦爲烏獲而已矣니라 夫人은 豈以不勝爲患哉리오 弗爲耳니라

| 자해 |

* 조교曹交 : 조曹나라 임금의 동생으로 교交는 이름. 조나라는 노魯나라 애공哀公 8년(기원전 487)에 망했다는 기록이 있다. 따라서 여기서의 조曹는 국명國名을 성으로 삼았다는 설[王應麟]과 조나라가 속국으로 존속하였다는 설[惠士奇]이 있다.
* 십척十尺 : 키의 크기로, 고대에는 일척一尺이 20센티미터 가량 된다. 따라서 십척十尺은 2미터 정도의 키가 된다. 식속食粟 : 곡식을

먹다. 속粟 : 곡식.

* 해유奚有 : 해난지유奚難之有의 준말이다. 즉 어찌 어려움이 있겠는가? 필匹 : 필鴄과 같음. 즉 추雛와 함께 쓰여 '오리 새끼'를 뜻한다. 거擧 : 들다. 오확烏獲 : 진秦나라 무왕武王 때의 역사力士로 천균을 들어 옮겼다고 전한다. 임任 : 짐.

| 해영 |

사람들의 삶을 얼핏 보면 매우 다양해 보입니다. 하지만 자세히 살펴보면 삶의 질은 다를지언정 크게 다르지 않습니다. 물론 빈부貧富의 차가 커질 경우 갈등이 비롯된다고 하지만, 이것은 엄밀히 말해 갈등할 하등의 이유가 되지 못합니다. 가령 부자는 부자가 된 이유가 있고, 빈자는 빈자가 된 이유가 있기 때문입니다. 따라서 빈자가 부자가 되고 싶다면 요령은 간단합니다.

부자의 행태를 그대로 따라하는 것입니다. 부자가 되지 않을 수 없습니다. 마찬가지로 부자도 빈자처럼 그대로 따라하면 빈자가 되지 않을 수 없습니다. 요순이 되는 것도 이와 다르지 않습니다. 따라하면 필경 요순이 되는 것이지요. 하지 않을 뿐이지, 하면 반드시 되는 것입니다. 지금 여기서 훌륭한 지도자가 되고자 한다면, 성현들의 삶을 인식하여 그대로 따르는 것입니다.

부국강병?

| 맹자 |

맹자가 이르기를, "지금 임금을 섬기는 자들은 말하기를, '내가 임금을 위하여 토지를 개간124)하며 창고를 채울 수 있다'고 하니, 지금의 이른바 어진 신하이고 옛날의 이른바 민중의 도적이다. 임금이 도道를 향하지 않고 인仁에 뜻을 두지 않는데도 (그를) 부유하게 해주기를 구하니, 이는 걸桀을 부유하게 하는 것이다. 또 '내가 임금을 위하여 동맹국과 맹약盟約하여 전쟁을 하면 반드시 이길 수 있다'고 하니, 지금의 이른바 어진 신하이고 옛날의 이른바 민중의 도적이다. 임금이 도道를 향하지 않고 인仁에 뜻을 두지 않는데도 그를 위하여 억지로 전쟁을 구하니, 이는 걸桀을 돕는 것이다. 지금의 도를 따르고 지금의 풍속을 변화시킴이 없다면, 비록 천하를 준다 하더라도 하루아침도 유지하지 못할 것이다."(「고자하」)

| 원문 |

孟子曰 今之事君者曰 我能爲君하여 辟土地하며 充府庫라하면 今之所謂良臣이요 古之所謂民賊也라 君不鄕道하여 不志於仁이어든 而求富之하니 是는 富桀也니라 我能爲君하여 約與國하여 戰必克

124) 이른바 부국강병론(富國强兵論)을 외치는 자들은 민중들에게 토지를 개간하는데 열을 올렸다. 또한 세금을 많이 거두기 위하여 개간한 토지에 농사를 짓도록 하는 이론을 많이 주장하였다.

이라하나니 今之所謂良臣이요 古之所謂民賊也라 君不鄕道하여 不志於仁이어든 而求爲之强戰하니 是는 輔桀也니라 由今之道하여 無變今之俗이면 雖與之天下라도 不能一朝居也니라

| 자해 |

* 벽辟 : 벽闢과 통용. 즉 '개간하다'는 뜻. 향鄕 : 향向과 통용. 여국與國 : 동맹국, 우방국. 강强 : 억지로. 보걸輔桀 : 걸왕桀王을 돕다.

| 해영 |

지도자가 존재하는 근본 이유는 말할 것도 없이 민중을 위한 것입니다. 그렇다면 지도자가 강건하게 유지되기 위해서는 주변에 강건한 참모들이 포진되어야 할 것입니다. 따라서 지도자가 되었든 참모가 되었든 민중들에게 해악을 끼치는 그런 존재들이라면 더 이상 볼 게 없다는 것입니다. 가령 불인不仁하면서 부국강병富國强兵을 이룬 나라면 뭐에 쓰겠냐는 것이지요. 오히려 지도자들이 도적과도 같은 존재가 되기 때문입니다. 눈을 크게 떠야하는 이유입니다.

도량

| 맹자 |

노나라가 악정자樂正子로 하여금 정사를 하게 하려 하자, 맹자가 이르기를, "내가 듣고 기뻐서 잠을 이루지 못하였다." 공손추가 말하였

다. “악정자는 강합니까?” 맹자가 이르기를, “아니다.” “지혜와 헤아림이 있습니까?” 맹자가 이르기를, “아니다.” “듣고 아는 것이 많습니까?” 맹자가 이르기를, “아니다.” “그러면 어찌 기뻐하여 잠을 이루지 못하셨습니까?” 맹자가 이르기를, “그 사람됨이 선善을 좋아한다.” “선善을 좋아하는 것으로 족합니까?” 맹자가 이르기를, “선을 좋아하면 천하를 다스리는 데에도 넉넉할 것이니, 하물며 노나라를 다스리는데 있어서랴! 만일 진실로 선善을 좋아하면 사해四海 안에서 모두 장차 천리를 가볍게 여기고 와서 선善으로써 그에게 말해줄 것이지만, 진실로 선善을 좋아하지 않는다면 사람들은 장차 말하기를, ‘뻐기는 꼴을 내가 이미 알았다’고 할 것이니, 뻐기는 성음聲音과 안색顔色이 사람을 천리 밖에서 (못 오게) 막으니, 선비가 천리 밖에서 발걸음을 멈춘다면 참소하고 아첨하고 면전에서 아부하는 사람들이 이를 것이니, 참소하고 아첨하고 면전에서 아부하는 사람들과 함께 거처한다면 나라가 다스려지기를 바란들 되겠는가?”(「고자하」)

| 원문 |

魯欲使樂正子로 爲政이러니 孟子曰 吾聞之하고 喜而不寐호라 公孫丑曰 樂正子는 强乎잇가 曰 否라 有知慮乎잇가 曰 否라 多聞識乎잇가 曰 否라 然則奚爲喜而不寐시니잇고 曰 其爲人也好善이니라 好善이 足乎잇가 曰 好善이 優於天下어든 而況魯國乎아 夫苟好善이면 則四海之内가 皆將輕千里而來하여 告之以善하고 夫苟不好善이면 則人將曰 訑訑를 予旣已知之矣로라하리니 訑訑之聲音顔色

이 距人於千里之外하나니 士止於千里之外하면 則讒諂面諛之人이 至矣리니 與讒諂面諛之人居면 國欲治인들 可得乎아

| 자해 |

* 희喜 : 기쁘다, 즉 도道가 행해질 수 있음을 기뻐한 것이다. 매寐 : 잠자다. 지려知慮 : 지혜와 헤아림, 지식과 생각. 문식聞識 : 듣고 아는 것. 우優 : 넉넉하다. 해奚 : 어찌.
* 고지告之 : 그에게 말해주다. 이이訑訑 : 뻐기다, 으쓱거리다. 거距 : 막다. 참첨면유지인讒諂面諛之人 : 참소하고 아첨하고 면전에서 아부하는 사람들. 거居 : 거처하다. 국욕치國欲治 : 나라가 다스려지기를 바라다.

| 해영 |

일반적으로 사람들은 지도자가 갖춰야 할 덕목으로 리더십을 꼽는 경우가 많습니다. 하지만 그보다 더 중요한 것은 '선한 마음'의 소유입니다. 선한 마음을 지니고 있다면, 수많은 사람들이 그에게로 모일 것이고, 그들은 각자의 장점을 정책政策으로 만들어 민중들에게 베풀 것입니다. 이와는 반대로 똑똑하기만 한 지도자라면 어떻겠습니까?

일단 주변에 모이는 사람들이 제한적일 것입니다. 게다가 지도자의 잘난 점으로 그나마 모인 사람들의 장점을 무시할 가능성이 높습니다. 그렇게 되면 민중들에게 필요한 정책은커녕 해악害惡이나 끼치지 않으면 다행일 것입니다. 지도자의 덕목, '진실로 민중을 사

랑하는 선한 마음'의 소유자인지부터 따져야 합니다. 능력은 그 다음입니다.

대임大任

| 맹자 |

맹자가 이르기를, "순舜은 견무畎畝의 가운데에서 일어났고, 부열傅說은 판축版築의 사이에서 등용되었고, 교격膠鬲은 물고기와 소금을 팔다 등용되었고, 관이오管夷吾는 사관士官에게 갇혔다가 등용되었고, 손숙오孫叔敖는 바닷가에서 등용되었고, 백리해百里奚는 시장에서 등용되었다. 그러므로 하늘이 장차 큰 임무를 사람에게 내리려 할 때에는 반드시 먼저 그 심지心志를 고통스럽게 하며, 그 근골筋骨을 수고롭게 하며, 그 체부體膚를 굶주리게 하며, 그 몸을 공핍空乏하게 하여, 행함에 그 하는 바를 어그러지고 어지럽게 하니, (이것은) 마음을 분발시키고 성질을 참게 하여 그 능하지 못한 바를 보충하게 하는 것이다."(「고자하」)

| 원문 |

孟子曰 舜은 發於畎畝之中하시고 傅說은 擧於版築之間하고 膠鬲은 擧於魚鹽之中하고 管夷吾는 擧於士하고 孫叔敖는 擧於海하고 百里奚는 擧於市하니라 故로 天將降大任於是人也신댄 必先苦其心

志하며 勞其筋骨하며 餓其體膚하며 空乏其身하며 行拂亂其所爲하나니 所以動心忍性하여 曾益其所不能이니라

| 자해 |

* 순舜 : 순임금은 역산歷山에서 밭을 갈다가 30세에 등용되었다. 견畎 : 밭이랑. 무畝 : 이랑, 두둑. 음은 '무', '묘', '요', '모'로 쓰이나 여기서는 '무'로 통일. 부열傅說 : 부암傅巖이란 곳에서 제방을 쌓다가 은殷나라의 무정武丁으로부터 발탁된 현신賢臣. 교격膠鬲 : 어물魚物과 소금을 팔다 문왕文王으로부터 발탁되었다. 관이오管夷吾 : 관중管仲, 이오夷吾는 이름으로 환공이 등용했다. 사士 : 교도소의 관리官吏.
* 손숙오孫叔敖 : 초楚나라 사람으로 바닷가에 은거하였는데, 장왕莊王이 발탁하여 영윤令尹으로 삼았다. 대임大任 : 큰일을 맡기다. 심지心志 : 마음과 뜻. 근골筋骨 : 힘줄과 뼈. 체부體膚 : 몸과 피부. 공空 : 궁하게 하다. 핍乏 : 모자라게 하다, 끊어지다. 불拂 : 어그러지다. 난亂 : 어지럽다. 동심인성動心忍性 : 마음을 분발시키고 성질을 참게 하다. 증曾 : 증增과 통용. 즉 익益을 더하여 '보충하는 것'을 뜻한다.

| 해영 |

이미 세상에 많이 알려진 내용입니다. 예나 지금이나 지도자는 고통과 고난을 통해 성장하는 것임을 보여주는 대목이라 하겠습니다. 다시 한 번 상기해 보겠습니다. "하늘이 장차 큰 임무를 사람에게 내리려 할 때에는 반드시 먼저 그 심지心志를 고통스럽게 하며, 그 근골筋

骨을 수고롭게 하며, 그 체부體膚를 굶주리게 하며, 그 몸을 공핍空乏하게 하여, 행함에 그 하는 바를 어그러지고 어지럽게 하니, (이것은) 마음을 분발시키고 성질을 참게 하여 그 능하지 못한 바를 보충하게 하는 것이다."

비명非命

| 맹자 |

맹자가 이르기를, "명命이 아님이 없으나, 그 바름을 순조롭게 받아야 한다. 이 때문에 명을 아는 자는 위험한 담장 아래에 서지 않는다. 그 도道를 다하고 죽는 자는 정명正命이지만, 형벌을 받아 죽는 자는 정명正命이 아니다."(「진심상」)

| 원문 |

孟子曰 莫非命也나 順受其正이니라 是故로 知命者는 不立乎巖牆之下하나니라 盡其道而死者는 正命也요 桎梏死者는 非正命也니라

| 자해 |

* 지명知命 : 천명天命을 알다. 암장巖牆 : 담장이 장차 넘어지려고 함. 진기도盡其道 : '그 도를 다하다'라는 것은 자신에게 주어진 도리를 다한다는 것. 질곡桎梏 : 질桎은 발을 잠그는 기계를 뜻하고, 곡梏은

손을 잠그는 기계를 뜻한다. 즉 죄인을 구속할 때 쓰는 형틀을 의미한다.

| 해영 |

사람은 누구나 하늘로부터 부여받은 이른바 천명天命이 있습니다. '천명'을 구현함은 도道에 있습니다. '도'는 인도人道를 뜻하고, 그것을 실천하면 덕德이 됩니다. 그리고 '도'와 '덕'을 합하면 인仁이 되는 것이고요. 그러므로 '인'은 곧 '도'를 행하는 것으로부터 시작됩니다. 그럼에도 '도'를 행하지 않는다면 어떻게 되겠습니까?

가령 조그만 죄를 짓고 교도소矯導所를 다녀오면 이전과는 다른 삶을 살아야 합니다. 하지만 교도소라는 이름과는 달리 더 악한 사람으로 변모되는 경우가 허다합니다. '천명'이 무엇인지 인식하지 못하다 보니, 더 나쁜 환경을 자초하는 것입니다. 현명함과 아둔함은 별 차이가 없습니다. 천명을 인식하고 구현하느냐에 달려 있습니다.

부끄러움

| 맹자 |

맹자가 이르기를, "사람은 부끄러움이 없을 수 없으니, 부끄러움이 없음을 부끄러워하면 결국 부끄러움이 없을 것이다."(「진심상」)

| 원문 |

孟子曰 人不可以無恥니 無恥之恥면 無恥矣니라

| 자해 |

* 불가이무치不可以無恥 : 부끄러움이 없을 수 없다.

| 해영 |

완벽한 사람이 존재할 수 없음을 일러주는 대목입니다. "허물이 있어도 고치지 않는 것, 이것을 허물이라고 한다."125)고 한 것처럼, 늘 성찰해야 하겠습니다.

유세遊說?

| 맹자 |

맹자가 송구천에게 이르기를, "그대는 유세하는 것을 좋아하는가? 내가 그대에게 유세하는 것에 대해 말해주겠다. 사람들이 알아듣더라도 또한 담담하며 사람들이 알아듣지 못하더라도 또한 담담해야 한다." 송구천이 말하였다. "어떠하여야 담담할 수 있습니까?" 맹자가 이르기를, "덕德을 높이고 의義를 즐거워하면 담담할 수 있다."(「진심상」)

125) 『논어』, 「위령공(衛靈公)」: 子曰, 過而不改, 是謂過矣.

| 원문 |

孟子謂宋句踐曰 子好遊乎아 吾語子遊하리라 人知之라도 亦囂囂하며 人不知라도 亦囂囂니라 曰 何如라야 斯可以囂囂矣니잇고 曰 尊德樂義면 則可以囂囂矣니라

| 자해 |

* 송구천宋句踐 : 송宋은 성, 구천句踐은 이름. 유遊 : 유세遊說하다. 효효囂囂 : 담담하다, 느긋하다. 즉 자득自得하여 욕심이 없는 모양. 덕德 : 얻은 바의 선함. 의義 : 지킨 바의 바름.

| 해영 |

세상에 나아가 유세하는 것은 무엇 때문일까요? 단지 유명해지고 싶어서일까요? 아니겠지요. 자신에게 부여된 천명天命을 명확히 인식하여 세상을 구제하기 위함입니다. 이를 위해서는 먼저 사람들이 알아주거나 알아주지 않거나 담담한 마음을 유지하는 것입니다.

덕德은 인仁이 담보된 인격을 뜻하고, 의義는 인仁을 실천하는 원리를 뜻합니다. 명예나 권력, 재물 등 지엽적인 것들을 취하는 것을 선호하기 보다는, 오직 덕德을 높이고 의義를 즐거워하면 저절로 마음이 담담해져 외물에 미혹되거나 흔들리지 않습니다.

인仁은 누구나 지니고 있습니다. 내가 나를 아끼는 것처럼, 남도 나처럼 아낄 수 있는 것이 바로 인仁입니다. 가령 사람들이 어려움에 빠지면, 도와주려는 마음이 수행되는 것이 이른바 의義입니다. 때문

에 의義를 잃어버리면 인仁을 잃어버린 것과 같습니다.

그렇다면 인하지도 의롭지도 않은 사람들이 유세를 하면 어떨까요? 이는 가짜에 불과합니다. 가짜는 민중을 위해 유세하지 않습니다. 오직 자신들의 '명예와 권력, 재물' 등을 향유키 위해 움직입니다. 이런 자들로부터 덕德을 기대하는 것은 연목구어일 따름입니다.

양능과 양지

| 맹자 |

맹자가 이르기를, "사람이 배우지 않아도 능한 것은 양능良能이고, 생각하지 않아도 아는 것은 양지良知이다. 어려서 손을 잡고 가는 아이는 그 어버이를 사랑할 줄 모르는 이가 없으며, 그 자라남에 미쳐서는 그 형을 공경할 줄 모르는 이가 없다. 어버이를 친애하는 것은 인仁이고, 어른을 공경하는 것은 의義이니, 다름이 아니라 천하에 통하기 때문이다."(「진심상」)

| 원문 |

孟子曰 人之所不學而能者는 其良能也요 所不慮而知者는 其良知也니라 孩提之童이 無不知愛其親也며 及其長也하여는 無不知敬其兄也니라 親親은 仁也요 敬長은 義也니 無他라 達之天下也니라

| 자해 |

* 능能 : 능하다, 할 수 있다. 양良 : 본연적으로 선善한 것. 해제지동孩提之童 : 2~3세 사이로 어려서 웃을 줄 알고, 손을 잡아주고 안아줄 만한 아이. 달達 : 두루 통하다.

| 해영 |

이른바 '양능'과 '양지'는 배우지 않아도 할 수 있고, 생각하지 않아도 알 수 있는 능력을 말합니다. 즉 배우지 않고도 할 수 있고, 생각하지 않고도 알 수 있다'는 것은 선천적으로 부여 받은 양심을 뜻합니다. 본래 양능과 양지는 동일하지만, 실천적 측면에서 논할 때는 양능이라 하고, 인식론적 측면에서 논할 때는 양지라 합니다.

가령 아이들은 가르치지 않아도 부모를 사랑할 줄 알고, 노인을 보면 공경할 줄 알며, 성장해서는 혼인婚姻하여 아이를 낳고 기를 줄 압니다. 이는 지역이나 세대, 교육률과도 관계가 없습니다. 문제는 양능과 양지의 능력으로 도덕적 자각을 하는 것입니다. 이를 통해 각자 내재되어 있는 양능과 양지를 더욱 확대하는 것입니다.

군자삼락

| 맹자 |

맹자가 이르기를, "군자에게는 세 가지 즐거움이 있지만, 천하에 왕

노릇하는 것은 여기에 들어 있지 않다. 부모가 모두 생존해 계시며 형제가 무고無故한 것이 첫 번째 즐거움이고, 우러러 하늘에 부끄럽지 않으며, 구부려 사람들에 부끄럽지 않은 것이 두 번째 즐거움이며, 천하의 영재英才를 얻어 교육하는 것이 세 번째 즐거움이다. 군자에게 세 가지 즐거움이 있지만, 천하에 왕 노릇하는 것은 여기에 들어 있지 않다."(「진심상」)

| 원문 |

孟子曰 君子有三樂而王天下不與存焉이니라 父母俱存하며 兄弟無故가 一樂也요 仰不愧於天하며 俯不怍於人이 二樂也요 得天下英才而教育之가 三樂也니 君子有三樂而王天下不與存焉이니라

| 자해 |

* 왕王 : 왕 노릇하다. 언焉 : 진술의 어기를 표시하는 어기조사, 혹은 막연히 장소를 나타내는 대사로도 쓰인다. 여기서는 '여기에'로 해석하였다. 구존俱存 : 모두 생존하다. 앙仰 : 우러러 위를 보다. 괴愧 : 부끄러워하다. 부俯 : 구부려 아래를 보다. 작怍 : 부끄러워하다.

| 해영 |

사람들은 천하에서 인정받는 이른바 왕도王道를 행하고 싶어 합니다. 하지만, 이는 세 가지 즐거움에 들어가지 않습니다. 그렇다면 세 가지 즐거움이란 어떤 것일까요? 첫째, 부모가 모두 계시고 형제가 무

고한 것은 인의仁義가 현실에서 관계를 잘 맺고 있다는 것이고, 둘째, 하늘에 부끄럽지 않고 사람들에게 부끄럽지 않은 것은 인의仁義가 스스로 잘 구현되고 있다는 것이며, 셋째, 천하의 영재를 얻어 교육한다는 것은 인의仁義가 사람들에게 잘 전달된다는 것입니다. 맹자의 이러한 즐거움은 사실 '천성의 즐거움'이 '세력의 즐거움'으로 바꿀 수 없음을 의미합니다. 즉 '타고난 성품과 도덕의 참된 즐거움을 잊지 말라'는 것이 맹자의 주문이라 하겠습니다.

성인의 학문

| **맹자** |

맹자가 이르기를, "공자가 동산東山에 올라 노나라를 작게 여기고, 태산太山에 올라 천하를 작게 여겼다. 그러므로 바다를 구경한 자에게는 물이 되기 어렵고, 성인聖人의 문하에서 유학遊學한 자에게는 말되기가 어렵다. 물을 관찰하는데 방법이 있으니, 반드시 그 물결을 보아야 한다. 해와 달에 밝음이 있으니, 빛을 용납하는 데는 반드시 비춘다. 흐르는 물의 물건 됨은 웅덩이를 채우지 못하면 흐르지 못하니, 군자가 도道에 뜻을 두더라도 문장文章을 이루지 못하면 통달하지 못한다."(「진심상」)

| 원문 |

孟子曰 孔子登東山而小魯하시고 登太山而小天下하시니 故로 觀於海者엔 難爲水요 遊於聖人之門者엔 難爲言이니라 觀水有術하니 必觀其瀾이니라 日月이 有明하니 容光에 必照焉이니라 流水之爲物也不盈科면 不行하나니 君子之志於道也에도 不成章이면 不達이니라

| 자해 |

* 동산東山 : 노나라 동쪽에 있는 산. 태산太山 : 태산泰山을 지칭, 즉 동산보다 더 높은 산. 술術 : 방법, 기술. 란瀾 : 물결, 여울목이라고도 함. 용광容光 : 빛을 용납하다. 영과盈科 : 웅덩이를 채우다, 구덩이를 채우다. 과科 : 웅덩이, 구덩이.

| 해영 |

야산에 올라 보면 좀 더 높은 산이 눈에 들어오고, 좀 더 높은 산에 올라보면 더욱 큰 산이 눈에 들어옵니다. 인식의 잣대도 이와 흡사합니다. 가령 초등학교 선생님만 상대하던 아이들이 중학교와 고등학교를 거쳐 대학을 가면 큰 학자들이 적지 않음을 목격하는 경우와 유사합니다. 공자가 '태산에 올라 천하를 작게 여겼다'는 것은 성인聖人의 도道와 위대함을 형용한 말입니다. 학문하는 사람들은 마땅히 성인의 도로써 하여야 하고, 물이 웅덩이를 채우지 않으면 흐르지 못하듯, 차분한 마음으로 진보할 것을 주문한 것입니다.

이利와 선善

| 맹자 |

맹자가 이르기를, "닭이 울면 일어나서 부지런히 선善을 행하는 자는 순임금의 무리이고, 닭이 울면 일어나서 부지런히 이로움을 행하는 자는 도척의 무리이다. 순임금과 도척의 구분을 알고자 한다면 다른 것이 없다. 이利와 선善의 사이이다."(「진심상」)

| 원문 |

孟子曰 雞鳴而起하여 孶孶爲善者는 舜之徒也요 雞鳴而起하여 孶孶爲利者는 蹠之徒也니 欲知舜與蹠之分인댄 無他라 利與善之間也니라

| 자해 |

* 자자孶孶 : 부지런히 힘쓰는 모양. 척지도蹠之徒 : 도척盜蹠의 무리.

| 해영 |

눈만 뜨면 마음을 수양하는 사람은 '심보'가 커진다고 합니다. 하지만 눈만 뜨면 먹는 것, 즉 이로움만 생각하는 사람은 '밥보'126)만 커진다고 합니다. 순임금은 눈만 뜨면 '심보'를 키운 사람이고, 도척127)은 눈만 뜨면 '밥보'만 키운 사람입니다. 이利와 선善 사이가 시간이

126) 밥보는 바보의 어원이다. 즉 밥의 'ㅂ'이 탈락하여 바보가 된 것이다.

지나면 천양지차天壤之差로 벌어집니다. 시대의 리더들은 항상 살펴야 하겠습니다.

학문의 자세

| 맹자 |

맹자가 이르기를, "함이 있는 자는 비유하면 우물을 파는 것과 같으니, 우물 파기를 아홉 길을 팠더라도 샘에 미치지 못하면 오히려 우물을 버리는 것이다."(「진심상」)

| 원문 |

孟子曰 有爲者辟若掘井하니 掘井九軔이라도 而不及泉이면 猶爲棄井也니라

| 자해 |

* 유위자有爲者 : 여기서 유위有爲는 '왕도를 행함' 혹은 '학문을 함'을 뜻한다. 따라서 '함이 있는 자'라는 것은 '왕도를 행하거나 학문을

127) 도척과 관련, 장자(莊子)는 유가(儒家)의 이 같은 논리를 정면으로 비판한다. 장자의 시각은 물건을 훔치는 도적보다 마음을 훔치는 도적을 큰 도적으로 보기 때문이다. 따라서 성인(聖人)은 큰 도적의 하수인일 따름이다. 가령 도척의 부하가 도적질에도 도(道)가 있느냐고 묻자, 도척은 다음과 같이 답한다. "어디서나 도 없는 곳이 있겠느냐? 방안에 무엇이 있는지 잘 알아맞히면 성(聖)이고, 몰래 들어갈 때 선두에 서는 게 용(勇)이다. 나올 때는 맨 뒤에 있으면 의(義)고, 될지 안 될지를 아는 게 지(知)이며, 분배를 공평하게 하는 것이 인(仁)이다. 이 다섯 가지가 갖추어지지 않은 채 큰 도적이 된 자는 이 세상에 아직 없었다."

하는 사람'이라는 의미이다. 비辟 : 비譬와 통용, 즉 비유하다. 굴掘 : 파다. 인軔 : 인仞과 통용. 즉 길, 재다.

| 해영 |

맹자는 '왕도를 행하거나 학문하는 것'을 마치 우물 파는 일에 비유합니다. 적절한 비유가 아닐 수 없습니다. 애초부터 하지 않으면 모르겠지만, 시작했다고 하면 반드시 성취해야 한다는 뜻입니다. 가령 열 길을 파면 샘에 도달할 수 있는데, 아홉 길을 파고 그만 포기한다면 어찌 되겠습니까? 처음부터 파지 않은 것과 같은 경우일 것입니다.

이는 우물을 파기 시작하면 반드시 샘이 나올 때까지 추구해야 하고, 인仁을 행하고자 하면 요堯임금처럼 되길 추구해야 하며, 부모님께 효도孝道하고자 하면 순舜임금처럼 되기를 추구해야 하며, 학자가 되고자 하면 공자孔子처럼 되길 추구해야 한다는 것입니다. 무엇이든 중간에 그만두면 애초부터 하지 않은 것과 같기 때문입니다.

고상함

| 맹자 |

왕자 점墊이 물어 말하였다. "선비는 무엇을 일삼습니까?" 맹자가 이르기를, "뜻을 고상히 한다." 점이 말하였다. "무엇이 뜻을 고상히 하

는 것입니까?" 맹자가 이르기를, "인의仁義일 따름이니, 한 사람이라도 죄 없는 이를 죽이는 것은 인仁이 아니며, 자기의 소유가 아닌데 취하는 것은 의義가 아니다. 거처할 곳이 어디에 있는가? 인仁이 이것이다. 길이 어디에 있는가? 의義가 이것이다. 인仁에 거처하며 의義를 따른다면 대인大人의 일이 구비된 것이다."(「진심상」)

| 원문 |

王子墊이 問曰 士는 何事잇고 孟子曰 尙志니라 曰 何謂尙志니잇고 曰 仁義而已矣니 殺一無罪면 非仁也며 非其有而取之면 非義也라 居惡在오 仁是也요 路惡在오 義是也니 居仁由義면 大人之事備矣니라

| 자해 |

* 왕자점王子墊 : 제나라 임금의 아들, 점墊은 이름이다. 상尙 : 고상하다. 이이의而已矣 : '~일 뿐이다'라는 뜻의 어기조사. 비기유이취지非其有而取之 : 자기 소유가 아닌데 취하다. 거오재居惡在 : 거처할 곳이 어디에 있는가? 오惡 : 어디. 거인유의居仁由義 : 인에 거처하고 의를 따르다. 유의由義 : 의義를 따르다, 의義를 행한다, 의義를 말미암다. 대인大人 : 공경대부公卿大夫.

| 해영 |

'인의仁義' 두 글자로써 고상함을 일러준 대목입니다. 세상이 아무리

공功과 이利에 매몰되더라도 '인의'가 확고하면, 대인大人의 길을 확보할 수 있음을 보여준 것입니다. 이는 '인의'의 고상함이 성인聖人의 학문과 제왕의 업적을 하나로 통합할 수 있다는 점에서도 의의가 있다 하겠습니다.

중용적 자세

| **맹자** |

맹자가 이르기를, "그만둘 수 없는데도 그만두는 자는 그만두지 않는 것이 없고, 후厚할 것에 박薄하면 박하지 않은 것이 없다. 그 나아감이 빠른 자는 그 물러남이 빠르다."(「진심상」)

| **원문** |

孟子曰 於不可已而已者는 無所不已요 於所厚者薄이면 無所不薄也니라 其進이 銳者는 其退速이니라

| **자해** |

* 이已 : 그만두다. 예銳 : 빠르다.

| **해영** |

마음을 씀에도 중용적 자세가 필요합니다. 만일 죽어야 할 때는 죽어야 하고, 살아야 할 때는 살아야 합니다. 살아야 할 때 죽고, 죽어

야 할 때 산다면 반중용입니다. 가령 살아야 할 때 죽으면 이른바 '개죽음'이라 하고, 죽어야 할 때 산다면 이른바 '수치'라고 합니다.

다시 말해 그만둘 수 없는 것임에도 그만두면 반중용이 되는 것이고, 후厚하게 해야 할 때 박薄하게 하면, 이 또한 반중용이 되는 것입니다. 나아가고 물러나는 것도 다르지 않습니다. 늘 중용적 자세가 필요합니다. 시대의 리더들은 더욱 중시해야 하겠습니다.

사랑의 단계

| 맹자 |

맹자가 이르기를, "군자가 사물에 대해서는 아끼지만 사랑하지는 않으며, 민중에 대해서는 사랑하지만 어버이만큼 사랑하지는 않는다. 어버이를 사랑하고 민중을 사랑하며, 민중을 사랑하고 사물을 아낀다."(「진심상」)

| 원문 |

孟子曰 君子之於物也에 愛之而弗仁하고 於民也에 仁之而弗親하나니 親親而仁民하며 仁民而愛物이니라

| 자해 |

* 물物 : 초목草木과 금수禽獸. 애愛 : 아끼다. 불인弗仁 : 사랑하지 않다. 친親 : 사랑하다. 친친親親 : 어버이를 사랑하다. 애물愛物 : 사물을

아끼다.

| 해영 |

흔히 사랑의 이치는 하나라고 합니다. 하지만 사랑도 따져 보면 구분이 있습니다. 사물과의 관계, 민중들과의 관계, 어버이와의 관계 등에서 비롯되는 사랑이 그것입니다. 여기서 가장 가까운 것이 친親이고, 그 다음이 인仁이며, 그 다음이 애愛입니다.

다시 말해 사랑의 단계 가운데 가장 먼저인 것이 '어버이 사랑'이고, 그 다음이 민중들과의 사랑이며, 그 다음이 만물萬物을 사랑하는 것입니다. 이처럼 사랑의 단계도 엄연히 존재합니다. 세상과의 사랑 단계가 적절히 행해지고 있는지 살펴볼 때입니다.

핵심

| 맹자 |

맹자가 이르기를, "어질고 현명한 사람을 믿지 않으면 나라가 공허空虛하고, 예의가 없으면 위아래가 혼란하고, 정사政事가 없으면 재용財用이 풍족하지 못하다."(「진심하」)

| 원문 |

孟子曰 不信仁賢이면 則國空虛하고 無禮義면 則上下亂하고 無政事면 則財用不足이니라

| 자해 |

* 공허空虛 : 사람이 없는 것과 같음.

| 해영 |

나라를 다스리는데 반드시 필요한 부분이 지도자입니다. 하지만 지도자는 어질고 현명해야 합니다. '나라를 운영'하는데 핵심이기 때문입니다. 지도자가 존재한다면 그들을 신뢰해야 합니다. 신뢰가 없다면, '사람이 없는 것'처럼 공허空虛해질 수밖에 없기 때문입니다.

신뢰가 형성된 '나라를 유지'하기 위해서는 역시 예의禮義가 필요합니다. 예의 없는 사회를 상상해 보십시오. 위아래가 혼란混亂 속에서 벗어나지 못할 것입니다. 지도자들은 명분이 사라질 것이고, 민중들은 온갖 잔학한 짓들을 아무 거리낌 없이 자행할 것입니다.

나라 운영이 시원찮고, 예의 없는 사회라면, 정치는 과연 어떤 역할을 할 수 있을까요? 도덕적인 사회를 건설하기 위해 아무리 경제를 외쳐도 소용없을 것입니다. 어질고 현명한 사람은 나라의 핵심이고, 예의는 울타리며, 정치는 기강입니다. 잊지 말아야 하겠습니다.

민귀民貴

| 맹자 |

맹자가 이르기를, "민중이 가장 귀貴하고, 사직社稷은 그 다음이고, 임금은 가벼운 것이다. 그러므로 민중들의 마음을 얻은 사람은 천자天

子가 되고, 천자에게 신임을 얻은 사람은 제후諸侯가 되며, 제후에게 신임을 얻은 사람은 대부大夫가 된다."(「진심하」)

| 원문 |

孟子曰 民爲貴하고 社稷次之하고 君爲輕이니라 是故로 得乎丘民이 而爲天子요 得乎天子爲諸侯요 得乎諸侯爲大夫니라

| 자해 |

* 사직社稷 : 토지의 신神은 사社라 하고, 곡식의 신神은 직稷이라 한다. 즉 건국하고 나면 단壇을 세워 제사를 지내는 곳으로, 국가를 상징적으로 표현하기도 한다. 구민丘民 : 시골의 언덕 아래 사는 평범한 민중.

| 해영 |

나라, 즉 국가國家를 건설한 근본 이유는 과연 무엇일까요? 맞습니다. 민중들의 삶의 질을 위해서입니다. 따라서 국가를 운영하기 위해서는 반드시 최고지도자를 선출해야 합니다. 그러나 최고지도자는 '민중들의 의지가 하나로 반영된 결과'라고 하여 민중들보다 귀할 수는 없습니다. 민중이 본질本質이고 최고지도자는 말단末端이기 때문입니다.

이는 루소의 '일반의지General Will'와 유사한 면이 있습니다. 루소는 사회구성원 전체가 개별적인 의지인 동시에 개별적인 의지를 초월

하는 일반의지에 따를 것을 약속함으로써 국가가 성립하며, 이러한 약속이 바로 '사회계약'이라고 주장합니다. 가령 개인의지가 사적인 이해를 우선하는데 비하여, 일반의지는 공공의 이해를 우선하는 것이지요.

일반의지의 표현이 곧 사회적 합의이며 그것의 행사가 주권主權입니다. 주권은 항상 민중에게 있으므로 양도할 수 없습니다. 때문에 루소는 '간접 민주주의를 부정하고 직접 민주주의를 선호'했습니다. 여하튼 맹자의 민중들에 의한 지도자나 루소의 일반의지에 의한 지도자나 민중들이 그 바탕에 존재함은 동일합니다. 본질은 항상 민중입니다.

선비의 삶

| **맹자** |

맥계貉稽가 말하였다. "저는 크게 (사람들의) 입에 순조롭지 못합니다." 맹자가 이르기를, "해로울 것이 없다. 선비는 더욱 구설수가 많은 것이다. 『시경』에 이르기를, '근심하는 마음이 초조하거늘, 여러 소인들에게 노여움을 받는다'고 하니 공자이고, '마침내 그 노여움을 없애지는 못했으나, 또한 그 명성을 떨어뜨리지 않았다'고 하니 문왕이다."(「진심하」)

| 원문 |

貉稽曰 稽大不理於口호이다 孟子曰 無傷也라 士憎茲多口하니라 詩云 憂心悄悄어늘 慍于群小라하니 孔子也시고 肆不殄厥慍하시나 亦不隕厥問이라하니 文王也시니라

| 자해 |

* 맥계貉稽 : 사람의 성명, 맥貉은 성이고 계稽는 이름이다. 이理 : 순리, 순조롭다. 즉 불리어구不理於口는 여러 사람들 입에 꾸짖는 바가 된다. 상傷 : 해롭다. 증憎 : 주자는 마땅히 증增으로 써야 한다고 하였다. 구口 : 구설수. 시詩 : 『시경詩經』, 「패풍邶風 · 백주柏舟」와 「대아大雅 · 면緜」. 초초悄悄 : 걱정과 근심하는 모양. 온慍 : 노여워하는 것, 성내는 것. 사肆 : 발어사, 즉 말할 때 쓰는 말. 진殄 : 없애다. 운隕 : 떨어지다. 문問 : 명성.

| 해영 |

일반적으로 부지런히 학문을 하여 일정한 명성을 얻게 되면, 기득권자들로부터 비방이 시작됩니다. 이는 인류의 역사에서 자연스런 현상의 하나입니다. 때문에 더욱 더 큰 수련이 필요한 이유입니다. 말하자면 칭찬과 비방은 사람들로부터 비롯되지만, 스스로 덕을 쌓고 닦는 것은 자신에게 달려 있기 때문입니다. 그런 점에서 크게 상심할 필요는 없습니다.

다시 말해 선비로 불리는 사람들은 그 어떤 비방과 훼방이 당도

하더라도 진리를 추구함에 흔들릴 필요가 없다는 것입니다. 인류의 스승으로 불리는 공자도 소인小人들로부터 노여움과 비방에서 자유롭지 못하였고, 문왕 또한 각종 비방이 끊이지 않았으나 오늘날까지 명성이 자자합니다. 오로지 공자와 문왕과 같은 사람이 되지 못할까를 근심해야 합니다.

인격

| 맹자 |

호생불해가 말하였다. "악정자는 어떤 사람입니까?" 맹자가 이르기를, "선인善人이며 신인信人이다." 호생불해가 말하였다. "무엇을 선인善人이라고 이르며, 무엇을 신인信人이라고 이릅니까?" 맹자가 이르기를, "(순수한 본마음이) 하고자 하는 것을 선善이라 하고, 자기에게 (지속적으로 가지고) 있는 것을 신信이라 하고, 충실함을 미美라 하고, 충실하여 광휘光輝가 있음을 대大라 하고, 대大가 변화하는 것을 성聖이라 하고, 성聖스러워 알지 못하는 것을 신神이라 한다. 악정자는 둘의 중간128)이요, 넷의 아래129)이다."(「진심하」)

| 원문 |

浩生不害問曰 樂正子는 何人也잇고 孟子曰 善人也며 信人也니라

128) 선인(善人)과 신인(信人) 사이에 있다는 뜻이다.

129) 미인(美人)과 대인(大人), 성인(聖人), 신인(神人) 아래에 있다는 의미다.

何謂善이며 何謂信이닛고 曰 可欲之謂善이요 有諸己之謂信이요 充實之謂美요 充實而有光輝之謂大요 大而化之之謂聖이요 聖而不可知之之謂神이니 樂正子는 二之中이요 四之下也니라

| 자해 |

* 호생불해浩生不害 : 제齊나라 사람. 호생浩生은 성이고, 불해不害는 이름이다. 저諸 : 지어之於와 같음. 충실充實 : 가득 차다. 광휘光輝 : 광光은 '빛 자체'를 뜻하고, 휘輝는 '빛이 남'을 의미한다.

| 해영 |

'인격의 단계'에 대해 살펴볼 수 있는 대목입니다. 즉 선인善人과 신인信人, 미인美人, 대인大人, 성인聖人, 신인神人이 그것입니다. 순수한 본마음이 하고자 하는 것을 선인善人이라 한다면, 선한 마음이 지속적으로 보존되는 것을 신인信人, 선한 마음이 가득 차면 그 선함이 밖으로 표출되는데 이것을 미인美人이라 하고, 선한 마음이 밖에서 지속되면 크게 빛을 발하게 되는데 이것을 대인大人이라 하며, 선善을 행하고 성性을 따르는 것뿐 아니라 천명天命까지도 따르는 것을 성인聖人이라 합니다. 마지막으로 신인神人은 성인聖人의 삶을 뛰어 넘는 개념이 아니라 '성인의 차원'을 제대로 인식할 수 없기 때문에 상징적으로 형용화한 것에 불과합니다. 어느 지점에 있든, 성인聖人이 되고자 노력하는 것이 중요하다 하겠습니다.

기름

| 맹자 |

맹자가 이르기를, "마음을 기르는데 욕심을 적게 하는 것보다 좋은 것은 없으니, 그 사람됨이 욕심이 적으면 비록 보존되지 않음이 있을지라도 적고, 그 사람됨이 욕심이 많으면 비록 보존됨이 있을지라도 (보존된 것이) 적다."(「진심하」)

| 원문 |

孟子曰 養心이 莫善於寡欲하니 其爲人也寡欲이면 雖有不存焉者라도 寡矣요 其爲人也多欲이면 雖有存焉者라도 寡矣니라

| 자해 |

* 욕欲 : 욕심, 즉 구비이목口鼻耳目과 사지四支가 하고 싶어 하는 것.

| 해영 |

맹자는 '기르는 것'에 대해 세 가지를 강조합니다. 첫째, 양기養氣, 즉 기운을 기르는 것 둘째, 양성養性, 즉 본성을 기르는 것 셋째, 양심養心, 즉 마음을 기르는 것이 그것입니다. 이 가운데 가장 중요한 것은 역시 '욕심을 적게 하는 것'입니다. 욕심을 계속해서 제거해 나가다 보면, '양기'와 '양성', '양심'이 확충擴充되기 때문입니다.

향원鄕原

| 맹자 |

만장이 말하였다. “한 고을이 다 좋은 사람이라고 일컫는다면 가는 곳마다 좋은 사람이 되지 않음이 없을 것인데, 공자가 덕의 도적이라 한 것은 어째서입니까?” 맹자가 이르기를, “비난하려 해도 예로 들 것이 없고 풍자하려 해도 풍자할 것이 없으며, 흐르는 풍속에 같이 하며 더러운 세상에 영합하여, 거처함에 충신忠信과 같으며 행함에 청렴결백淸廉潔白과 같아서, 무리가 다 기뻐하면 스스로 옳다고 여기지만, 더불어 요순堯舜의 도道에 들어갈 수 없다. 그러므로 ‘덕의 적이다’라고 한 것이다. 공자가 이르기를, ‘사이비를 미워하노니, 가라지를 미워함은 벼싹을 어지럽힐까 두려워해서이고, 말재주를 미워함은 의義를 어지럽힐까 두려워해서이고, 말 잘하는 입을 미워함은 신信을 어지럽힐까 두려워해서이고, 정나라 소리를 미워함은 정악正樂을 어지럽힐까 두려워해서이고, 자주색을 미워함은 붉은색을 어지럽힐까 두려워해서이고, 향원을 미워함은 덕을 어지럽힐까 두려워해서이다.’ 군자는 떳떳한 도道를 돌이킬 따름이니, 떳떳한 도가 바루어지면 서민庶民이 (선한 곳에서) 일어나고 서민이 일어나면 이에 사특함이 없어질 것이다.”(「진심하」)

| 원문 |

萬子曰 一鄕이 皆稱原人焉이면 無所往而不爲原人이어늘 孔子以爲

德之賊은 何哉잇고 曰 非之無擧也하며 刺之無刺也하고 同乎流俗하며 合乎汚世하여 居之似忠信하며 行之似廉潔하여 衆皆悅之어든 自以爲是而不可與入堯舜之道라 故로 曰 德之賊也라하시니라 孔子曰 惡似而非者하노니 惡莠는 恐其亂苗也요 惡佞은 恐其亂義也요 惡利口는 恐其亂信也요 惡鄭聲은 恐其亂樂也요 惡紫는 恐其亂朱也요 惡鄕原은 恐其亂德也라하시니라 君子는 反經而已矣니 經正이면 則庶民興하고 庶民興이면 斯無邪慝矣리라

| 자해 |

* 원인原人 : 좋은 사람, 즉 향원을 지칭한다. 덕지적德之賊 : 덕의 적, 덕을 해치다. 자刺 : 풍자하다. 유속流俗 : 풍속이 쇠퇴하여 물이 아래로 흐르는 것과 같음. 오세汚世 : 더러운 세상, 탁한 세상. 충신忠信 : 충성스럽고 믿음직함. 염결廉潔 : 청렴결백.
* 오惡 : 미워하다. 오사이비惡似而非 : 사이비를 미워하다. 오유惡莠 : 가라지를 미워하다. 유莠 : 가라지, 즉 곡식의 싹과 같은 풀. 오녕惡佞 : 말재주를 미워하다. 녕佞 : 재주와 지혜가 있는 것 같으나 의義가 아님.
* 오리구惡利口 : 말 잘하는 입을 미워하다. 이구利口 : 말은 많으나 실상이 없음. 정성鄭聲 : 음란한 음악. 악樂 : 바른 음악. 오자惡紫 : 자주색을 미워하다. 주朱 : 붉은 빛, 정색. 반反 : 돌이키다, 회복하다. 경經 : 떳떳한 도. 흥興 : 선한 곳에서 일어나다. 사특邪慝 : 향원과 같은 종류. 특慝 : 간악하다.

마을이 되었든 조직사회가 되었든 어디 하나 흠 잡을 만한 것이 없는 사람을 이른바 향원鄕原이라 합니다. 배움에는 그리 관심이 없지만, 겸손하고 덕망 있는 것으로 치면 타의 추종을 불허할 만큼 민첩하게 행합니다. 향원은 이 사람에게도, 저 사람에게도 좋은 사람으로 평가 받습니다. 극단적으로 표현하면, 집에 강도가 들어도 좋은 평가를 받을 만한 사람이지요. 강도에게도 평가를 받을 만한 사람이라면 이후엔 어떨까요?

아마도 이들은 나라를 훔친 자들로부터도 후한 평가를 받고도 남을 자들입니다. 세상은 이들을 비난하려고 하면 비난할 만한 재료가 없습니다. 풍자하려고 해도 풍자할 만한 꺼리가 없습니다. 더러운 세상과도 영합을 잘하여 마치 청렴결백淸廉潔白한 것처럼 보이기도 합니다. 그들로 인해 피해자가 될 수 있는 부류는 역시 선량한 사람들이라는 점입니다. 향원을 미워하는 이유입니다. 덕을 해치는 자들이기 때문입니다.

중용(中庸)

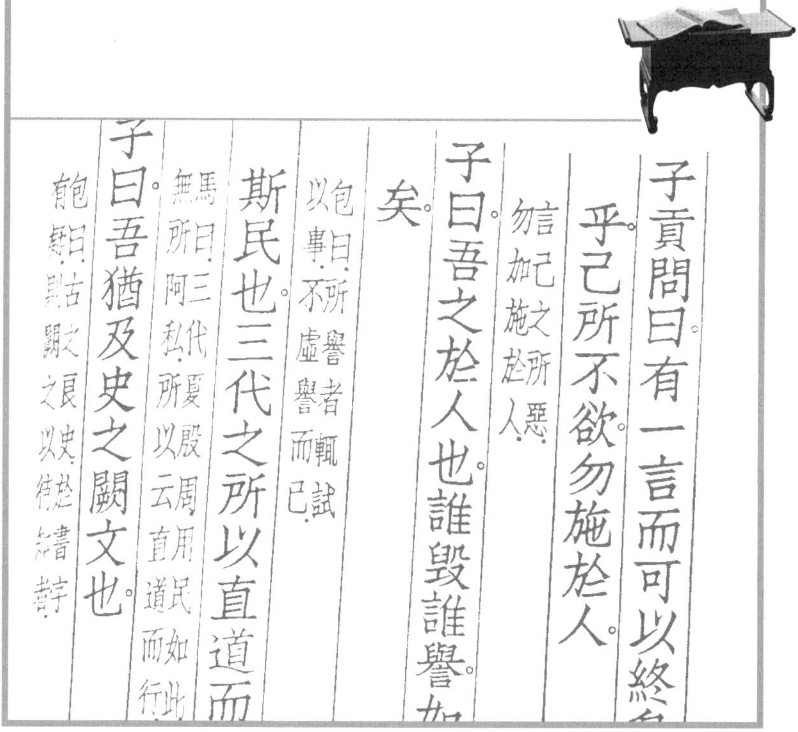

子貢問曰有一言而可以終
乎己所不欲勿施於人
言己之所惡勿加施於人
子曰吾之於人也誰毀誰譽如
矣
包曰所譽者輒試以事不虛譽而已
斯民也三代之所以直道而
馬曰三代夏殷周用民如此無所阿私所以云直道而行
子曰吾猶及史之闕文也
包曰古之良史於書字有疑則闕之以待知者

중용의 도

| 중용 |

하늘이 명한 것을 일러 성性이라 하고, 성을 따르는 것을 일러 도道라 하며, 도를 닦는 것을 일러 가르침敎이라 한다.

| 원문 |

天命之謂性이요 率性之謂道요 修道之謂敎니라

| 자해 |

* 명命 : 령令과 같음. 위謂 : 이르다. 혹은 위爲와 같이 '~라고 하다'로 쓰기도 함. 성性 : 본성, 이치理와 같음.
* 솔率 : 따르다. 도道 : 길, 로路와 같음.
* 수修 : 닦다. 여기서는 품절品節로 쓰임. 즉 품절은 높고 낮은 등급을 구별하고 절차를 정한다는 의미이다.

| 해영 |

『대학』의 핵심이 삼강령三綱領, 즉 "대학의 도는 밝은 덕을 밝힘에 있고, 민중을 새롭게 함에 있으며, 지극한 선에 그침에 있다."면, 『중용』의 핵심은 제1장인 바로 이 부분이라 할 수 있습니다. 학문의 이치는 성性과 명命보다 더 정밀한 것이 없고, 일은 도道와 가르침보다 큰 것이 없는데, 세상 사람들은 이 '성'이나 '도' 혹은 '가르침'에 대해

잘 모르고 살다 보니 어둡다고만 합니다. '성'과 '도'와 '가르침'이 필요한 까닭입니다.

주지하다시피 사람은 태어날 때부터 성품性品이 주어집니다. 그러나 이 '성'이라는 것은 저절로 생기는 것이 아니라, 하늘이 사람을 세상에 내실 때에 기운氣運을 통해 형체形體를 이루게 하고, 그 형체 속에 이치를 실어주어 성품이 성립됩니다. 이때 각각의 사람들은 이를 잘 받아 네 가지의 덕德, 즉 인의예지仁義禮智로 삼는 것이지요. 이 때문에 '성품은 하늘에 근원한다'거나 하늘이 '명'한 것을 '성'이라고 하는 것이지요.

또 천하天下의 일에는 모두 '도'가 있다고 합니다. 그러나 '도'는 억지로 하는 것이 아니라 온갖 이치가 다 갖춰져 있는 상태에서 사람들이 그 '성'의 자연스러움을 따르면, 날마다 쓰는 사물 가운데 스스로 '도'가 지극하게 되어 바꾸지 못할 이치가 구축되는 것입니다. 이것을 '도는 성에서 말미암는다'고 하는 것이지요. 달리 표현하면 '성을 따른다'고 하는 것입니다. 그리고 성인이 법을 만들어 천하를 인도하면 가르침이 있게 됩니다.

그러나 가르침도 사실 쉽지 않습니다. '성'과 '도'는 같아도 기질이 혹 다를 수가 있기 때문입니다. 이 때문에 마땅히 행해야 할 '도'를 근거로 등급과 상황을 고려하여 지나치거나 부족한 사람으로 하여금 중용中庸을 얻게 하는 것입니다. 이것을 이른바 '가르침이 도를 닦는다'고 하는 것이지요. '성과 도와 가르침'의 근원을 따지자면 하늘에서 온 것이지만, 나와 동떨어진 것이 아니라는 점에서 중시하지 않을 수 없는 일입니다.

경계하고 삼감

| 중용 |

'도'란 것은 잠시도 떠날 수 없는 것이니, 떠날 수 있으면 '도'가 아니다. 그러므로 군자는 그 보지 않는 바에도 경계하고 삼가며 그 들리지 않는 곳에서도 두려워한다.

| 원문 |

道也者는 不可須臾離也니 可離면 非道也라 是故로 君子는 戒愼乎其所不睹하며 恐懼乎其所不聞이니라

| 자해 |

* 도道 : 날마다 쓰는 사물이 마땅히 행해야 할 이치. 모든 성품의 덕. 야자也者 : 음절을 조정하고 어기를 고르는 어기조사. ~라는 것은. 수유須臾 : 잠시. 리離 : 떠나다, 떨어지다.
* 시고是故 : 그러므로, 이러므로. 계신戒愼 : 경계하고 삼감. 소所 : ~바. 부도不睹 : 보지 않다. 공구恐懼 : 두려워하다. 불문不聞 : 들리지 않다.

| 해영 |

성性을 따르는 것을 도道라 하고, '도'를 닦는 것을 가르침이라 하였습니다. 따라서 '도'는 '성'으로부터 나오고, 가르침은 '도'에서부터 이루어집니다. 그러므로 도라는 것은 잠시도 떠나 있을 수 없습니다. 만일 떠날 수 있다면 그것은 도가 아닙니다. 이는 일상생활 속에서 마땅히 행해야 하는 이치이기 때문입니다.

때문에 군자君子는 '도'를 확실히 체득시켜 경계하고 삼가는 마음을 유지해야 합니다. 그러나 경계하고 삼가는 것은 보이는 것만을 의미하지 않습니다. 어둡거나 은미隱微한 형상조차 없는 고요함 속에서도 경계하고 삼가야 함을 뜻합니다. '도'가 내 몸에서 잠시도 떨어지지 않도록 끊임없이 붙잡아야 하겠습니다.

중화中和

| 중용 |

기쁨과 노여움, 슬픔과 즐거움이 아직 발發하지 않은 것을 중中이라 이르고, 발하여 모두 절도節度에 맞는 것을 화和라 이르니, '중'이란 것은 천하의 큰 근본이요, '화'란 것은 천하에 두루 통하는 도道이다. '중'과 '화'를 지극히 하면 천지가 자리를 잡으며 만물이 길러진다.

| 원문 |

喜怒哀樂之未發을 謂之中이요 發而皆中節을 謂之和니 中也者는 天下之大本也요 和也者는 天下之達道也니라 致中和면 天地位焉하며 萬物이 育焉이니라

| 자해 |

* 희로애락지미발喜怒哀樂之未發 : 기쁨과 노여움, 슬픔과 즐거움은 정情이고, 그것이 아직 발하지 않은 것은 성性이다.
* 중中 : 치우치거나 기우는 바가 없는 상태. 발이개중절發而皆中節 : 희로애락의 감정이 발하여 절도에 적중됨. 화和 : 어그러지거나 틀린 바가 없는 상태. 달도達道 : 두루 통하는 도.
* 치致 : 이루다. 지극히 하다. 미루어 극진하게 함. 위位 : 제자리에서 편안함. 육育 : 그 사는 것을 이룸.

| 해영 |

위에서 도道란 녀석은 잠시도 떠날 수 없는 것이니, 떠날 수 있으면 '도'가 아니라고 하였습니다. 때문에 군자는 그 보지 않는 바에도 스스로 경계하고 삼가면서 기쁨과 노여움, 슬픔과 즐거움 네 가지의 감정을 이해하지 않을 수 없는 일입니다. 이 마음이 발發하지 않을 경우에는 치우치거나 기울어짐이 없는 상태, 즉 중中이라 합니다. 이 '중'이 절도에 맞으면 모든 일이 적중하여 이치에 거스르거나 어그러짐이 없습니다. 이를 이른바 화和라고 하지요.

중中이라는 것은 '본성의 덕' 또는 '도의 본체本體'라고 합니다. 고요히 움직이지 않지만 천하 사물의 이치가 모두 구비되어 있기 때문에 이를 근본으로 삼는 것이지요. 반면 화和라는 것은 '감정의 바름'이고, '도의 작용作用'이라고 합니다. 이것이 감동하여 소통되면 고금古今과 사물이 모두 절도에 들어맞기 때문에 천하에 두루 통하는 '도'라고 하는 것이지요. 그러므로 '중화'는 '본성'과 '감정'을 뜻하는 말로 '도의 본체와 작용'으로 풀이할 수 있습니다.

따라서 중화中和가 확대되면 천하 만물 또한 극진해집니다. 곧 내 마음이 천지의 마음과 일맥상통하는 것이지요. 말하자면 음양陰陽과 동정動靜이 각각 제 자리를 잡아 천지만물이 편안하게 길러지는 것입니다. 이러한 '중화'가 이루어져 천지만물이 자리를 잡고 길러짐은 모두가 경계하고 삼가는 데서 비롯됩니다. 그러므로 '도'가 내 마음의 근본에서 떠나지 않도록 홀로 삼가는 마음을 끊임없이 유지해야 합니다. 보존하고 기르는 자세, 군자의 삶입니다.

중용과 반중용

| 중용 |

중니가 이르기를, "군자는 중용을 행하고, 소인은 중용에 반대로 한다."

| 원문 |

仲尼曰 君子는 中庸이요 小人은 反中庸이니라

| 자해 |

* 중니仲尼 : 공자孔子의 자字. 중용中庸 : 편벽되지 않고 치우치지 아니하여 과불급過不及이 없는 평범한 이치. 정미精微함이 극진한 경지.

| 해영 |

세상에 많이 알려진 것처럼 중용中庸이란 말은, 편벽되지 않고, 치우치지 아니하여 지나치거나 부족함이 없는 평범한 이치를 뜻합니다. 이러한 이치는 모든 사람들에게 부여된 것이지만 오직 군자君子만이 이를 체득하여 본체本體와 작용作用이 한결같다고 하지요. '중용의 도道'에 딱 어울리게 행한다는 것입니다.

그러나 소인은 늘 치우치거나 기울어져 날마다 행하는 '중용의 도'를 위배한다고 합니다. 소인이 중용을 행하지 못하는 것은 '거리낌이 없기 때문'130)입니다. 이는 물욕物欲을 억제하지 못해 악행惡行도 서슴지 않는 경우를 의미합니다. 군자와 소인의 차이, 정신을 지향하느냐 물질을 지향하느냐에 달려 있다 하겠습니다.

130) "소인이 중용에 반대로 함은 소인이면서 기탄이 없기 때문이다."(『중용』 제2장 : 小人之(反)中庸也, 小人而無忌憚也.)

순의 대지

| 중용 |

공자가 이르기를, "순舜임금131)은 크게 지혜로운 분이었다. 순임금은 묻기를 좋아하고 평범한 말씀 살피기를 좋아하되 악함을 숨겨주고 선함을 드러내며, 두 끝을 잡아 그 중中을 민중에게 썼으니, 그 때문에 순임금이 된 것이다.

| 원문 |

子曰 舜其大知也與인저 好問而好察邇言하되 隱惡而揚善하며 執其兩端하사 用其中於民하니 其斯以爲舜乎인저

| 자해 |

* 지知 : 지智와 같음. 야여也與 : 기其와 함께 쓰여서 추측을 표시하거나 자신의 생각을 완곡하게 표현하는 어기조사. 찰察 : 평범한 이야기를 정밀하게 살핌. 이언邇言 : 얕고 비근한 말.
* 은악隱惡 : 악을 숨겨주다. 양선揚善 : 선을 드러내다. 집執 : 잡다. 양단兩端 : 양쪽 끝. 뜻을 달리하는 대립적인 주장들. 모든 물건은 두 끝에 있으니, 크거나 작거나 두텁거나 얇은 종류. 이위以爲 : ~라고

131) 예로부터 제왕(帝王)의 통치가 가능했던 사람은 많다. 하지만 대개 인위적인 통치였다. 순임금은 덕이 풍부하여 인위적으로 하지 않은 것이 큰 특징이다. 그는 요(堯)임금의 덕을 그대로 이어받았을 뿐 아니라 당시의 인재들을 그대로 이어받았기 때문에 인위가 필요 없었다. 항상 몸을 공손히 하고 엄숙하게 했다.

여기다.

| 해영 |

예로부터 덕德을 많이 쌓아야 덕 있는 사람을 알아볼 수 있다고 합니다. 공자가 순임금을 높이 평가할 수 있었던 것은 그의 사람 보는 안목이 남달랐다기보다는 그가 덕을 많이 쌓았기 때문으로 여겨집니다. 덕 없는 사람이 덕 있는 이를 알아볼 수 없음은 이러한 까닭 때문이지요. 그렇다면 순임금의 그 무엇이 큰 지혜의 소유자로 평가되었을까요?

순임금은 사람의 능력이 한계가 있음을 절감하고 남들에게 묻기를 좋아했습니다. 묻기만 한 것이 아니라 고견은 고견대로, 평범한 말을 평범한 대로 모두 지극히 하였지요. 가령 선善한 일은 드러내 칭찬해 주고, 악惡한 일은 숨겨 주었지요. 또 대립하는 일이 생기면 그 양 끝을 잡아 극진하게 살펴 중中을 선택하여 쓰는 것이 한결 같았습니다.

이 때문에 사람들은 순임금을 평가할 때 항상 총명과 예지로써 천하를 뒤덮었다고 합니다. 하지만 그가 자신의 주장만을 일삼기보다 '남의 말을 주로 경청'했다는 점은 잘 모릅니다. 위정자들이 반드시 새겨야 할 대목입니다. 혼란이 점철되고 있지만, 순임금의 이와 같은 경청 태도를 익히고 실천한다면, 갈등이 완화되는 비결이 되리라 확신합니다.

칭찬의 효과

| 중용 |

공자가 이르기를, "안회顔回의 사람됨은 중용을 택하여 한 가지 선함을 얻으면 권권拳拳히 가슴속에 두어 잃지 않는다."

| 원문 |

子曰 回之爲人也 擇乎中庸하여 得一善이면 則拳拳服膺而弗失之矣니라

| 자해 |

* 회回 : 공자의 제자 안연顔淵의 이름. 위爲 : '~이다'라는 뜻의 동사. 택擇 : 가리다. 득得 : 덕德과 같음.
* 권拳 : 돌아보다. 권권拳拳 : 받들어 가지는 모양. 복服 : 일반적으로 옷으로 해석하지만 여기서는 '두다'로 해석한다. 응膺 : 가슴. 불弗 : 불不과 같음.

| 해영 |

천하의 사물에는 모두 중용中庸의 이치가 있다고 합니다. 사람들이 그것을 가리지 못할 뿐이지요. 혹 가릴 줄을 안다 해도 오래 지속하지 못합니다. 일찍이 공자 자신도 한 달을 지속하기 힘들다고 언급

[132]한 것을 보면, 중용의 실천 정신을 재차 헤아리게 됩니다.

이처럼 실천하기 어려운 중용을, 안회는 사람됨이 올바를 뿐 아니라 사물의 이치에 따라 분별하여 그에 걸맞은 생활을 오래도록 지속하였습니다. 어떤 선한 일을 하나 얻으면 그것을 가슴으로 받아 행하고 지키는 것이 한결 같았지요. 중용의 도에 통달한 것입니다.

오래된 이야기지만 백락[133]이 있고 나서 천리마千里馬가 생겼다고 합니다. 말馬을 보는 데 혜안을 가진 백락이 없었다면 천리마도 없었다는 얘기지요. 공자의 안회 칭찬은 2500년이 지난 오늘날에도 삶의 표본이 되고 있습니다. 중용의 도를 실천해야 하겠습니다.

군자의 힘

| 중용 |

공자가 이르기를, "군자는 조화를 이루되 휩쓸리지 않으니, 강하다 꿋꿋함이여! 가운데 서서 기울지 않으니, 강하다 꿋꿋함이여! 나라에 도가 있으면 궁할 적의 의지를 변치 않으니, 강하다 꿋꿋함이여!

---

132) "사람들이 모두 말하기를, 내가 지혜롭다고 하지만, 중용을 가려 한 달을 지키지 못한다."(『중용』 제7장 : 人皆曰予知, 擇乎中庸而不能期月守也.), "천하와 국가를 고르게 할 수 있으며, 벼슬과 봉록도 사양할 수 있으며, 흰 칼날도 밟을 수 있지만, 중용은 능히 할 수 없다."(『중용』 제9장 : 天下國家, 可均也, 爵祿, 可辭也, 白刃, 可蹈也, 中庸, 不可能也.)

133) 백락(伯樂)은 주(周)나라 때 사람으로 말[馬]의 능력을 단 시간에 알아내는 탁견의 소유자였다. 즉 천리마는 수없이 존재하지만 백락과 같은 인물이 아니면 찾아내지 못한다는 의미이다. 후일 세상에서는 천리마를 영웅호걸에 비유하기도 하고, 명군(名君)이나 인재(人才)에 비유하기도 한다.

나라에 도가 없으면 죽음에 이르러도 변치 않으니, 강하다 꿋꿋함이여!"

| 원문 |

子曰 君子는 和而不流하나니 强哉矯여 中立而不倚하나니 强哉矯여 國有道에 不變塞焉하나니 强哉矯여 國無道에 至死不變하나니 强哉矯여

| 자해 |

* 재哉 : 감탄의 어기를 표시하는 어기조사. 강재强哉 : 강하도다. 교矯 : 굳세다. 중용을 지속한다는 의미의 꿋꿋함. 의倚 : 한편으로 기울어짐. 색塞 : 궁색하다. 막히다.

| 해영 |

『논어』에 "군자는 조화를 이루고 뇌동134)하지 않으며, 소인은 뇌동하고 조화를 이루지 못한다."135)는 말이 있습니다. 즉 군자의 마음 씀씀이와 소인의 마음 씀씀이가 다름을 엿볼 수 있는 대목이지요. 군자의 마음은 항상 주관을 가지고 있으면서도 공변되어 역지사지易地思之하는 마음으로 상대에게 거스름이 없어 조화를 이루지만, 소인의 마음은 늘 주관이 없기 때문에 시기하거나 각박함을 즐겨 결국

134) 그 어떤 주관도 없이 그저 상대의 의견을 맹목적으로 좇음.

135) 『논어』, 「자로(子路)」: 子曰, 君子, 和而不同, 小人, 同而不和.

편당하는 것입니다. 다시 말해 군자는 상대가 내 생각과 설사 다르더라도 화합을 위해 상대의 마음을 존중함으로써 조화를 이루지만, 소인은 자신의 이익을 기준으로 삼기 때문에 쉽게 주권을 버리고 상대에게 동화되는 것이지요.

이처럼 군자는 타인에게 쉽게 휩쓸리지 않지만, 소인은 쉽게 휩쓸립니다. 즉 군자의 마음은 '사사로운 마음을 이기는 마음'이기 때문에 강한 마음이지요. 또 나라에 도道가 있을 때를 보겠습니다. 누구나 부귀富貴를 원합니다. 하지만 군자는 이런 때에도 궁색했을 때의 마음을 잃지 않습니다. 때문에 강한 마음을 유지할 수 있습니다. 물론 나라에 도道가 없다면 죽음도 불사할 수 있는 마음을 유지함은 말할 것도 없습니다. 이러한 절개를 종신토록 변치 않는 마음을 이른바 군자의 마음, 즉 '꿋꿋한 마음'이라 할 수 있습니다. 중용이란 '1과 5의 중간 형태인 3'이라는 식의 산술적인 의미가 아님을 알 수 있는 대목입니다.

평범한 도

| 중용 |

공자가 이르기를, "도道가 사람에게서 멀리 있지 않으니, 사람이 '도'를 행하면서 사람을 멀리한다면 '도'라 할 수 없다."

| 원문 |

子曰 道不遠人하니 人之爲道而遠人이면 不可以爲道니라

| 자해 |

* 도道 : 성품을 좇는 것을 뜻함. 진실로 민중이 알 수 있고 행할 수 있는 것을 의미함. 불가이不可以 : ~할 수 없다. 불가이위도不可以爲道 : 도라 할 수 없다.

| 해영 |

도道라는 것, 사실 거창한 게 아닙니다. 일상에서 활용하는 것 가운데 하나지요. 일반적으로 의식하지 않아도 행하는 것을 사람들은 "도가 트다" 혹은 "도사道士"로 지칭합니다. 말하자면 '도'는 일상사라고도 할 수 있는 말이지요. 그럼에도 '도'를 먼데서만 찾으려 하는 사람이 한둘이 아닙니다. 『시경』에 다음과 같은 말이 있습니다. "'도끼자루를 잡고 도끼자루를 벰이여! 그 법이 멀리 있지 않다'라고 하니, 도끼자루를 잡고 도끼자루를 베면서도 흘겨보고 오히려 그 법이 멀리 있다고 여긴다. 그러므로 군자는 사람의 도리로써 사람을 다스리다가 잘못을 고치면 그친다."[136]고 한 것이지요.

『시경』의 이 구절이 우리에게 시사를 하는 것은, 새로운 도끼자루의 길이를 재는 기준이 다름 아닌 지금 잡고 있는 도끼자루에 있음

136) 『시경』, 「빈풍 · 벌가(豳風 · 伐柯)」 : 伐柯伐柯, 其則不遠. 執柯以伐柯, 睨而視之, 猶以爲遠. 故君子以人治人, 改而止.

을 뜻합니다. 이미 이루어진 도끼자루는 비록 오래된 도끼자루이지만, 새로운 도끼자루를 재는 데에는 안성맞춤이기 때문에 이를 참고하라는 것이지요. 따라서 세상을 살아가는 '도'는 먼 곳에 있지 않음을 알 수 있습니다. 성현聖賢의 삶을 기준으로 삼아도 좋고, 당대의 현인賢人을 기준으로 삼아도 좋습니다. 옛사람이든 지금 사람이든 그들의 도가 특별하지 않은 '평범한 도'를 실천했다는 점입니다. 평범한 삶의 도를 실천하는 것, 그것이 중용의 도입니다.

마땅한 도

| **중용** |

군자는 그 지위에 따라 행하고, 그 밖의 것을 원하지 않는다. 부귀에 처해서는 부귀대로 행하고, 빈천에 처해서는 빈천대로 행하며, 이적에 처해서는 이적대로 행하며, 환난에 처해서는 환난대로 행하니, 군자는 들어가는 곳마다 스스로 얻지 않음이 없다.

| **원문** |

君子는 素其位而行이요 不願乎其外니라 素富貴하여는 行乎富貴하며 素貧賤하여는 行乎貧賤하며 素夷狄하여는 行乎夷狄하며 素患難하여는 行乎患難이니 君子는 無入而不自得焉이니라

| 자해 |

* 소素 : 평소, 현재現在와 같음. 호乎 : 음절을 조정하고 어기를 고르는 어기조사. 기위其位 : 공간적 개념으로 현재의 위치를 뜻함.
* 이적夷狄 : 보통 오랑캐로 칭하나, 문화가 천박한 민족을 일컬을 때 주로 쓴다. 언焉 : 음절을 조정하고 어기를 고르는 어기조사.

| 해영 |

모두가 같은 장소 같은 지위를 가지고 살 수는 없습니다. 따라서 거처하는 곳마다 그 지위는 다르게 구현될 수밖에 없습니다. 누구나 삶은 주어지지만, 군자의 삶은 그 처하는 환경과 지위가 어떻든 그곳에서의 도道에 어울리도록 행동해야 함을 강조하는 것이지요. 즉 자신에게 주어진 충신忠信과 독경篤敬137)을 떠나지 않고, 마땅히 행해야 할 것은 행하여야 한다는 것입니다.

가령 부귀富貴한 지위에 처하면 부귀에 마땅한 도를 행하고, 빈천貧賤한 지위에 처하면 빈천에 마땅한 도를 행하는 것입니다. 또 이적夷狄의 지위에 처하더라도 그에 마땅한 도를 행하는 것이지요. 이는 군자가 가는 곳마다 '마땅한 도'를 행하면, 그곳의 문화 또한 군자의 문화로 변모된다는 것입니다. 이것이 바로 군자는 '들어가는 곳마다

137) 제자인 자장이 공자에게 행(行)에 대해 묻자, 이르기를, "말이 충실하고 믿음직스러우며(忠信) 행실이 돈독하고 경건하면(篤敬) 비록 오랑캐의 나라라 하더라도 행(行)해질 수 있지만, 말이 충실하고 믿음직스럽지 못하고 행실이 돈독하지 못하면, 고을과 마을에서라도 행해질 수 있겠는가?"(『논어』, 「위령공(衛靈公)」: 子張, 問行, 子曰, 言忠信, 行篤敬, 雖蠻貊之邦, 行矣. 言不忠信, 行不篤敬, 雖州里, 行乎哉.)하였다. 이처럼 충신과 독경은 군자가 반드시 갖추어야 할 덕목이다.

스스로 얻지 않음이 없다'는 뜻입니다.

정곡正鵠

| 중용 |

공자가 이르기를, "활 쏘는 것이 군자의 자세와 비슷함이 있으니, 정곡正鵠을 잃으면 돌이켜 그 자신에서 찾는다."

| 원문 |

子曰 射는 有似乎君子하니 失諸正鵠이어든 反求諸其身이니라

| 자해 |

* 사射 : 활을 쏘다. 사似 : 같다, 비슷하다. 호乎 : 음절을 조정하고 어기를 고르는 어기조사.
* 저諸 : 지어之於와 같다. 정곡正鵠 : 정은 베에 그린 것이고, 곡은 가죽을 붙인 것이다. 따라서 과녁을 의미한다. 반反 : 돌이키다, 되돌리다.

| 해영 |

이른바 '활쏘기'는 것은 육예六藝[138] 가운데 하나입니다. 그만큼 재

138) 육예(六藝)는 『周禮』에 나오는 말로 예(禮)·악(樂)·사(射)·어(御)·서(書)·수(數)를

주의 하나로 볼 수 있는 것이지요. 활을 쏜다는 것은 반드시 정곡正鵠, 즉 과녁을 목표로 합니다. 과녁에 적중시키고자 하는 것은 무엇 때문일까요? 살아가는 방법과 다르지 않기 때문입니다. 정곡을 향해 날아간 화살이 어긋날 경우, 주변 환경이나 과녁을 탓하기보다, 자기 자신의 마음과 자세에서 문제를 찾아야 한다는 것이지요.

활을 쏘는 사람의 자세는 모름지기 이 같은 마음자세가 필요합니다. 마치 군자가 어떤 공익사업을 추진했음에도 얻는 것이 없다면, 주변 환경이나 구성원을 탓할 게 아니라 도리어 자기 자신에서 문제를 찾아야 한다는 것이지요. 다시 말해 화살이 날아가는 과정은 우리가 세상을 살아가는 도道와 다르지 않다는 점에서, 잘못된 것이 있다면 자기 자신에서 문제를 찾아 해소해야 한다는 것입니다.

일각에서는 활 쏘는 행위에 대해, 사냥이나 전쟁을 더 효과적으로 수행하기 위한 것으로 이해하는 경우가 있습니다. 이는 활의 본래 기능을 알지 못해 비롯된 결과입니다. 물론 활쏘기가 사냥 혹은 전쟁 도구로 변이된 것도 사실이지만, 이는 본질이 아닙니다. 활쏘기는 순전히 군자의 수양 도구에 불과합니다. 늘 자신을 성찰하면서 분수에 맞게 움직이는 것, 이것이 중용에서 일러주는 정곡입니다.

일컫는다. 육예 가운데 사(射)에 관해서만 살펴보면 5가지가 있다. 첫째, 백시(白矢)이다. 화살이 과녁을 꿰뚫어서 그 촉이 희게 나타난 것을 말한다. 둘째, 삼련(三連)이다. 앞서 1개의 화살을 쏘고, 뒤에 3개의 화살을 연속하여 쏘는 것을 말한다. 셋째, 염주(剡注)이다. 깃머리[우두:羽頭]가 높고 촉이 낮은 살이 빛나면서 날아가는 것을 말한다. 넷째, 양척(襄尺)이다. 신하가 임금과 활을 쏠 때에 임금과 나란히 서지 않고, 임금보다 아래쪽으로 한 자 떨어져서 쏘는 것을 말한다. 다섯째, 정의(井儀)이다. 4개의 화살이 과녁을 꿰뚫은 것이 정자(井字)의 모양 같다고 해서 나온 말이다.

도의 계제

| 중용 |

군자의 도는 비유하자면 먼 곳을 갈 때에 반드시 가까운 곳으로부터 시작하는 것과 같으며, 비유하자면 높은 곳에 오를 때에 반드시 낮은 곳으로부터 시작하는 것과 같다.

| 원문 |

君子之道는 辟如行遠必自邇하며 辟如登高必自卑니라

| 자해 |

*비辟 : 비譬와 같음. 여如 : 가정이나 조건을 표시하는 접속사. ~같다. 이邇 : 가깝다. 비卑 : 낮다.

| 해영 |

'군자의 도道' 혹은 '소인의 도'가 따로 있을까요? 군자의 도를 주로 일컫는 것은 사서四書의 핵심 가르침이 모두 '군자의 도'를 추구하고 있기 때문이 강조하는 것일 뿐이지요. 물론 군자와 배치된 도는 말할 것도 없이 '소인의 길'이 될 것입니다. 만일 성性을 이해하고 천명을 알아 정성스럽게 의리와 덕을 쌓는 사람이 있다면 어찌될까요? 그는 반드시 유덕자有德者 내지는 유위자有位者가 될 것입니다.

유덕자有德者, 즉 '덕이 있는 사람' 내지는 유위자有位者, 즉 '지위가 있는 사람'을 세상 사람들은 모두 지향합니다. 이를 위해서는 먼 곳을 갈 때는 가까운 곳으로부터 출발하고, 높은 곳을 오를 때는 낮은 곳으로부터 시작하고자 하는 마음 자세가 필요합니다. 군자의 도는 고상함에 있는 것이 아니라 이처럼 평범함 속에 자리하고 있습니다. 일상생활을 '의연하고도 꿋꿋하게' 이어가야 하는 이유입니다.

귀신鬼神

| 중용 |

공자가 이르기를, "귀신139)의 덕 됨이 성대하구나! 보아도 보이지 않으며 들어도 들리지 않되, 사물의 본체가 되어 빠뜨릴 수 없다."

| 원문 |

子曰 鬼神之爲德이 其盛矣乎인저 視之而弗見하며 聽之而弗聞이로되 體物而不可遺니라

| 자해 |

* 귀신鬼神 : 동양의 귀신 개념은 일반적으로 서양에서의 유령, 즉 고

139) 귀신(鬼神)에 대해 정자(程子)는 "귀신은 천지의 공용(功用)이고, 조화의 자취이다."라고 했고, 장자(張子)는 "귀신이라는 것은 두 기운, 즉 음양의 진실한 능력이다."라고 하였다. 그런가 하면 주자(朱子)는 "두 기운으로 말하면, 귀(鬼)라는 것은 음(陰)의 신령함이고, 신(神)이란 것은 양(陽)의 신령함이다. 한 기운으로 말하면, 와서 펴는 것은 신(神)이 되고, 뒤집어 돌아가는 것은 귀(鬼)가 되니, 실상은 한 존재일 따름이다."라고 하였다.

스트Ghost와는 다른 의미를 지닌다. 즉 귀鬼가 뭉쳐지는 것이라면, 신神은 흩어짐펼쳐짐을 뜻한다. 지之 : 보통 일반적인 대상을 가리키는 인칭대사로 쓰이지만, 여기서는 주격조사로 쓰임. 덕德 : 구체화된 인격체로서의 덕을 의미. 위덕爲德 : 성정性情과 공효功效라는 말과 같음.

* 성盛 : 담다, 성하다. 의호矣乎 : 동작이 이미 완료되었음을 표시하는 감탄조사. 불弗 : 불不과 같음. 체물體物 : 귀신은 형상과 소리가 없다. 그러나 마침과 시작은 음과 양이 합하여 흩어져서 이루어지니, 사물의 본체가 되어 어떤 사물도 귀신을 빠뜨릴 수가 없다. 사물의 본체가 된다고 말한 것은 『주역』에서 "일을 주관한다."는 의미와 같다. 유遺 : 빠뜨리다.

| 해영 |

귀신鬼神, 하늘과 땅 사이에 꽉 찬 음양陰陽의 기운을 말하기도 하고, 그 기운의 신령神靈함을 일컫기도 합니다. 귀신의 덕은 없는 것 같지만 존재하고, 아무것도 없는 텅 빈 것 같으면서도 가득 채워져 있습니다. 때문에 귀신의 덕德을 성대하다고 하는 것이지요. 그렇다면 형상도 소리도 없는 귀신의 성대함을 어떻게 볼 수 있을까요?

'각각의 사물'을 보면 알 수 있습니다. 위에서 말한 온갖 음양의 기운과 신령함의 결과물이 육안으로 볼 수 있고, 들을 수 있는 것들이기 때문입니다. 가령 사람들의 성장과정은 어떤가요? 처음 보이지도 들리지도 않았습니다만 성장하면서 보이고 들려옵니다. 그러다

또 다시 시간이 흐르면 초기 보이지도 들리지도 않는 곳으로 돌아가지요.

귀신의 성대함은 이렇게 나타납니다. 귀신을 귀신歸神 혹은 굴신屈伸으로 표현하는 이유도 여기에 있습니다. 즉 신령의 기운이 합하고 흩어지는 것은 결국 어떤 사물이든 나온 곳으로 돌아간다는 뜻이지요. 그러므로 귀신의 덕은 곧 사물의 본체가 되는 것입니다. 어떤 사물도 빠뜨리지 않는 만큼, 성실하게 살아야 하는 이유가 되겠습니다.

인의 정치

| **중용** |

애공哀公140)이 정치에 대해 물으니, 공자가 이르기를, "문왕과 무왕의 정치는 방과 책에 실려 있으니, 그 사람이 있으면 그 정치가 일어나고 그 사람이 없으면 그 정치가 종식된다. 사람의 도는 정치에 민감하고 땅의 도는 나무에 민감하니, 무릇 정치는 갈대와 같다. 그러므로 정치를 하는 것은 사람에게 달려 있으니, 사람을 취하는 것은 몸으로써 하고 몸을 닦는 것은 도로써 하며 도를 닦는 것은 인으로써 해야 한다."

140) 애공(哀公)은 노(魯)나라의 임금으로 이름은 장(蔣)이다. 재위 기간은 (B.C.494~B.C.468)이다.

| 원문 |

哀公이 問政한대 子曰 文武之政이 布在方策하니 其人存이면 則其政擧하고 其人亡이면 則其政息이니라 人道는 敏政하고 地道는 敏樹하니 夫政也者는 蒲盧也니라 故로 爲政在人하니 取人以身이요 修身以道요 修道以仁이니라

| 자해 |

* 문무文武 : 문왕과 무왕. 부자지간이다. 포재布在 : 펼쳐 있다. 방책方策 : 나무판자와 대쪽으로 만든 책, 즉 목판과 죽간竹簡을 지칭한다. 인人 : 어진 신하를 지칭. 거擧 : 정치가 꽃피는 것. 식息 : 멸滅함.
* 민敏 : 빠르게 드러남. 야자也者 : 음절을 조정하고 어기를 고르는 어기조사. 포로蒲盧 : 갈대. 신身 : 임금의 몸으로 지칭. 도道 : 천하의 공통된 도. 인仁 : 천지가 만물을 낳는 마음으로서, 사람이 태어나면서 부여받는 것.

| 해영 |

세상에 인재는 언제나 존재한다고 합니다. 그러나 '때에 적합한 인재'는 찾기 쉽지 않습니다. 문왕과 무왕 같은 사람이 있으면 정치가 흥하고, 그렇지 않으면 종식된다고 한 것은 유효적절한 논의지요. 민주주의가 만개하고 있는 오늘날에도 끊임없이 이 같은 의문이 제기되는 것만 보아도 때에 걸맞은 인재는 찾기 쉽지 않습니다. 일찍이 '서양의 공자'로 불리는 소크라테스Socrates[141]라는 철학자도 민주주

의를 그리 긍정적으로 보지 않았지요. 하지만 페리클레스Pericles[142]와 같은 강건한 지도자에 의한 민주주의는 긍정한바 있습니다. 그만큼 때에 적합한 인재는 드물었다는 얘기지요.

그렇다면 때에 알맞은 인재가 존재한다면 정치가 어떻게 흥하게 될까요? 바로 실천력이 담보되기 때문입니다. 가령 세상에 꼭 쓸모 있는 정책 한 가지만 제정해도 그에 따른 파급효과는 매우 크게 나타납니다. 그렇다면 열 가지 백 가지를 제정한다면 어떻겠습니까? 순식간에 정치가 흥하게 될 수밖에 없는 일이지요. 말하자면 지도자가 진정성을 가지고 민중을 위하는지 여부에 따라 성패가 갈린다고 할 수 있습니다. 다시 말하면 '사람의 도'는 정치에서 가장 빠르게 나타납니다. 따라서 지도자가 올바른 정치를 하기 위해서는 올바른

141) 소크라테스(Socrates : B.C.470~B.C.399)는 고대 그리스의 철학자다. 아테네에서 태어나 일생을 문답(問答)을 통하여 스스로의 무지(無知)를 깨닫고 참다운 지식을 탐구하도록 하였으며, 시민의 도덕의식을 개혁하는 일에 힘썼다. 그가 민주주의를 그리 긍정적으로 보지 않은 데에는, 민주주의가 오용되면 자칫 개나 소 같은 인사들이 정치를 하겠다고 날뛴다고 보았기 때문이다. 개나 소 같은 인사들이 정치를 하겠다고 뛰어 들면 어떻게 되겠는가. 정치가 타락되는 것은 명약관화하다. 사실 정치만 타락되면 그뿐이지만, 그것이 사회 전체를 타락시킨다는데 문제의 심각성이 있다. 사회 전체가 타락되면 어떤 현상이 벌어질까? 이른바 '사회적 약자'로 불리는 이들의 피해로 이어질 수밖에 없다. 국가가 구성된 근본원리가 '강자'가 아닌 '사회적 약자'를 위해 구성되고 운영된다는 점에서 문제가 아닐 수 없는 것이다. 민주주의의 허점이 바로 이런 경우일 것이다.

142) 페리클레스(Pericles)는 B.C.5세기 후반, 아테네 민주주의와 아테네 제국을 정치와 문화적으로 한 단계 성숙시킨 인물이다. 그는 당시의 주도세력이었던 '귀족파'에 대항하여 대중선거라는 오늘날의 선거와 유사한 제도를 도입하였다. B.C.461년에 암살당한 급진적 민주주의자 에피알테스(Ephialtes)의 뒤를 이어 민주파의 지도자가 되었다. 그는 곧 바로 아테네의 정치와 경제, 사회, 문화 전반에 걸쳐 주도권을 쥐기 위한 정책을 입안 추진했다. 지역 곳곳에 아테네인 정착촌을 늘려 지배력을 강화하는 한편 늘어나는 아테네 시민들에게 토지를 제공하는 등 이른바 '부국'과 '질서'를 확립하였다. B.C.447년에 착공한 아크로폴리스 건설도 하나의 업적으로 평가된다.

마음을 지닌 훌륭한 참모를 반드시 필요로 합니다.

지도자와 참모가 혼연일체渾然一體가 되어 민중을 위해 열성을 다한다면, 나라의 정치가 흥하게 되는 것은 불문가지입니다. 다시 말해 비전을 제시할 줄 아는 지도자라 하더라도 선행해야 할 것은 현실에서 사업을 수행할 참모를 필요로 합니다. 이를 위해서는 몸소 인재를 찾아나서야 합니다. 마치 전국시대戰國時代 때 연燕나라의 소왕昭王143)처럼 말입니다. 그는 연燕나라가 제齊나라에게 격파되어 영토의 태반이 제나라의 지배아래 있게 되었습니다. 최악의 상황이었지만 왕위에 오른 이후 전심전력으로 국위선양과 실지회복에 힘쓰고, 특히 인재를 구하는데 무엇보다 열심이었습니다.

143) 소왕이 신하인 곽외(郭隗)에게 나라를 일으키는데 충분한 인재는 어떻게 하면 얻을 수 있는지를 물었다. 곽외는 다음과 같이 답했다. “저는 이런 이야기를 들었습니다. 옛날 어느 군공(君公)이 천금을 내걸고 천리마(千里馬)를 구하려고 했으나, 3년이 지나도록 뜻을 이루지 못했습니다. 그때 한 사람의 연인(涓人 : 궁중 내에서 소식을 전하거나 청소하는 사람)이 자원하고 나섰으므로 천금을 내주며 천리마를 구해오라고 하였습니다. 그 사나이는 3개월 정도 걸려 천리마가 있는 곳을 알아냈으나 안타깝게도 그 사나이가 도착하기 전에 말이 죽어버렸습니다. 그래서 죽은 말의 뼈를 5백금에 사가지고 왔답니다. 군공(君公)은 크게 노(怒)하여 ‘내가 바라는 것은 산말이다. 어찌 죽은 말을 5백금이나 주고 사왔느냐?’라며 호통을 쳤습니다. 그러자 사나이는 물러서지 않고 ‘아닙니다. 제 말씀을 들어주십시오. 천리마라면 죽었음에도 5백금으로 사겠다고 하였으니, 산말이라면 얼마나 많은 돈을 줄 것인가, 하고 사람들은 생각할 것입니다. 염려하지 않으셔도 멀지 않아 반드시 희망하는 말이 찾아올 것입니다.’라고 답했습니다. 과연 1년도 채 되지 않아 천리마를 끌고 온 사람이 세 사람이나 되었다고 합니다. 지금 왕께서 진정한 현인(賢人)을 원하신다면 먼저 이 외(隗)로부터 시작하십시오. ‘외(隗) 같은 사람도 저렇게 후하게 대접을 받고 있는데, 하물며 그보다 어진 사람들이야 이를 것이 있겠는가?’ 하며 현인들은 천리를 마다 않고 찾아올 것입니다.” 이리하여 소왕은 외(隗)를 위해 황금대(黃金臺)라는 궁전을 세우고 스승으로 대우했다. 이 사실이 순식간에 제국(諸國)에 퍼지자, 그야말로 천하의 현인들이 앞을 다투어 연(燕)나라로 모여들었다. 조(趙)나라의 명장 악의(樂毅)가 오고, 음양설의 시조인 추연(鄒衍)이 오고, 정치의 대가인 극신(劇辛)이 왔다. 이들의 도움으로 소왕은 오래지 않아 드디어 제국과 함께 제(齊)나라를 격파하여 숙원(宿怨)을 이루었다.

그렇다면 리더나 인재가 되기에 앞서 몸이 제대로 서야 하는데, 이는 무엇으로 해야 할까요? 바로 도道로써 닦아야 합니다. '도'가 존재해야 올바르게 움직일 수 있기 때문입니다. 하지만 이 '도'가 모양만 겨우 갖춘 존재로는 부족합니다. 때문에 도를 닦는 것은 인仁에 바탕 해야 한다고 하는 것입니다. 인이 굳건해야 도를 구축할 수 있고, 도를 구축해야 지도력이 발할 수 있는 것이지요. 그러므로 세상에서는 지도자는 밝고, 참모는 어질어야 한다고 하는 것입니다. 문왕과 무왕의 정치가 이러 하였습니다. 시급히 정치의 격을 올리기 위해서는 문왕과 무왕의 지도력을 실천해야 하겠습니다.

지인용知仁勇

| **중용** |

공자가 이르기를, "배우기를 좋아하는 것은 지知에 가깝고, 힘써 행하는 것은 인仁에 가깝고, 부끄러움을 아는 것은 용勇에 가깝다. 이 세 가지를 알면 몸 닦을 바를 알 것이요, 몸 닦는 바를 알면 사람 다스릴 바를 알 것이요, 사람 다스릴 바를 알면 천하 국가 다스릴 바를 알 것이다."

| **원문** |

子曰 好學은 近乎知하고 力行은 近乎仁하고 知恥는 近乎勇이니라

知斯三者면 則知所以修身이요 知所以修身이면 則知所以治人이요 知所以治人이면 則知所以治天下國家矣리라

| 자해 |

* 호乎 : 음절을 조정하고 어기를 고르는 어기조사. 지知 : 지智와 같음. 사斯 : 이것, 사물을 가리키는 대명사. 사삼자斯三者 : 호학好學과 역행力行, 지치知恥를 지칭. 인人 : 나와 다른 '남'을 뜻함. 천하국가天下國家 : 세상의 모든 사람을 말함. 의矣 : 단정적인 어기를 표시하는 어기조사.

| 해영 |

호학은 지知에 가깝고, 역행은 인仁에 가깝고, 지치는 용勇에 가깝다고 하는 이른바 세 가지 덕德을 드높이기 위해서는 어떻게 해야 할까요? 첫째, 큰 지혜를 발휘해야 하고 둘째, 인仁이 지극해야 하며 셋째, 큰 용기가 담보되어야 합니다. 다시 말해 큰 지혜를 발휘하기 위해서는 먼저 배우기를 좋아해야 하고, 인仁이 지극해지기 위해서는 진실로 힘써 행하는 것이 사사롭지 않아야 하며, 큰 용기가 담보되기 위해서는 남보다 못함을 부끄러움으로 여겨, 끊임없이 이를 극복하기 위해 노력해야 한다는 것입니다.

군자가 이 세 가지의 덕德을 진실로 인식하면, 곧 배우지 않을 수 없어서 결국 큰 지혜에 가까워질 것이고, 힘써 행하는 것도 게을리하지 않아 결국 인仁에 가까워질 것이며, 부끄러움 또한 극복하기 위

해 노력하면 결국 큰 용기에 가까워질 것이라는 말입니다. 이러한 세 가지 덕이 닦이면, 나의 몸을 다스리듯 남의 몸도 다스릴 수 있습니다. 남의 몸을 다스릴 수 있다는 것은, 세상의 모든 사람을 다스릴 수도 있다는 말입니다. 천하를 다스린다는 것도 가깝게는 지인용知仁勇으로부터 비롯됨을 알 수 있습니다.

범사凡事

| 중용 |

모든 일은 미리하면 성립되고, 미리하지 않으면 폐해진다. 말을 미리 정하면 차질이 없고, 일을 미리 정하면 곤궁하지 않고, 행동을 미리 정하면 병폐가 없고, 도道를 미리 정하면 궁하지 않다.

| 원문 |

凡事는 豫則立하고 不豫則廢하나니 言前定則不跲하고 事前定則不困하고 行前定則不疚하고 道前定則不窮이니라

| 자해 |

* 범凡 : 무릇, 모두. 범사凡事 : 모든 일. 예豫 : 미리 정하는 것. 폐廢 : 폐하다. 겁跲 : 넘어지다, 쓰러지다. 곤困 : 괴롭다, 곤란하다, 곤궁하다. 구疚 : 병病과 같음. 도道 : '방법적인 도'를 뜻함. 궁窮 : 궁하다.

| 해영 |

어떤 것도 하루아침에 이루어지는 법은 없습니다. 평소 수많은 시간을 투자해야 성과를 낼 수 있는 것이지요. 가령 미리 공부하지 않고서 결과물을 기대하는 것은 마치 나무에 올라 물고기를 잡으려는 것과 같은 경우일 것입니다. 말하기 또한 마찬가지입니다. 미리 할 말을 정해 놓고 하면 차질을 빚지 않을 것이고, 사업도 사전에 착실하게 준비하여 실행하면 곤란함에서 멀어질 수 있습니다. 행동거지 하나도 소홀히 할 수 없듯, 모든 일은 도道, 즉 '방법'을 미리 알아야만 합니다. 일의 방법을 아는가의 여부에 따라 삶의 질은 천양지차天壤之差로 달라집니다. 도道를 미리 정하는 이유가 여기에 있습니다.

천도와 인도

| 중용 |

성실한 것은 하늘의 도道요, 성실히 하려는 것은 사람의 도道이다. 성실한 것은 힘쓰지 않고도 '도'에 맞으며, 생각하지 않고도 알아서 자연스럽게 '도'에 맞으니 성인聖人이요, 성실히 하려는 것은 선善을 택하여 굳게 잡는 것이다.

| 원문 |

誠者는 天之道也요 誠之者는 人之道也니라 誠者는 不勉而中하며

不思而得하여 從容中道하나니 聖人也요 誠之者는 擇善而固執之者也니라

| 자해 |

* 성자誠者 : 중용의 핵심, 진실하여 거짓이 없는 천리天理의 본연한 것, 즉 우주의 철학적 본질을 뜻함. 천지도天之道 : 하늘의 도. 따라서 여기서의 지之는 주격조사로 쓰임.
* 성지자誠之者 : 타인과의 관계에서 진실하여 거짓이 없고자 노력함. 인사人事의 당연함. 여기서의 지之는 대명사로 그것, 즉 성실한 것을 지칭. 종용從容 : 자연스러움.
* 택선이고집擇善而固執 : 유가儒家에서의 인간은 도덕적 인간을 지향. 마땅히 성선性善을 발현해야 함. 이를 위해서는 의지를 굳건히 해야 함. 이而 : 순접관계를 표시하는 접속사. 두 개의 동작이나 상황을 순차적으로 연결해준다.

| 해영 |

중용의 핵심 가르침의 한 부분이라 할 수 있는 대목입니다. 여기서 말하는 성誠은 진실하여 거짓이 없는 천리天理의 본연한 것을 이릅니다. 이를 온전하게 하는 사람은 사실상 태어나면서 알기 때문에 힘쓰지 않아도 스스로 중中에 들어맞지 않음이 없고, 생각하지 않아도 도道를 얻는다고 합니다. 이런 사람들을 흔히 성인聖人이라고 하지요. 성인은 성誠하지 않음이 없어서, 우주 자연의 질서와 더불어 삽니다.

때문에 이른바 '하늘의 도'라고 하는 것이지요.

하지만 이 성誠에 이르지 못한 사람들은 힘쓰지 않으면 중中에 들어맞지 못하고, 생각 또한 하지 않으면 도道를 얻지도 못합니다. 때문에 항상 이치에 따라 선善을 택해 밝혀야 합니다. 이는 하늘의 이치와는 다르게 물욕物欲에 얽매여 성誠하지 못하는 경우가 있기 때문입니다. 그러므로 성誠하고자 노력하는 것이 바로 인도人道입니다. 진실 되고 거짓이 없는 마음으로 하늘의 이치에 부합되도록 힘쓰는 자세, 그것이 이른바 '사람의 도'라고 하는 것입니다.

지행합일

| 중용 |

널리 배우며, 살펴 물으며, 삼가 생각하며, 밝게 분변하며, 독실篤實히 행하라.

| 원문 |

博學之하며 審問之하며 愼思之하며 明辨之하며 篤行之니라

| 자해 |

* 박학博學 : 널리 배우다. 지之 : 박학博學의 내용을 가리키는 인칭대사人稱代詞. 대사는 대명사뿐 아니라 형용사적 성격을 지닌 것, 부사적 성격을 지닌 것까지 포괄.

* 심문審問 : 살펴 묻다. 신사愼思 : 삼가 생각하다. 명변明辨 : 밝게 분변하다. 독행篤行 : 끊임없이 실천함.

| 해영 |

『중용中庸』에서 말하는 공부의 첫 단계는 '박학博學'과 '심문審問'을 듭니다. 박학은 '널리 배움'을 뜻하고, 심문은 '자세하게 살펴 묻는 것'을 의미합니다. 다시 말해 '밖에서 배운다'는 의미에서 외지外知 혹은 견문지지見聞之知라 합니다. 그리고 '신사愼思'와 '명변明辯'을 듭니다. 신사는 말 그대로 '신중하게 사색하는 것'을 뜻하고, 명변은 '밝게 분변하는 것'을 의미합니다. 이는 스스로의 사색과 분변을 통해 얻는다는 의미에서 내지內知 혹은 자득지지自得之知라 합니다. 말하자면 박학과 심문이 '외지', 신사와 명변이 '내지', 이를 합해 이른바 지知 : 택선擇善라고 부릅니다.

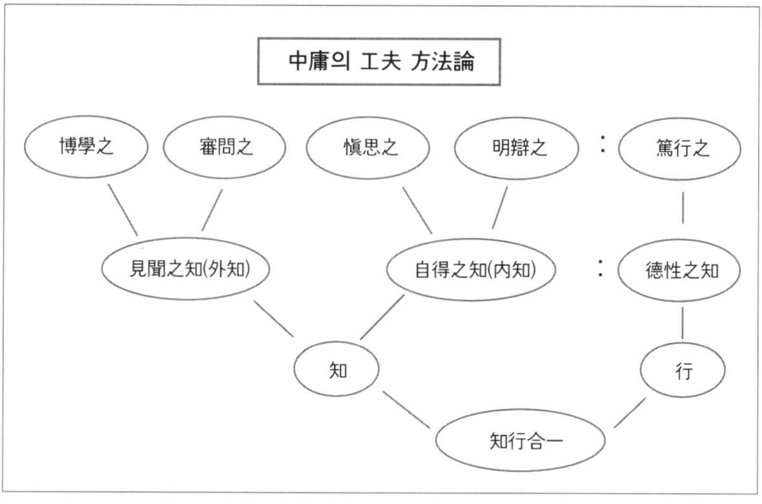

그렇다면 실천부분은 무엇일까요. 중용에서는 독행篤行을 들고 있습니다. '독실하게 실천함'을 뜻하는데, 이를 덕성지지德性之知라 합니다. 덕성지지가 이른바 행行이 되는 것인데, 이때 수신修身과 처사處事에 있어서 고집固執하는 것이 바로 행行이 되는 것이지요. 그러므로 위에서 언급한 박학과 심문, 신사, 명변을 통한 '지'와 덕성으로 이루어진 '행'이 결합하면, 지행합일知行合一 혹은 지행일치知行一致가 되는 것입니다. 공부는 모름지기 지행知行이 합일될 때, 올바른 공부라 합니다. 공부하는 사람들이 지행합일을 부르짖는 이유가 여기에 있다 하겠습니다.

달도달덕達道達德

| 중용 |

배우지 않을지언정 배운다면 능하지 못한 것을 놓지 않으며, 묻지 않을지언정 묻는다면 알지 못하는 것을 놓지 않으며, 생각하지 않을지언정 생각한다면 얻지 못한 것을 놓지 않으며, 분변하지 않을지언정 분변한다면 밝지 못한 것을 놓지 않으며, 행하지 않을지언정 행한다면 독실하지 못한 것을 놓지 않는다. 남이 한 번에 능하거든 나는 백 번을 하며, 남이 열 번에 능하거든 나는 천 번을 해야 한다. 과연 이 도道 : 방법에 능하면, 비록 어리석으나 반드시 밝아지며, 비록 유약하나 반드시 강해질 것이다.

| 원문 |

有弗學이언정 學之인댄 弗能을 弗措也하며 有弗問이언정 問之인댄 弗知를 弗措也하며 有弗思이언정 思之인댄 弗得을 弗措也하며 有弗辨이언정 辨之인댄 弗明을 弗措也하며 有弗行이언정 行之인댄 弗篤을 弗措也하여 人一能之어든 己百之하며 人十能之어든 己千之니라 果能此道矣면 雖愚나 必明하며 雖柔나 必强이니라

| 자해 |

* 불弗 : 불不과 같음. 조措 : 두다, 놓다, 버려두다. 부조弗措 : 놓지 않다. 변辨 : 분별하다, 분변하다. 독篤 : 도탑다, 신실하다, 독실하다.
* 우愚 : 어리석다, 어리석은 사람. 명明 : 선善을 선택하는 일. 유柔 : 부드럽다, 유약하다. 강强 : 굳게 잡음의 효력.

| 해영 |

'안다'는 것은 무엇일까요? 선善은 또 무엇일까요? 애초부터 배우지 않는다면 그만이겠지만, 무엇인가를 배운다면 몸을 바로하고 힘을 쓰지 않으면 능숙해지지 않습니다. 묻는 것도 마찬가지입니다. 애초부터 묻지 않으면 그만이겠지만, 묻는다면 제대로 물어 확실히 알아야 합니다. 생각하는 것도 마찬가지입니다. 애초부터 생각하지 않으면 그만이겠지만, 생각한다면 반드시 일이관지一以貫之[144] 할 수 있

144) 공자의 "자신의 도는 하나로 꿰뚫었다.(『논어』, 「이인(里仁)」 : 吾道, 一以貫之.)"는 데에서 나온 말이나, '학문의 근본은 일이관지(一以貫之), 즉 일관해야' 한다는 것이 그의 의도다.

을 만큼 해야 합니다. 분변하는 것도 기미幾微를 분석할 수 있을 만큼 해야 하고, 행하는 것도 독실함을 구하여 그 이치를 실천할 만큼 통달되도록 해야 합니다.

배우고, 묻고, 생각하고, 분변하고, 행하는 이 다섯 가지의 도道와 덕德을 통달시키기 위해서는 오직 '놓지 않으려는 확고한 마음'을 지녀야 합니다. 그리하여 '배워서 알고, 그것을 이롭게 여겨 행하는 사람'이 선善을 잡는데, 열 배의 공부로 가능하다면, 나는 천 배의 공부로 통달되도록 해야 합니다. 이러한 달도達道와 달덕達德을 지속하면 비록 어리석은 사람이라도 반드시 밝아질 것이며, 비록 유약한 사람이라도 반드시 강해질 것입니다. 세상에 이러한 사람들이 많아져야 문화민족으로서의 긍지를 갖춘 강국이 될 수 있습니다. 모두가 애써야 하는 이유입니다.

성교性敎

| 중용 |

성誠으로 말미암아 밝아짐을 성性이라 이르고, 명明으로 말미암아 성실해짐을 교敎라 이르니, 성실하면 밝아지고, 밝아지면 성실해진다.

| 원문 |

自誠明을 謂之性이요 自明誠을 謂之敎니 誠則明矣요 明則誠矣니라

| 자해 |

*자自 : 유由와 같음. 즉 말미암다. 성誠 : 천도를 말함. 성性 : 본래의 성, 즉 인도를 말함. 의矣 : 필연의 결과를 표시하는 어기조사.

| 해영 |

성誠으로 말미암아 밝아짐을 성性이라고 한 것은 천도天道, 즉 선천적인 의미이고, 명明으로 말미암아 성실해짐을 교敎라 한 것은 인도人道, 즉 후천적인 노력의 결과를 의미합니다. 따라서 본래 지니고 있는 성性을 잘 발현시켜 나가면 성誠이 밝아진다는 것이고, 밝아지면 그것이 곧 성실하다는 것이지요. 이는 사람이 가르침으로부터 말미암아 본성을 회복하고, 이를 토대로 '인도'를 실천함으로써 '천도'에 부합하고자 하는 것입니다. 스스로 힘써 밝히는 것을 귀하게 여기는 것, 군자의 자세라 하겠습니다.

지성至誠

| 중용 |

오직 천하의 지극한 성誠이라야 능히 그 성性을 다할 수 있으니, 그 '성'을 다할 수 있으면 능히 사람의 성을 다할 수 있고, 사람의 성을 다할 수 있으면 능히 사물의 성을 다할 수 있고, 사물의 성을 다할 수 있으면 천지의 화육化育을 도울 수 있고, 천지의 화육을 도울 수

있으면 천지와 더불어 참여할 수 있을 것이다.

| 원문 |

唯天下至誠이어야 爲能盡其性이니 能盡其性이면 則能盡人之性이요 能盡人之性이면 則能盡物之性이요 能盡物之性이면 則可以贊天地之化育이요 可以贊天地之化育이면 則可以與天地參矣니라

| 자해 |

* 유唯 : 오직. 지성至誠 : 지극한 정성. 진盡 : 다하다. 성性 : 본성. 찬贊 : 돕다. 조助와 같음. 화육化育 : 조화롭게 태어나게 할 수 있는 것. 참參 : 천지인天地人이 나란히 참여하다.

| 해영 |

이 부분은 『중용』 제22장의 내용으로 이른바 천도天道에 관한 내용입니다. 한때 조선의 제22대 임금인 정조正祖를 배경으로 한 영화, 〈역린逆鱗〉으로 제작되어 세상에 많이 알려진 바 있습니다. 때마침 '세월호' 침몰로 인해, 최고 지도자의 리더십 논란이 일기도 했었지요. 물론 원문과는 다소 차이를 보이지만, 다음과 같은 대사가 삽입되면서 세상에 많이 회자膾炙된 바 있습니다.145)

145) 〈역린〉이라는 영화의 대사에서는 주로 『중용』 제23장에 대한 내용을 강조하고 있지만, 실제로는 『중용』 제22장, 즉 '천도' 내용을 아울러 적시했고, 대사의 내용 또한 각색하여 실었다. 인도(人道)에 관한 부분을 보면 다음과 같다. "그 다음은 한쪽으로 지극히 함이니, 한쪽으로 지극히 하면 능히 성실할 수 있다. 성실하면 드러나고, 드러나면 더욱 드러나고, 더욱 드러나면 밝아지고, 밝아지면 감동시키고, 감동시키면 변(變)하고, 변하면 화(化)할 수

지도자란 "작은 일도 무시하지 않고 최선을 다해야 한다. 작은 일에도 최선을 다하면 정성스럽게 된다. 정성스럽게 되면 겉에 배어 나오고, 겉에 배어 나오면 겉으로 드러나고, 겉으로 드러나면 이내 밝아지고, 밝아지면 남을 감동시키고, 남을 감동시키면 이내 변하게 되고, 변하면 생육된다. 그러니 오직 세상에서 지극히 정성을 다하는 사람만이 나와 세상을 변하게 할 수 있는 것이다."

그렇습니다. 하늘이 명한 성誠은 진실하고 거짓이 없습니다. 오직 성인聖人의 마음이 지극히 진실하고 거짓이 없기 때문에 '본연의 성'인 천도天道를 실현할 수 있는 것이지요. 그러므로 사람들은 마땅히 주어진 본성을 잘 갈고 닦아 '성인'의 그것과 부합되도록 정성을 다해야 하는 것입니다. 천지가 화육化育되도록 도와야 함은 물론, 참여하는 데까지 이르러야 군자라 하겠습니다.

지성여신至誠如神

| 중용 |

'지극한 성의 도'는 미리 알 수 있으니, 국가가 장차 흥하려고 할 때는 반드시 상서로운 조짐이 있으며, 국가가 장차 망하려고 할 때는 반드시 요망스러운 일이 있어, 시초점과 거북점에 나타나며, 사체四

있으니, 오직 천하(天下)에 지극한 성이라야 능히 화(化)할 수 있다."(『중용』 제23장 : 其次, 致曲, 曲能有誠, 誠則形, 形則著, 著則明, 明則動, 動則變, 變則化, 唯天下至誠, 爲能化.)

體에서 동動한다. 그리하여 화禍와 복福이 장차 이르려고 할 때에 선善을 반드시 먼저 알며, 불선不善을 반드시 먼저 알게 된다. 그러므로 '지극한 성'은 신神과 같은 것이다.

| 원문 |

至誠之道는 可以前知니 國家將興에 必有禎祥하며 國家將亡에 必有妖孽하여 見乎蓍龜하며 動乎四體라 禍福將至에 善을 必先知之하며 不善을 必先知之니 故로 至誠은 如神이니라

| 자해 |

* 가이可以 : '~할 수 있다'라는 뜻의 조동사. 장將 : 장차. 흥興 : 일어나다. 정상禎祥 : 상서롭다. 복福의 조짐. 요얼妖孽 : 요망함, 화禍의 조짐.
* 시귀蓍龜 : 시초점 치는 것을 서筮라 하고, 거북점 치는 것을 복卜이라 한다. 사체四體 : 동작과 몸가짐을 뜻함. 신神 : 귀신을 말함.

| 해영 |

공자의 손자인 자사子思는 일찍이 도학道學이 전해지지 못할까 근심하다가 『중용』을 지었다고 합니다. 그가 '지극한 성의 도'를 강조한 것을 요약하면 다음과 같습니다.

일은 이 세상에 있는데 기미幾微가 먼저 보이고, 이치는 사람에게 있는데 혹 사사로움이나 거짓에 가려지는 경우가 있습니다. 오직 지

극히 성실한 사람이라야 하늘의 이치가 혼연渾然하여 한 터럭의 사사로움이나 거짓[僞]이 없기 때문에 마음은 지극히 허虛하고 지극히 신령하여 이미 그러한 것을 볼 수 있을 뿐만 아니라, 장차 그러할 것도 볼 수가 있으니 '지극한 성의 도'를 미리 알 수 있다는 것입니다. 하지만 지혜와 사사로운 꾀를 빌려 미리 알 수 있는 것은 아닌 것입니다.

이치가 이와 같기 때문에 국가가 장차 흥하려고 할 때에는 조화로운 기운이 복福되고 길吉한 조짐을 만들어 반드시 경사스럽고 복된 징조[상서祥瑞]가 때에 앞서 나타납니다. 그리고 국가가 장차 망하려고 할 때에는 어그러진 기운이 정상에서 벗어난 일들을 만들어 반드시 재앙의 징조[요얼妖孽]가 어느 틈에 먼저 발생하게 됩니다. 뿐만 아니라 멀리 사물에서 취하면 변화가 시초점과 거북점에 길흉吉凶이 나타나고, 가까이 몸에서 취하면 말과 행동에서 작동하여 득실得失이 있게 됩니다.

경사스럽고 복된 징조[정상禎祥]의 길함과 얻음은 모두 복福이 장차 이르려고 할 때 그 이치가 먼저 보이는 것이고, 재앙이 일어날 징조[요얼妖孽]의 흉함과 잃음은 모두 화禍가 장차 이르려고 할 때 그 이치가 먼저 보이는 것입니다. 지극히 성실한 사람은 몸이 맑고 밝아서 복이 장차 이르려고 할 때 반드시 일에 앞서 알 수가 있고, 화가 장차 이르려고 할 때에도 반드시 일에 앞서 알 수 있습니다. 대개 귀신은 화복의 기틀을 움직이고, 지극히 성실한 사람은 화복의 기미를 알 수 있습니다.

은미隱微함을 현저하게 밝히는 것은 귀신이고, 현저顯著함을 은미한 데에서 아는 것은 지극히 성실한 사람입니다. 진실로 어둠과 밝음[유명幽明]을 통하여 하나의 도가 되고, 하늘과 사람을 합하면 하나의 이치가 됩니다. 그러므로 지극히 성실한 사람은 귀신과 같다고 합니다. 이것이 성실한 것으로부터의 밝아짐이니 '하늘의 도'라고 합니다. 이처럼 나라의 흥망興亡은 사사로움에서 비롯됨을 알 수 있습니다. '선善을 택해 고집하는 것'이 천도天道에 부합하는 일이라 하겠습니다.

존덕성尊德性

| 중용 |

군자는 덕성德性을 높이고 문학問學 : 學問을 말미암으니, 광대廣大함을 지극히 하고, 정미精微함을 다하며, 고명高明함을 극진히 하고, 중용에서 말미암으며, 옛것을 익혀 새로운 것을 알며, 후厚함을 돈독히 하고 예禮를 높인다.

| 원문 |

君子는 尊德性而道問學이니 致廣大而盡精微하며 極高明而道中庸하며 溫故而知新하며 敦厚以崇禮니라

| 자해 |

*존尊 : 공경하여 받드는 것. 덕성德性 : 하늘에서 받은 옳은 이치. 도

道 : 말미암다. 문학問學 : 이른바 학문學問을 뜻함. 치致 : 이르다, 지극히 하다. 정미精微 : 정밀하고 자세하다. 극極 : 극하다, 극진하다.

* 온溫 : 불에 다시 익혀 따뜻하게 하는 것. 온고溫故 : 예전에 배운 것을 다시 때때로 익힘. 돈敦 : 돈독히 함. 후厚 : 후하다, 돈독하다. 이以 : 이而와 같음. 숭崇 : 높다, 존중하다. 숭례崇禮 : 예를 높이다.

| **해영** |

'하늘에서 받은 올바른 이치'를 덕성德性이라 합니다. 이것을 갈고 닦으면 도道가 되는데, 이를 이루려면 어떻게 해야 할까요? 먼저 그릇이 얼마나 되는지를 알아야 합니다. 무작정 덕성을 갈고 닦는다고 한들 이를 담아낼 그릇이 없다면 의미가 없는 것이지요. 이러한 자신의 그릇을 인식하고 나서 이른바 학문學問을 해야 합니다. 무엇이 옳고 무엇이 그른지, 무엇이 선善이고 무엇이 악惡인지 끊임없이 묻는 것이지요. 이것이 넓고도 크게 진척되면 자신의 학문적 밀도는 정밀하고도 자세하게 될 것입니다.

여기서 '정밀하고 자세하다'는 것은 무엇을 의미할까요? 좁은 영역에서의 정미精微함을 뜻하는 것일까요? 아닙니다. 광대함 속에서의 정미를 의미합니다. 가령 일을 한다는 것은, 항상 광대한 사업의 일환 속에서 이루어집니다. 때문에 털끝만큼도 일이 어그러지지 않게 하려는 마음은 당연합니다. 따라서 일이 비록 작다고 하더라도 정미하지 않을 수 없는 것이지요. 마치 작은 부분을 잘 다스려야 큰 것을 이룰 수 있는 것과 같은 경우146)라 하겠습니다. 이러한 모든 과정

속에는 바로 '덕성'이 자리 잡고 있습니다.

덕성이 담보되지 않으면 고명高明도 극진히 할 수 없고, 중용中庸도 따를 수 없습니다. 그러므로 늘 덕성을 갖추고 존중하는 가운데 학문을 해야 하는 것이지요. 가르쳐주지 않아도 아는 것을 '양지良知'라 하고, 가르쳐주지 않아도 할 수 있는 능력을 '양능良能'이라 합니다. '양지'와 '양능'을 합한 것을 덕성德性이라 한다면, 날마다 옛것을 익혀 새로운 것을 알아야 합니다. 이러한 원리를 후厚하고 돈독히 하면 예禮 또한 숭상할 수 있음은 말할 것도 없습니다. 덕성을 부지런히 닦고 존중해야 하겠습니다.

거상불교居上不驕

| 중용 |

윗자리에 거해서는 교만하지 않고, 아랫사람이 되어서는 배반하지 않는다. 나라에 도道가 있을 때에는 그 말이 족히 흥기興起시킬 수 있고, 나라에 '도'가 없을 때에는 그 침묵이 족히 용납할 수 있다.

| 원문 |

居上不驕하며 爲下不倍라 國有道에 其言이 足以興이요 國無道에

146) 찰미(察微)라는 말이 있다. 진(秦)나라 때, 여불위(呂不韋 : B.C. 290~B.C.236)에 의해 만들어진 『여씨춘추(呂氏春秋)』에 나오는 말로, '작은 부분을 잘 살펴야 함'을 뜻한다. 가령 암세포를 조기에 발견하면 치유하기 쉽듯, 사태가 커지기 전에 조기에 기미(幾微)를 파악하는 일은 무엇보다 중요하다는 의미다.

其默이 足以容이니라

| 자해 |

* 교驕 : 교만하다. 배背 : 등지다, 배반하다, 배倍와 같음. 흥興 : 흥기하여 지위에 있음을 말함. 묵默 : 침묵하다. 용容 : 용납하다.

| 해영 |

군자가 도道를 닦고 덕德을 쌓으면 처신함이 마땅해집니다. 때문에 지위가 높아져도 교만하지 않고 주변사람들과도 무난하게 지낼 뿐 아니라 천지天地와 더불어 화육化育합니다. 또 지위가 낮아도 자신의 분수를 지켜가며 역시 천지와 더불어 화육하면서도 배반背叛하지 않습니다.

이러한 사람이 나라에 '도가 있을 때'에는 높은 지위에 올라 자신의 생각을 유감없이 펼쳐도 나라가 흥합니다. 하지만 나라에 '도가 없을 때'에는 말을 조심하지 않을 수 없습니다. 침묵하는 게 화禍를 당하지 않는 비결입니다. 군자는 이처럼 위아래를 막론하고 진퇴進退가 명확합니다.

왕천하王天下

| 중용 |

천하를 다스리는 데에 '세 가지 중요한 것'이 있으니, (이것을 잘 행하

면) 허물이 적을 것이다.

| 원문 |

王天下 有三重焉이니 其寡過矣乎인저

| 자해 |

* 왕王 : 왕 노릇하다. 즉 다스리다. 삼중三重 : 의례議禮와 제도制度, 고문考文을 말한다. 언焉 : 음절을 조정하고 어기를 고르는 어기조사.
* 과寡 : 적다. 과過 : 허물, 실수. 의矣 : 동작이 이미 완료되었음을 표시하는 어기조사.

| 해영 |

천하를 다스리는 데에는 지위가 높은 사람이 필요합니다. 하지만 지위가 높다고 교만해선 곤란하지요. 민중이 따르지 않기 때문입니다. 그렇다면 지위가 높으면서도 교만하지 않다는 것은 무엇을 말하는 것일까요? 이른바 '세 가지 중요한 것'이라 할 수 있는데, 예禮를 논의하고, 법도法度를 제정하며, 문자文字를 상고하는 것을 들 수 있습니다.

이 세 가지만으로도 사실 천하의 풍속을 가지런히 할 수 있습니다. 때문에 민중들은 이를 따르기만 해도 허물이 적어진다는 것이지요. 따라서 천하를 다스리든 작은 소도시를 다스리든 원리는 다르지 않음을 알 수 있습니다. 민중이 '예를 논하고, 법도를 따르며, 문자를 상고할 수 있도록 하는 것'이야 말로 '다 살림', 즉 천하를 다스리는 것이지요.

군자지동君子之動

| 중용 |

군자는 움직임에 대대로 천하의 도가 되는 것이니, 행함에 대대로 천하의 법이 되며, 말함에 대대로 천하의 준칙이 된다. 멀리 있으면 우러러봄이 있고, 가까이 있으면 싫지 않다.

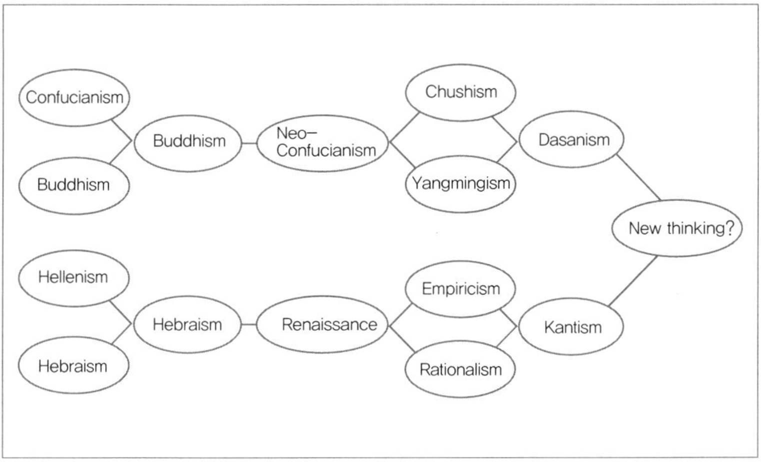

| 원문 |

君子는 動而世爲天下道니 行而世爲天下法하며 言而世爲天下則이라 遠之則有望하고 近之則不厭이니라

| 자해 |

* 동動 : 움직임, 말과 행동을 겸하여 말함. 세世 : 대대로. 도道 : 법칙을 겸하여 이름. 법法 : 법도. 칙則 : 준칙準則을 밀함. 망望 : 우러러보다. 염厭 : 싫다.

| 해영 |

지금으로부터 2천 년 전만 해도 동서양 사상이 교류한 흔적은 없습니다. 그럼에도 사상적 패러다임은 유사성이 있습니다. 가령 동양의 경우, 유교儒教 : Confucianism가 굳건히 자리를 지키고 있었으나, 불교佛教 : Buddhism가 유입되면서 대립하기 시작했지요. 결국 불교를 신봉하는 민중들이 많아지면서 자연스럽게 불교가 세勢를 떨쳤지요. 그러다가 송나라의 주희朱熹 : 朱子라는 걸출한 학자가 나타나 '본래 사상'을 부르짖으면서 들고 나온 것이 이른바 신유교新儒教 : Neo Confucianism입니다. '주류'라고 할 수 있는 주자주의Chushism에 양명주의Yangmingism가 출현하여 또 다시 양분되어 오다가 정약용丁若鏞 : 1762~1836이 실학사상實學思想을 기치로 집대성Dasanism하였습니다.

서양의 사상적 패러다임도 동양의 그것과 유사한 과정을 거칩니다. 헬레니즘Hellenism이라는 이른바 '주류 사상'이 존재했으나, 헤브라이즘Hebraism이 유입되면서 대립하기 시작했지요. 결국 헤브라이즘이 승리하면서 오랫동안 세勢를 과시했지요. 그러다가 '본래 사상'을 부르짖으며 들고 나온 것이 이른바 문예부흥, 즉 르네상스Renaissance입니다. 여기서 경험주의Empiricism와 합리주의Rationalism로 나뉘어 팽

팽히 맞서다가 칸트Kant : 1724~1804라는 걸출한 학자가 나타나 집대성Kantism합니다. 21세기 오늘날, 어떤 군자가 나타나 동양과 서양의 사상적 패러다임을 새롭게 집대성New Thinking할 것인지 초미焦眉의 관심사가 되고 있습니다. 민중의 삶의 질이 직결되기 때문이지요.

이처럼 군자가 사람들 삶의 이치를 알아서 천하의 예禮를 논하고, 법도法度를 제정하며, 문자文字를 상고하는 것을 성립시켜 준다면, 그야말로 움직임[動]에 대대로 천하의 도道가 될 것이고, 행行함에 대대로 천하의 법도가 될 것이며, 말[言]함에 대대로 천하의 준칙이 될 것임은 두말할 필요도 없을 것입니다. 가령 도로명道路名에 '세종로, 성호로, 정조로', 건물명建物名에 '퇴계관, 율곡관, 다산관' 등은 그들의 사상을 본받아 후손에게 이어주겠다는 의지의 표현임을 감안하면, 쉽게 이해가 됩니다. 이러한 군자가 멀리 있으면 우러러보지 않을 수 없고, 가까이 있으면 싫지 않을 뿐 아니라 오히려 영광榮光일 것입니다. 군자의 움직임은 이러한 것입니다. 가볍게 처신할 수 없는 이유입니다.

참고문헌

1. 한국

『退溪全書』, 『栗谷集』, 『南冥集』, 『弘齋全書』, 『推測錄』, 『人政』, 『朝鮮王朝實錄』, 『類選』.

김원중, 『허사소사전』, 현암사, 1998.

김해영, 『삼서강의』, 안티쿠스, 2015.

김해영, 『공직자, 논어를 읽다』, 안티쿠스, 2014.

김해영, 『지금은, 정조를 읽어야 할 시간』, 안티쿠스, 2013.

김혁제 교, 『논어집주』, 명문당, 2001.

류종목, 『논어의 문법적 이해』, 문학과 지성사, 2005.

박종현 역, 『국가』, 서광사, 2001.

박종현 역, 『플라톤』, 서울대학교출판부, 1992.

성백효 역, 『대학 · 중용집주』, 전통문화연구회, 1999.

성백효 역, 『논어집주』, 전통문화연구회, 2000.

성백효 역, 『맹자집주』, 전통문화연구회, 1999.

오석원, 『한국 도학파의 의리사상』, 성균관대학교출판부, 2005.

유교문화연구소, 『대학 · 중용』, 성균관대학교출판부, 2007.

유교문화연구소, 『논어』, 성균관대학교출판부, 2005.

유교문화연구소, 『맹자』, 성균관대학교출판부, 2005.

유교사전편찬위원회, 『유교대사전』, 박영사, 1990.

윤무학, 『순자』, 성균관대학교출판부, 2005.

윤무학, 『순자 하나, 둘, 셋의 비밀』, 살림, 2013.

이기동, 『대학 · 중용강설』, 성균관대학교출판부, 2000.

이기동, 『논어강설』, 성균관대학교출판부, 1999.

이기동, 『맹자강설』, 성균관대학교출판부, 2001.

이기동, 『서경강설』, 성균관대학교출판부, 2007.

정옥자, 『정조의 교화사상』, 서울대학교규장각, 1996.

한국철학사상연구회, 『철학대사전』, 동녘, 1997.

2. 중국

『小學』, 『大學』, 『論語』, 『論語注疏』, 『孟子』, 『中庸』, 『詩經』, 『書經』, 『禮記』, 『周禮』, 『春秋左氏傳』, 『周易』, 『荀子』, 『史記』, 『道德經』, 『莊子』, 『管子』, 『淮南子』, 『呂氏春秋』, 『漢書』, 『後漢書』, 『性理大全』, 『韓非子』, 『孝經』, 『山海經』, 『楚辭』.

찾아보기

[ㄱ]

갈관박(褐寬博) 225~226
『강고(康誥)』 22, 24, 341
거상불교(居上不驕) 452
거일우불이삼우반(擧一隅不以三隅反) 82
격물(格物) 17, 22
견득사의(見得思義) 153, 171
경공(景公) 115, 215~216, 330
경험주의(Empiricism) 456
계강자(季康子) 118
계로(季路) 57, 107
고자(告子) 222, 224, 227, 351~363, 365
교화(教化) 51~53, 114, 119, 125, 157, 191, 298, 302
관중(管仲) 215~216, 382
구사(九思) 153
국정농단(國政壟斷) 244
군자(君子) 22, 24, 27, 30, 39, 42~45, 49~50, 56~57, 61, 67, 69, 79~81, 88~92, 101~103, 116~117, 123, 128~129, 130~132, 137~138, 142~143, 145, 148~150, 152~153, 162~164, 172, 198~199, 236~237, 240, 242, 247, 257~258, 267~269, 288, 303, 305, 311, 343, 372, 388~90, 397, 406, 412~416, 420~29, 436, 445, 447, 450, 453, 455~457
군자탄탕탕(君子坦蕩蕩) 89
궁구(窮究) 17, 19, 136, 228
권근(權近) 169
권도(權道) 167, 169, 286~288
권학(勸學) 151
극기복례(克己復禮) 110~111
극기복례위인(克己復禮爲仁) 111
기미(幾微) 19, 125, 308~309, 443, 448~449, 451
기자(箕子) 165~166, 217
김굉필(金宏弼) 97
김정희(金正喜) 170

[ㄴ]

남면(南面) 52, 139

[ㄷ]

대기설법(對機說法) 58
대불승(戴不勝) 265~266
대영지(戴盈之) 267~268
대학(大學) 16~17, 20, 34, 38, 410
대효(大孝) 298, 300, 302
덕성지지(德性之知) 441
도가(道家) 44
도목정사(都目政事) 61
도올(檮杌) 313~314
독행(篤行) 256, 441
동이불화(同而不和) 129

[ㄹ]

르네상스(Renaissance) 456

[ㅁ]

맥계(貉稽) 401~402
맹분(孟賁) 222, 224
맹시사(孟施舍) 223, 225~226
명명덕(明明德) 16
명변(明辯) 441
모사공(貌思恭) 153
목적론적 윤리 342
문질빈빈(文質彬彬) 69
미당(未堂) 110
미성일궤(未成一簣) 100
미자(微子) 165~167, 217, 219, 229, 357~358

민자건(閔子騫) 46
민중(民衆) 16~17, 19, 21~22, 24~26, 30~31, 33, 35, 38~39, 52~54, 59~61, 63, 65, 76~77, 81, 89~95, 98, 100, 106, 108, 113~114, 118~119, 121~122, 124, 132~134, 139, 141~146, 151~152, 154, 157, 162, 165~166, 169, 171~173, 175~176, 182~193, 195, 197, 201~207, 209, 212, 214~215, 217~218, 226, 234, 239~240, 242~243, 247~250, 252, 255~257, 259~264, 269~276, 281, 284~286, 294, 301, 304, 308~310, 316~319

[ㅂ]

박학(博學) 440~441
방하착(放下着) 296
백락(伯樂) 420
부재기위(不在其位) 95
분사난(忿思難) 153
불가(佛家) 29, 44, 296
불교(佛教) 83, 456
불위농시(不違農時) 188
불파만 지파참(不怕慢 只怕站) 100
불획어상(不獲於上) 282
비간(比干) 165~166, 217, 219, 357~358
비례물동(非禮勿動) 112
비례물시(非禮勿視) 111
비례물언(非禮勿言) 111
비여위산(譬如爲山) 100

[ㅅ]

『사기(史記)』 21, 255, 273, 346
사대주의(事大主義) 210
사사경(事思敬) 153
사소주의(事小主義) 210
사직(社稷) 274~275, 399~400
『산해경(山海經)』 21
삼강령(三綱領) 17, 23, 410
상지하우(上知下愚) 155
색사온(色思溫) 153
생이지지(生而知之) 151
『서경(書經)』 21, 263~264, 279, 341~342, 358
서경덕(徐敬德) 170
성상근습상원(性相近習相遠) 154
성선설(性善說) 60, 234, 355
성의(誠意) 17, 22, 245
소왕(昭王) 434
소인장척척(小人長戚戚) 89
소크라테스(Socrates) 432~433
솔선수범(率先垂範) 53, 118~119, 294
송시열(宋時烈) 170
수기안인(修己安人) 118
수기치인(修己治人) 17, 133
수복일궤(雖覆一簣) 100
수신(修身) 17, 20~22, 191, 321, 358, 441
숙량흘(叔梁紇) 62
순우곤(淳于髡) 286~288
순자(荀子) 60, 225
『순자(荀子)』 186
『시경(詩經)』 23~24, 208~209, 247~248, 360~361, 401~302, 423
시사명(視思明) 153
식불염정(食不厭精) 104
신농씨(神農氏) 21
신민(親民) 18, 19, 22~24, 26
신사(愼思) 441
신유교(新儒教) 456
심문(審問) 441

[ㅇ]

안연(顔淵) 110~112, 419
안영(安嬰) 215
애공(哀公) 59, 431
양구체(養口體) 292, 294
양능(良能) 387~388, 452
양심막선어과욕(養心莫善於寡欲) 84

양지(良知) 387~388, 452
양지(養志) 291~292
언사충(言思忠) 153
여불위(呂不韋) 19, 451
『여씨춘추(呂氏春秋)』 21, 451
역자교지(易子教之) 288, 290
염유(冉有) 46, 122~123
예기(禮器) 63
『예기(禮記)』 29
예악사어서수(禮樂射御書數) 78
오호(惡好) 146, 228, 348
온고이지신(溫故而知新) 54
왕도정치(王道政治)53, 125, 170, 187, 189, 191~192, 201, 217, 257, 260, 262, 267, 314, 343
원려(遠慮) 142
월권(越權) 96, 295
위기지학(爲己之學) 44
위인지학(爲人之學) 44
유교(儒教) 456
유약(有若) 46
유자(有子) 45~46
유하혜(柳下惠) 167~168, 237~239, 327~329, 331, 333
육언육폐(六言六蔽) 157~158
의무론적 윤리 342
의사문(疑思問) 153
이기호발설(理氣互發說) 29
이언적(李彦迪) 169
이이(李珥) 170
이인위미(里仁爲美) 64
이황(李滉) 169
인부지이불온(人不知而不慍) 43
일민(逸民) 168
일이관지(一以貫之) 443

[ㅈ]

자강불식(自強不息) 100
자공(子貢) 113, 114, 119
자로(子路) 57~58, 107, 109~110, 121, 157, 330
자사(子思) 178, 245~246, 448
지산(了産) 135~137, 304~306
자포자기(自暴自棄) 280~281
자하(子夏) 172, 223, 225~226
장자(張子) 429
적자지심(赤子之心) 310
적폐(積弊) 67, 159~160, 268
절차탁마(切磋琢磨) 17
정곡(正鵠) 426~427
정명(正名) 210
정명(正命) 383
정명론(正名論) 115, 212
정심(正心) 17, 22
정이(鄭頤) 16, 28~29
정자(程子) 16, 429
정전법(井田法) 268
제가(齊家) 17, 22, 277
조간자(趙簡子) 34
조광조(趙光祖) 170
조식(曺植) 97, 170
종묘(宗廟) 274~275
주(紂) 24, 265~166, 2212~213, 217~219, 275~276, 323~325, 357~358
주공(周公) 62, 215~216, 253, 304
주기(主氣) 29
주리(主理) 29
주이불비(周而不比) 56
주자(朱子) 38, 282, 314, 346, 358, 402, 429
주자주의(朱子主義) 456
주희(朱熹) 456
중니(仲尼) 253
중용(中庸) 176, 283, 316~317, 396, 410~411, 415~416, 419~422, 424, 427, 439, 450, 452,
『중용(中庸)』 410, 441, 446, 448

중유(仲由) 57
중화(中和) 109, 253, 413, 415
증삼(曾參) 46
증자(曾子) 46, 92, 223, 225~226, 290~293
지기(志氣) 75
지어지선(止於至善) 16~17, 19
지인용(知仁勇) 435, 437
지자요수(知者樂水) 74
지치주의(至治主義) 170
지행합일(知行合一) 52, 440~441
집단지성(集團知性) 65
지호락(知好樂) 70~72

[ㅊ]

찰미(察微) 19, 451
천도(天道) 282, 4438, 444~447, 450
천명(天命) 20, 23~24, 125, 149~150, 313, 383~384, 386, 404, 428
청사총(聽思聰) 153
최한기(崔漢綺) 108, 195
『춘추(春秋)』 19, 21, 35, 313~314, 346, 451
측은지심(惻隱之心) 195, 197~198, 200, 231, 234, 359, 361
치국(治國) 17, 22, 277
치우(蚩尤) 21
치지(致知) 22
칠정(七情) 29

[ㅋ]

칸트(Kant) 456

[ㅌ]

타산지석(他山之石) 55
탕왕(湯王) 22~24, 217, 260~263, 304
탕탕척척(蕩蕩戚戚) 88
택불처인(擇不處仁) 64
택선이고집(擇善而固執) 439
통달 19, 45, 70, 137

[ㅍ]

팔조목(八條目) 17, 22
패도정치(覇道政治) 187, 216
페리클레스(Pericles) 433
평천하(平天下) 17, 22, 277
필부필부(匹夫匹婦) 262, 325

[ㅎ]

하필왈리(何必曰利) 179
학이불염(學而不厭) 76
학이지지(學而知之) 151
한유(韓愈) 29, 358
합리주의(Rationalism) 456
항산항심(恒産恒心) 202
향원(鄕原) 406~408
헤브라이즘(Hebraism) 456
헬레니즘(Hellenism) 456
혈구(絜矩) 29, 31~33
형이상학(形而上學) 73
형이하학(形而下學) 73
호연지기(浩然之氣) 227, 229, 230
『홍재전서(弘齋全書)』 60~61
화이부동(和而不同) 128
활연관통(豁然貫通) 82
황제(皇帝) 20~21, 175
황제(黃帝) 21
희로애구애오욕(喜怒哀懼愛惡欲) 29

사서강의

발행일 | 초판 1쇄 2017년 7월 25일
지은이 | 김해영
펴낸이 | 고진숙
펴낸곳 | 안티쿠스
책임편집 | 김종만
북디자인 | 배경태
CTP출력·인쇄 | 천일문화사
제본 | 대흥제책
물류 | 문화유통북스
출판등록 | 제300-2010-58호(2010년 4월 21일)
주소 | 03020 서울시 종로구 자하문로 266, 612
전화 | 02-379-8883, 723-1835
팩스 | 02-379-8874
이메일 | mbook2004@naver.com

값은 뒤표지에 있습니다.

ISBN 978-89-92801-39-3 03140

이 도서의 국립중앙도서관 출판시도서목록(CIP)은 서지정보유통지원시스템 홈페이지(http://seoji.nl.go.kr)와 국가자료공동목록시스템(http://www.nl.go.kr/kolisnet)에서 이용하실 수 있습니다.(CIP제어번호:2017016093)